Stefan Erdmann

Banken, Brot und Bomben

Band 2

Das Geheimwissen in der Gegenwart

amadeus-verlag.com

Vom Autor ist außerdem erschienen:

Den Göttern auf der Spur – Gentechnik vor 400.000 Jahren
2001, Amadeus Verlag
Banken, Brot und Bomben – Band 1 – Die historischen Hintergründe
2003, Amadeus Verlag
Geheimakte Bundeslade – Das größte Geheimnis der Menschheit
2005, Amadeus Verlag
Geheimpolitik und verbotenes Wissen – 3 Audio-CDs
2006, Amadeus Verlag
Die Cheops-Lüge (DVD)
2007, secret.TV
Die Jahrtausendlüge (Co-Autor)
2008, Amadeus Verlag
Hitler überlebte in Argentinien (Co-Autor)
2011, Amadeus Verlag
Politisch Unkorrekt (Co-Autor)
2012, Amadeus Verlag

www.erdmann-forschung.de

fünfte Auflage - Sonderauflage

Copyright © 2019 by
Amadeus Verlag GmbH & Co. KG
Birkenweg 4
74576 Fichtenau
Fax: 07962-710263
www.amadeus-verlag.com
Email: amadeus@amadeus-verlag.com

Druck:
CPI – Ebner & Spiegel, Ulm
Satz, Layout und Umschlaggestaltung:
Jan Udo Holey

ISBN 3-9807106-0-2

INHALTSVERZEICHNIS

VORWORT

Sehr verehrte Leserinnen,
sehr geehrte Leser,

in dem hier vorliegenden zweiten Band von „*Banken, Brot und Bomben*" steht insbesondere die Hintergrundpolitik des 20. Jahrhunderts im Mittelpunkt. Um die gegenwärtigen politischen Schachzüge in der Weltpolitik zu begreifen, ist es unumgänglich, sich auch mit der Hintergrundpolitik der beiden Weltkriege, der Russischen Revolution oder auch des Versailler Vertrages näher zu befassen. Hier finden wir auch die Ursachen für die gegenwärtige und zum Teil unbegreifliche deutsche Politik!

Es ist wohl unzweifelhaft, daß insbesondere durch eine gezielte *Umerziehung*, die nach dem Zweiten Weltkrieg in Gang gesetzt wurde und bis heute anhält, vor allem die Menschen in der Bundesrepublik zu politischen und geschichtlichen Dummköpfen erzogen wurden. Der Stand des Allgemeinwissens in bezug auf die eigene Geschichte ist wohl in keiner europäischen Nation so erschreckend wie in der Bundesrepublik.

Ich bin mir darüber im klaren, daß der eine oder andere Leser bei so einer Aussage schlucken wird – doch es ist und bleibt eine Tatsache! Das wird insbesondere deutlich, wenn es eben um die deutsche Geschichte geht, die bereits für die Lehrpläne der Universitäten und Hochschulen *fein abgeschmeckt* wird. Also, wie soll da noch eine freie und objektive Betrachtung der geschichtlichen Ereignisse möglich sein?

Der Grund für dieses Dilemma, das insbesondere eben die deutsche Geschichte betrifft, steht im wesentlichen in direktem Zusammenhang mit den beiden Weltkriegen und dem Versailler Vertrag. Ich stelle in keiner Weise geschichtliche Ereignisse in Frage, sondern die Umstände beziehungsweise die Hintergründe, welche unter anderem zu den zwei Weltkriegen geführt haben. Spätestens, wenn Sie das zweite Kapitel dieses Buches gelesen haben, werden Sie mir kopfnickend zustimmen!

Diese äußerst heiklen Themen, die hier behandelt werden, haben mein persönliches Weltbild besonders in den vergangenen Jahren sehr verändert. Mehr noch waren es aber die vielen Informationen und politischen Hintergründe, die ich durch meine Recherchen und Kontakte in Erfahrung bringen konnte, sie aber aus bestimmten Gründen nicht behandeln darf –

schließlich wurden auch dieses Jahr wieder etliche Bücher mit politischen Inhalten in Deutschland verboten. Wie bereits der erste Band, so mußte auch dieses Buch einem juristischen Gutachten unterzogen werden und inhaltlich teilweise *korrigiert* werden, mehr soll dazu an dieser Stelle nicht mehr gesagt werden.

Nun mag man nach dem Lesen dieser beiden Bücher denken, daß die Welt nicht mehr zu retten ist, und in eine tiefe Depression verfallen. Da ich vermute, was auf den unvorbereiteten Leser besonders in diesem Band zukommt, möchte ich die Leser schon an dieser Stelle zumindest etwas beruhigen.

Wissen ist Macht, auch wenn die Welt scheinbar auf einen zyklischen Tiefpunkt zusteuert und der vielbeschriebene Dritte Weltkrieg (ein langanhaltender kriegerischer *Weltenbrand* mit einem gleichzeitigen völligen Zusammenbruch des Weltfinanzsystems, Naturkatastrophen, Hunger, Epidemien, Seuchen usw.) kaum abzuwenden zu sein scheint und wohl auch von gewissen Gruppierungen auf dieser Erde gewollt ist, gilt es, die Mechanismen zu erkennen, mit denen die globalen Machthaber die Menschen und ganze Völkerschaften heute steuern und kontrollieren: Existentielle Not, Angst, Bewußtseinskontrolle, Desinformation durch Massenmedien, konzentrierte Völkerdezimierung und so weiter sind heute Realität!

Die großen Machthaber und Organisationen haben schon seit Menschengedenken mit dem Mittel der Angst gearbeitet – die Angst ist die größte Geißel der Menschheit, die als Mittel angewendet wird, um die Menschen zu kontrollieren.

Als bestes Beispiel hierfür kann die Kirche angeführt werden, die immerhin schon seit fast zweitausend Jahren mit Mitteln wie Angst, Erbsünde, Teufel, Hölle und so weiter sehr erfolgreich operiert.

Wir können nicht aus dem System aussteigen, was auch gar nicht notwendig ist. Aber wir haben die Möglichkeit, die Mechanismen zu erkennen, die angewendet werden, um die Menschen zu kontrollieren.

Nichts ist von Natur aus schlecht, es hängt davon ab, wie man damit umgeht. Das betrifft auch die in diesem Buch kritisch bewerteten Medien

Fernseher und Computer, die heute von politischen Machthabern instrumentalisiert werden, um die Welt ins Chaos zu stürzen.

Die wichtigste Voraussetzung, um aus dem *globalen Wahnsinn* auszusteigen, besteht darin zu erkennen, worin die wahre Bestimmung des Menschen liegt. Erkennen wir das, finden wir gleichzeitig auch einen persönlichen Weg und Optimismus für die Zukunft.

Wir haben immer den freien Willen, uns *für* oder *gegen* etwas zu entscheiden. Und niemand kann sagen, er hätte nichts gewußt, denn alle Menschen haben die Möglichkeit, aus dem angebotenen Wissen Nutzen zu ziehen. Nichts ist unabwendbar, es sei denn wir verpassen den Zeitpunkt und das Wissen, das allumfassend vorhanden ist!

Es ist wohl nicht nur als Bestimmung zu sehen, sondern auch als eine große Herausforderung und ein Privileg, in dieser Zeit geboren zu sein und an der Zukunft unseres Planeten mitzuwirken und eine zyklische Wendezeit mitzuerleben.

Meine persönliche Weltanschauung ist weder politisch oder religiös nach heutiger Dogmatik noch findet sie ihre Grundlage in irgendeiner anderen Organisation.

Welche Weltanschauung jeder Leser auch immer haben mag, welcher Konfession oder „geheimen" Organisation er oder sie angehören mag, gleich welche Hautfarbe oder Religionszugehörigkeit jemand hat, ob arm oder reich – all das spielt für mich keine Rolle, sondern nur für denjenigen selbst! Jeder Mensch hat immer die freie Entscheidung über all sein Tun und Handeln!

Welche Weltanschauung er auch immer haben mag, es wird seinem Lebensmuster – seiner Lebensmelodie – entsprechen. Er vergeudet auch nicht seine Zeit damit – es ist nicht *zu-fällig*, denn „Zufall" beruht immer auf Kausalität und somit auf Resonanz. So sollte jeder sein Leben in der Art und Weise fortsetzen, wie er es für richtig hält.

Auch für mich schließt sich mit diesem Zweiteiler ein kleiner Kreislauf in meinem Leben, denn bei diesem Werk, das immerhin etwa achthundert Seiten umfaßt, geht es mir in erster Linie darum, Licht in die dunkle geschichtliche Vergangenheit und Gegenwart zu bringen. Sollte mir das gelingen, dann hat sich meine Arbeit gelohnt!

„Man darf die Wahrheit nicht mit der Mehrheit verwechseln."
(Jean Cocteau, französischer Dichter, 1889-1963)

Hagenburg, im September 2003

Herzlichst Ihr

Stefan Erdmann

EINLEITUNG

Bevor sich der Vorhang des 20. Jahrhunderts gleich öffnen wird, sollten noch ein paar zusammenfassende Gedanken zum ersten Band erfolgen.

Die wechselseitige Abhängigkeit von Religion und Logentum ist ein Jahrhunderte altes Merkmal der Weltpolitik. Die Hintergründe der gegenwärtigen Politik – der Konflikt zwischen den Abrahamreligionen rund um den Krisenherd Naher Osten und Jerusalem – sind Jahrtausende alt. Erst bei einem Blick in die Vergangenheit und einer Suche nach dem Ursprung der Abrahamreligionen (Judentum, Christentum, Islam) erscheint uns die gegenwärtige Weltpolitik unter einem ganz anderen Blickwinkel.

Führt man sich die Jahrtausende alte Jesus-Kontroverse von Kirche und *Gegenkirche* vor Augen, so haben diese unterschiedlichen Ansichten der mächtigen Organisationen bis heute einen maßgeblichen Einfluß auf das politische Treiben in der Welt verübt! Alle drei großen Religionsgemeinschaften streben letztlich – durch ihren selbsternannten Absolutheitsanspruch – nach der theokratischen Macht!

Und die modernen „Kreuzzüge" der Vereinigten Staaten und ihrer Verbündeten gegen die islamische Welt oder der Jahrtausende alte Konflikt in und um Jerusalem? Der Nahe und Mittlere Osten mit der *Herzkammer* Jerusalem scheint der politische Pulsschlag unseres Planeten zu sein.

Der 14. Mai 1948 spielt bei dieser Problematik eine *entscheidende* Rolle. An diesem Tag wurde der moderne Staat Israel gegründet. Ein Volk, das zweitausend Jahre heimatlos und in der Welt zerstreut war, fand wieder ein festes Zuhause. Dieses historische Ereignis forderte jedoch den glühenden und anhaltenden Zorn der arabischen Nachbarländer heraus.

Die Bedingungen für das Inkrafttreten eines unabhängigen israelischen Staates in Palästina wurden bereits im Ersten Weltkrieg geschaffen. Voraussetzung hierfür war unter anderem das britische Versprechen, sich für die Umsetzung eines jüdischen Staates einzusetzen, was am 2. November 1917 durch die sogenannte *Balfour-Erklärung* schriftlich festgehalten wurde. Diese Erklärung des britischen Außenministers Arthur J. Balfour richtete sich an keinen Geringeren als Baron Lionel W. Rothschild!

Die Türken mußten als Verlierer des Ersten Weltkrieges unter anderem Jerusalem räumen. Am 11. Dezember 1917 wurde Jerusalem von den Briten eingenommen. Seit diesem Tag stieg der jüdische Bevölkerungsanteil Israels stetig an.

Seit der Gründung des Staates Israel 1948 hat der Konflikt zwischen Moslems und Israelis erschreckende Ausmaße angenommen, und ein friedliches Ende scheint nicht absehbar – im Gegenteil!

Schon die Propheten des Alten Testamentes wußten, daß Jerusalem in Zukunft im Mittelpunkt einer schrecklichen kriegerischen Eskalation stehen würde:

„Siehe, ich mache Jerusalem zu einer Schale, die alle Völker ringsum betrunken macht. Und es wird geschehen an jenem Tag, da werde ich Jerusalem zu einem Laststein machen für alle Völker: Alle, die ihn aufladen wollen, werden sich gewißlich daran verwunden." (Sacharja 12, 2-3)

Wir müssen keine Propheten sein, um zu erkennen, daß es sich dabei um die heutige Zeit handelt. Ein Blick nach Israel genügt, um die alten biblischen Prophezeiungen bestätigt zu wissen. Die *„letzte Schlacht"* (die vielfach als der *„Dritte Weltkrieg"* gedeutet wird), welche ich eher als eine Zeit des Umbruchs, eine Zeit eines langanhaltenden Kriegszustandes werten möchte, hat längst begonnen! In diesem Zusammenhang sollte man auch die vielen, zum Teil Jahrhunderte und Jahrtausende alten Prophezeiungen, die unsere gegenwärtige Zeit sehr genau beschreiben, mit größtem Respekt betrachten – auch hier spielt Jerusalem eine nicht unwesentliche Rolle!

Wenn es tatsächlich zu einem *Weltenbrand* (Dritter Weltkrieg) kommen sollte, dann wird in den *Geschichtsbüchern* der fernen Zukunft als Beginn oder Ausgangspunkt dieses Weltenbrandes möglicherweise der 11. September 2001 genannt werden. Man kann nur hoffen, daß dann auch die wahren Hintergründe und Drahtzieher dieser Anschläge erwähnt werden.

Im Evangelium des Lukas und auch bei Matthäus finden wir in diesem Zusammenhang eine weitere Prophezeiung, in der von einer Zeit die Rede ist, in welcher Jerusalem umlagert ist von Heeren des herannahenden letzten Gerichts:

„Es werden Tage kommen, da von dem was ihr hier seht kein Stein mehr auf dem anderen bleibt, der nicht abgebrochen werden wird... Wenn ihr aber von Kriegen hört und Aufständen, so laßt euch nicht schrecken; denn dies muß zuvor eintreten; aber nicht gleich das Ende... Volk wird sich gegen Volk erheben und Reich gegen Reich. Gewaltige Erdbeben, Pest und Hunger wird es an vielen Orten geben. Schreckbilder und fürchterliche Zeichen werden am Himmel erscheinen... Wenn ihr Jerusalem von Heeren umlagert seht, dann erkennt, daß seine Verwüstung nahe ist... Es werden Zeichen sein an Sonne und Mond und Sternen, und auf Erden wird Angst und Bestürzung sein unter den Völkern wegen des Tosens des Meeres und seiner Brandung... (Lukas 21, 5-25)*

Diese Schreckensszenarien, wie sie durch die zitierten Bibelstellen beschrieben werden, haben heute einen sehr realen Bezug. Aktuelles Beispiel ist der eigentlich seit Jahrzehnten anhaltende *Krieg* (davon kann man wohl getrost sprechen) zwischen Israelis und Muslimen, der sich scheinbar immer mehr zuspitzt.

Welchen Zündstoff das Alte Testament für die Abrahamreligionen bis heute bietet, wird erst deutlich, wenn man die Geschichte der biblischen Stammväter der ägyptischen Chronologie gegenüberstellt. Das Leben und Wirken aller großen und bedeutenden biblischen Personen (David, Salomon, Joseph, Moses und Jesus) ist wesentlich mit dem ägyptischen Pharaonenreich verbunden. Viele Legenden und Erzählungen der Bibel sind unzweifelhaft aus der älteren sumerischen und ägyptischen Geschichte übernommen worden und vermutlich durch die späteren hebräischen Schriftgelehrten umgefälscht worden.

Die großen Königreiche von David und Salomon oder den Auszug aus Ägypten, hat es, so wie die Bibel darüber erzählt, vermutlich nie gegeben – das bestätigen auch neueste archäologische Funde!

Im Falle von David und Salomon wurde durch Gegenüberstellung mit der ägyptischen Chronologie dargelegt, daß es sich bei beiden Personen in Wirklichkeit um ägyptische Pharaonen gehandelt haben könnte – Tuthmosis III. und Amenophis III.!

Die größte Kontroverse bilden die Unklarheiten in bezug auf Moses und Jesus!

Es gibt noch zahlreiche weitere Ähnlichkeiten und Übereinstimmungen zwischen dem biblischen Moses und dem ägyptischen Pharao Echnaton. Gemäß den Ausführungen um Moses und Echnaton (Amenophis IV.) ist davon auszugehen, daß es sich bei den beiden um ein und dieselbe Person handeln muß!

Auch bei Jesus und Tutenchamun gibt es zahlreiche Ähnlichkeiten und Übereinstimmungen, die den zwingenden Schluß zulassen, daß Jesus bereits viele Jahrhunderte früher gelebt hat und es sich bei dem biblischen Jesus und Tutenchamun um ein und dieselbe Person handelt.

Die erstaunlichen Parallelen zwischen Moses und Echnaton sowie zwischen Tutenchamun und Jesus, die im ersten Band plausibel dargelegt wurden, weisen auch darauf hin, daß beide Pharaonen von den damaligen Schriftgelehrten wohl bewußt zu Hebräern umgefälscht wurden. Dieser Umstand würde die Abrahamreligionen quasi auf den Kopf stellen und auch erstmals viele Widersprüche im Alten Testament erklären.

Welche Auswirkungen das auf alle drei großen Religionsgemeinschaften und ihre bis heute aufrechterhaltenen Absolutheitsansprüche hat, ist unschwer nachzuvollziehen. Dieser rote Faden zieht sich unübersehbar weiter durch die verschiedenen mächtigen Logengemeinschaften und ist letztlich die Wurzel aller weltpolitischen Konflikte und Krisenherde – nahezu alle Kriege auf diesem Planeten sind aufgrund verschiedener religiöser Anschauungen entstanden.

Andererseits könnte eine eindeutige und beweiskräftige Enthüllung bezüglich der biblischen Hauptdarsteller Moses und Jesus zum gegenwärtigen Zeitpunkt in politischer Hinsicht zu einer „Explosion" mit ungeahnten Ausmaßen führen. Unter diesem Aspekt wäre eine Enthüllung zum jetzigen Zeitpunkt vielleicht sogar ungünstig und würde nur noch mehr Öl in einen bereits lichterloh brennenden *Brandherd Naher und Mittlerer Osten* werfen!

Ein weiterer geschichtlicher Meilenstein, der im ersten Band aufgezeigt wurde, war die Übernahme und Kontrolle der Finanzen von denselben Kreisen, die wohl auch das Geschichtsbild verzerren.

Die geplante Zentralisierung des Hochfinanzwesens spielte im 18. und besonders im 19. Jahrhundert eine bedeutende Rolle, deren weitreichende Folgen sich wie ein roter Faden durch die Weltpolitik des 20. Jahrhunderts ziehen – bis in die Gegenwart hinein. Bei dieser Thematik wird besonders deutlich, wie wesentlich der Einfluß des Hochfinanzwesens bereits in den vergangenen Jahrhunderten die Politik, Kriege und Frieden bestimmt hat.

Es läßt sich wohl nicht leugnen, daß der kometenhafte Aufstieg der Rothschild-Familie dabei keine unwesentliche Rolle spielte. Nach ihrem geschickten Schachzug bei der Schlacht um Waterloo, erzielten sie unvorstellbar hohe Gewinne. In Paris hatte das Haus Rothschild nach der Niederlage der Franzosen die Kontrolle Frankreichs übernommen, und in London hatte Nathan Rothschild durch die Kontrolle über die „Bank von England" direkten Einfluß auf das britische Parlament.[1]

Der größte Coup gelang den privaten Bankiers mit der Gründung der *Federal Reserve Bank (Fed)* in den Vereinigten Staaten zu Beginn des 20. Jahrhunderts, wie wir sehen konnten. Die Einführung der *Federal Reserve Bank* (die private Zentralbank Amerikas) im Dezember 1913 ermöglichte nun den internationalen Bankiers, endgültig die finanzielle Kontrolle über die Vereinigten Staaten zu erlangen. Denn wie sagte Meyer Amschel Rothschild so treffend: *„Gebt mir die Kontrolle über die Währung einer Nation, dann ist es für mich gleichgültig, wer die Gesetze macht."*

Paul Warburg wurde der erste Vorsitzende der *Federal Reserve Bank*.[2]

Allein der neuen Zentralbank wurde, dank dieses neuen Gesetzes, das Recht zugesprochen, Papiergeld ohne Gegenwert zu drucken und der amerikanischen Regierung gegen Zinsen zu leihen. Dieses Gesetz war nichts anderes als die offizielle Erlaubnis zum Drucken von „Falschgeld", einfach mit der Einschränkung, daß dies nicht jedermann tun darf, auch der Staat nicht, sondern nur die private „Staatsbank". Damit war der amerikanische Staat der Willkür der nationalen Bankiers, den Werkzeugen der übernationalen Geheimorganisationen, ausgeliefert. Die Vereinigten Staaten wurden fortan zum Werkzeug der internationalen Bankiers. Wer das bezweifelt, braucht nur den Verlauf der Geschichte anzuschauen. Dabei müssen wir unser kleines, vorgefertigtes Weltbild, das uns von unseren Geschichtslehrern bereits in den Schulen und an den Universitäten eingeimpft wird, gründlich überdenken!

Neben der Bolschewistischen Revolution, die vermutlich gezielt inszeniert und finanziert wurde, war die Schuldenwirtschaft ein entscheidender Auslöser des Ersten Weltkrieges. Wie ausschlaggebend insbesondere der Erste Weltkrieg und der Versailler Vertrag für den weiteren Geschichtsverlauf des 20. Jahrhunderts wurden, ist heute kaum bekannt. Heute ist ebenfalls kaum bekannt, welchen entscheidenden Stellenwert das Erdöl bereits im Ersten und Zweiten Weltkrieg hatte.

Im diesem nun folgenden zweiten Band von *„Banken, Brot und Bomben"* werden wir vor allem die Hintergrundpolitik im Zusammenhang mit der Bolschewistischen Revolution, dem Ersten und dem Zweiten Weltkrieg beleuchten und die daraus resultierenden weitreichenden Folgen für die politische Weltkarte. In diesem politischen Szenarium spielt insbesondere die juristische Situation der Bundesrepublik und auch die Wiedervereinigung eine prekäre und bis heute undurchsichtige Rolle. Die für viele Bundesbürger scheinbar unerklärliche deutsche Politik läßt sich möglicherweise nur durch die weitreichenden Folgen erklären, die sich nach dem Zweiten Weltkrieg für die BRD ergeben haben. Haben wir nach der Wiedervereinigung unsere volle Souveränität wirklich wiedererlangt? Mehr dazu in Kapitel zwei.

Heute zu Beginn des 21. Jahrhunderts bekommen auch die Weltverschwörungstheorien von den Illuminaten Mazzini und Pike einen ganz anderen Stellenwert.

In einem Brief vom 15. August 1871 legte Pike dem Illuminatenführer Mazzini im groben Umriß seinen Plan für die Eroberung der Welt in drei Weltkriegen dar, so daß der Weg für eine *Neue Weltordnung* (Eine-Welt-Regierung) frei sein würde.

Der *Erste Weltkrieg* sollte zusammengebraut werden, um das zaristische Rußland zu zerstören – und dieses weite Land unter die unmittelbare Kontrolle der Illuminaten-Agenten zu bringen. Rußland sollte dann als „Buhmann" benutzt werden, um die Ziele der Illuminaten weltweit zu fördern.

Der *Zweite Weltkrieg* sollte über die Manipulation der zwischen den deutschen Nationalisten und den politischen Zionisten herrschenden Meinungsverschiedenheiten fabriziert werden. Daraus sollte sich eine Ausdehnung des russischen Einflußbereiches und die Gründung des Staates Israel in Palästina ergeben.

Der **Dritte Weltkrieg** sollte sich dem Plan zufolge aus Meinungsverschiedenheiten ergeben, welche die Illuminaten-Agenten zwischen Zionisten und Arabern hervorrufen würden. Es wurde die weltweite Ausdehnung des Konfliktes geplant.[3]

Teil des dritten Krieges ist es ebenfalls, Nihilisten und Atheisten aufeinander loszulassen, um einen sozialen Umsturz zu provozieren, der durch noch nie gesehene Brutalität und Bestialität erreicht werden würde.

Nach der Zerstörung des Christentums und des Atheismus würde man den Menschen jetzt die wahre *„Luziferische Doktrin"* entgegenbringen und damit zwei Fliegen mit einer Klappe schlagen.[4]

Es liegen bereits zwei Weltkriege und die Bolschewistische Revolution hinter uns. Ein Blick auf die politische Weltkarte zeigt: Die andauernde Krisensituation des Nahen und Mittleren Ostens und die „Kreuzzug"-Politik der Vereinigten Staaten und ihrer Verbündeten werden auf kurz oder lang zu einem weltweiten kriegerischen Brandherd ausarten.

In diesem Zusammenhang sollten auch die *Protokolle* nicht vergessen werden, die im ersten Band von *„Banken, Brot und Bomben"* beleuchtet wurden. Auch wenn die Urheberschaft der *Protokolle der bayerischen Illuminaten* bis heute nicht endgültig geklärt ist, so steht unzweifelhaft fest, daß sie angewendet werden! Der Wichtigkeit halber seien an dieser Stelle noch einmal einige Hauptziele der *Protokolle* angeführt:

Schuldenwirtschaft oder die Kontrolle des Geldes

„...Die Kontrolle der Nationen wird durch die Errichtung riesiger privater Monopole, als Behälter gewaltiger Reichtümer, sicher sein...

...Damit werden sie zugrunde gehen müssen, zusammen mit dem Kredit der Staaten, am Tage nach dem politischen Zusammenbruch...

...Wirtschaftskrisen zur Schädigung gegnerischer Staaten durch Zurückziehen des Geldes aus dem Umlauf. Durch die Anhäufung großer privater Kapitalien, die dadurch dem Staate entzogen sind, wird dieser Staat gezwungen sein, dieselben Kapitalien als Anleihe von uns zu entnehmen. Die Anleihen

belasten die Staaten mit Zinsen und machen sie zu willenlosen Sklaven. An-statt zeitgemäße Steuern vom Volke abzuverlangen, werden sie zu unseren Bankherren kommen und betteln. Fremde Anleihen sind Blutegel, und es gibt keine Möglichkeit, sie vom Staatskörper wieder zu entfernen, bis sie entweder von selbst abfallen oder der Staat sie abschüttelt. Aber die nicht illuminierten Staaten schütteln sie nicht ab, sondern legen sich immer neuere zu und müssen daher unweigerlich zugrunde gehen.

Durch die Staatsverschuldung werden die Staatsmänner bestechlich werden und dadurch noch mehr in unsere Kontrolle fallen..."[5]

Die Kontrolle der Politik

„...Durch unser Einflößen des Liberalismus in die Staatsorganismen, wird ihr ganzes politisches Aussehen verändert...

...Eine Verfassung ist nichts anderes als die hohe Schule der Uneinigkeiten, Mißverständnisse, Zankereien und Parteilaunen, mit einem Wort: eine Schule all dessen, was dazu dient, die Persönlichkeit des Staatsbetriebes zu zerstören...

...Im „Zeitalter der Republiken" werden wir die Herrscher durch die Karikatur einer Regierung ersetzen, mit einem Präsidenten aus dem Volke, aus der Mitte unserer Puppen, unserer Sklaven...

...Wir werden die öffentlichen Wahlen zu einem Mittel machen, das uns auf den Thron der Welt verhelfen wird, indem auch dem Geringsten im Volke der Anschein gegeben wird, durch Zusammenkünfte und Vereinigungen auf die Gestaltung des Staates einzuwirken... ...Wir werden gleichzeitig die Bedeutung der Familie und ihrer erzieherischen Wirkung zerstören und ebenfalls die Möglichkeit selbständiger Persönlichkeit beseitigen...

...Es genügt, ein Volk eine gewisse Zeit lang der Selbstregierung (Demokratie) zu überlassen, um es in einen ordnungslosen Pöbel zu verwandeln...

...Die Macht des Pöbels ist eine blinde, sinnlose und unvernünftige Kraft, immer in der Gewalt der Beeinflussung von irgendeiner Seite. Der Blinde kann aber nicht den Blinden führen, ohne in den Abgrund zu stürzen. Nur jemand, der von Geburt an zum unabhängigen Herrscher erzogen ist, hat Verständnis für das politische ABC...

...Unser Erfolg wird dadurch erleichtert werden, daß wir in unserem Verkehr mit den Menschen, derer wir bedürfen, immer auf die empfindlichste Sei-

te der menschlichen Natur einwirken werden: die Geldgier, die Leidenschaft und die Unersättlichkeit nach menschlichen und materiellen Gütern..."[6]

Sinn und Zweck des Krieges

„...Um Machthungrige zu einem Mißbrauch der Macht zu veranlassen, werden wir alle Kräfte in Gegnerschaft zueinander bringen. In ganz Europa, und mittels der Beziehungen Europas auch in anderen Erdteilen, müssen wir Gärungen, Zwiespalte und Feindschaften erschaffen...

...Wir müssen in der Lage sein, jedem Widerstand durch Kriege mit dem Nachbarland zu begegnen. Wenn diese Nachbarn es jedoch auch wagen sollten, gegen uns zusammenzustehen, dann müssen wir ihnen durch einen Weltkrieg Widerstand bieten..."[7]

Eine entscheidende Voraussetzung für die Umsetzung dieser hegemonialen (Hegemonie: [griech.; *Oberbefehl* (eines Staates)]; Vormachtstellung) Ziele war die gezielte Unterwanderung verschiedener Geheimgesellschaften, mit dem Ziel, weltweit ein fast undurchschaubares Netzwerk aufzubauen, bestehend aus Banken und Versicherungen, Tausenden von verschiedenen Gruppen und Stiftungen, internationalen Firmen, Industriekonzernen und Regierungsbehörden, deren führende Köpfe Mitglieder von Geheimgesellschaften sind, welche die wahren Regenten und Herrscher der Welt sind oder das zumindest meinen.

Ihr Ziel ist mit nur wenigen Worten formulierbar: Manipulation, Steuerung und *Versklavung* der Massen sowie radikale Dezimierung der Menschheit durch Hunger, Unterdrückung und Kriege, um eine zentrale *Eine-Welt-Regierung* zu installieren.

Auch die Unterwanderung der Logen wurde bereits in den *Protokollen* klar festgelegt:

Die Kontrolle der freimaurerischen Logen

„Mittlerweile jedoch, bis wir in unser Königreich kommen, werden wir den entgegengesetzten Weg beschreiten: Wir werden in allen Ländern der Welt freimaurerische Logen gründen und vermehren und in ihnen alle Persönlichkeiten anlocken, die in der Öffentlichkeit hervorragen können oder es schon tun. Denn diese Logen werden unser hauptsächliches Auskunftsbüro und Einflußmittel sein. Wir werden alle diese Logen unter unsere Zentralverwal-

23

tung bringen, die wir allein kennen und die den anderen gänzlich unbekannt ist.

...Wer oder was kann eine unsichtbare Macht überwinden? Genau das ist unsere Macht... Die Freimaurerei dient uns blindlings als Kulisse für uns und unsere Ziele. Aber der Handlungsplan unserer Macht bleibt für das ganze Volk, ja sogar den Rest der eigenen Bruderschaft, ein unbekanntes Geheimnis...«8

Bekanntlich gibt es viele kritische Gegenstimmen bezüglich der Protokolle – das betrifft aber allein die Frage der Urheberschaft!!! Tatsache ist, und das sei allen Kritikern an dieser Stelle noch einmal deutlich gesagt: Die Protokolle werden angewendet beziehungsweise sind in nahezu allen Punkten vollständig umgesetzt worden. Nehmen wir noch ein weiteres Beispiel: die Kontrolle der Medien. In den Protokollen heißt es:

Die Kontrolle der Presse

„...Wir werden mit der Presse in folgender Weise verfahren:
Sie dient zur Aufreizung und Entflammung der Volksleidenschaften... und die Öffentlichkeit hat nicht die geringste Ahnung, wem die Presse in Wirklichkeit dient... Unter den Blättern werden aber auch solche sein, die uns angreifen, die wir aber selbst gegründet haben, und sie werden ausschließlich solche Punkte angreifen, die wir bereits zur Anordnung bestimmt haben...
...Keine einzige Ankündigung wird ohne unsere Kontrolle an die Öffentlichkeit gelangen. Das wird ja auch jetzt schon erreicht, insofern die Nachrichten aus aller Welt in einigen Nachrichtenagenturen zusammenlaufen. Diese Agenturen werden von uns bereits kontrolliert und lassen nur das in die Öffentlichkeit, was wir gutheißen...
...Unsere Zeitungen werden von allen Schattierungen sein, aristokratisch, sozialistisch, republikanisch, sogar anarchistisch, natürlich nur so lange, als die Verfassung besteht...
...Jene Toren, welche glauben, sie wiederholen die Zeilen einer Zeitung ihres eigenen Lagers, werden in Wirklichkeit unsere Meinung oder eine solche, die uns wünschenswert ist, nachsprechen...«9

In diesem zweiten Band wird die besondere Stellung der Medien beziehungsweise deren Instrumentalisierung durch die politischen Machtinstrumente untersucht. Besonders in jüngster Vergangenheit, bei den amerikanischen „Kreuzzügen" gegen Afghanistan und gegen den Irak, wurden die große Bedeutung und der Einfluß der Massenmedien mehr als deutlich. Sie wurden dazu benutzt, um weltweit die öffentliche Meinung (die überwiegend gegen einen Krieg war) durch gezielte Falschmeldungen zu beeinflussen, was zum Beispiel in Amerika zu einem deutlichen Meinungsumschwung führte. Auch im Zusammenhang mit den Anschlägen am *11. September 2001* spielen die Massenmedien bis heute eine sehr zweifelhafte Rolle – das Zauberwort heißt: Zensur! Denken Sie einmal an die weltweite Berichterstattung während eines der letzten Irak-Kriege und wer die Fernsehbilder auswählt, die der Konsument schließlich in seinem Wohnzimmer empfängt: CNN (und das Pentagon)!

Es gibt zahlreiche Beispiele aus jüngster Vergangenheit, die im weiteren Verlauf behandelt werden (z.B. die angeblichen Giftgasangriffe Saddam Husseins auf die Kurden, die Kelly-Affäre oder die Geschichten über nie gefundene Massenvernichtungswaffen des Irak) und deutlich machen, welchen entscheidenden Einfluß die Massenmedien heute ausüben. Sie sind die vierte Macht im Staat.

Erst kürzlich wurde durch die Waffeninspektoren in einem vorläufigen Zwischenbericht erklärt, daß keine Waffenlager gefunden wurden. Damit bestätigte der Leiter der Inspektionen und CIA-Berater, David Kay, das, was Kritiker immer vermutet haben. Diese warfen Bush und Blair vor, *„das Waffenarsenal des Irak sei nicht so bedrohlich gewesen, wie von den USA und Großbritannien dargestellt"*.
Die Welt fühlt sich zurecht von den Regierungen Bush und Blair an der Nase herumgeführt. Auch der neue Chef-Waffeninspekteur der UNO, Dimitrios Perricos, geht wie Vorgänger Hans Blix davon aus, daß der Irak nie im Besitz verbotener Waffen war. Er hält es auch für unwahrscheinlich, daß es Saddam Hussein gelungen sein könnte, gehortete Waffen vor dem Krieg schnell zu zerstören und alle Spuren zu verwischen. In dieser Eile konnte ein systematisches Vorgehen kaum möglich sein – fünfhundert Orte wurden von den über eintausend Experten untersucht!

Ähnlich sieht Perricos auch die öffentlichen Darstellungen der Vereinigten Staaten, der Irak wollte angeblich Uran in Niger kaufen. Ein anderer scharfer Kritiker der US-Regierung war in diesem Zusammenhang Joseph Wilson – ehemaliger US-Botschafter in Gabun. Bereits vor einem Jahr hatte der Afrika- und Irakexperte dem Vorwurf der US-Regierung widersprochen, Saddam Hussein habe im Niger Uran für ein Atomwaffenprogramm kaufen wollen – sie sollten Recht behalten.

Doch die Zeit drängte, und so griff Präsident Bush einfach in die politische Trickkiste: Er bezog sich auf zweifelhafte Geheimdienstinformationen, wie ihm die Demokraten im Kongreß vorwarfen, und täuschte das Volk in seiner Rede zur Lage der Nation am 28. Januar 2003. Dort warf er dem Irak vor, er habe versucht, waffenfähiges Uran in Afrika einzukaufen. Der Satz lautete in der deutschen Übersetzung: *„Die britische Regierung hat in Erfahrung gebracht, daß Saddam Hussein vor kurzem beträchtliche Mengen Uran aus Afrika beschaffe wollte."*

Die UNO wurde einfach mal übergangen und die Massenmedien wurden geschickt instrumentalisiert, um das eigene Volk, die mehrheitlich gegen einen Krieg waren, „umzustimmen"!

Wer an den Schalthebeln der Massenmedien sitzt, entscheidet beinahe über Krieg und Frieden. Es gibt genügend Fakten, wie wir im weiteren Verlauf noch sehen werden – es wird zu keiner Zeit mehr gelogen, als vor, während und nach einem Krieg! Immer dann, wenn es aus politischen, wirtschaftlichen oder insbesondere militärischen Gründen sinnvoll erschien, wurde gelogen, daß sich die Balken bogen. Zudem werden diese Propaganda-Lügen mit einer einseitigen Berichterstattung untermauert, so daß eine freie Meinungsbildung der Öffentlichkeit so gut wie unmöglich ist – was ja auch gewünscht ist.

Nach den Terroranschlägen vom *11. September 2001* ließ Verteidigungsminister Donald Rumsfeld wissen, daß das Pentagon eine Art Propaganda-Behörde einzurichten gedenke, die – so berichteten jedenfalls die Medien – unter anderem auch dafür Verwendung finden sollte, in Kriegs- und Krisenzeiten die mit den USA verbündeten Nationen, und nicht nur diese, zu desinformieren. Diese Propaganda-Abteilung mit der Bezeichnung *Office of Strategic Influence* (Amt für strategische Einflußnahme) sollte gezielt zensierte und manipulierte taktische Informationen verbreiten. Nach dem Bekanntwerden dieser Informationen kam es zu einer öffentlichen Kontroverse, so daß das Pentagon es schließlich für besser hielt, seine Propaganda-Abteilung zu schließen – zumindest offiziell! Rumsfeld erklärte, das Pentagon lüge nicht, es sei aber nötig geworden, das Office aufzulösen, weil unzutreffende Berichte über Pläne für eine gezielte Verbreitung von Falschmeldungen der neugeschaffenen Einrichtung so erheblichen Schaden zugefügt hätten, daß sie nicht mehr effektiv arbeiten könne – was sie aber wohl nun offensichtlich kann, nachdem sie ja offiziell aufgelöst wurde! Hier finden wir ein Paradebeispiel für erfolgreiche Geheimdienstarbeit und Zensur!

Schon mit der Aussage von Rumsfeld, das Pentagon lüge nicht, war er von der Wahrheit mindestens so weit entfernt, wie die Sonne vom Mond, denn die US-Medien hatten sehr genau darüber informiert, warum das Ausland (und auch das Inland) mit Falschmeldungen *gefüttert* werden sollte: Das US-Establishment war nämlich zuvor in große Sorge geraten, daß die Anti-Terror-Front aufgrund mangelnder Beweise bröckeln könnte.[10]

Ist Ihnen schon einmal aufgefallen, daß in den Medien über den weltweit herrschenden Anti-Amerikanismus so gut wie gar nicht berichtet wird? Weder in Amerika noch in Deutschland oder anderen europäischen Ländern wird man das erleben. Ein europäischer Politiker hat einmal gesagt:

„...Alles gute kommt von oben, fast alles schlechte aus Amerika..."

Damit ist keinesfalls das amerikanische Volk als solches gemeint, sondern vielmehr das Streben gewisser politischer Fraktionen in Amerika, die durch ihre Hegemonialpolitik mit allen nur erdenklichen Mitteln eine *Neue Weltordnung* zu installieren wollen.

Vorhang auf für Kapitel 1!

Kapitel 1
DAS 20. JAHRHUNDERT –
DAS JAHRHUNDERT DER KRIEGE

> *„Es gibt nur eine gültige Definition von Kapitalismus: Kapitalismus ist keine Wirtschafts- oder Gesellschaftsstruktur, Kapitalismus ist die Übernahme der Regierung durch die Hochfinanz. Er ist zugleich immer das Ende der reinen Politik."*
>
> (Joachim Fernau)

Teile und beherrsche...

Nachdem den internationalen Bankiers mit der Gründung der Federal Reserve Bank ihr bislang größter Coup gelang und die Vereinigten Staaten in eine utopische Staatsverschuldung getrieben wurden, waren gleichzeitig die Voraussetzungen geschaffen, um die Welt in den Ersten Weltkrieg zu stürzen.

Ohnehin besitzen die internationalen Bankiers wahrscheinlich den größten Teil der schuldscheinmäßigen Verschuldung der Welt. Rußland, die Türkei, Ägypten, China, Japan und Südamerika gehören, soweit Nationen jemandem gehören können, wahrscheinlich London und Paris. Die Zahlung der Zinsen dieser utopischen Summen wird durch die Verpfändung des Steueraufkommens dieser Länder sichergestellt. Im Falle der Schwächeren erfolgt das durch die tatsächliche Übergabe des Vermögens an die Agenten der französischen und englischen Bankiers. Darüber hinaus wird der Großteil der Aktien und Industriepapiere der Welt diesen beiden Ländern geschuldet, und die Grundsätze vieler Weltkonzerne werden von ihren Finanzministern diktiert.[11]

Die großen Strategen der Weltgeschichte handeln nach einem altbewährten Prinzip:

„Teile und herrsche" (Divide et impera)

Seit fast zwei Jahrtausenden wird dieses Prinzip rund um den Erdball sehr erfolgreich angewendet: Durch einen Krieg wird ein bestimmtes Land – dessen Volk – in zwei Lager gespalten und zu Feinden gemacht. Um dem Feind nicht zu unterliegen, nehmen die Bürger notgedrungen die Herrschaft der eigenen Politiker an. Dabei ahnen sie nicht, daß im Hintergrund beider Lager ein und dieselbe Macht wirkt, die beide Seiten finanziert, kontrolliert und somit letztlich die Politik des ganzen Landes steuert, Einfluß auf Industrie und Rohstoffe nimmt und so weiter.

Es wird also ein Konflikt geschaffen, bei dem die Menschen eines Landes oder einer ethnischen Gruppe beispielsweise gegeneinander kämpfen und nicht gegen den eigentlichen Urheber. Der Urheber, der im Hintergrund die Fäden zieht und nicht als Anstifter in Erscheinung tritt, unterstützt beide Parteien auch noch. Dadurch stellt er einerseits sicher, daß ein Gleichgewicht der rivalisierenden Mächte gewährleistet ist, und andererseits verdient er durch die Finanzierung eines Konfliktes (Krieg, Revolution) natürlich kräftig dabei.

Im amerikanischen Sezessionskrieg (1861-1865) beispielsweise kämpften die Nordstaaten, welche gegen die Sklavenhaltung waren, gegen die Südstaaten, die für die Sklavenhaltung eintraten.

Es sollen Rothschild-Agenten gewesen sein, welche die „Pro-Union"-Einstellung der Nordstaaten schürten. Auf der anderen Seite schürten ebenfalls Rothschild-Agenten die „Contra-Union"-Einstellung der Südstaaten. Als es dann soweit war und der Krieg ausbrach, finanzierte die Rothschild-Bank in London die Nordstaaten und die Pariser Rothschild-Bank die Südstaaten.

Es dürfte nicht schwer sein zu erraten, wer von diesem Krieg am meisten profitiert hat.

Bis in die Gegenwart hinein hat sich an System und Taktik, um Völker zu teilen und sie zu Feinden zu machen, so daß sie sich gegenseitig bekämpfen, wenig geändert (z.B. Irak-Iran-Krieg, 1. und 2. Irak-Krieg, Afghanistan-Krieg). Nur Tücke und Hinterlist sind noch größer geworden. Erinnern wir uns an den Beginn des Afghanistan-Krieges, der sicherlich einmal als der Beginn der *Kreuzzüge* gegen die islamische Welt oder als Beginn des *Kampfes* (Krieges) *der Kulturen* in die Geschichtsbücher eingehen wird. Die selbsternannten „Freunde" des afghanischen Volkes unterstützten die Bevölkerung in Afghanistan mit etlichen „Hilfsflügen" – erst „regnete" es Brot (Hilfspakete), und dann folgten die Bomben der „Freunde"...

Zu Beginn des 20. Jahrhunderts

Wie bereits erörtert wurde, sollte der **Erste Weltkrieg** realisiert werden, um das zaristische Rußland zu zerstören – und dieses weite Land unter die unmittelbare Kontrolle der Illuminaten-Agenten zu bringen. Rußland sollte dann als „Buhmann" benutzt werden, um die Ziele der Illuminaten weltweit zu fördern.

Der geniale Schachzug der internationalen Bankiers und ihrer Geheimregierung, die Vereinigten Staaten durch die Gründung der Federal Reserve Bank wirtschaftlich in die Knie zu zwingen, war eine weitere wichtige Voraussetzung für die langfristige Umsetzung der Eine-Welt-Regierung.

Des Griffin schreibt hierzu:

„Wenn die Pläne der internationalen Bankiers und damit der Illuminaten Früchte tragen sollten, dann mußten Rußland, Deutschland, Japan und die USA in die Knie gezwungen werden, und zwar in bedingungsloser Kapitulation, Armut und Schande. Der Illuminatenplan zur Welteroberung, wie von Albert Pike zitiert, war ein teuflisches Meisterwerk satanischer Genialität, das etliche Millionen Menschen das Leben rauben und etliche Milliarden Dollar zu seiner Verwirklichung kosten würde."[12]

Werfen wir einen Blick auf das Europa des ausgehenden 19. und beginnenden 20. Jahrhunderts.

Machtzentrale London – „Die City" ist die „Krone"...

Blickpunkt England:

Hier finden wir den Sitz der damaligen Machtzentrale von Politik und Hochfinanz.

Bei Des Griffin erfahren wir über „die City": *„Die „Krone" ist ein Ausschuß von 12 bis 14 Männern, die den unabhängigen, souveränen Staat regieren, der als London beziehungsweise „die City" bekannt ist. „Die City" gehört nicht zu England. Sie untersteht nicht dem Monarchen. Sie unterliegt nicht der*

Regierung, durch die das britische Parlament bestimmt wird. Wie der Vatikan in Rom ist sie ein separater, unabhängiger Staat. Sie ist der Vatikan der gewerblichen Welt. „Die City", die man oft „die reichste Quadratmeile der Welt" nennt, wird von einem Lord Mayor regiert. Hier befinden sich Englands mächtigste Finanz- und Wirtschaftsinstitutionen: reiche Banken, allen voran die ehemals von Rothschild kontrollierte Bank of England, Lloyd's of London, die Londoner Aktienbörse und die Büros aller führenden internationalen Handelskonzerne. Und hier liegt auch die Fleet Street, das Herz- und Kernstück der Zeitungs- und Verlagswelt."

„Die City" ist die wahre Regierung Englands. Die Queen und der englische Premierminister unterstehen infolgedessen dem Lord Mayor. Der Lord Mayor, der jeweils für zwei Jahre in sein Amt gewählt wird, ist der eigentliche Regent der City.

Begibt sich die Queen auf einen Besuch in „die City", wird sie vom Lord Mayor an der Temple Bar, dem symbolischen Tor der Stadt, abgeholt. Sie verneigt sich und bittet ihn um Erlaubnis, seinen souveränen Staat betreten zu dürfen. Der Lord gewährt ihr Zutritt, indem er ihr das Staatsschwert überreicht. Bei solchen Staatsbesuchen *„überstrahlt der Lord Mayor in seiner Robe und Kette seine mittelalterlich gekleidete Umgebung und die königliche Gesellschaft, deren Kleidung sich auf einfache Dienstuniform beschränken muß"*. Der Lord Mayor geleitet die Königin dann durch seine Stadt. Der Grund dafür dürfte klar sein, so Des Griffin weiter:

„Der Lord Mayor ist der König. Die Queen sein Untertan. Der König führt immer den Weg an. Der Untertan bleibt immer ein oder zwei Schritte dahinter."[13]

Ein entscheidender Wendepunkt in der britischen Geschichte wurde bereits beleuchtet, auch wenn das natürlich niemand offiziell bestätigen würde. Es ist anzunehmen, daß das Haus Rothschild etwa 1815 die Kontrolle über die englische Wirtschaft, samt der „City" und seiner anderen Filialen erlangte. Damit ergriffen sie nicht nur die Kontrolle über England, sondern auch über die übrigen Nationen Europas.

Damit keine Mißverständnisse aufkommen, müssen die Leser wissen, daß es in Großbritannien zwei getrennte Imperien gab. Das eine war das britische Kolonialreich unter der Königsfamilie, und das andere war das Imperium der „Krone".

Auf dem Weg in den Ersten Weltkrieg

Der Zusammenschluß der deutschen Staaten unter Bismarck störte das „Gleichgewicht der Mächte", das seit über zwei Jahrhunderten in Europa bestanden hatte. Bis 1871 hatte England – oder richtiger: die Krone – die Beherrschung des europäischen Kontinents genossen. Jene Oberherrschaft war zwar wiederholt von Mächten wie Spanien und Frankreich angegriffen worden, aber England war immer wieder siegreich gewesen.

Das Erstarken der Deutschen stellte eine schwerwiegende Bedrohung für die Krone und ihre Beherrschung Europas dar, und zwar wirtschaftlich und militärisch.

Der Aufstieg des neuen Deutschen Reiches zum Ende des 19. Jahrhunderts hatte einen Namen: Otto von Bismarck, der „Eiserne Kanzler", der 1871 zum ersten Kanzler Deutschlands ernannt wurde. Unter Bismarck besiegte man Österreich und zog mit einer 700.000-Mann-Armee zum Sieg gegen die Franzosen in der Schlacht bei Sedan.

Nach 1884 erwarb Deutschland viele Kolonien in Afrika, welche die Pläne der Krone, auf dem schwarzen Kontinent weiter zu expandieren, deutlich einzuschränken drohten. Deutschland ermutigte zudem die Buren im Transvaal und im Freistaat Oranien, ehe es zum Krieg mit England 1889 bis 1902 kam. Im Pazifischen Ozean hatte Deutschland bis zum Jahre 1902 die Karolinischen-, die Marschall- und die Mariannen-Inseln erworben, Teile von Neu Guinea und Samoa sowie eine wichtige Marine- und Handelsbasis auf der Halbinsel Shantum in China. Auch die Planung Deutschlands für den Bau von vierzehn neuen Schlachtschiffen schien für die Krone zu einer ernsthaften Gefahr zu werden.[14]

Um der drohenden Gefahr entgegenzuwirken, suchten die internationalen Bankiers, die zu dieser Zeit von der wirtschaftlichen Entwicklung Deutschlands ausgeschlossen waren, nach Wegen, Deutschland einzudämmen und zu kontrollieren. Zwischen 1894 und 1907 wurden daher eine Reihe von Staatsverträgen und Abkommen geschlossen, die sicherstellten, daß Rußland, Frankreich, England und andere Nationen sich im Falle eines Krieges gegen Deutschland vereinigen würden.

Ein anderer Aspekt, der im Zusammenhang mit dem Ersten und auch mit dem Zweiten Weltkrieg zumeist außer Acht gelassen wird, ist der

Kampf um die Rohstoffe, wobei in erster Linie natürlich das Erdöl zu nennen ist. Der Grund dafür lag, zumindest in militärischer Hinsicht, im Wandel der Kriegsführung. Die Kriegsindustrie hatte in nur wenigen Jahren ganze Quantensprünge vollzogen. Es kam längst nicht mehr auf die Truppenstärke allein an, sondern darum, die technische Kriegsmaschinerie wie Flugzeuge und Panzer, optimal mit Treibstoff zu versorgen und die Versorgungslinien wie Land- und Seewege zu optimieren. Die Geschichte der Kolonialpolitik ist im Grunde die Geschichte, oder besser gesagt der Kampf um die Rohstoffe, um wirtschaftliche und militärische Übermacht zu erringen. Kann man da von „Zufall" sprechen oder gar von humanitären und wohlgesonnenen demokratischen Gedanken, wenn sich der Fokus der mächtigen Nationen wie zum Beispiel den USA, Großbritannien, Frankreich und auch einstmals Deutschland seit jeher auf den Nahen und Mittleren Osten oder auch auf den afrikanischen Kontinent richtet? Der Kampf um das schwarze Gold (und andere Rohstoffe) spielte schon in den ersten beiden Weltkriegen eine entscheidende Rolle – mehr dazu wenige Absätze weiter!

Auch wenn es den Anschein hatte, daß sich die Welt zu Beginn des 20. Jahrhunderts äußerlich betrachtet im Frieden befand, hinter den Kulissen liefen zu dieser Zeit schon längst die Vorbereitungen für ein weltweites Blutbad, das gleichzeitig wie ein Startschuß zu sein schien – für ein Jahrhundert der Kriege und Katastrophen.

Aber der Plan der Hintergrundpolitik sah es ja auch so vor, daß alle Nationen in die Knie gezwungen werden, damit sie nach Frieden um jeden Preis betteln würden.

Bereits hier nahm auch der langsame, aber stetige Niedergang Deutschlands seinen historischen Anfang, der spätestens nach dem Zweiten Weltkrieg in politischer und rechtlicher Handlungsunfähigkeit gipfelte (Kapitel 2).

Heute sind sich die meisten Historiker darüber einig, daß der Tropfen, der das Faß zum überlaufen brachte und den Ersten Weltkrieg von 1914 bis 1918 auslöste, ein trivialer Streitfall zwischen Österreich und Serbien gewesen war.

Zumindest steht das heute in den Geschichtsbüchern. Was dabei meist verschwiegen wird, sind die politischen, wirtschaftlichen und geopolitischen Hintergründe im Zusammenhang mit Serbien und der damals geplanten Eisenbahnlinie Berlin-Bagdad. Mehr dazu noch in diesem Kapitel.

Die Mächte hinter den Kulissen nutzten diesen „Funken", um den Weltkrieg zu realisieren, der von Albert Pike bereits vierzig Jahre zuvor geplant beziehungsweise vorausgesagt worden war.

Am 2. August 1914 eröffneten Österreich und Serbien den Krieg. Bereits am 3. August griff Frankreich ebenfalls in das Kriegsgeschehen ein und am 4. August auch Belgien. Am gleichen Tag erklärte England Deutschland den Krieg, obwohl sich das englische Kabinett darüber einig war, daß die Ereignisse auf dem Kontinent *„England rechtlich nicht zum Kriegseintritt verpflichteten"*.

Es ist klar, daß die internationalen Bankiers alle Großmächte beteiligt sehen wollten. Sie wußten, daß ohne Englands sofortige Teilnahme die deutschen Streitkräfte nicht aufzuhalten waren.[15]

Bolschewistische Revolution in Rußland – der Sturz des Zarentums 1917

Als der Krieg 1914 ausbrach, war das russische Reich auf einen Krieg sehr schlecht vorbereitet. Dabei spielte es auch keine Rolle, daß es rein zahlenmäßig allen Kriegsgegnern hoch überlegen war. Rußlands Entscheidung, doch in den Krieg zu ziehen, war der Beginn einer unsagbaren nationalen Katastrophe.

Die Voraussetzungen dafür, aus einem Krieg schnell und auch erfolgreich hervortreten zu können, waren trotz der quantitativen Truppenstärke schon allein aus technischen Gründen nicht gegeben. Die Reichweite russischer Geschütze war beispielsweise im Vergleich zu der Reichweite deutscher Geschütze um Meilen geringer. So waren Artillerieduelle eher ein Katz- und Maus-Spiel – es kam einem „Massenmord" gleich. Hinzu kamen die veralteten Kanonen auf russischer Seite, die weniger Geschosse pro Tag abfeuern konnten. Das deutsche Heer verfügte dahingegen über moderneres Kriegsgerät.

Doch der „Dolchstoß" kam vom eigentlichen Verbündeten. Vor Ausbruch des Krieges im Jahre 1914 hatte die Britische Krone Rußland volle Hilfe und Unterstützung im Kriegsfall zugesagt. Nach Rußlands Kriegseintritt verringerte England plötzlich seine Hilfsleistungen an Rußland auf etwa zehn Prozent der Vorkriegsleistungen. Offensichtlich wollten die Geldmonopolisten, in perfekter Übereinstimmung mit dem von Albert Pike aufgezeigten Plan, Rußland in eine möglichst gefahrvolle Situation bringen.[16]

Währenddessen fielen in den ersten Kriegsjahren Millionen von Russen auf den Schlachtfeldern. Allein in den Jahren zwischen 1915 und 1916 erlitt die russische Armee an der Ostfront in den Schlachten um Polen und Litauen Millionenverluste.

Während die Kriegshandlungen auf den Schlachtfeldern ihren Lauf nahmen, liefen die Vorbereitungen für den politischen Umsturz auf Hochtouren. Die Revolution brach im Februar 1917 aus, der Zar wurde gestürzt, und eine provisorische Regierung übernahm die Regierungsgeschäfte.

Die Hintermänner

Kommen wir zunächst zu einem der Hintermänner der Russischen Revolution: Hier treffen wir wieder auf den schon erwähnten Jakob Schiff (von Kuhn, Loeb & Co.), dem eine Schlüsselrolle zukam.

Jakob Henri Schiff wurde 1847 in Frankfurt am Main geboren und wuchs dort als Nachbar der einflußreichen Rothschildfamilie auf. Im Jahre 1865 ging er dann nach New York, wo er 1875 dem Bankhaus Kuhn, Loeb & Co. beitrat, dessen Chef er 1885 wurde.[17]

Wie der Firmensenior Kuhn war auch Schiff Mitglied der Geheimloge B'nai B'rith.[18]

Sieht man von den finanziellen Tätigkeiten dieses vermögenden Geldmannes ab, dann fällt ein drittes Betätigungsfeld ins Auge, das eher in den Bereich quasi geheimdienstlicher Arbeit fällt. Es war dies das lebenslange

Bestreben, Rußland bei jeder sich bietenden Gelegenheit zu schaden beziehungsweise unter Druck zu setzen. Amerikanische Finanzkreise waren ganz allgemein seit vielen Jahren die eingeschworenen Feinde des Zarenregimes und hatten es erfolgreich verstanden, alle russischen Anleihen abzuschmettern. In einem Brief an Lord Rothschild vom 4. April 1904 schrieb Jacob Schiff: *„Ich bin stolz darauf, daß ich in der Lage war, all die Anstrengungen, die zu verschiedenen Zeiten während der letzten vier oder fünf Jahre durch die Russen unternommen wurden, um die Gunst des amerikanischen Marktes für seine Anleihen/Kredite zu gewinnen, zunichte zu machen.*"[19]

Beachten wir noch einen weiteren interessanten Hinweis, auf den auch Wolfgang Eggert in seinem Werk *„Israels Geheimvatikan"* (Band 2) eingeht: *„Stattdessen konnte Schiff 1905 drei große Anleihen in Japan unterbringen, wofür er vom Mikado in Anerkennung geleisteter Dienste den ‚Orden des Heiligen Schatzes' erhielt. Daß er dies allein zu dem Zwecke getan hatte, dem Japanischen Krieg und der flankierend unterstützten sozialen Revolution in Rußland zum Sieg zu verhelfen, steht auf einem anderen und weniger schmucken Blatt geschrieben. Nichtsdestoweniger handelt es sich um eine Tatsache, und selbst die ‚Große Jüdische Nationalbibliographie' gibt zu, daß es der New Yorker Bankier gewesen war, der Tokio ‚die Mittel zum Kriegführen beschaffte'.*"[20]

Auch die *„Jüdische Presse"* schrieb am 15. Oktober 1920: *„Er (Jacob Schiff) finanzierte den Krieg Japans gegen Rußland.*"[21]

Die Vorbereitungen laufen auf Hochtouren

Am 13. Januar 1917 kam Leon Trotzki (vorher Bronstein) in New York an. Er war auf verschlungenen Wegen in die USA gekommen, um der Inhaftierung durch europäische Behörden zu entgehen. Um Trotzki bildete sich der politische Kern, der die geplante Revolution aufbaute.

Obwohl Trotzki zumindest nach außen hin keine Mittel besaß, lebte er in einem komfortablen Appartement und ließ sich in einem Straßenkreuzer herumchauffieren. Er wurde gelegentlich gesehen, als er den palastähnlichen Wohnort von Jacob Schiff betrat.[22]

Schiff, über dessen Hintergrund wir bereits ausreichend informiert sind, sorgte, wie wir bereits ebenfalls erfahren haben, für die Finanzierung *„für die John D. Rockefeller gehörende Standard Oil, das Eisenbahnunternehmen von Edward Harriman und das Stahlreich von Andrew Carnegie".* Jacob Schiff finanzierte Trotzkis private Armee, die hauptsächlich aus Angehörigen des mosaischen Glaubens vom Ostende New Yorks bestanden haben soll. Das Training der Rebellen fand auf dem Gelände von Rockefellers „Standard Oil Company" in New Jersey statt. Als die kleine Armee ausreichend in der Klein-Kriegsführung ausgebildet war, verließ sie New York auf der SS „Kristianiafjord" in Richtung Rußland. Mit ihnen befanden sich zwanzig Millionen Dollar in Gold an Bord, die der internationale Bankier Jacob Schiff geliefert hatte. Diese Riesensumme sollte die unzähligen verschiedenen Auslagen decken, die für ein solches Herkulesunternehmen benötigt würden. Diese Tatsache ist später auch von Jakob Schiffs Enkelsohn John bestätigt worden.[23]

Das Schiff, das von Jacob Schiff gechartert war, wurde am 3. April 1917 von den kanadischen Behörden in Halifax, Neuschottland, unerwartet festgehalten. Es schien plötzlich und unerwartet, daß der Verschwörungsplan scheitern sollte. Spätestens hier wurde der große Einfluß des Jacob Schiff und seiner Hintermänner deutlich. *„Schiff und seine Big-Money-Freunde"* ließen ihren Einfluß in der US-Regierung und in England spielen, und so konnte die Fahrt nach kurzer Zeit fortgesetzt werden.

Nachdem Trotzki in Europa angekommen war, machte er sich gleich auf den Weg in die Schweiz, wo er mit Lenin, Stalin, Kaganowitsch und Litwinow zusammenstieß, um die letzten Einzelheiten der Strategie zu klären, bevor man sich nach Rußland begab.[24]

Nun stand die Armee der Verschwörer vor dem bisher größten Problem, seitdem sie New York verlassen hatten: Wie konnten sie die „Armee" und die Ausrüstung sicher durch Europa nach Rußland befördern? Die Antwort hatte einen Namen: Max Warburg.

Max Warburg organisierte einen versiegelten Eisenbahnwagen, in dem „Armee" und Ausrüstung sicher bis an die russische Grenze gelangen konnten.

Im Juli erlitt das von den internationalen Bankiers unterstützte Komplott einen anfänglichen Rückschlag, und Lenin und einige Mitarbeiter mußten nach Finnland fliehen. Im November waren die Bolschewisten dann endgültig erfolgreich und ließen ihre Revolution steigen.[25]

Während des blutigen Bürgerkrieges, der auf die Bolschewistische Revolution folgte, war Lenin der unangefochtene Führer der politischen Aktivitäten, Trotzki dahingegen organisierte die militärischen Zweige der Organisation – die „Rote Armee".

Des Griffin schreibt hierzu:
„Der Name „Rote Armee" war keine falsche Benennung oder ein zufällig ausgesuchter Name. Die bolschewistische Rote Armee unter der Führung von Trotzki war das tödliche Werkzeug der internationalen Bankiers."[26]

Betrachten wir kurz noch den einen oder anderen wichtigen Hinweis, der Schiff als Finanzier und treibende Kraft nennt.

Auf das Vorbereiten der Revolution bezieht sich unter anderem ein Dokument des französischen Geheimdienstes, das auf Angaben des amerikanischen Secret Service basierte.[27] Dort hieß es wörtlich: *„Im Februar 1916 wurde es zuerst entdeckt, daß in Rußland eine Revolution geschürt wurde. Es wurde herausgefunden, daß die folgenden Personen und Bankhäuser in der Vernichtungsarbeit engagiert waren: Jacob Schiff, Guggenheim, Max Breitung, Kuhn, Loeb & Co., von dem folgende Personen als Direktoren verantwortlich zeichnen: Jacob Schiff, Felix Warburg, Otto Kahn, Mortimer Schiff, S. H. Hanauer."*

Es kann kein Zweifel darüber bestehen, daß die Russische Revolution, die ein Jahr nach den obigen Informationen ausbrach, in Gang gesetzt und geschürt wurde. Als bestätigende Tatsache machte Jacob Schiff im April 1917 eine öffentliche Erklärung, daß die Russische Revolution dank seiner finanziellen Hilfe gesiegt hatte.[28]

Bei Wolfgang Eggert finden wir zwei weitere Hinweise auf Jacob Schiff:
„Nun bedarf es nicht unbedingt zweier Geheimpapiere aus Geheimdienstquellen, um nachzuweisen, daß Schiff in jene Revolte verwickelt war, die im

Frühjahr 1917 das friedensgeneigte Zarenregime von der Bildfläche fegte. Schließlich brüstete sich der Drahtzieher nach getaner „Arbeit" selbst und gut vernehmbar in der Presse seines Dienstes am Erfolg der alliierten Kriegsführung."[29]

„Wofür die vorangestellten Papiere jedoch sehr wohl brauchbar sind: Sie beweisen schlüssig, daß Schiff keinesfalls als Einzelperson sein Portemonnaie geöffnet hatte. Um ihn gruppierte sich ein ganzer Schwarm vermögender Personen, die ganz offensichtlich über die Umstände der zionistisch-britischen Verhandlungen unterrichtet waren. Was alliierte Schnüffelkommandos beobachteten, war eine konzentrierte Aktion von Männern gleicher Herkunft: Sie entstammen der New Yorker Bankenszene, oftmals sogar ein und demselben Hause: Bei Kuhn, Loeb & Co. waren nämlich neben Jacob Schiff auch Felix Warburg, Otto Kahn und Mortimer Schiff beschäftigt."[30]

Die Warburgs

An dieser Stelle wollen wir kurz auf das Wirken der Familie Warburg eingehen und die Zusammenhänge zur Familie Schiff betrachten.

Tatsächlich standen die Warburgs den Schiffs nahe wie kaum eine andere Familie. Die Verbindung ging quer durch die Familien, man war untereinander verschwägert und verheiratet, beide Dynastien frönten denselben Hobbys. Im XII. Distrikt des „American Jewish Committee", das von 1914 bis 1935 die damals atemberaubende Summe von über achtzig Millionen Dollar für „jüdische Hilfe" angesammelt hatte, saßen Schiff und Felix M. Warburg praktisch Stuhl bei Stuhl nebeneinander.[31]

Bei Wolfgang Eggert finden wir weitere Informationen über den in Deutschland beheimateten Geldadel Warburg:
„Die Warburgs waren ursprünglich italienischer Herkunft und wurden 1559 in der deutschen Ortschaft Warburgum ansässig. Simon Elias Warburg (1760-1828) gründete die erste jüdische Gemeinde in Schweden. 1798 hoben Moses Marcus Warburg (gest. 1830/31) und sein Bruder Gerson (gest. 1825) in Hamburg die M. M. Warburg & Co. Bank aus der Taufe. Aus dem deut-

schen Zweig der Familie gingen nun fünf Brüder hervor, von denen vier Bankiers wurden. Sie alle waren gebürtige Hamburger: Max M. Warburg (1867-1946) verblieb in Deutschland, wo er die Leitung des Bankhauses M. M. Warburg & Co. übernahm. Max M. Warburg war von 1924 bis 1933 Mitglied des Generalrates der Reichsbank. Er emigrierte 1939 in die USA.

Paul Moritz Warburg (1868-1931/32), noch 1901 Stadtrat in Hamburg, wanderte nach Amerika aus, heiratete eine Tochter Schiffs – Nina –, wurde Teilhaber der bedeutenden New Yorker Privatbank Kuhn, Loeb & Co. sowie Initiator und Mitbegründer (1914-1918 Vizepräsident) der Federal Reserve Bank.

Felix Moritz Warburg (1871-1937) wechselte ebenfalls zur Kuhn, Loeb & Co. und heiratete auch eine Tochter von Jacob Schiff – Frieda. Er wurde 1896 ebenfalls Teilhaber der seinem Schwiegervater gehörenden Bank und betätigte sich nebenbei als Wohltäter jüdischer Einrichtungen."[32]

Einen weiteren wichtigen Hinweis, den Wolfgang Eggert anführt, wollen wir an dieser Stelle nicht unterschlagen. Er bezieht sich auf die „Friedensverhandlungen" in Versailles (Versailler Vertrag):

Als der Krieg beendet war, saß auf der Versailler Friedenskonferenz „deutscherseits" als Finanzexperte Max M. Warburg, als Sachverständiger seitens der Entente aber – sein Bruder Felix.

Die Ochrana des Zaren war unterwandert

Auch die Ochrana, der vom letzten Zaren gegründete Geheimdienstapparat, spielte bei der Bolschewistischen Revolution eine Rolle.

Zu diesem Schluß kommt auch der Autor William Bramley:

„Ein wichtiger Aspekt der Russischen Revolution war auch die Rolle, welche die Geheimdienste bei diesem Umsturz spielten. Zur Zeit der Revolution hatten sich die internationalen Geheimdienste zu einer großen und komplexen Institution mit beträchtlichem Einfluß entwickelt... Vor der Bildung der provisorischen Regierung wurde Rußland von einem Zaren regiert. Der letzte Zar verfügte über einen riesigen „Ochrana" genannten Geheimdienstapparat. Die Ochrana bestand aus mehreren Geheimdienstorganisationen, die mit ihren

Geheimagenten, Doppelagenten, agents provocateurs und Geheimakten alle üblichen Agentenfunktionen wahrnahmen. Die Ochrana bespitzelte sowohl Freunde wie Feinde des Zaren und fungierte innerhalb Rußlands, wo sie eine umfassende antisubversive Tätigkeit entfaltete, als Geheimpolizei. Die unpopulären Aktivitäten der Ochrana im eigenen Land waren eines der Hauptthemen, dessen sich die Bolschewiken bedienten, um den Zaren anzugreifen. Der Zar wurde schließlich gestürzt. Das mußte bedeuten, daß die Ochrana versagt hatte. Oder doch nicht?"[33]

Mittlerweile sind viele Historiker zu dem Schluß gekommen, daß der Sturz des Zarenreiches durch die Bolschewiken aber auch unter Mithilfe der Ochrana erfolgte.

Bramley schreibt hierzu weiter:

„Die Ochrana schleuste viele Agenten als Mitglieder in die wachsende kommunistische Bewegung in Rußland ein. Agenten der Ochrana fanden in die innersten Kreise der bolschewistischen Partei Eingang und steuerten viele Aktivitäten der Bolschewiken. Diese Infiltration war so groß, daß in den Jahren 1908-1909 vier von fünf Mitgliedern des Petersburger Komitees der bolschewistischen Partei Agenten der Ochrana waren. Obwohl es häufig zu Verhaftungen von Revolutionären kam, ließ die Ochrana den russischen Bolschewisten unter dem Vorwand der Bespitzelung weit mehr Unterstützung zuteil werden, als daß sie ihnen schadete. Die Ochrana versorgte die Revolutionäre regelmäßig mit Geld und dringend benötigtem Material. Sie trug dazu bei, zwei Rivalen der Bolschewiken zu unterdrücken: die Sozialdemokratische Partei und die Menschewiken. Die Ochrana verhalf dem Hauptpropagandaorgan der Bolschewiken, der „Prawda", zum Start. Als die „Prawda" 1912 gegründet wurde, fungierten zwei Agenten der Ochrana als Herausgeber (Roman Malinowski, der auch dem bolschewistischen Zentralkomitee angehörte und Lenins Hauptstellvertreter in Rußland war) und als Finanzleiter (Miron Chernomazow)."[34]

Wie bemerkte doch Winston Churchill in seinem Artikel in der „Illustrated Sunday Herald":

„...die weltweite und stetig wachsende Illuminaten-Verschwörung eine klar erkennbare Rolle in der Tragödie der Französischen Revolution gespielt hat.

Sie ist die Antriebsfeder einer jeden subversiven Bewegung des 19. Jahrhunderts gewesen; und nun, zuletzt, hat diese Bande außergewöhnlicher Persönlichkeiten aus der Unterwelt der Großstädte Europas und Amerikas das russische Volk an den Haaren gepackt und sind praktisch die unangefochtenen Herren dieses riesigen Reiches. "[35]

Die USA hatten keine Wahl... Wilson auch nicht?

Es war eine Frage der Zeit, daß Amerika in den Krieg eintreten würde – das ist an dieser Stelle natürlich leicht nachvollziehbar. Ein Eckpunkt war dabei die Verabschiedung des „Federal-Reserve"-Beschlusses, der letztlich durch den damaligen Präsidenten Woodrow Wilson, der kein Veto gegen den Beschluß einlegte, endgültig verabschiedet wurde. Dadurch war für die internationalen Bankiers der Weg frei für den Kriegseintritt der Vereinigten Staaten in den Ersten Weltkrieg. Die Folgen für die gesamte amerikanische Nation sollten dramatisch werden.

Es gab dabei nur noch einen kleinen Haken: Das amerikanische Volk mußte überzeugt werden. Die Mehrheit des Volkes war gegen den Eintritt in den Krieg. Es stützte sich dabei auch auf die Prinzipien der Monroe-Doktrin vom 2. Dezember 1823, sich nicht in einen Krieg in Europa einzumischen.

Eine entscheidende Rolle spielte dabei wieder einmal der Präsident Woodrow Wilson – und seine Wiederwahl zum Präsidenten.

Als der Wahlkampf in der zweiten Jahreshälfte 1916 begann, trat Präsident Wilson natürlich für die Demokratische Partei zur erhofften Wiederwahl an. Die Kampagne leitete Colonel House. Wilsons Hauptslogan für den Wahlkampf lautete: „Er hat uns aus dem Krieg herausgehalten" („He kept us out of war"). Und das war dann wohl auch entscheidend für seine spätere Wiederwahl. Er sprach damit den amerikanischen Menschen aus der Seele, die nicht in den Krieg eintreten wollten. Das war, darüber sind sich heute viele Historiker einig, Ziel der Wahlkampf-Strategie von House, die letztlich zur Wiederwahl Wilsons führte. Aber es kam, wie es wohl kommen mußte, oder besser gesagt, wie es beabsichtigt war: Amerika zog in den Ersten Weltkrieg ein. Bereits wenige Tage nach seiner Amtseinführung trat der wiedergewählte Wilson vor den Kongreß und verlangte Amerikas Kriegseintritt. Der Kongreß stimmte zu. Am 6. April erklärten die Vereinigten Staaten Deutschland den Krieg.

Die besondere Rolle Woodrow Wilsons hat Historiker in der Vergangenheit immer wieder beschäftigt – natürlich vornehmlich die Frage, ob Wilson selbst Freimaurer war oder eben nicht. An dieser Stelle muß der große freimaurerische Hintergrund der Gründungsmitglieder der Vereinigten Staaten nicht mehr erwähnt werden. Im Falle Wilson streiten sich die Gelehrten, oder besser gesagt, Logen und Logengegner.

Einen interessanten Hinweis über den „Bruder" Wilson führt hier beispielsweise Friedrich Hasselbacher an: So hielt zum Beispiel am 10. November 1918 der ehemalige Abgeordnete von Paris, Br. Lucian Le Foyer, in der Loge „Fidélité" eine Rede über die Republik *unseres Bruders, des Präsidenten Wilson*".[36]

Und das freimaurerische „Überwachungs- und Aktionskomitee von Algerien" sandte Wilson folgendes Telegramm, als er nach Frankreich kam: *„Im Hinblick Ihres Eintreffens auf französischem Boden senden wir am 8. Dezember versammelten Freimaurer der vier Logen von Algier ihrem berühmten Bruder Wilson ihre brüderliche Hochachtung und lebendigsten Glückwünsche für sein freimaurerisches Werk während des Krieges für das Recht und die Freiheit der Völker."*

Wilsons Sekretär antwortete darauf am 17. Dezember 1918 aus Paris: *„Der Präsident hat mich beauftragt, Ihnen seine tiefste Hochachtung auszusprechen, anläßlich der schönen Worte bei seiner glücklichen Ankunft."*[37]

Entscheidend ist an dieser Stelle nicht, ob Wilson *„eingeschriebener Bruder"* war. Zunächst sollte hier festgehalten werden, daß er weitgehend freimaurerischen Zielen folgend politische Entscheidungen traf, die nicht nur für die Vereinigten Staaten, sondern gleichermaßen für Europa und Deutschland schwerwiegende Folgen haben sollten. Erinnern wir uns aber darüber hinaus an die eben genannten Hinweise auf den *„Bruder Wilson".* War Woodrow Wilson nur ein „Instrument", ein verlängerter Arm der Schattenregierung, die im Hintergrund die Fäden zog?

Unzweifelhaft ist dahingegen, daß Wilson Bruder des freimaurerverwandten Odd-Fellow-Ordens war.[38]

Entscheidend ist, so merkt in diesem Zusammenhang auch Karl Heise an: Seine Politik folgte weitgehend freimaurerischen Vorgaben und Wünschen. Der Präsident war unzweifelhaft bereit, auf Logen-Einflüsterungen einzugehen, die ihn aus seiner unmittelbaren Umgebung erreicht haben dürften. Außenminister Lansing war Freimaurer, Wilsons Stellvertreter, der Vizepräsident der Vereinigten Staaten, Br. Marshall, gehörte laut „American Tyler-Keystone" aus dem Jahre 1917 der internationalen Weltkette des 33. Grades des Schottischen Ritus an.[39]

Daß Wilson wohl doch nur „Instrument" war, wird heute mittlerweile von vielen Historikern angenommen. Unzweifelhaft ist in diesem Zusammenhang, daß hinter Wilson einflußreiche und finanzkräftige Personen standen. Besonders deutlich wurde das bei seiner ersten Präsidentschaftswahl. Als Woodrow Wilson sich als Abgeordneter der „Demokratischen" Partei dem Präsidentschaftswahlkampf stellte, versuchte Theodor Roosevelt als Kandidat der Republikaner ohne Hilfe des Großkapitals in das Weiße Haus zu gelangen. Roosevelt war es, der 1912 in seinem Wahlprogramm die berühmten Sätze schrieb: *„Hinter der sichtbaren Regierung sitzt auf dem Thron eine unsichtbare Regierung, die dem Volk keine Treue schuldet und keine Verantwortlichkeit anerkennt. Diese unsichtbare Regierung zu vernichten, den gottlosen Bund zwischen korruptem Geschäft und korrupter Politik zu lösen, ist heute die erste Aufgabe des Staatsmannes."*
Theodor Roosevelt, der selbst Freimaurer war, mußte wissen, wovon er sprach.

Der Finanzexperte und Autor Professor Anthony C. Sutton schreibt über Wilson:
„Wie ehrlich Woodrow Wilsons Absichten auch gewesen sein mögen, seine Handlungsfreiheit wurde durch die Tatsache eingeengt, daß er sein Amt dem größten aller Bankhäuser der Wall Street verdankte, Paul Warburgs Firma „Kuhn, Loeb & Co.". Sein Wahlkampf für die Präsidentenschaft war gänzlich von Cleveland H. Dodge von Kuhn, Loebs „National City Bank"; von Jacob Schiff, dem Senior-Teilhaber in „Kuhn, Loeb & Co."; von Henry Morgenthau Sr.; Bernhard Baruch und von Samuel Untermeyer finanziert worden."[40]

Alle Nationen haben verloren...

Bei dem Ersten Weltkrieg des vergangenen Jahrhunderts war es am Ende wie bei allen Kriegen, Revolutionen und Weltkriegen, es gab nur Verlierer – fast nur!

Der erste Verlierer eines jeden Krieges – so auch des Ersten Weltkrieges – ist die Wahrheit, denn nach jedem offiziellen Kriegsbeginn ist es doch zuerst die Wahrheit, die man ganz neu „einkleidet" und mit neuen Namen versieht – alles eine Frage des Geldes und der Medienmacht.

Im Ersten Weltkrieg haben alle Völker letztlich verloren, England, Österreich, Frankreich, Deutschland, Italien, Amerika und Rußland. Es gab zwei Ausnahmen: Rußland und Deutschland. Rußland hatte nicht nur den Krieg verloren, es hatte auch die Revolution und seine Freiheit verloren. Tragisch sollte auch das weitere Schicksal des deutschen Volkes sein. Die Folgen sollten sich wie ein roter Faden durch die weitere deutsche Geschichte ziehen, bis zum heutigen Tage. Besonders tragisch aber ist es, heute mit anzusehen, daß der Großteil der deutschen Bevölkerung, inklusive der vermeintlich und meist selbsternannten gebildeten und intellektuellen Elite, in einem Dämmerzustand lebt, wenn es um die Hintergrundpolitik des Ersten und des Zweiten Weltkrieges geht.

Als der Erste Weltkrieg im November 1918 offiziell beendet wurde, hatten weit mehr als zehn Millionen Menschen den Tod gefunden. Zudem gab es ein neues geopolitisches Weltbild, das unter normalen Umständen, in Friedenszeiten, nur über einen Zeitraum von Generationen hätte erreicht werden können. Durch den Krieg waren es dahingegen nur wenige Kriegsjahre.

Wenn es einen „Gewinner" gab und man dieses Wort in Verbindung mit Krieg und Völkermord überhaupt in den Mund nehmen sollte, dann waren dies die Banken.

Verlierer Rußland

Bevor wir uns geschichtlich nach Versailles begeben, wollen wir nochmals einen Blick auf Rußland werfen, denn Rußland verlor weit mehr als „nur" den Krieg. Neben Deutschland spielt zweifellos Rußland die tragische Rolle im weiteren geschichtlichen Verlauf nach dem Ersten Weltkrieg, und das wie Deutschland bis in die heutige Gegenwart.

Einer, der über die Russische Revolution schrieb, war Arsene Goulewitsch, seinerzeit General der antibolschewistischen „weißrussischen" Armee. In seinem Buch *„Tsarism and the Revolution"* hat Goulewitsch höchst interessante Aussagen gemacht.

Auch Goulewitsch kam zu dem Schluß, daß ein Teil der finanziellen Unterstützung von englischen Bankiers kam – ein Punkt, der bereits ausführlich behandelt wurde. Interessant ist aber, daß Goulewitsch als einen möglichen Geldgeber auch Alfred Milner nennt, einen Organisator der *Round Table Group* (wurde in Band 1, Kapitel 6 schon behandelt).

Dieser Alfred Milner spielte eine wichtige politische Rolle während des Burenkrieges in Südafrika. Der Burenkrieg dauerte seinerzeit länger, als die Engländer erwartet hatten. Deshalb sperrte man – mangels der damals noch nicht vorhandenen Flächenbombardierungen – kurzerhand 117.000 Zivilisten in Konzentrationslager, die 1901 vom Feldmarschall Lord Kitchener eingerichtet worden waren. Demnach hatten die Bolschewiken die Idee, ein umfassendes Konzentrationslagersystem zu schaffen, von den Engländern übernommen.[41]

Das sowjetische Konzentrationslagersystem der Anfangszeit, so schreibt William Bramley, war ein langfristig geplantes Unternehmen, das unter Lenins Nachfolger Josef Stalin zweifellos seinen Höhepunkt erreichte. Unter dem grausamen Stalin wurde ein Sofortprogramm zur Industrialisierung Rußlands eingeführt, das mit dem ersten „Fünfjahresplan" (Privatbesitz wurde Eigentum des Staates; Anm. d. A..) begann. Für diesen Plan waren große Mengen billiger Arbeitskräfte erforderlich. Um das umzusetzen, wurde in Rußland ein weitgespanntes Netz von Konzentrationslagern errichtet. Die Lager unterstanden der russischen Geheimpolizei, dem NKWD. Die Insassen waren Zwangsarbeiter, die unter unmenschlichen Bedingungen arbeiten mußten.

Die Lager waren jahrzehntelang Bestandteil der sowjetischen Wirtschaft. Zehn Millionen Menschen wurden durch die Lager geschleust, und etwa zehn Prozent von ihnen starben dort. Etwa drei bis vier Millionen Menschen ließen in den Lagern allein in der Zeit ihrer Einrichtung bis 1950 ihr Leben. Die sowjetischen Konzentrationslager waren entschieden „kapitalistische" Institutionen, weil dort die menschliche Arbeitskraft rücksichtslos ausgebeutet werden sollte.[42]

Nun wird verständlich, daß vor wenigen Absätzen Rußland als einer der großen Verlierer des Ersten Weltkrieges genannt wurde und besonders das russische Volk eine überaus tragische Rolle im weiteren Verlauf der Geschichte spielen sollte.

Die Balfour-Deklaration

Die geopolitischen Veränderungen, die mit Ende des Ersten Weltkrieges eintraten, sollten weitreichende Folgen haben. Mit Rußland und Deutschland wurden hier bereits zwei Länder genannt, die im weiteren geschichtlichen Verlauf eine besondere Rolle spielen sollten.

Ein historischer Meilenstein des Ersten Weltkrieges war zweifellos die weltberühmt gewordene Balfour-Deklaration. Sie betrachtete „mit Wohlwollen die Errichtung einer nationalen Heimstätte für das jüdische Volk in Palästina" und sagte aus, man werde „alles daransetzen, um die Erreichung dieses Zieles zu erleichtern".

Für das Zustandekommen der Deklaration, die den Zielen der zionistischen Bewegung entgegenkam, hatte sich besonders Chaim Weizmann eingesetzt, der durch seine Tätigkeit als Chemiker und Berater der britischen Regierung Einfluß bei Lord Balfour und (dem künftigen Premierminister) Lloyd George gewonnen hatte.[43]

Am 2. November 1917 veröffentlichte der britische Außenminister Arthur James Balfour seine weltberühmt gewordene Deklaration mit den alliierten Kriegszielen in Palästina. Die von Balfour verfaßte Erklärung erfolgte in Briefform und war an den prominenten Zionisten Lord Lionel Walter de Rothschild gerichtet.[44]

Auswärtiges Amt am 2. November 1917

Werter Lord Rothschild!
Ich habe die große Freude, Ihnen im Namen der Regierung Seiner Majestät die folgende Sympathieerklärung für die jüdisch-zionistischen Bestrebungen zu übermitteln, die dem Kabinett vorgelegt und von ihm gebilligt wurde:

„Die Regierung Sr. Majestät betrachtet mit Wohlwollen die Errichtung einer nationalen Heimstätte für das jüdische Volk in Palästina. Sie wird alles daransetzen, um die Erreichung dieses Zieles zu erleichtern. Hierbei wird allerdings von der Voraussetzung ausgegangen, daß nichts geschieht, was den bürgerlichen und religiösen Rechten der in Palästina bestehenden nichtjüdischen Gemeinschaften oder den Rechten und dem politischen Status der Juden in anderen Ländern Abbruch tun könnte."

Ich wäre Ihnen dankbar, wenn Sie diese Erklärung der zionistischen Föderation zur Kenntnis bringen würden.

Ihr ergebener Arthur James Balfour[45]

Der Verrat von Versailles

Der englische Parlamentarier Arthur Ponsonby sagte, daß *„es in der Welt von 1914 bis 1918 mehr vorsätzliche Lügen gegeben haben muß als zu jeder anderen Zeit der Weltgeschichte"*. Er hätte 1919 und den Versailler Vertrag ausdrücklich miterwähnen sollen, wobei wir davon ausgehen sollten, daß er das wohl insgeheim auch tat.

Am 11. November 1918 wurde der Waffenstillstandsvertrag zwischen Deutschland und seinen Kriegsgegnern abgeschlossen, womit auch der Erste Weltkrieg als offiziell beendet galt. Gleichzeitig wurden dem Reich Abrüstungs- und Rückzugsbedingungen auferlegt, woraufhin niemand mehr mit der Wiederaufnahme des Krieges rechnen konnte.
Im Januar 1918 hatte der US-Präsident Woodrow Wilson in einer Rede vor dem Kongreß ein demokratisch geprägtes Vierzehn-Punkte-Programm

48

als Voraussetzung für einen dauerhaften Frieden vorgelegt. In diesen 14 Punkten hatte Wilson die Abschaffung der Geheimdiplomatie, die Freiheit der Schiffahrt und des Handels, allgemeine Abrüstung, die Verwirklichung des Selbstbestimmungsrechts der Völker und die Errichtung eines Völkerbundes zur Schlichtung aller Streitigkeiten und zur Sicherung des Friedens gefordert. Wilson hatte auch den Besiegten eine gerechte Behandlung versprochen. *„Wenn wir Deutschland jetzt oder später etwas anderes als Gerechtigkeit, einfache und leidenschaftslose Gerechtigkeit, anbieten würden, würde das bedeuten, unsere eigene Sache zu verleugnen und zu entehren..."*

So wird verständlich, daß sich die Deutschen an die Versprechen Wilsons klammerten und alle Hoffnungen auf ihn setzten.

Laut Wilsons Plan durfte der Krieg nicht mit einem Racheakt irgendeiner Art beendet werden und keine Nation, kein Volk beraubt und bestraft werden. Dies lieferte auch die Grundlage für die Alliierten, was dann zehn Monate später letztlich zum Waffenstillstand führte. Durch die Annahme der Note Wilsons vom 5. November 1918 waren seine insgesamt 27 Punkte als „Friedensbedingungen" ausnahmslos und ausdrücklich anerkannt worden.

Lediglich *„über die praktischen Einzelheiten der Anwendung dieser Bedingungen"* sollten zu einem späteren Zeitpunkt noch Verhandlungen geführt werden. Somit war ein bindender Vorvertrag beschlossen worden, wie die Alliierten später selbst anerkannten. Die gerade durch eine Revolution ins Amt gelangte Linksregierung in Berlin sah keinen Anlaß zur Beunruhigung.

Am 13. November erließ der geschäftsführende „Rat der Volksbeauftragten" in Berlin einen Aufruf *„An Alle"*, in dem zu lesen stand:

„Die Regierung ist gestürzt! Das deutsche Volk hat auf der ganzen Linie gesiegt! Der Präsident der Vereinigten Staaten sichert uns einen Frieden der Versöhnung und Verständigung zu, ohne Annexionen und Entschädigungen... Nunmehr (herrscht) das Recht..."[46]

Es soll an dieser Stelle der gute Vorsatz Woodrow Wilsons nicht einfach in Abrede gestellt werden, aber spätestens die darauffolgenden Beschlüsse in Versailles zeigen mehr als deutlich, wie „mächtig" Wilson in Wirklichkeit war, und unterstreichen um so mehr die geballte Macht, die hinter ihm die Fäden zog.

Nach zehn Monaten wurde die Katze aus dem Sack gelassen, denn die Alliierten zeigten nun ihr wahres Gesicht. Alle idealistischen und humanitären Absichten wurden über Bord geworfen. Für die Alliierten hatte Wilsons Friedensprogramm damit seine Schuldigkeit getan, denn die deutsche Kriegsfront war nach dieser Zeit überschaubar handlungsunfähig geworden.

Nun war die Stunde der Abrechnung, der wahren Kriegsziele, wegen derer man gegen Deutschland in den Krieg zog, gekommen. Und da die Alliierten nur zu gut wußten, daß der Gegner diese nie freiwillig akzeptieren würde, wurde ihm die Schlinge um den Hals gelegt. Deutschland wurde daraufhin mit einer Hungerblockade belegt, die hauptsächlich von der englischen Seemacht betrieben wurde. Diese völkerrechtswidrige Schandtat traf vornehmlich und wohlweislich die Zivilbevölkerung.

Am 3. März 1919 erklärte Winston Churchill, britischer Kriegsminister, im englischen Unterhaus:

„Wir halten alle Zwangsmittel mit voller Bereitschaft und zum sofortigen Einsatz bereit. Wir setzen die Blockade mit allem Nachdruck fort. Wir haben starke Heeresabteilungen zur Verfügung, die sofort eingreifen können. Deutschland ist dem Verhungern nahe. Die Meldungen der Beamten unseres Kriegsministeriums, die ganz Deutschland durchreisen, berichten erstens von der großen Not, die das deutsche Volk zu ertragen hat, und zweitens von der großen Gefahr eines totalen Zusammenbruchs der ganzen Struktur des deutschen sozialen und nationalen Lebens unter dem Druck von Hunger und Unterdrückung. Ist jetzt der Zeitpunkt des Verhandelns gekommen?"[47]

Verhandlungen ohne Deutschland

Zwei Monate nach der Unterzeichnung des Waffenstillstandsvertrages, am 18. Januar 1919, versammelten sich die Vertreter von 27 Siegerstaaten zur Friedenskonferenz im Außenministerium in Paris. Deutschland und seine Verbündeten sowie Rußland, in dem der Bürgerkrieg tobte, waren nicht zugelassen! Spätestens zu diesem Zeitpunkt wurde klar, daß die Konferenz beziehungsweise das aus ihr resultierende Ergebnis im klaren Gegensatz zu Wilsons Versprechen ausfallen würde. Alle wichtigen Beschlüsse wurden von den Großmächten hinter verschlossenen Türen getroffen. Die kleineren Mächte konnten auf den Plenarsitzungen lediglich zustimmen. Die Ausarbeitung des Vertrages fand also im Geheimen statt und war ausschließlich das Werk Englands, Frankreichs und der USA.

Deutschland blieb vor verschlossenen Türen und wurde letztlich vor vollendete Tatsachen gestellt. Das Ergebnis von Versailles war kein demokratisches, humanitäres Vertragswerk, sondern ein gnadenloses, menschenverachtendes Diktat, das im übrigen einen klaren Verstoß gegen die Waffenstillstandsvereinbarungen darstellte.

Was die deutsche Delegation dann am 7. Mai in Versailles als Vertragswerk der Alliierten überreicht bekam, überstieg aber selbst noch die Befürchtungen der größten Pessimisten. Mit einem Mal schienen sich alle Versprechen, demokratischen Gedanken und Worte, die Wilson vor nur wenigen Monaten preisgab, in Schall und Rauch aufzulösen.
Es ist nur zu verständlich, daß beispielsweise Frankreich nicht in erster Linie humanitär und demokratisch dachte. Vielmehr war den Franzosen daran gelegen, im Sinne ihrer eigenen Sicherheitsinteressen eine Schwächung Deutschlands durch Abtretung möglichst großer Gebiete im Westen wie im Osten herbeizuführen sowie die Auferlegung hoher Reparationszahlungen und selbstverständlich die Zerstörung des deutschen Militärapparates.
Ähnlich sah das auch der englische Premierminister Lloyd George. Er sah sein Ziel in der klaren Schwächung Deutschlands als Konkurrent im Welthandel und in der Kolonialpolitik. Trotz aller Resolutionen gegenüber Deutschland galt George als Diplomat, denn er trat auch vielfach für die deutschen Interessen ein. Er war sich darüber im klaren, daß eine überstarke Belastung des Gegners, also Deutschlands, letztlich nur neue Konflikte herbeiführen würde.

Die Stunde der Abrechnung...

Am 7. Mai 1919 wurde der deutschen Delegation, die erst kurz vorher in Paris eingetroffen war, der 440 Artikel umfassende Vertrag übergeben.

Der französische Ministerpräsident Georges Clemenceau (1841-1929) hielt eine kurze Ansprache, in der er den harten Begriff „Stunde der Abrechnung" prägte. Deutschland waren die Hände gebunden, mündliche Verhandlungen waren nicht gestattet. Die deutsche Delegation konnte lediglich binnen 14 Tagen Bemerkungen zum Vertragstext der Konferenz überreichen. Werfen wir einen Blick auf wesentliche Punkte, die Deutschland aufdiktiert wurden:

1. Wilson hatte noch vor wenigen Monaten von Abrüstung gesprochen. Durch die Beschlüsse von Versailles wurde ausschließlich Deutschland zur Zerstörung seiner Wehrkraft gezwungen. Die Marine sollte in Zukunft nur mehr 15.000 Mann umfassen. Eine Luftwaffe wurde verboten, ebenso alle schweren und modernen Waffen. Um keine ausgebildeten Reserven entstehen zu lassen, durfte Deutschland nur ein Berufsheer von 100.000 Mann unterhalten. Auf besonderen Wunsch Frankreichs war darüber hinaus das gesamte Rheinland zu entmilitarisieren.

2. Wilson hatte die Freiheit der Meere versprochen. Nun sollte diese aber nur für die Alliierten gelten, und das zu Lasten des Reiches, dessen Wasserstraßen internationalisiert wurden. Berlin mußte seine gesamte Kriegs- und Handelsmarine unwiderruflich dem Feind übergeben. Damit sank Deutschland in der Weltrangliste der seefahrenden Staaten vom zweiten auf den dreizehnten Platz.[48]

3. Wilson hatte die Beseitigung der Handelsschranken versprochen. Dieses Prinzip wurde durch Versailles geradezu ins Gegenteil verkehrt. Beschlossen wurde die Errichtung von Zollmauern gegen Deutschland, zudem wurde dem deutschen Export ein Wertzuschlag (26 Prozent) für die Alliierten aufdiktiert.

4. Wilsons Plänen zufolge sollten keine Annexionen vorgenommen werden, das Selbstbestimmungsrecht der Völker stand für Wilson an erster Stelle. In dem Vertragswerk war davon nichts mehr zu lesen.
Die territorialen Bestimmungen des Versailler Vertrages sahen die Rückgabe Elsaß-Lothringens an Frankreich vor. Clemenceaus Forderung, das gesamte linksrheinische Gebiet von Deutschland abzutrennen, wurde

von Wilson und George abgelehnt. Durch die Annexion durch Frankreich wurden 150.000 Ansässige der deutschen Volksgruppe vertrieben. Polen erhielt von Deutschland Gebiete, die zusammengenommen die Größe Belgiens ergaben: Posen, Westpreußen, Teile von Ostpreußen, Brandenburg und Niederschlesien. In Polen lebten damit zu 40 Prozent Nicht-Polen, die nach französischem Vorbild in großer Zahl vertrieben wurden. Danzig, die im Mittelalter von Deutschland gegründete Hauptstadt Westpreußens, in der nie mehr als 3 Prozent Polen gelebt hatten, wurde aus dem deutschen Reichsverband gerissen und zur „Freien Stadt" erklärt.[49] Die Danziger unterstanden jetzt der polnischen Zollhoheit. In Oberschlesien wurde eine Volksabstimmung durchgeführt, in der mehr als 60 Prozent der Bevölkerung für den Anschluß an das Reich gestimmt hatten. Dennoch teilten die Alliierten das Gebiet nach dem Stimmenverhältnis und zerstörten somit seine Wirtschaftseinheit. Polen fiel der Hauptteil der Bodenschätze – über 90 Prozent der Steinkohlevorkommen – zu, Deutschland die Mehrzahl der Bewohner. Das Hultschiner Ländchen mußte an die Tschechoslowakei abgetreten werden, außerdem das Sudetenland, dessen Wohngebiet allein fast die Größe Belgiens ausmachte. Hier hatte die deutsche Urbevölkerung unter Grund- und Bodenenteignungen zu leiden, die man als „Bodenreform" ausgab. Zur gleichen Zeit wurde Österreich durch die Alliierten der Anschluß an Deutschland ausdrücklich verboten.

Insgesamt verlor Deutschland fast ein Siebtel seiner Fläche und ein Zehntel seiner Bevölkerung. Der Verlust war besonders schwerwiegend, da es sich um wertvolle Industriegebiete mit 75 Prozent der deutschen Eisenerz- und 28 Prozent der Kohleförderung sowie um landwirtschaftliche Überschußgebiete handelte.

5. Wilson hatte eine freie, vorurteilslose und unbedingt unparteiische Regelung aller Kolonialansprüche zugesagt, die auf der strengen Achtung des Grundgesetzes beruhen sollte. Was aber folgte, war die Verteilung der deutschen Mandatsgebiete. Die einfältige Begründung war, daß Deutschland nicht fähig sei, die Kolonien zu verwalten. Man sprach auch davon, daß sich die Deutschen in der Kolonialarbeit als „unfähig" und „unwürdig" gegenüber den Eingeborenen erwiesen haben. Hierzu muß erwähnt werden, daß es sich hierbei um Gebiete handelte, die zu einem beträchtlichen Teil auf friedlichem Wege erworben wurden. Ein Schlag ins Gesicht, be-

sonders wenn man sich vor Augen führt, daß England vor wenigen Jahren erst im südafrikanischen Burenkrieg die ersten Konzentrationslager der Geschichte einrichtete (siehe Band 1).

Die Eingeborenen vieler Kolonien forderten die Verlängerung des deutschen Mandats, eben weil die Siegernationen ein härteres Regiment führten. Drei Beispiele:

- Im Februar 1916 war die Kameruner Schutztruppe nach zähem Kampf einer zehnfachen Übermacht gewichen und auf spanisches Gebiet übergetreten, gefolgt von 60.000 Eingeborenen, die freiwillig mit ins Exil gingen.

- Im Jahre 1920 fertigten 117 Kameruner Häuptlinge eine Eingabe, in der sie um Verbleib beim Deutschen Reich ersuchten.[50]

- In Togo wurde von den Engländern eine Volksabstimmung unter der Bevölkerung durchgeführt, nach welcher sie sich entweder für die deutsche oder die englische Schutzherrschaft erklären sollten. Die Volksabstimmung ergab eine überwiegend deutsche Mehrheit. Daraufhin deportierten die Briten alle für Deutschland stimmenden Häuptlinge zur Zwangsarbeit.[51]

6. Entgegen Wilsons Versprechen, daß strafweise Entschädigungen unterbleiben würden, wurden Deutschland in Versailles unerfüllbare Reparationsforderungen aufdiktiert. Deutschland mußte auch sein gesamtes Auslandsvermögen abtreten und enorme Sachwerte an die Sieger abliefern, zum Beispiel Schiffe, Fahrzeuge, Maschinen, Baumaterial, Fabrikeinrichtungen, Kohle, chemische Produkte, Pferde, Rinder und so weiter.

Allein Frankreich forderte 218 Milliarden Goldfrancs. Dazu kamen unerfüllbare Sachforderungen, die Deutschland aufdiktiert wurden. Deutschland mußte beispielsweise sämtliche Kohlengruben des Saarbeckens schulden- und lastenfrei an Frankreich abtreten. Frankreich behielt das alleinige und uneingeschränkte Ausbeutungsrecht. Zudem mußte Deutschland die Regierungsgewalt über das Saarland für fünfzehn Jahre an den Völkerbund abtreten, um Paris alle Rechte bei der Nutzung der Gruben zu gewährleisten. Nach Ablauf dieser Frist war das Reich – im Falle der Rückgliederung

– verpflichtet, die Saargruben von Frankreich zum Goldwert zurückzukaufen. Bis dahin hatte die Saarbevölkerung kein Recht, an Reichswahlen teilzunehmen. Das Gebiet wurde dem französischen Zollraum zugeteilt. Der Gipfel war, daß sich Deutschland verpflichten mußte, allein an Frankreich und Belgien zehn Jahre lang jährlich fünfzehn Millionen Tonnen Kohle zu liefern.

7. Die Kriegsschuldfrage war, das kann sich jeder denken, in diesem Zusammenhang eindeutig beantwortet. Die Rechtfertigung für die Deutschland auferlegten Leistungen sollte der Artikel 231 bilden, in dem die Sieger feststellten, daß Deutschland die Alleinschuld für den Ersten Weltkrieg trug.

Dieser Paragraph sollte in erster Linie die juristische Haftung Deutschlands feststellen. Es wurde aber von den Besiegten als ein erzwungenes Eingeständnis der Alleinschuld und als moralische Verurteilung und Demütigung betrachtet und erzeugte bei vielen Deutschen Verbitterung und Haß.

Philip Snowden, ein späteres Mitglied des englischen Parlaments, sagte zutreffend: „*Der Vertrag dürfte Briganten, Imperialisten und Militaristen zufriedenstellen. Er ist ein Todesstoß für alle diejenigen, die gehofft hatten, das Ende des Krieges werde den Frieden bringen.* **Es ist kein Friedensvertrag, sondern eine Erklärung für einen weiteren Krieg. Es ist der Verrat an der Demokratie und an den Gefallenen des Krieges. Der Vertrag bringt die wahren Ziele der Verbündeten an den Tag.*"

Der britische Premierminister David Lloyd George bemerkte später in ähnlicher Weise: „*Wir haben ein schriftliches Dokument, das uns den Krieg in zwanzig Jahren garantiert. Wenn Sie einem Volk (Deutschland) Bedingungen auferlegen, die es unmöglich erfüllen kann, dann zwingen Sie es dazu, entweder den Vertrag zu brechen oder Krieg zu führen. Entweder wir modifizieren den Vertrag und machen ihn für das deutsche Volk erträglich, oder es wird, wenn die neue Generation herangewachsen ist, es wieder versuchen.*"

Keine andere Wahl...

Als der Vertragsinhalt von Versailles in Deutschland bekannt wurde, erhob sich überall lautstarker Protest. Reichspräsident Friedrich Ebert (1919-1925) sprach von *„Gewalt ohne Maß und Grenzen"*, die dem deutschen Volk angetan werden sollte.
Ministerpräsident Phillip Scheidemann nannte ihn ein *„Gitterwerk, hinter dem sechzig Millionen Deutsche als Gefangene schmachten müßten"*.

Da die Siegermächte die deutschen Einwände und Gegenvorschläge nicht entsprechend berücksichtigten, trat die Regierung Scheidemann unter Protest zurück. Daraufhin stellten die Alliierten Deutschland ein Ultimatum. Unterschreiben, oder es sprechen wieder die Waffen. Deutschland hatte keine Wahl, zum einen, weil durch die militärischen Vorleistungen, die erbracht wurden, die strategische Lage zu diesem Zeitpunkt schon aussichtslos erschien. Besonders aber, weil die innenpolitische Lage durch die alliierten Zwangsmaßnahmen (Seeblockade) dramatische Ausmaße angenommen hatte. Der deutsche Gesandte Harry Graf Kessler spricht von 700.000(!) Kindern, Frauen und Greisen, die nach dem Waffenstillstand und durch die fortbestehende Blockade den Hungertod starben.[52]
Diese Zahlen decken sich in etwa mit einem amtlichen Bericht des Reichsamtes: *Im Reichsamt des Inneren wurden hiernach die Todesopfer der Blockade im Jahre 1917 auf 260.000, im Jahre 1918 auf 294.000 und insgesamt von 1915 bis 1918 auf 763.000 errechnet. Die Steigerung der Sterberate der deutschen Bevölkerung stieg von 9,5 Prozent (1915) auf 37 Prozent im Jahre 1918. Bei den sechs- bis fünfzehnjährigen Kindern betrug die Zunahme der Sterbefälle 55 Prozent.*[53]

Die Alliierten wußten um die innenpolitische Notlage und waren zu allem bereit: An den Grenzen des Reiches warteten – den Worten des damaligen britischen Kriegsministers Churchill zufolge – Tausende von Flugzeugen, deren Piloten den Auftrag hatten, Deutschlands Städte zu zertrümmern und die Bevölkerung *„mit unglaublich bösartigen Giftgasen zu ersticken"*.[54]
Die Lage Deutschlands war aussichtslos, so entschloß sich die neue Regierung, den Vertrag zu unterzeichnen. Sicherlich ganz bewußt wurde von

den Alliierten der Ort für den entwürdigenden Moment festgelegt: Die Unterschrift fand sinnigerweise in dem gleichen Kaisersaal im Schloß von Versailles statt, in dem neunundvierzig Jahre zuvor das neue Deutsche Reich proklamiert wurde.

Die Bürde von Versailles zog sich wie eine untragbare Last durch die Weimarer Republik. Nicht einmal die utopischen Reparationsforderungen konnten von Deutschland geleistet werden, ganz zu schweigen von den nicht zu erbringenden Sachleistungen, die Deutschland durch die Alliierten in Versailles aufdiktiert wurden.

Der Autor Wolfgang Eggert schreibt: *„Der Lebenszweck von Versailles lag geradezu darin begründet, Deutschland zu schwächen und zugleich – aus Sicht der Überstaatlichen – die Zündschnur zum Faschismus zu legen... Die amerikanischen Wall Street-Banker, ohne deren Finanzhilfen an die Entente die Feindseligkeiten bereits 1916 zu Ende gewesen wären, saßen in Versailles hinter verschlossenen Türen mit am Tisch, als die „Rechnung" für den Krieg aufgemacht wurde. Sie besetzten dort eine permanent tagende Kommission, die den genauen Betrag der deutschen Kriegsreparationen berechnete und hierfür Zahlungsbedingungen festlegte. Sie, denen sich die Nationen Europas hoffnungslos verschuldet hatten, waren es, die den eigentlichen Friedensvertrag diktierten. Der britische Premierminister David Lloyd George beschreibt in seinen „War Memoires" die Sachlage lebendig und auf folgende unvergeßliche Weise: „Die internationalen Bankiers diktierten die Reparationsübereinkommen. Die Besitzer unserer Nationalbanken schoben Diplomaten, Politiker, Juristen und Journalisten beiseite und erließen ihre Befehle mit dem gebieterischen Wesen absolutistischer Monarchen, die wußten, daß es gegen ihre grausamen Dekrete keinen Einspruch gab."* [5]

Chronische Inflation als Folge

Wie bereits erwähnt, fuhr besonders Frankreich eine harte Linie bei den Reparationsverhandlungen. Das hatte vornehmlich zwei Gründe. Zum einen wurde Frankreichs harte Haltung diktiert von der Furcht vor einem möglichen Wiedererstarken des „Erbfeindes", den man für alle Zukunft militärisch und wirtschaftlich als zweitrangige Größe eingestuft wissen wollte. Zum anderen stand Frankreich sicherlich noch unter dem Eindruck des Krieges von 1870/71.

Wenn Deutschland die utopisch erschienenen Sach- und Finanzbedingungen überhaupt hätte erfüllen können, dann nur unter zwei Voraussetzungen: eine überaus florierende Wirtschaft mit einem jährlichen Haushaltsüberschuß und gut funktionierende Handelsbeziehungen im In- und Exportwesen. Beides konnte nicht umgesetzt werden, was Deutschland immer weiter in die Verschuldung trieb – und die Gläubiger trugen ihren Teil dazu bei. England belegte beispielsweise 1921 sämtliche Exporte aus Deutschland mit einer 26-prozentigen Steuer. Außerdem weigerte sich England, deutsche Waren in entsprechenden Mengen einzuführen.

Festzuhalten ist, daß bei allen Reparationsforderungen an Deutschland völlig außer Acht blieb, ob überhaupt eine realistische Chance bestand, die geforderten Raten im zerrütteten Deutschland zu erwirtschaften, zumal die Alliierten zunächst die deutschen Exportanstrengungen nach Belieben erschwerten.

Die Folge war absehbar, denn die Regierung überzog ihren Haushalt jedes Jahr mehr, so daß der ohnehin nicht aufbringbare Schuldenberg immer größer wurde. Deutschland bewegte sich langsam aber sicher auf eine „galoppierende" Inflation zu.

Zur Verdeutlichung: Eine Goldmark entsprach im Dezember 1914 zehn Reichsmark, am 31.10.1922 eintausend Reichsmark. Dramatisch wurde es im Jahre 1923. Von Juli bis November 1923 stieg der Gegenwert einer Reichsmark innerhalb von nur vier Monaten von 100.000 auf 1 Billion Reichsmark. Am Ende war das Papier, auf dem die Banknoten gedruckt wurden, mehr wert als der auf ihnen genannte Betrag.

Der Höhepunkt der Demütigung gegenüber dem deutschen Volk war eine militärische Reaktion. Am 11. Januar 1923 marschierten Frankreich und Belgien in Deutschland ein und besetzten mit 60.000 Mann das Ruhrgebiet. Neben der Machtdemonstration auf der einen Seite, war es eine Demütigung auf der anderen Seite. Aber das Ziel der Franzosen, sich „produktive Pfänder" zu verschaffen, ging gründlich schief. Die Besatzer hatten es zum Beispiel auf Fabriken, Bergwerke und Plätze abgesehen, aus denen sich Geld zwecks Reparationszahlungen herausholen ließ. Das besetzte Gebiet war zwar relativ klein, enthielt aber zehn Prozent der Bevölkerung und erzeugte etwa achtzig Prozent der deutschen Kohle, Eisen und Stahl und stellte siebzig Prozent des Gütertransports.

Mit *„feierlichem Protest vor der ganzen Welt"* zeigte das Deutsche Reich seine Empörung. Die deutschen Arbeiter an der Ruhr riefen zu einem Generalstreik auf und leisteten somit wirkungsvoll passiven Widerstand, den die Regierung unterstützte. Auch wenn sich die Besatzung insgesamt als ein Mißerfolg herausstellte, verschlechterte sich die Wirtschaftslage des Reiches immer mehr unter der nunmehr französischen Ruhrverwaltung. Der Ausfall dieser starken regionalen Wirtschaftskraft verschlimmerte die verheerenden Folgen der Arbeitslosigkeit und die ohnehin krisengeschüttelte deutsche Wirtschaftslage.

Der Young-Plan scheitert auch...

Die Folgen der innenpolitischen Zwangslage und der zunehmenden Inflation erreichten 1923 ihren vorläufigen Höhepunkt. Innerhalb des Volkes führte dies zu einem nationalen Aufschrei mit der zwangsläufigen Folge eines Durchmarsches der extremen Rechten. Die Folge war, daß mit der DNVK eine Rechtsaußenpartei, zum erstenmal seit der Einigung des Reiches von 1871, die Spitze der Wählergunst erreichte. Und erstmalig machten die Nationalsozialisten mit aufsehenerregenden Wahlerfolgen von sich reden.[56]

Die wirtschaftliche Zerrüttung Deutschlands, vor allem die Höhepunkte der Inflation (1923) mit ihrem Kaufkraftverfall und der Kapitalflucht, machten den Siegermächten deutlich, daß Deutschland die Reparationsforderungen nicht leisten konnte. Zwei Sachverständigenausschüsse unter dem amerikanischen Bankier Charles Dawes und dem englischen Experten Reginald Mc Kenna verdeutlichten, daß nur eine wirtschaftliche Gesundung des Reiches und der Verzicht auf Gewaltmaßnahmen, wie die Besetzung des Ruhrgebietes, überhaupt weitere Reparationen ermöglichten.

Am 15./16. August 1924 kam es zur Verabschiedung des *Dawes-Planes* mit neuen Zahlungs- und Hilfsbedingungen für Deutschland. Hiernach sollte das Reich pro Jahr 2,5 Milliarden Mark Reparationsforderungen leisten, voll zahlbar vom fünften Jahr an. Reichsbahn und Reichsbank wurden zur Sicherheit unter internationale Kontrolle gestellt und belastet. Ebenso wurden Zoll- und Verbrauchssteuereinnahmen verpfändet. Den Zinsdienst für Obligationen in Höhe von fünf Milliarden Mark mußte die Industrie aufbringen. Gleichzeitig erhielt Deutschland, so sah es der *Dawes-Plan* vor, über einen Zeitraum von vier Jahren Kredite in Höhe von 800 Millionen Dollar. Dieses Geld sollte zur Sanierung der deutschen Wirtschaft benutzt werden, anderseits sollten die durch den Wiederaufbau erwirtschafteten Finanzen dazu dienen, die Reparationsleistungen an die Gläubiger zu leisten.

Auch wenn sich der Dawes-Plan zunächst politisch und wirtschaftlich als fruchtbar erwies, schlug er fehl.

Dennoch hatte er langfristige Folgen, wie auch Professor Carrol Quigley in seinem Werk „*Tragedy and Hope*" treffend anmerkt:

„Es ist zu beachten, daß dieses System von den internationalen Bankiers eingerichtet wurde und daß das Ausleihen des Geldes anderer an Deutschland für diese Banker höchst gewinnbringend war... Mit Hilfe dieser amerikanischen Kredite wurde die deutsche Industrie weitgehend mit den neusten technischen Einrichtungen ausgerüstet. Mit diesen amerikanischen Krediten konnte Deutschland seine Industrie wieder aufbauen und sie mit Abstand zur zweitbesten der Welt entwickeln. Damit konnten Wohlstand und Lebensstandard beibehalten werden, trotz Niederlage und Reparationen, und die Reparationen bezahlt werden, ohne die Übel eines defizitären Haushaltes und einer negativen Handelsbilanz. Mit Hilfe dieser Kredite konnten die deutschen Schuldner ihre Kriegsschuld an England und die USA zurückzahlen, ohne Waren und Dienstleistungen zu exportieren. Devisen, die in Form von Krediten an Deutschland gingen, flossen an Italien, Belgien, Frankreich und England in Form von Reparationen zurück sowie schließlich an die Vereinigten Staaten in Form von Rückzahlung der Kriegsschulden. Was allein an diesem System schlecht war, war, daß es einfallen würde, sobald die Vereinigten Staaten kein Geld mehr liehen, und zweitens, daß in der Zwischenzeit die Schulden lediglich von einem Konto auf ein anderes verschoben wurden und niemand der Zahlungsfähigkeit auch nur einen Schritt näher kam. In der Zeit von 1924 bis 1931 bezahlte Deutschland 10,5 Milliarden Mark an Reparationen, borgte sich aber insgesamt 18,6 Milliarden Mark. Somit war rein gar

nichts gelöst, aber die internationalen Bankiers saßen im Himmel, wo es von
Gebühren und Provisionen nur so regnete. "[57]

Der **Dawes-Plan** schlug fehl und wurde 1929 durch den **Young-Plan**
abgelöst. In diesem Jahr wurde eine neue internationale Sachverständigen-
Kommission mit der endgültigen Lösung der Reparationsfrage beauftragt.
Der Bankier Charles Dawes ging als US-Botschafter nach London, indes-
sen übernahm sein Landsmann Owen Young die Präsidentschaft der
Kommission, die nach seinem Namen benannt wurde. Erwähnenswert ist,
daß Owen Young Direktor der New Yorker *Federal Reserve Bank* war,
über dessen Entstehung und Hintergrund in Band 1 (Kapitel 6) berichtet
wurde.

Die neue Kommission setzte die Schuldenlast Deutschlands auf insgesamt 110 Milliarden Reichsmark fest. Deutschland sollte Zahlungsver-
pflichtungen für sechzig Jahre eingehen, dabei konnten nicht einmal die ersten Jahresraten erwirtschaftet werden. Feststand: Deutschland sollte bis
zum Jahre 1988 Reparationen zahlen, das bedeutete, daß selbst zu diesem
Zeitpunkt noch nicht geborene Generationen für eine Kriegsschuld bluten
sollten, die sie nicht zu Unrecht von sich wiesen. Besonders die Jugend des
Landes, die den Ersten Weltkrieg nur vom Hörensagen kannte, sah in dem
Young-Plan Vorsatz und Böswilligkeit der Siegermächte.

Die Young-Kommission gründete zur Eintreibung der Schulden ein
spezielles Geldinstitut für internationalen Zahlungsverkehr in der Schweiz.
Über dessen Aufgaben berichtete das angesehene „*Berliner Tageblatt*" am 9.
März 1929:

„Die Reparationsbank stellt unterentwickelte Länder, unerschlossene oder
noch nicht zivilisierte überseeische und vielleicht auch europäische Gebiete fest
und gründet Unternehmungen zur Erschließung oder weiteren Erschließung
solcher Gebiete. Die Reparationsbank lädt die privaten Großbanken der Welt
und ausländische Privatpersonen ein, sich an der Gründung von Unterneh-
mungen finanziell gegen Dividende zu beteiligen. Kann Deutschland die Tri-
butleistungen nicht aufbringen, dann verlangt die Reparationsbank, daß jähr-
lich Musterungen in Deutschland veranstaltet werden. Zu diesen Musterungen
werden deutsche Jünglinge und Mädchen geladen, um auf ihre Exportfähigkeit
untersucht und bei entsprechendem Gesundheitszustand als exportfähig erklärt
zu werden. Durch die Reparationsbank wird nun bestimmt, wie viele deutsche

Jünglinge und Mädchen auszuwandern haben, um dort die Arbeitskräfte der gegründeten Unternehmungen darzustellen. Die Unternehmungen werden in ausländischer Währung geführt. Aus ihnen wird das herausgeholt, was Deutschland nicht zahlen kann. Die Zahl der zwangsweise exportierten deutschen Jünglinge und Mädchen richtet sich ganz nach der Summe, die Deutschland nicht in ausländischer Währung aufbringen kann."

Das war natürlich zusätzlicher Zündstoff für die rechtsorientierten Parteien in Deutschland. Wie wir bereits erfahren konnten, entfachte bereits Anfang der zwanziger Jahre die innenpolitische Zwangslage, in die Deutschland bewußt und mit Nachdruck durch die Siegermächte gedrängt wurde. Dies sorgte zwangsläufig für einen nationalen Aufschrei – mit einem damaligen Höhepunkt der Inflation. Der Durchmarsch der extremen Rechten war die Folge. Die Nationalsozialisten machten mit aufsehenerregenden Wahlerfolgen von sich reden.

Durch die Inflation wurde der Mittelstand, der die Basis einer jeden Demokratie bildet, quasi „entmündigt" und enteignet. Viele „Mittelständler" wurden über Nacht zu Sozialhilfeempfängern. Der Wirtschaftswissenschaftler Arthur Rosenberg hat diesen Vorgang als *„eine der größten Räubereien der Weltgeschichte"* bezeichnet.

Zu diesem „enteigneten" Mittelstand fügte sich bald auch das stetig wachsende Heer der Angestellten, die verbittert und verzweifelt das eklatante Mißverhältnis zwischen Einkommenslage und sozialer Sicherung erkannten. Weite Bevölkerungskreise befanden sich in einer tiefgreifenden wirtschaftlichen und materiellen Notlage. Dokumentiert wird die desolate wirtschaftliche Talfahrt durch die Arbeitslosigkeit. Von Januar 1928 bis Anfang 1930 verdoppelte sich die Zahl der Arbeitslosen beinahe und stieg von 1,86 bis 3,22 Millionen. Der dramatische Höhepunkt war Mitte 1933 erreicht, als die Zahl von etwa 3,22 Millionen (Januar 1930) auf etwa 4,46 Millionen anstieg.

Bekannterweise schlug auch der Young-Plan fehl, was natürlich auch im unmittelbaren Zusammenhang mit der Weltwirtschaftskrise und dem Börsenkrach am 24./25. Oktober 1929 stand, der als *„Schwarzer Freitag"* in die Geschichte einging. Der Börsenkrach beendete Amerikas Kreditvergabe an Deutschland. Hier wurde einmal mehr deutlich, wer die Welt regiert und wie sehr die Vereinigten Staaten und alle führenden Industrienationen von den internationalen Geldgebern abhängig sind.

Die wirtschaftliche Folge für die USA und die europäischen Industrienationen war eine tiefe Depression. Noch schlimmer traf es Deutschland: Nachdem die USA-Kredite Ende 1930 abgezogen wurden, führte dies nach einem halben Jahr zum Zusammenbruch des deutschen Bankwesens. Wirtschaftskollaps, alarmierende Konkurszahlen, drastischer Produktionsrückgang und die stark ansteigende Arbeitslosigkeit waren der Nährboden für die logische Konsequenz: die spektakulären Wahlerfolge der *Nationalsozialistischen Deutschen Arbeiterpartei* (NSDAP).

Adolf Hitler betritt die Politbühne – mit Unterstützung...

Die politische Geschichte unserer Gegenwart ist überhäuft mit Bestechung, Waffengeschäften, Korruption und schwarzen Kassen, wie erst die jüngste Vergangenheit gezeigt hat. Wollen wir einmal von der eklatanten juristischen Zuwiderhandlung vieler Politiker absehen, sollte man sich einmal über die Handlungsunfähigkeit unseres Rechtssystems ernsthafte Gedanken machen. Der Finanzmacht, und in dem Sinne auch der Industrie, war zu keiner Zeit der Geschichte der Einfluß und die Möglichkeit abzusprechen, wenn es darum ging, Staatsmännern zu einem entsprechenden Amt zu „verhelfen".

Die Frage der Finanzmacht, die es auch im Falle Hitlers gegeben und die ihn maßgeblich unterstützt hatte, wurde im Laufe der letzten Jahrzehnte immer wieder diskutiert. Woher kamen plötzlich die hohen Summen, die Hitler den Weg ebneten?

Bei der Behandlung dieser Thematik kann nicht gleichzeitig die Frage beantwortet werden, ob Hitlers „Finanziers" oder „finanzstarken Fürsprecher" eine Vorstellung davon hatten, was den jüdischen Mitbürgern und anderen gesellschaftlichen Randgruppierungen durch Hitlers Machtergreifung bevorstehen würde. Doch mit großer Wahrscheinlichkeit ist davon auszugehen, daß sich viele der „Unterstützer" aus Politik und Wirtschaft der Tragweite der menschlichen Massenvernichtung, die durch den Zweiten Weltkrieg ausgelöst wurde, zu keiner Zeit auch nur annähernd bewußt waren.

Die Verflechtung des internationalen Großkapitals und der Industrie im Zusammenhang mit dem Aufstieg Hitlers und den Vorbereitungen zum Zweiten Weltkrieg wurde unter anderem durch den amerikanischen Professor Anthony C. Sutton in seinem Buch „*Wall Street and the Rise of Hitler*" bemerkenswert dargestellt. Aus detaillierten Aussagen von Regierungsbeamten vor dem Kilgore Komitee des US-Senats 1945 geht hervor, daß „*als die Nazis 1933 an die Macht kamen, sie feststellen konnten, daß man seit 1918 enorme Fortschritte in der Vorbereitung Deutschlands für den Krieg in wirtschaftlicher und industrieller Hinsicht gemacht hatte*".

Professor Sutton führt weiter aus: „*Der Beitrag des amerikanischen Kapitalismus zu den deutschen Kriegsvorbereitungen kann nur als phänomenal beschrieben werden. Der Dawes-Plan, gebilligt im August 1924, paßte perfekt in die Pläne der Militärwissenschaftler des deutschen Generalstabes. Der Young-Plan (von 1928) stellte die Absicht in den Vordergrund, Deutschland mit amerikanischem Kapital zu besetzen und seine wirklichen Vermögenswerte gegen eine gigantische Hypothek zu verpfänden, die in den USA gehalten wurde. – Ohne das von der Wall Street besorgte Kapital hätte es an erster Stelle keine I. G. Farben gegeben und fast sicher auch keinen Adolf Hitler und den Zweiten Weltkrieg. – Die Vereinigten Staaten sind, trotz der Verfassung und der sich daraus ergebenden Zwänge, ein gewissermaßen totalitärer Staat geworden. Es liegt in den Geldinteressen der internationalen Bankiers, politische Macht zu zentralisieren – und diese Zentralisierung kann am besten erreicht werden in einer kollektivistischen Gesellschaft wie im sozialistischen Rußland, im nationalistischen Deutschland oder einem Fabian Sozialismus der Vereinigten Staaten.*"[58]

Betrachten wir die Aussagen einer wichtigen Zeitzeugin: Mathilde Ludendorff, die Frau von General Erich Ludendorff. Dieser war bereits im Ersten Weltkrieg verantwortlich für die deutsche Heeresleitung. Nach dem mißglückten Putsch 1923 und der Inhaftierung Hitlers rückte Ludendorff mehr in den Mittelpunkt. Er genoß große Popularität und verfügte im nationalen Lager über einen beträchtlichen Einfluß. Diesen Einfluß müssen auch politische und finanzstarke Kräfte in den USA vernommen haben, denen gleichzeitig an einer Unterstützung der rechtsextrem orientierten deutschen Partei sehr gelegen war.

In diesem Zusammenhang berichtet Mathilde Ludendorff in *Band 6* ihrer Lebenserinnerungen über den Besuch eines amerikanischen Finanziers, Ende der zwanziger Jahre, der versuchte, ihren Mann mit einer astronomischen Geldsumme zu „kaufen": *„Die Macht in Deutschland wäre Ihnen in zwei Jahren, die Macht der Völker in kaum mehr als der doppelten Zahl der Jahre sicher in die Hände gespielt. Die wirtschaftlichen Mittel, um einen Wehrverband und alles sonst Nötige zu schaffen, würden Ihnen natürlich sofort zur Verfügung stehen, zunächst zehn Millionen Dollar... Für die Vermehrung Ihrer Anhängerschaft wird natürlich noch gesorgt. Entsprechend dem raschen Aufstieg und Anwachsen Ihrer nationalen Bewegung werden Ihnen nach einem weiteren Jahr vierzig Millionen Dollar zur Verfügung gestellt."*

Man kann sich vorstellen, daß Ludendorff sichtlich überrascht gewesen war. Unbeeindruckt von den großen Summen, mit denen der „Geldbote" warb, äußerte Ludendorff unverblümt seinen Verdacht: *„Solche Summen kann ja nur die Wall Street anbieten; also, man will eine nationale Erhebung? Die Sache an sich wäre ja ganz einfach. Aber da wir keine Schurken sind, läßt sie sich leider nicht verwirklichen."*

Nachdem der Bote mit diesen klaren Worten entlassen wurde, sagte Ludendorff zu seiner Frau, die das Gespräch verfolgt hatte: *„Der geht nun schnurstracks zu Hitler, und der wird ihn nicht ablehnen. Jetzt kann man nur auf das Wahlergebnis im Herbst gespannt sein."*[59]

Ludendorff sollte mit seinen Prognosen Recht behalten, denn bei den Reichstagswahlen im Herbst 1930 gewannen die Nationalsozialisten landesweit mit großem Vorsprung.

Ludendorff veröffentlichte wenig später sein Buch „*Weltkrieg droht auf deutschem Boden*" und brach mit Hitler und seiner Bewegung.

Die Wall Street im Hintergrund?

Wolfgang Eggert befaßt sich in seinem wohlrecherchierten Werk „*Israels Geheimvatikan*" (Band 3), in bezug auf den geheimnisvollen Boten, der Ludendorff zu kaufen versuchte, mit der Frage, ob dieser Bote der Wall Street zuzuordnen war.

Der Autor behandelt in diesem Zusammenhang eine Schrift aus dem Jahre 1933 „*De Geldbaronen van het National-Socialisme*" (*„Die Geldquellen des Nationalsozialismus – Drei Gespräche mit Hitler"*),[60] der zufolge die Frage eindeutig mit Ja zu beantworten ist.

Der Einleitung zufolge hatte sich der Mittelsmann dieser Bankiers, James („Sidney") Warburg über seine Unterhaltungen mit Hitler Notizen gemacht. Diese Aufzeichnungen überließ er dem Verfasser des Vorwortes, dem niederländischen Wirtschaftsjournalisten J. G. Schoup, der sie übersetzen ließ und das Manuskript kurz nach Hitlers Machtergreifung veröffentlichte.

So haben gemäß dem Warburg-Buch im Juni 1929 in Kreisen der US-Hochfinanz Beratungen stattgefunden, die sich speziell mit der europäischen Lage befaßten. Diesen Gesprächen schloß sich Wochen später ein Austausch James P. Warburgs mit Carter an, dem Präsidenten der Guaranty Trust Company New York. Noch im selben Monat kamen daraufhin, unter der Führung Carters, die Direktoren der fünf Federal Reserve Banken zu einer Besprechung zusammen, an der auch Rockefeller jun. und Mc. Glean von der Royal Dutch Shell als Vertreter der Ölinteressen teilnahmen. All diese Treffen liefen darauf hinaus, in Deutschland einen radikalen Regierungswechsel zu fördern und einen Mann auf ein Schild zu heben, der – so wörtlich – einen Zweiten Weltkrieg garantieren könnte. Der Vermittler, den die hauptsächlich aus Bankiers bestehende Versammlung nach Deutschland schickte, um die Frage einer Deutschen Revolution zu prüfen, fand sich in der Person des jungen Warburg, der die deutsche Sprache beherrschte, weil er im Bankhaus seines Onkels in Hamburg mehrere Jahre gearbeitet hatte.[61]

Bald darauf traf sich dieser das erste Mal mit Hitler in München, um diesem die Hintergründe der geplanten finanziellen Unterstützung aus Amerika plausibel zu erklären. Warburg eröffnete Hitler, daß es seinen

Hintermännern hauptsächlich darum ging, Frankreich die europäische Vorherrschaft zu nehmen. Das wiederum lag – das wußte auch Hitler – am Versailler Vertrag. Denn es waren vornehmlich die Franzosen, die aus Sicherheitsinteresse einen schwachen Nachbarn Deutschland wollten. Die Vereinigten Staaten zögen aus wirtschaftlichen Gründen ein wohlhabendes Deutschland vor, denn die wirtschaftliche Potenz der USA hänge unter anderem auch stark von einer ökonomischen Gesundung Deutschlands ab.

Hitler konnte sehr wohl einschätzen, wie stark der Druck der Franzosen bei den Verhandlungen des Versailler Vertrages war und daß die endgültigen Abschlüsse in Versailles und die daraus resultierende deutsche Zwangslage vornehmlich auch durch Frankreich entstand. Somit stießen Warburgs Argumente bei Hitler natürlich auf Gehör.

Auch das zweite „Argument“, so führt Wolfgang Eggert aus, konnte bei Hitler kaum auf taube Ohren fallen: „Das von allen Seiten in die Ecke gedrängte Deutsche Reich hatte, seit dem Abkommen von Rapallo, starke politische und wirtschaftliche Neigungen zu Sowjetrußland entwickelt. Russisches Benzin begann den deutschen Markt durch die „Derulop“ zu erobern und zwischenstaatliche Beziehungen brachen sich Bahn, die insbesondere den Angelsachsen zunehmend Sorgen bereiteten. Dem sollte von Seiten seiner Auftraggeber ein Riegel vorgeschoben werden – ein Gedanke, der wie kaum ein zweiter in Hitlers Weltbild paßte.“[62]

Hitler nahm das Angebot des Treuhänders an und befreite sich und seine Bewegung mit einem Schlag von allen Geldsorgen. Zu diesem Ergebnis kam, aufgrund der vorliegenden Fakten, auch Wolfgang Eggert. Ebenso der bekannte Autor Garry Allen: „Die Finanzierung von Adolf Hitlers Aufstieg zur Macht wurde durch die von Warburg kontrollierte Mendelssohn-Bank in Amsterdam und später durch die J.-Henry-Schroeder-Bank – mit Zweigstellen in Frankfurt, London und New York – gehandhabt.“[63]

Noch 1929 bekam Hitler demnach aus den genannten Geldquellen zehn Millionen Dollar ausgehändigt. Im Jahre 1931 kam es zu einem erneuten Treffen zwischen Hitler und Warburg. Dazu bemerkt Wolfgang Eggert: „Im Jahre 1931 bat Hitler um neue Zuwendungen, und als Warburg seinen Auftraggebern das Gesuch unterbreitete, fanden diese eine neue Reise für notwendig. Diesmal traf Warburg Hitler im Berliner Luxus-Hotel Adlon, wo *ihm auch neue Männer der Partei vorgestellt wurden. Warburgs Nachrichten waren ermutigend. Wiederum wurden Hitler US-Gelder bewilligt: Diesmal fünfzehn Millionen Dollar (also 60 Millionen Mark), die über Mendelssohn & Co, die Rotterdamsche Bankverbindung, und die in Rom beheimatete Banca d´Italia abgewickelt wurden. Den Schlußpunkt setzte 1933 ein Transfer von sieben Millionen Dollar, die über die Banca d´Italia und die Düsseldorfer Rhenania AG, die deutsche Filiale der Royal Dutch Shell, verbucht wurden. An all diesen Finanzaktionen soll sich später neben den amerikanischen Firmen auch noch Montagu Norman von der ‚Bank of England' beteiligt haben.*[64]«

Der Autor Wolfgang Eggert geht besonders in der brisanten Frage der Finanzierung Hitlers, der Verbindung zur Wall Street und der Person Warburg auch der wirklichen Authentizität nach, und das in gewohnt gründlicher Weise, mit umfangreichen Quellenhinweisen.

Verständlicherweise gab es deutliche Gegenwehr des Hauses Warburg bezüglich des Berichtes, wie man sich vorstellen kann. In diesem Zusammenhang wurde sogar ein Prozeß geführt:

„Im Jahre 1950 veröffentlichte die baden-württembergische Deutsche Gemeinschaft beweiskräftige Dokumente darüber, daß das amerikanische Bankhaus Warburg es gewesen war, das die entscheidenden Wahlen Adolf Hitlers von 1930 bis 1933 finanziert hatte. Darauf wurde ein Prozeß geführt, den sie gewann, da sie stichhaltige Unterlagen vorzuweisen vermochte. Aber keine einzige Zeitung berichtete damals über diesen Prozeß, obwohl er doch eine historische Sensation zum Gegenstand hatte, nämlich den Nachweis, daß das internationale Großkapital in entscheidender Weise auf Adolf Hitler gesetzt hatte.[65]«

Die Echtheit des Warburg-Berichtes ist von philosemitischer Seite her angezweifelt worden. Der Grund dafür war der berechtigte Einwand, daß der Vorname des Chronisten im holländischen Original mit „Sidney" angegeben wird, es allerdings in der Familie Warburg einen Sprößling dieses Namens zu keiner Zeit gab.

Mit diesem zentralen Hintergrund befaßte sich der schweizerische Journalist René Sonderegger. Bereits 1936 befaßte er sich in seiner Schrift *„Finanzielle Weltgeschichte. Das Dritte Reich im Dienste der internationalen*

Hochfinanz. Gemeinnutz geht vor Eigennutz?" mit dem Werk von J. G. Schoup. Sonderegger reiste für seine Recherchen persönlich in die USA und gab 1948 in der Schweiz unter dem Namen Severin Reinhard ein weiteres Buch (*„Spanischer Sommer"*) zum Schoup-Komplex heraus. In diesem Werk erklärt der Autor, daß Sidney der Rufname des durchaus existenten James Warburg, dem Sohn von Paul Warburg, gewesen sei. Das wiederum fügt sich in den Lebenslauf von James Warburg ein, denn dieser war, wie bei Schoup beschrieben, tatsächlich in Deutschland aufgewachsen, hatte mehrere Jahre im Bankhaus seines Onkels in Hamburg gearbeitet und wanderte dann in die USA aus.

Auch die Ermittlungen des preußischen Innenministeriums, die Ende 1931 die Aufdeckung des finanziellen Hintergrundes der NSDAP zum Ziel hatten, weisen auf eine Wall Street-Verbindung hin. Über diese Ermittlungsergebnisse des Innenministeriums schrieb der damalige Leiter des politischen Dezernats in Preußen nach dem Krieg: *„Es enthielt eine Sammlung von Aufzeichnungen, aus der die umstürzlerischen Absichten Hitlers und die finanziellen Unterstützungen, die ihm das Ausland gewährte, nachgewiesen werden konnte."*[66]

Heinrich Brüning, welcher der Weimarer Republik zeitweise als Reichskanzler vorgestanden hatte, wurde stets über die Arbeit und Ergebnisse des Untersuchungsausschusses auf dem laufenden gehalten. Nach dem endgültigen Niedergang Hitlers schrieb Brüning in einem Brief an einen Freund: *„Einer der Hauptfaktoren bei Hitlers Aufstieg war die Tatsache, daß er große Geldsummen von fremden Ländern 1923 und später empfing... Diejenigen, die solange versucht haben, diese Tatsache zu unterdrücken, täuschen sich, wenn sie glauben, daß sie das auf Dauer tun könnten... Glücklicherweise waren (Reichspräsident) Hindenburgs außerverfassungsmäßige Berater unter sich geteilt. Eine Gruppe zielte auf eine Regierung ohne Nazipartei, gleich der später unter Herrn von Papen eingesetzten, die diktatorisch vorgehen und die politischen Parteien auflösen sollte. Andere wollten eine neue Regierung haben, welche die Nazis einschließen sollte. Die letztere Gruppe hatte unter ihren Mitgliedern eine Anzahl von Bankiers, die einen besonderen, indirekten Druck auf den Präsidenten nach seiner Rückkehr nach Berlin ausübten. Zum mindesten einer von ihnen hatte, wie man wußte, seit Oktober 1928 großzügig* *die Fonds der Nazis und der Parteien der Nationalisten mit Geld unterstützt. Er starb, kurz nachdem die Nazis an die Macht gekommen waren. Das Finanzieren der Nazipartei, teilweise von Menschen, von denen man es am wenigsten erwartet hätte, daß sie diese unterstützen würden, ist ein Kapitel für sich. Ich habe niemals öffentlich darüber gesprochen, aber im Interesse Deutschlands könnte es notwendig werden, es zu tun und aufzudecken, wie dieselben Bankiers im Herbst 1930 den amerikanischen Botschafter Sackett gegen meine Regierung zugunsten der Nazipartei zu beeinflussen suchten.*[67]

I. G. Farben und Standard Oil

Bei der kurzen und zusammenfassenden Beleuchtung des Aufstieges der Nationalsozialisten, muß an dieser Stelle auch der mächtige Einfluß der führenden Industrie erwähnt werden, da diese ein maßgebliches Bindeglied bildet. Gemeint ist die *I. G. Farben.*

Bis zum Ausbruch des Zweiten Weltkrieges avancierte die *I. G. Farben* (aus der nach dem Krieg die heutige BASF hervorging) zum weltweit größten Chemieunternehmen und war Teil eines Kartells, das an Macht und Größe gigantische Dimensionen angenommen hatte.

Eine der Hauptursachen für die Niederlage des Ersten Weltkrieges war sicherlich der Mangel an Treibstoff gewesen. So mußte ein Weg gefunden werden, der die Abhängigkeit vom Ausland für immer beenden würde. Einerseits verfügte Deutschland zwar im Inland über keine nennenswerten Ölvorkommen, doch verfügte es andererseits über Kohle im Überfluß. Eines der primären Ziele der Deutschen Chemie bestand nun darin, ein Verfahren zur Umwandlung von Kohle in Benzin zu finden.

Bereits 1920 hatte Dr. Bergius ein Verfahren entdeckt, um große Mengen Wasserstoff herzustellen und sie unter hohem Druck bei hohen Temperaturen und mit Hilfe von bestimmten Katalysatoren in flüssige Kohlenprodukte zu verwandeln. Damit waren die entscheidenden Schritte zur Benzinveredelung erreicht. Es war nur noch eine Frage der Verfeinerung dieses Hydrierprozesses.

Die Neuentdeckung von *I. G. Farben* führte zur Gründung eines weltweiten Kartells. Nachdem Frank Howard von *Standard Oil* im März 1926 die großen badischen Werke in Ludwigshafen besichtigt hatte, wollte er kaum glauben, was er dort mit eigenen Augen sah: Benzin aus Kohle! In einem Brief an Walter Teagle von *Standard Oil* schrieb er:

„Aufgrund meiner heutigen Beobachtungen und Diskussionen glaube ich, daß diese Sache das wichtigste ist, was unser Unternehmen angeht. Die Badische kann aus Braunkohle und anderen minderen Kohlesorten hochwertiges Motorenbenzin herstellen, und zwar in Mengen, die fast der Hälfte der Kohle entspricht. Das bedeutet absolut die Unabhängigkeit Europas in Fragen der Benzinversorgung. Es bleibt nur der knallharte Preiswettbewerb."[68]

Es dauerte nur wenige Jahre, bis es schließlich am 9. November 1929 zur Fusion der beiden mächtigen Industriegiganten kam. Durch den Vertrag sicherte sich *Standard Oil* die eine Hälfte der Rechte an den Hydrierverfahren, und das in allen Ländern der Welt mit Ausnahme Deutschlands. Die *I. G. Farben* erhielt von *Standard Oil* 546.000 seiner Stammaktien im Wert von mehr als dreißig Millionen Dollar. Außerdem vereinbarten beide Seiten, niemals gegeneinander in den Bereichen der Chemie und der Ölgewinnung Wettbewerb zu betreiben. Ziel war es, einen noch größeren Aufschwung der Gewinne zu erzielen.

Nur zwei Jahre später wurde zwischen der *I. G. Farben* und *Alcoa* das *Alig-Abkommen* geschlossen, wodurch die beiden Unternehmen alle ihre Patente und ihr Know-how in der Magnesiumherstellung zusammenlegten.

Als Henry Ford in Deutschland eine Autofabrik erbaute, beteiligte sich die I. G. Farben mit vierzig Prozent. In den USA trat Henry Fords Sohn Edsel in den Vorstand der I. G. Chemical Company, ebenso Walter Teagle, Präsident der Standard Oil, Charles E. Mitchell, Präsident der Rockefeller Bank „National City of New York", sowie Paul Warburg, der maßgeblich bei der Gründung der amerikanischen „Federal Reserve Bank" mitwirkte.[69]

Geld für die Kriegsvorbereitungen

Bei den Kriegsvorbereitungen spielten das internationale Großkapital und die Industrie eine sehr entscheidende Rolle, wie unzweifelhaft zu erkennen ist.

Eine nicht unwesentliche Rolle spielten dabei auch die Verträge von Versailles, wie wir bereits feststellen konnten.

Der deutsche Industrielle Dr. Fritz Thyssen erklärte in diesen Jahren, er habe sich *„an die Nationalsozialistische Partei erst dann gewandt, als ich zu der Überzeugung gelangt war, daß der Kampf gegen den Young-Plan unausweichlich war, wenn der vollständige Zusammenbruch Deutschlands verhindert werden sollte. Die Annahme des Young-Plans und seine finanziellen Grundsätze erhöhten die Arbeitslosigkeit mehr und mehr, bis es rund eine Millionen Arbeitslose gab. Die Menschen waren verzweifelt. Hitler sagte, er werde die Arbeitslosigkeit beseitigen. Die damalige Regierung war sehr schlecht, und die Lage der Leute verschlimmerte sich. Das war wirklich der Grund für den enormen Erfolg bei den Wahlen."*[70]

Wie sehr aber die amerikanische Industrie in den Jahren des nationalsozialistischen Aufbaus in Deutschland präsent war und einen nicht unwesentlichen Beitrag leistete, ist beachtenswert.

Der höchste diplomatische Vertreter Amerikas im Hitler-Deutschland nach 1933 war Botschafter Dodd. Im Jahre 1936, mehr als dreieinhalb Jahre nach Hitlers Machtergreifung, berichtete Dodd dem amerikanischen Präsidenten Roosevelt folgendes: *„Zur Zeit haben wir hier mehr als einhundert amerikanische Unternehmen, Tochtergesellschaften oder Kooperationsabkommen. Du Pont hat drei Verbündete in Deutschland, die das Rüstungsgeschäft unterstützen. Ihr Hauptverbündeter ist die I. G. Farben Company. Standard Oil Company (New Yorker Untergesellschaft) hat im Dezember 1933 zwei Millionen Dollar hierher geschickt und erhält jährlich 500.000 Dollar dafür, den Deutschen bei der Herstellung von Ersatzbenzin für Kriegszwecke zu helfen; aber Standard Oil kann seine Gewinne nicht repatriieren, es sei denn in Form von Waren. Davon machen sie wenig Gebrauch. Zwar berichten sie ihre Erträge an die Muttergesellschaft, aber sie berichten nicht die Tatsachen. Der Präsident der International Harvester Company sagte mir, ihr*

Umsatz hier sei um dreiunddreißig Prozent pro Jahr gestiegen (Waffenherstellung, glaube ich), aber sie holen sich nichts davon zurück. Selbst unsere Flugzeugleute haben ein Geheimabkommen mit Krupp. General Motors und Ford erzielen hier mit ihren Tochtergesellschaften Riesenumsätze, aber entnehmen keine Gewinne. Ich erwähne diese Fakten, weil sie die Dinge verkomplizieren und die Kriegsgefahren vergrößern."[71]

In seinem Tagebuch notierte der Botschafter, daß Dr. Engelbrecht, Leiter der Rockefellertochter *Vacuum Oil Company* in Hamburg, ihm erzählt habe: „Die *Standard Oil Company of New York* baue eine Großraffinerie in der Nähe des Hamburger Hafens."

Die Unterstützung der amerikanischen Internationalisten für die deutschen Kriegskapazitäten war enorm, wie auch der Finanzexperte Professor Anthony C. Sutton bei seinen Recherchen herausfand: *„Die beiden größten Panzerhersteller im Hitlerdeutschland waren Opel, eine hundertprozentige Tochter der General Motors – ihrerseits von J. P. Morgan kontrolliert –, sowie die Ford AG, Tochter der Ford Motor Company in Detroit. 1936 wurde Opel von den Nazis Steuerfreiheit eingeräumt, damit General Motors seine Produktionsanlagen erweitern konnte. Gefällig reinvestierte General Motors die anschließenden Gewinne in die deutsche Industrie."*[72]

Neben amerikanischen Unternehmen, die für die Bereitstellung eines Großteils der Technologie und des Kapitals in Deutschland verantwortlich waren, gab es auch viele begüterte Europäer, die das Nazi-Deutschland ebenfalls unterstützten. Aus europäischen Quellen flossen große Geldmengen nach Deutschland, und zwar über Banken in Amsterdam, Frankfurt, London und New York.[73]

Einen interessanten Beitrag zur Informationsaufdeckung bezüglich der Kriegsvorbereitungen des Zweiten Weltkrieges leisteten Dieter und Joachim Schröder in ihrem Dokumentarfilm „Hitlers amerikanische Freunde – US-Firmen verdienen am Krieg".
Hier werden ausführlich verschiedene, zum Teil oben schon genannte Wirtschaftsgrößen und deren Handeln kritisch unter die Lupe genommen. Das eine oder andere Beispiel soll hier noch ergänzt werden. So wird in

dem Film zum Beispiel das Thema *Brightstock* angesprochen – ein hochwertiges Ölprodukt, das beispielsweise für Panzermotoren benötigt wird. Daß die USA dieses so wichtige Produkt lieferte, war kriegswidrig. Die gelieferten Mengen waren für viele Kriegsjahre ausreichend.

Auch Standard Oil lieferte – auch nach Kriegseintritt der USA! – an deutsche Fluglinien wie zum Beispiel Condor. Der Standard-Oil-Experte Herbert Regenbogen sagte in einem Interview, daß Standard Oil und die I. G. Farben diesbezüglich einen Vertrag schlossen, in dem beide Parteien vereinbarten, daß auch im Falle eines Kriegseintrittes der USA weiter geliefert würde.

Als der vielleicht wichtigste Transporthersteller war Opel zu sehen, eine Tochtergesellschaft von General Motors, und auch Ford, eine Tochtergesellschaft des gleichnamigen Ford-Imperiums. Im Jahre 1941 bestätigten die Nazis durch General von Schell (Hitlers Kraftfahrzeugbeauftragter), daß der Krieg ohne die Firma Opel wohl nicht hätte geführt werden können. Der Opel-Blitz war für Hitlers Kriegsoperationen wohl eines der wichtigsten Transportfahrzeuge.

Übrigens wurde das Werk in Brandenburg erst im August 1944 durch die Alliierten zerstört. Jahre später erhielt General Motors eine Entschädigung von amerikanischen Steuerzahlern von immerhin zweiunddreißig Millionen Dollar.[74]

Auch der bereits erwähnte Autor Professor Anthony Sutton weist in seinen Büchern darauf hin, daß wohl die wichtigsten Panzerhersteller im Hitler-Deutschland Opel und Ford waren. Anfang 1939, sieben Monate vor dem „unerwarteten" Ausbruch des Zweiten Weltkrieges, verlagerten die deutschen Opel-Werke in Rüsselsheim den Schwerpunkt ihrer Produktion auf Militärfahrzeuge, in hellseherischer Voraussicht, daß demnächst ein sprunghafter Anstieg in der Nachfrage bestehen wird. Diese Fabriken lieferten die Hälfte aller Antriebssysteme der *Junkers 88*, die als die besten Bomber der deutschen Luftwaffe galten. Bekannte, von Professor Sutton namentlich genannte US-Firmen brachten Maschinentechnik, Telefon- und Telegrafensysteme sowie Chemieprodukte nach Deutschland. Nachdem die Industrien durch den Krieg gewaltige Profite gemacht hatten, bekamen sie nach dem Krieg auch noch Vergütungen in Millionenhöhe für die Schäden, die ihre Fabriken erlitten hatten.[75]

Der Krieg und das Öl

In der gegenwärtigen Welt- und Wirtschaftspolitik spielt das Öl eine wohl entscheidende Rolle. Noch in guter Erinnerung sind die vielen öffentlichen Diskussionen, um die wahren Hintergründe für den zweiten Irak-Krieg zu ergründen, und das Wort *Öl* schwebt dabei immer wie ein *Damoklesschwert* über den vielen schlauen und diplomatischen Köpfen der Gegenwart.

Dabei sind die Kriege und das *schwarze Gold* schon mehr als hundert Jahre schicksalhaft miteinander verbunden – die Geschichte belegt dies unzweifelhaft!

Die Anfänge der mächtigen Öl-Imperien hängen eng mit dem Namen John D. Rockefeller zusammen. Im Jahre 1870, als er die Standard Oil ins Leben rief, legte er den Grundstein für sein Imperium, das im Jahre 1882 als erster Trust (Zusammenfassung mehrerer Unternehmen unter einer Leitung zum Zweck der Monopolisierung) in die Wirtschaftsgeschichte eingehen sollte. Die Aktionäre von vierzig US-Ölgesellschaften, die alle mit Standard Oil verbunden waren, unterzeichneten damals einen Vertrag, mit dem sie ihre Aktien einem Gremium von neun Männern übergaben. Dieser *Standard Oil Trust* wurde in nur kurzer Zeit zum mächtigsten Industriegiganten der Vereinigten Staaten.

Im Jahre 1890 erließ die Regierung den *Sherman-Act,* das erste *Anti-Trust-Gesetz* der Wirtschaftsgeschichte. Der Sherman-Act erklärte es für unzulässig, Verbindungen und Vereinigungen zu gründen, die den freien Wettbewerb behindern. Die Furcht Rockefellers vor weiteren Widerständen veranlaßte ihn schließlich, das Schwergewicht des Unternehmens ins Ausland zu verlagern.[76]

Im Ausland traf Rockefeller mit der Royal Dutch-Shell unter der Leitung Henry Deterdings auf einen großen Konkurrenten. Das Unternehmen war 1907 aus dem Zusammenschluß der niederländischen Erdölfirma *Royal Dutch* und der englischen *„The Shell Transport and Trading Compa-*

ny" Marcus Samuels entstanden. Die *Royal Dutch* verfügte über den exklusiven Zugriff auf alle Ölkonzessionen in Holland, Ostindien, Persien und auf dem Gebiet des heutigen Iraks. Darüber hinaus kontrollierte Shell den weitaus größten Teil der Ölquellen des Nahen Ostens. Auch in Rußland hatte sich Ende des 19. Jahrhunderts eine beachtliche Erdölindustrie entwickelt. Die Ölquellen und Raffinerien von Baku lagen fest in den Händen der schwedischen Brüder Robert und Ludwig Nobel. Sie legten auch den Grundstein für den Bau des ersten Öltankers der Geschichte. Die russische Ölproduktion, die 1874 weniger als 600.000 Barrel betragen hatte, erreichte ein Jahrzehnt später bereits 10,8 Millionen Barrel – das war etwa ein Drittel der amerikanischen Produktion![77]

Zwei weitere Erdölunternehmer – Bunge und Palaschowski – errichteten mit großer finanzieller Unterstützung der Familie Rothschild eine Bahnlinie von Baku nach Batum am Schwarzen Meer, das damit zu einem der wichtigsten Ölhäfen der Welt aufstieg. 1886 gründeten die Rothschilds die Kaspische und Schwarzmeer-Erdölgesellschaft Bnito.[78]
Diese Konzentration des Ölgeschäftes verteilte sich zum Ende des 19. Jahrhunderts auf vier Unternehmen: die Standard Oil, die Royal Dutch-Shell Deterdings, die Unternehmen der Brüder Nobel und der Familie Rothschild. Es führte aber auch zu einem langanhaltenden Konflikt und vielen sogenannten „Ölkriegen". Im Mittelpunkt der Machtkämpfe standen ruinöse Preiswettkämpfe, man versuchte auch die Erdölgebiete untereinander aufzuteilen oder fügte Unternehmen zusammen.[79]

Versuchen wir die Zusammenhänge des Ersten und auch des Zweiten Weltkrieges im Gesamtkontext zu verstehen, ist es unumgänglich, die Geschichte des Erdöls etwas näher zu betrachten, denn der Kampf um das schwarze Gold spielte in beiden Weltkriegen eine zentrale Rolle! Nicht einmal beiläufig wird im Geschichtsunterricht der heutigen Schulen über diese entscheidenden Hintergründe gesprochen.
Wird heute beispielsweise über die Gründe für die Kriege in Afghanistan oder gegen den Irak diskutiert, fällt immer das Wort *Öl*. Wie wichtig dieser Rohstoff ist und daß er in der gegenwärtigen Weltpolitik einer der wichtigsten Faktoren ist, stellt kein großes Geheimnis mehr dar. Daß es sich bei dem Ringen um das schwarze Gold aber um einen Kampf handelt,

der vor mehr als hundert Jahren begann und wirtschafts- und geopolitisch in vielen Kriegen – insbesondere aber in den beiden Weltkriegen – eine wesentliche Rolle spielte, ist kaum bekannt!

Die Vereinigten Staaten auf der einen Seite und Rußland, England, Frankreich und Deutschland auf der anderen Seite, waren die führenden und mächtigen Nationen zu Ende des vorletzten Jahrhunderts.

Vorherrschend war aber Großbritannien, sowohl politisch als auch militärisch. Sie beherrschten die Weltmeere und somit auch den Welthandel. Darüber hinaus lenkten die britischen Geldinstitute das internationale Bankwesen. Dazu kam natürlich die Kolonialmacht Großbritanniens, denn dadurch dominierten sie auch die Vorgänge auf dem Rohstoffmarkt. Das Geheimnis des britischen Erfolges war die Verbindung der Mächtigen in Wirtschaft, Politik und Geheimdienst.[80]

Der große Einbruch für das mächtige Empire kam mit dem Übergang zur Freihandelszone. In den Jahren 1873 bis 1896 befand sich Großbritannien in einer schweren wirtschaftlichen Depression. In dieser Zeit wuchs die Konkurrenz in Europa, insbesondere durch Deutschland und Frankreich, die für ihre Heimmärkte strenge Schutzbestimmungen eingeführt hatten. Die einstmalige britische Vormachtstellung erfuhr nicht nur wirtschaftlich, sondern auch politisch Konkurrenz, die zu einer ernsthaften Bedrohung wurde. Die Erdölindustrie nahm im weiteren wirtschaftlichen und politischen Handeln einen immer größeren Stellenwert ein.

Die britische Kriegsflotte wurde von Kohle auf Erdöl umgerüstet. Durch diesen wichtigen strategischen Schachzug wollte sich das Empire die Kontrolle über die Weltmeere sichern. Der erste große Coup gelang 1905, als die großen Öllagerstätten Persiens unter britische Kontrolle gebracht wurden.

Deutschland wiederum konzentrierte seine Interessen auf die türkischen Ölreserven (im heutigen Irak). Dabei waren die freundschaftlichen deutsch-türkischen Beziehungen besonders hilfreich. Um den Transport des wichtigen Rohstoffes zu sichern und ihn sicher an der britischen Marine vorbei nach Deutschland zu befördern, wurde der Bau der Bagdad-Bahn beschlossen. Deutschland beabsichtigte mit dieser Bahnverbindung, die wirtschaftliche und militärische Vormachtstellung im östlichen Mittelmeerraum zu sichern. Neben der Transportmöglichkeit sicherte sich die deutsche Regierung ein weiteres wichtiges Privileg: Deutschen Ölgesellschaften wurde das Recht zugesprochen, sämtliche Erdölreserven bis zu einer Entfernung von zwanzig Kilometern von der Bahnlinie zu nutzen. Dadurch war Deutschlands Ölversorgung auf lange Dauer sichergestellt und vor den Seeblockaden der zu Wasser überlegenen Briten geschützt gewesen.[81]

Für die britische Regierung waren die wirtschaftlichen und politischen Zielsetzungen dadurch gestört. Deutschland hatte den Briten im östlichen Mittelmeerraum die Vormachtstellung streitig gemacht und zudem die Interessen am Persischen Golf empfindlich gestört. Die Eisenbahnlinie Berlin-Bagdad hätte zudem eine moderne Transportverbindung zwischen Konstantinopel und dem asiatischen Hinterland des Osmanischen Reiches geschaffen. Dabei handelte es sich um ein riesiges Gebiet, in dem Großbritannien einen großen wirtschaftlichen Reichtum erwartete, das damit in deutsche Hände gelangt wäre. Großbritannien sah sich durch die Deutschen dadurch aber auch strategisch bedroht, denn deutsche Soldaten wären dadurch sehr nahe an die britischen Interessen in Ägypten am Suez-Kanal herangerückt und hätten die wichtige Verbindung nach Indien angreifen können. Das Empire mußte handeln, um seine wirtschaftlichen und politischen Interessen zu stabilisieren.

R. G. D. Laffen, seinerseits britischer Militärberater in Serbien, beschrieb die damalige politische Situation folgendermaßen:
„Ein Blick auf die Weltkarte zeigt, aus welchen Gliedern sich die Kette der Staaten zusammensetzt, die zwischen Berlin und Bagdad liegen: das Deutsche Reich, Österreich, Ungarn, Bulgarien und die Türkei. Nur ein kleiner Gebietsstreifen verhindert, daß die beiden Enden miteinander verbunden werden können. Dieser kleine Streifen ist Serbien... Serbien war in der Tat die erste Verteidigungslinie für unsere Besitzungen im Osten. Würde es vernichtet oder in das Berlin-Bagdad-System einbezogen, hätte unser großes, aber nur schwach verteidigtes Empire bald den Schock des deutschen Vorstoßes nach Osten gespürt.“[82]
Die Errichtung der Eisenbahnlinie Bagdad-Berlin hätte die geopolitische Situation Europas dramatisch verändert und somit auch weltweit eine

– zumindest aus britischer Sicht – dramatische Schieflage bedeutet. Dieses machtpolitische und geopolitische Interesse, zu Beginn des letzten Jahrhunderts, läßt bis heute für viele Historiker auch den Beginn oder sagen wir den „Auslöser" des Ersten Weltkrieges in einem anderen Licht erscheinen. Diese Frage soll und kann an dieser Stelle aber nicht beantwortet werden. Dennoch erscheinen hier Verbindungen nicht ausgeschlossen, wie auch der Autor Hans Kronberger in seinem Buch „Blut für Öl" treffend formuliert: „Das überdeutliche Machtinteresse des britischen Empires zu Beginn dieses Jahrhunderts (des letzten Jahrhunderts; Anm. d. A.) läßt die bis heute nicht restlos geklärten Schüsse von Sarajewo, die letztendlich zum Ausbruch des Ersten Weltkrieges geführt haben, in einem neuen, etwas öligen Licht erscheinen – wie einige historische Analytiker meinen."[83]

Das Öl und der Erste Weltkrieg

Bereits bei Kriegsausbruch 1914 existierte ein Geheimabkommen zwischen Großbritannien, Frankreich und Rußland (das Sykes-Picot-Abkom-men), in dem festgelegt wurde, wie die umkämpften Rohstofflager nach Ende des Krieges aufgeteilt werden sollten.[84]

Mitentscheidend für den Kriegsverlauf sollte im Ersten Weltkrieg erstmals das Transport- und Versorgungswesen sein. Von Anfang an zeigten sich die starken Zusammenhänge zwischen Energieversorgung und Kriegsverlauf. Das Transportwesen wurde binnen kürzester Zeit optimiert und enorm erweitert. Der Umstieg von Kohle auf Öl wurde in kürzester Zeit umgesetzt. Das hatte zur Folge, daß ölbetriebene Schlachtschiffe wesentlich schneller werden konnten und durch den fehlenden Rauchausstoß für den Feind auch schwerer auszumachen waren. In die gleiche Zeit fiel auch die Entwicklung des Dieselmotors. Der Dieselmotor erreichte seine Höchstleistung innerhalb kürzester Zeit, und das bei einer Gewichtsersparnis von zwei Dritteln im Vergleich zur Kohle. Gleichzeitig senkte sich der Treibstoffverbrauch auf ein Viertel jenes der kohlebetriebenen Dampfschiffe, woraus sich der vierfache Aktionsradius für Kriegs- und Handelsschiffe ergab. Ähnlich dynamisch entwickelten sich auch Kriegsgeräte wie Panzer und Flugzeuge.[85]

Genau hier lag der große Wandel in der Kriegsführung. Bis zum Ersten Weltkrieg wurden Kriege im wesentlichen durch die Truppenstärke entschieden – das hatte sich grundlegend geändert! Als bestes Beispiel im Ersten Weltkrieg wäre Rußland zu nennen. Als der Krieg 1914 ausbrach besaßen sie zwar die größte Armee der Welt, waren aber in bezug auf die Kriegsgeräte nicht so gut entwickelt wie beispielsweise England oder Deutschland.

Die Rolle der Maschinen war in den Vordergrund getreten, um auf den Schlachtfeldern siegreich zu sein. Durch den Einsatz von Lastkraftwagen beispielsweise konnten Truppen und Material jederzeit an jeden beliebigen Einsatzort transportiert werden – man war nun unabhängig von den längeren Transportwegen auf Schienen und den Wasserrouten. So brachten allein die **USA** 50.000 Fahrzeuge in den Krieg ein! **England** steigerte seine Lkw-Produktion während des Krieges von 827 auf sage und schreibe 56.000. Der Luftkrieg wurde durch den Verbrennungsmotor geradezu revolutioniert. Im Jahre 1915 besaß Großbritannien ganze 200 Flugzeuge, bis Kriegsende stellten die Engländer 55.000 Maschinen her! 1918 wurden bereits 40 Prozent der englischen Kriegsschiffe mit Öl betrieben. Großbritannien und die USA verfügten gemeinsam über 105.000 Lastkraftwagen und 4.000 Flugzeuge. Auch **Frankreich** konnte eine enorme Entwicklung verzeichnen, wie die Zahlen verdeutlichen. Die französischen Bestände stiegen zwischen 1914 und 1918 von 110 Lkws auf 70.000, die Zahl der Flugzeuge stieg von 132 auf 12.000.

In den letzten Kriegsmonaten an der Westfront wurden täglich(!) 12.000 Faß Öl verbraucht.

Anhand dieser wenigen aber beeindruckenden Zahlen wird deutlich, wie entscheidend die Transportentwicklung vor und während des Ersten Weltkrieges war und welche alles entscheidende Rolle das Erdöl bereits im Ersten Weltkrieg spielte – Blut für Öl!

Wie entscheidend das Öl für den Kriegsverlauf und letztlich für den Ausgang des Krieges war, soll hier anhand nur eines Beispieles aus deutscher Sicht veranschaulicht werden. Das Erdöl stand vornehmlich im Mittelpunkt aller strategischen und militärischen Überlegungen im Nahen und Mittleren Osten, wie nach den bisherigen Ausführungen verständlich wird.

Beispiel Rumänien-Feldzug:

Mit dem deutschen Rumänienfeldzug wurde vor allem ein Ziel verfolgt: die Sicherung der rumänischen Erdölfelder, Raffinerien und Verladestationen, die sich im Besitz englischer, französischer und holländischer Firmen befanden. Zu Beginn des Krieges hatte sich Rumänien neutral verhalten und auch das deutsche Kaiserreich mit Erdöl beliefert. Um die Eroberung der Erdölreserven durch die Deutschen zu verhindern, ließ England alle Felder und Förderanlagen zerstören. 70.000 Raffinerien und etwa 800.000 Tonnen Rohöl und Rohölprodukte wurden dabei vernichtet. Wie sich die Bilder und Handlungen aus Vergangenheit und Gegenwart doch gleichen – man denke dabei nur an Irak-Kriege und die brennenden Ölfelder. Die Deutschen brauchten lange fünf Monate, um den wesentlichen Teil der rumänischen Erdölförderung wieder nutzbar zu machen. Letztlich reichte die geförderte Menge aber nicht aus, um den Ölverbrauch der Kriegsmaschinerie zu decken.

Der Autor Hans Kronberger beschreibt in seinem Buch *„Blut für Öl"* einen anderen entscheidenden Kriegsschauplatz:

„Die Dardanellen, die Meeresenge zwischen dem Ägyptischen Meer und dem Bosporus, sollten durch die Entente erobert werden. Die Kontrolle über dieses Gebiet hätte die Versorgung der Engländer und Franzosen mit russischem Erdöl aus Baku gewährleistet. Dieser Versuch scheiterte jedoch militärisch. Die Verbindung zwischen dem Deutschen und dem Osmanischen Reich hatte sich als zu widerstandsfähig erwiesen. England und Frankreich hatten mit Wissen des zaristischen Rußlands und Italiens das Sykes-Picot-Abkommen geschlossen. England und Frankreich teilten darin die Erdölreserven untereinander auf. England beabsichtigte, die reichen Ölfelder der arabischen Golfregion unter seine Herrschaft zu bringen, und entsandte 1,5 Millionen Soldaten in diesen Raum. Die Franzosen sollten Großsyrien, den heutigen Libanon, mit Erdölquellen von Mosul (im heutigen Nord-Irak) bekommen. Die Ölkonzessionen lagen zu diesem Zeitpunkt noch in deutscher Hand. Das gleiche Gebiet, das die Briten den Franzosen zugesagt hatten, stellten sie gleichzeitig den Arabern als Dank für ihre Unterstützung gegen den osmanischen Sultan in Aussicht. Das heutige Jordanien sowie die östlich davon gelegenen Gebiete des heutigen Irak und Kuwait beanspruchte das britische Empire für sich."[86]

Das sogenannte *Sykes-Picot-Abkommen* wurde im November 1917 bekannt, als die Bolschewiken nach der Oktoberrevolution in Rußland die Macht übernahmen. *„Zu diesem Zeitpunkt trug die Taktik Großbritanniens allerdings bereits Früchte. Dank arabischer Hilfe, die von dem Engländer T. E. Lawrence organisiert wurde* (Lawrence ging später als „Lawrence von Arabien" in die Filmgeschichte ein; Anm. d A.), *blieben die Briten im Nahen Osten siegreich. Während sich die Engländer nach der Vertreibung der Türken in diesem Raum festsetzten, gingen die arabischen Fürsten jedoch leer aus. Der gesamte Nahe Osten unterstand nun der Befehlsgewalt Sir Edmund Allenbys, des Befehlshabers der britischen Expeditionskorps in Ägypten. Nach den Franzosen und den arabischen Fürsten bot Großbritannien als dritter Partei nun auch den Israelis Palästina an. Die Zielsetzung einer solchen Staatsgründung war klar: Zwischen den untereinander zerstrittenen arabischen Staaten sollte ein von Israelis dominierter Staat unter britischem Protektorat entstehen, mit dem Ziel, den Einfluß Englands in dieser instabilen Region auf Dauer zu sichern.*"[87]

Als es im Jahr 1917 dennoch zu nicht erwarteten Erdölengpässen kam und die Sicherheit der Alliierten in Frage stand, wurden sie entscheidend mit amerikanischem Öl versorgt. Deutschlands Versorgungsprobleme verschärften sich dahingegen von Tag zu Tag. Besonders durch die Nachschubprobleme der rumänischen Erdölfelder geriet die deutsche Kriegsmaschinerie immer mehr ins Stocken. Alle weiteren Versuche, neue Ölgebiete zu gewinnen, scheiterten. Nach dem endgültigen Ausscheiden Rußlands und dem Frieden von *Brest-Litowsk* (März 1918) gewann England gegenüber den Deutschen schließlich die Oberhand über die Ölvorkommen am Kaspischen Meer. Aufgrund des immer größer werdenden Treibstoffmangels verlor Deutschland schließlich die Sommeroffensive gegen die Franzosen. Damit war schließlich auch die Entscheidung in diesem Krieg gefallen!

Bei allen politischen Bestrebungen und diplomatischen Verhandlungen im Zusammenhang mit den Kriegshandlungen vor und während des Ersten Weltkrieges stand eines immer im Mittelpunkt: das *Öl!* Nicht die Truppenstärke oder die technische Überlegenheit der jeweiligen Kriegsparteien waren entscheidend für Kriegsverlauf und Kriegsausgang, sondern der Kampf um das Öl – der Erste Weltkrieg wurde letztlich durch den Mangel an Erdöl auf einer Seite entschieden.

Lord Curzon, Persienexperte und früherer Vizekönig von Indien, brachte die Bedeutung des Erdöls im Geschehen des Ersten Weltkrieges auf den Punkt: *„Die alliierte Sache ist auf einer Woge von Öl zum Sieg geschwommen."*[88]

Der letzte Schachzug des Krieges waren die Ergebnisse der Verträge von Versailles, die bereits behandelt wurden. Deutschland mußte als Kriegsverlierer neben enormen Reparationszahlungen und Gebietsabtretungen an die Nachbarländer auch den Verlust seiner Kolonien und damit wichtiger Rohstoffquellen hinnehmen. Großbritannien erreichte in diesen Jahren seine größte territoriale Ausdehnung. Neben dem Empire waren es vor allem aber auch die USA, die wirtschaftlich gestärkt aus dem Ersten Weltkrieg hervorgingen.

Das Öl und der Zweite Weltkrieg

Nach dem Ersten Weltkrieg und den Verträgen von Versailles wurde durch die Siegermächte eine neue geopolitische Weltordnung geschaffen. Allen verantwortlichen Politikern und Diplomaten war klar, daß künftige militärische Konflikte ohne einen ausreichenden Vorrat und funktionierenden Nachschub an Öl nicht zu gewinnen sein würden. Der Wert des schwarzen Goldes war zu einem nicht zu definierenden Wirtschafts- und Machtfaktor geworden. Alle potentiellen Weltmächte, wie Amerika, England, Rußland und Japan, begannen ihre Politik auf ihre Ölinteressen auszurichten. Besonders Amerika, das schuldenfrei aus dem Ersten Weltkrieg hervorgegangen war, erhob Anspruch auf die Kontrolle der Weltfinanzen und vor allem der Rohstoffe.

Obwohl ein Rückblick auf das weitere diplomatische und politische Geschehen zwischen den beiden Weltkriegen äußerst interessant wäre, wollen wir an dieser Stelle einen kleinen Zeitsprung vornehmen und auf die Bedeutung des schwarzen Goldes im Zusammenhang mit dem Zweiten Weltkrieg eingehen.

Auf einen Punkt sind wir in diesem Zusammenhang bereits eingegangen. Erinnern wir uns an die Neuentdeckung von I. G. Farben, die eine Umwandlung von Kohle in Benzin ermöglichte. Durch diese Entdeckung wurde ein Weg gefunden, die Abhängigkeit vom Ausland ein für alle Male zu beenden. Rufen wir uns aber auch in Erinnerung, daß die internationalen Bankiers für den Aufstieg der Nationalsozialisten ihren Beitrag geleistet und somit die deutsche Kriegsindustrie unterstützt hatten.

Die Regierung der Weimarer Republik hatte an der Last der Reparationszahlungen schwer zu knabbern und bemühte sich vergeblich um ausländische Kredite. Was den Politikern der Weimarer Republik nicht gelang, schaffte schließlich Adolf Hitler. Hans Kronberger schreibt hierzu: *„Über die Hilfe des internationalen Finanzkapitals beim Aufstieg des deutschen Diktators wird heute noch immer nicht gerne gesprochen, zu peinlich ist den Nachfahren der Helfer und Helfershelfer das Thema. Hitler galt als wirtschaftspolitischer Laie. Die einzelnen Initiativen, mit denen das Wirtschaftswunder des Dritten Reiches in Gang gesetzt wurde, stammten größtenteils nicht von ihm, sondern waren das Werk eines anderen Mannes: seines ‚Finanzzauberers' Hjalmar Schacht. Hitler holte den gebürtigen Dänen zuerst an die Spitze der Reichsbank und anschließend ins Wirtschaftsministerium. Schacht verfügte nicht nur über ausgezeichnete Verbindungen zu deutschen Industriekapitänen, sondern konnte auch auf gute Kontakte zu maßgeblichen Kreisen der mächtigen Finanzpolitik Englands und der USA zurückgreifen."*[89]

Mit synthetischem Treibstoff allein konnte man die Welt nicht erobern. Das Wissen um die mangelhafte Energiesituation bestimmte somit die militärische Strategie Deutschlands und erklärt die Blitzkriege gegen Polen, Norwegen, die Niederlande, Belgien und Frankreich. Entscheidend sollte aber sein, daß die Kampfhandlungen kurz sein mußten, um die Treibstoffreserven nicht unnötig zu belasten. Andererseits wollten die Deutschen sich auf diese Weise weitere Ölvorräte sichern. Auch die Ölquellen des Kaukasusgebietes und der Ukraine, das zudem auch noch über fruchtbares Ackerland verfügte, waren wichtige strategische Ziele Hitlers – zwei wesentliche Gründe für den Angriff auf die Sowjetunion im Jahre 1941.[90]

Entscheidend für den weiteren Kriegsverlauf, angefangen mit dem Angriff auf die Sowjetunion, waren die Nachschubprobleme der deutschen Wehrmacht. Der Rußlandfeldzug sollte den Deutschen zum Verhängnis werden. Die Taktik des Blitzkrieges funktionierte nicht mehr. Ein Grund dafür war, daß die deutsche Wehrmacht die Truppen Mussolinis in Griechenland unterstützte und dadurch der vorgesehene Zeitplan nicht eingehalten wurde. Ein weiterer Punkt, der schließlich ausschlaggebend für die entscheidende Niederlage werden sollte, waren die geographischen Hindernisse und die schlechten Straßen. Hitlers zeitlicher Plan sah vor, Rußland vor Winteranbruch vom kaukasischen Öl abzuschneiden. Die Nachschubprobleme wurden immer größer. Um das Blatt noch zu wenden und an das dringend benötigte Öl zu gelangen, starteten die Deutschen im Frühjahr 1942 die Offensive „*Operation Blau*". Hitler plante vom Kaukasus bis in den Iran und den Irak vorzustoßen, um die dortigen Ölreserven zu erobern. Als die Deutschen die westlichen kaukasischen Ölzentren erreichten, fanden sie zerstörte Anlagen vor – die deutsche Ölknappheit erreichte ihren Höhepunkt. Im November 1942 war der Vorstoß nach Baku endgültig gescheitert. Hitler soll damals gesagt haben: *„Wenn wir Baku nicht kriegen, ist der Krieg verloren."*[91] – er sollte Recht behalten!

Das Blatt wendete sich, und das Schicksal nahm im weiteren Kriegsverlauf unaufhörlich seinen Lauf. Auch in Afrika ereilte die Deutschen ein ähnliches Schicksal. Die Blitzkriegmethode konnte, schon aufgrund der weiten Entfernungen, nur durch einen optimalen Treibstoffnachschub gewährleistet werden. Das Kriegsgebiet zwischen Libyen und Ägypten erstreckte sich immerhin über eine Länge von 1.500 Kilometern. Trotz anfänglicher Erfolge wurden die Probleme an der deutschen Nachschublinie mit fortschreitendem Kriegsverlauf immer größer. 1942 landeten alliierte Truppen in Algerien und Marokko und unterbrachen endgültig die deutschen Nachschublinien. Die Alliierten gewannen in den nächsten Monaten allmählich die Oberhand in Nordafrika und hatten im Mai 1943 endgültig die Kontrolle über die nordafrikanischen Küsten erreicht. Hitlers Pläne, doch noch die dringend benötigten Ölgebiete zu erobern, um die Kriegsmaschinerie in Gang zu halten, waren gescheitert. Der deutsche Oberbefehlshaber Rommel hatte Hitler gewarnt: *„Der tapferste Mann nützt nichts ohne Kanone, die beste Kanone nützt nichts ohne viel Munition, und Kanone und Munition nützen im Bewegungskrieg nicht viel, wenn sie nicht durch Fahrzeuge mit genügend Benzin bewegt werden können."*[92]
Die Bedeutung des Öls spielte also auch im Zweiten Weltkrieg eine entscheidende Rolle, wie durch die kleine Betrachtung deutlich werden konnte.

Der Kampf um das schwarze Gold und seine wirtschaftliche, technologische und militärische Bedeutung zieht sich wie eine *Blutspur* durch das gesamte vergangene Jahrhundert bis in die Gegenwart hinein. Im sechsten Kapitel werden in diesem Zusammenhang die Anschläge des 11. September und die Hintergründe des Irak-Krieges näher beleuchtet werden und in einem klaren Licht erscheinen – der Rohstoff Öl spielt in der Machtpolitik der großen Industrienationen, bei ihrem Ziel eine *Neue Weltordnung* zu schaffen, eine entscheidende Rolle.

Zusammenfassung und Ausblick

Wir wollen das weltpolitische Geschehen des 20. Jahrhunderts bis zum Ende des Zweiten Weltkrieges noch einmal kurz zusammenfassen. Dabei sollten wir natürlich nicht die Frage außer Acht lassen, ob die Planung der drei Weltkriege systematisch umgesetzt wurde.

1. Wie wir bereits wissen, sollte der *Erste Weltkrieg* realisiert werden, um das zaristische Rußland zu zerstören – und dieses weite Land unter die unmittelbare Kontrolle der Illuminaten-Agenten zu bringen. Rußland sollte dann als „Buhmann" benutzt werden, um die Ziele der Illuminaten weltweit zu fördern.

    Durch den genialen Schachzug der internationalen Bankiers und ihrer Geheimregierung, die Vereinigten Staaten durch die Gründung der Federal Reserve Bank wirtschaftlich in die Knie zu zwingen, war eine weitere wichtige Voraussetzung für die langfristige Umsetzung der Eine-Welt-Regierung geschaffen und somit für eine neue geopolitische Weltkarte.
    Der *Zweite Weltkrieg* sollte über die Manipulation der zwischen den deutschen Nationalisten und den politischen Zionisten herrschenden Meinungsverschiedenheiten realisiert werden. Daraus sollte sich eine Ausdehnung des russischen Einflußbereiches und die Gründung des Staates Israel in Palästina ergeben.

Der **Dritte Weltkrieg** sollte sich dem Plan zufolge aus Meinungsverschiedenheiten ergeben, welche die Illuminaten-Agenten zwischen Zionisten und Arabern hervorrufen würden. Es wurde die weltweite Ausdehnung des Konfliktes geplant.[93]

2. Einen entscheidenden Faktor für das politische Geschehen des 20. Jahrhunderts spielte dabei das internationale Hochfinanzwesen. Die internationalen Bankiers hatten bereits einen entscheidenden politischen Einfluß auf die europäische Politik des 18. und 19. Jahrhunderts.

Nachdem es ihnen gelungen war, Einfluß auf das Regierungsgeschehen Frankreichs zu nehmen, gelang es den internationalen Bankiers auch, ihren Einfluß auf die „Bank von England" auszudehnen und somit direkten Einfluß auf das britische Parlament zu nehmen.

Zu Beginn des 20. Jahrhunderts wurden die Bemühungen der internationalen Bankiers entscheidend verstärkt, um ihren Einfluß auf die amerikanische Wirtschaft weiter auszudehnen und auch in Amerika eine Zentralbank ähnlich der „Bank of England" zu gründen.
Das Ergebnis war die Einführung der *Federal Reserve Bank* (die private Zentralbank Amerikas) im Dezember 1913. Durch diesen politischen Schachzug gelang es den internationalen Bankiers endgültig, die Vereinigten Staaten finanziell in den Griff zu bekommen Damit war der amerikanische Staat dem Einfluß der internationalen Bankiers ausgeliefert. Wer das bezweifelt, braucht nur den Verlauf der Geschichte anzuschauen.[94] Auslöser für die Schuldenwirtschaft waren der Erste Weltkrieg und die Französische Revolution. Wie bemerkte doch Winston Churchill dazu passend: „...*die weltweite und stetig wachsende Illuminaten-Verschwörung eine klar erkennbare Rolle in der Tragödie der Französischen Revolution gespielt hat. Sie ist die Antriebsfeder einer jeden subversiven Bewegung des 19. Jahrhunderts gewesen; und nun, zuletzt, hat diese Bande außergewöhnlicher Persönlichkeiten aus der Unterwelt der Großstädte Euro-*

pas und Amerikas das russische Volk an den Haaren gepackt, und nun sind sie praktisch die unangefochtenen Herren dieses riesigen Reiches.«[95]

3. Die zwei großen Verlierer des Ersten Weltkrieges waren zweifellos Deutschland und Rußland – mit einem kleinen Unterschied. Rußland hatte nicht nur den Krieg verloren, es hatte auch die Revolution und seine Freiheit verloren. Tragisch sollte auch das weitere Schicksal des deutschen Volkes sein. Die Folgen sollten sich wie ein roter Faden durch die weitere deutsche Geschichte ziehen, bis zum heutigen Tage. Besonders tragisch aber ist es, heute mit anzusehen, daß der Großteil der deutschen Bevölkerung in einem geschichtlichen Dämmerzustand lebt – mehr dazu im nächsten Kapitel!

Als der Erste Weltkrieg im November 1918 offiziell beendet wurde, hatten weit mehr als zehn Millionen Menschen den Tod gefunden. Zudem gab es ein neues geopolitisches Weltbild, das unter normalen Umständen – in Friedenszeiten – nur über einen Zeitraum von Generationen hätte erreicht werden können. Durch den Krieg waren es dahingegen nur wenige Kriegsjahre.

4. Für Deutschland waren die „Friedensverhandlungen" von Versailles eine große Tragödie. Spätestens hier kamen die wahren Ziele der Alliierten zutage.
Die Verhandlungen von Versailles fanden nicht nur ohne Deutschland statt, alle wichtigen Beschlüsse wurden von den Großmächten hinter verschlossenen Türen getroffen. Die kleineren Mächte konnten auf den Plenarsitzungen lediglich zustimmen. Die Ausarbeitung des Vertrages fand also im Geheimen statt und war ausschließlich das Werk Englands, Frankreichs und der USA.
Das Ergebnis von Versailles war kein demokratisches, humanitäres Vertragswerk, sondern ein gnadenloses, menschenverachtendes Diktat über das deutsche Volk.

Die Bürde von Versailles zog sich wie eine untragbare Last durch die Weimarer Republik. Nicht einmal die utopischen Reparationsforderungen konnten von Deutschland geleistet werden, ganz zu schweigen von den nicht zu erbringenden Sachleistungen, die Deutschland durch die Alliierten in Versailles aufdiktiert wurden. Viele Politiker, die an den Verhandlungen teilnahmen, waren sich über die weitreichenden Folgen von Versailles im klaren: Es war die Grundlage für einen neuen Krieg!

5. Neben der hoffnungslosen Verschuldung waren besonders der wirtschaftliche Zusammenbruch und die dramatisch ansteigenden Arbeitslosenzahlen ein entscheidender Grund für die Machtergreifung durch die NSDAP um Adolf Hitler. Die Massenarbeitslosigkeit verursachte eine immer größer werdende Armut unter der Bevölkerung. Spätestens 1932 lag das Arbeitslosengeld weit unter dem Existenzminimum. Hier setzten die Nationalsozialisten den Hebel an. Hitler versprach den Menschen Arbeit. Er versprach ihnen, Deutschland aus den Fesseln des Versailler Vertrages und aus den internationalen Finanzfesseln zu befreien. All das fand Anklang bei dem stark gebeutelten deutschen Volk zu Beginn der dreißiger Jahre. Plötzlich hatten sie wieder Hoffnung auf Arbeit und eine bessere wirtschaftliche Perspektive.

Vor allem aber stellt sich die brisante Frage, ob für den Aufstieg Adolf Hitlers und der Nationalsozialisten die Verflechtung mit dem internationalen Großkapital und der Industrie entscheidend war? Deutlich wurde, wie entscheidend amerikanische Unternehmen und viele begüterte Europäer für die Bereitstellung eines Großteils der Technologie und des Kapitals in Deutschland waren, das Hitler für den militärischen Wiederaufbau dringend benötigte.

6. Letztlich muß zusammenfassend auch festgehalten werden, wie entscheidend der Kampf um das Öl in den beiden Weltkriegen war. Das schwarze Gold war wirtschaftlich, technologisch und militärisch für die großen Industrienationen zu dem wichtigsten Rohstoff geworden. Daher war es notwendig, das geopolitische Weltbild neu zu ordnen.

In den beiden ersten Weltkriegen haben weit mehr als siebzig Millionen Menschen auf den Schlachtfeldern durch Hunger, Verfolgung und Folter den Tod gefunden. Das neue geopolitische Weltbild, das unter normalen Umständen, in Friedenszeiten, nur über einen Zeitraum von Generationen hätte erreicht werden können, wurde in nur wenigen Kriegsjahren umgesetzt und neu geordnet. Für ein weiteres Ereignis, das die Weltpolitik bis in die Gegenwart hinein in Atem hält, wurde der Meilenstein bereits im Ersten Weltkrieg gelegt – die Gründung des Staates Israel im Jahre 1948. Seither hat sich die Situation zwischen Israelis und Moslems im Heiligen Land dramatisch zugespitzt. Bis zum heutigen Tage haben Terror und Gewalt stetig zugenommen und einen Frieden, wenn er jemals erreicht werden sollte, in weite Ferne gerückt.

Im nächsten Kapitel wollen wir nun die politische Situation Deutschlands, das neben Rußland zu den großen Verlierern des Ersten und des Zweiten Weltkrieges zählt, näher betrachten.

„Das erste Opfer des Krieges ist die Wahrheit."
(Senator Hiram Johnson, 1917)

Kapitel 2
BESETZTE BUNDESREPUBLIK DEUTSCHLAND

> *„Die Zukunft Deutschlands, wahrschein-*
> *lich für den Rest des Jahrhunderts, wird*
> *von Außenstehenden entschieden werden,*
> *und das einzige Volk, das dies nicht weiß,*
> *sind die Deutschen."*
> (Der Londoner Spectator, 16.11.1959)

Die juristische Situation der BRD nach dem Zweiten Weltkrieg

Obwohl das Ende des Zweiten Weltkrieges mehr als ein halbes Jahrhundert zurückliegt, ist insbesondere die juristische Situation der BRD, die nach Kriegsende in Kraft trat, bis in die Gegenwart den meisten Bürgern überhaupt nicht bekannt.

- Haben die Bürger der Bundesrepublik Deutschland wirklich ein Recht auf Selbstbestimmung, wie es das internationale Recht vorsieht?

- Warum wurde die DM, die zu den stabilsten Währungen der Welt zählte, von dem Euro abgelöst?

- Warum gibt es, wie beispielsweise im Falle des Euro, in unserer Demokratie keine Volksabstimmung?

- Welche Rolle spielt die *Kommissarische Reichsregierung* in Berlin?

- Warum wurden bis heute keine Friedensverhandlungen geführt?

- Warum gibt es in der Öffentlichkeit so viel Aufklärungsbedarf in bezug auf diese Fragen?

Fragen über Fragen, die mich im Zusammenhang mit der Erarbeitung dieses Kapitels beschäftigt haben und die, nachdem sie hier gestellt wurden, sicherlich auch den einen oder anderen Leser in Staunen versetzen werden. Der Grund dafür ist aber ganz einfach. Man könnte dazu einfach an seine Schulzeit zurückdenken. In unseren Schulen werden diese brisanten Tatsachen bezüglich der juristischen Situation Deutschlands nach der Niederlage des Zweiten Weltkrieges gar nicht erst behandelt – ist das nicht gewünscht?

Da die große Bedeutung dieser Fakten wohl kaum in Frage zu stellen ist, scheint die Auseinandersetzung und zunächst einmal die Aufklärung der bestehenden Unklarheiten wohl gar nicht erst gewollt zu sein!

Oder haben sie schon einmal in den Medien darüber gehört oder gelesen?

Das Grundgesetz (nach der Haagener Landkriegsordnung ist ein Grundgesetz ein *Besatzerrecht- oder -Gesetz*) der BRD nach dem Zweiten Weltkrieg und die verschiedenen Abkommen und Zusatzabkommen (z.B. SHAEF-Gesetzgebung, Potsdamer und Londoner Protokoll, Zwei-Plus-Vier-Vertrag und diverse Urteile des Bundesverfassungsgerichtes) der Alliierten sind bis heute möglicherweise der Grund für viele unverständliche politische Entscheidungen in der deutschen Innen- und Außenpolitik.

Anmerkung:
Alle folgenden Ausführungen im Zusammenhang mit der juristischen Situation der BRD sind keinesfalls geheim oder offiziell nicht zugänglich – im Gegenteil! Alle Ausführungen sind der Öffentlichkeit frei zugänglich und in Gesetzesschriften oder im Internet nachzulesen.

Ansprüche der Siegermächte

Sowohl nach völkerrechtlicher Auffassung als auch nach Vereinbarung der Siegermächte (siehe Potsdamer und Londoner Protokolle) sowie diversen Urteilen des Bundesverfassungsgerichtes, ist die Bundesrepublik Deutschland <u>nicht</u> Rechtsnachfolger des Deutschen Reiches. Ein Urteil wurde vom Bundesverfassungsgericht am 31.7.1973 erlassen. In den Entscheidungsgründen des bis heute nicht aufgehobenen Urteils heißt es dort (2BvF 1/73):

„Das Grundgesetz – nicht nur eine These der Völkerrechtslehre und der Staatsrechtslehre – geht davon aus, daß das Deutsche Reich den Zusammenbruch 1945 überdauert hat und weder mit der Kapitulation noch durch Ausübung fremder Staatsgewalt in Deutschland durch die alliierten Okkupationsmächte noch später untergegangen ist; (…) Das Deutsche Reich existiert fort, besitzt nach wie vor Rechtsfähigkeit, ist allerdings als Gesamtstaat mangels Organisation, insbesondere mangels institutionalisierter Organe selbst nicht handlungsfähig. (…) Mit der Errichtung der BRD wurde nicht ein neuer westdeutscher Staat gegründet, sondern ein Teil Deutschlands neu organisiert. Die BRD ist also nicht „Rechtsnachfolger" des Deutschen Reiches. (…) Sie beschränkt staatsrechtlich ihre Hoheitsgewalt auf den „Geltungsbereich des GG". [96]

Im Klartext bedeutet dieses Urteil, daß völkerrechtlich gesehen also nur ein Vertreter des laut Bundesverfassungsgerichtes zur Zeit nicht handlungsfähigen Deutschen Reiches befugt wäre, einen längst überfälligen Friedensvertrag für die deutsche Seite zu unterzeichnen und so abzuschließen. Das wiederum würde bedeuten, daß der Abschluß dieses Friedensvertrages für Deutschland nur dann zustande kommen kann, wenn es zu einer strukturellen Wiederbelebung dieses juristisch noch existierenden Deutschen Reiches kommen würde. [97]

Die BRD kommt somit als Vertragspartner für einen Friedensvertrag mit den Siegermächten nicht in Betracht. Andernfalls hätte der Friedensvertrag ja anläßlich der sogenannten Wiedervereinigung (BRD mit der DDR) geschlossen werden können. Alle Demontagen und Zahlungen aufgrund des *„kollektiven schlechten Gewissens"* der Deutschen, welche die BRD und die DDR im Laufe der Jahrzehnte nach dem Zweiten Weltkrieg „freiwillig" geleistet haben, stehen <u>nicht</u> im Zusammenhang mit den vom Deutschen Reich verursachten eigentlichen Kriegsschäden! Sie wurden nicht mit befreiender Wirkung für die Kriegsschulden des Deutschen Reiches geleistet und werden auf diese wohl nicht angerechnet. Die Wiedergutmachung und Reparationszahlungen können deshalb nur in einem Friedensvertrag zwischen einer Regierung des Deutschen Reiches und den Siegermächten geregelt werden. Dazu kommen auch noch Kriegsschulden aus dem Ersten Weltkrieg von unter anderem dreißig Millionen Goldmark aufgrund des Vertrages von Versailles. Hitler hatte die Zahlung der Kriegsschulden eingestellt.[98]

SHAEF-Gesetzgeber

Es ist wohl nicht anzunehmen, daß die Siegermächte auf die Kriegsschulden und die noch bestehenden Forderungen aus dem Zweiten Weltkrieg verzichten werden.

Es sprechen viele Anzeichen dafür (z.B. die Wiedervereinigung der BRD und der DDR), daß die Siegermächte seit Jahren den Aufbau einer *Kommissarischen Regierung Deutsches Reich* in Berlin als Vertragspartner für Friedens- und Reparationsverhandlungen aufbauen und unterstützen. An der Spitze dieser Organisation steht der Generalbevollmächtigte für das Deutsche Reich (*„für den derzeit nicht vorhandenen [juristisch anerkannten] Reichskanzler und Reichspräsidenten"*), der identisch ist mit dem *Generalbevollmächtigten für den verfassungsrechtlich besonderen Status von Berlin*. Die Amtsträger der Kommissarischen Regierung Deutsches Reich sind dem Oberbefehlshaber der vier Siegermächte, dem SHAEF-Gesetzgeber USA, als oberste Gesetzgebungsinstanz in Deutschland durch Diensteid dienstverpflichtet.[99]

SHAEF ist die Abkürzung für *Supreme Headquaters Allied Expeditionary Forces*, das Oberkommando der Alliierten Streitkräfte im Zweiten Weltkrieg, dessen Oberbefehl bei den USA liegt.

SHAEF ist auch heute noch die oberste Gesetzgebungsinstanz in Deutschland!

SHAEF steht somit unter dem Oberbefehl der US-Streitkräfte, und somit ist der Oberbefehlshaber der Präsident der Vereinigten Staaten, derzeitig also George W. Bush.

Dementsprechend gilt die *Weimarer Verfassung* und die ihr entsprechend nachgeordnete Gesetzgebung; nicht die der BRD(!), samt den von dieser weitergeführten Gesetzen aus dem nationalsozialistischen „Dritten Reich".

Die SHAEF-Gesetzgebung und alle sonstigen besatzungsrechtlichen Anforderungen und Vorschriften seit dem Ende des Zweiten Weltkrieges haben nach wie vor uneingeschränkte Gültigkeit für alle Deutschen. (Siehe dazu auch bundesrepublikanisches BGBl.11 1990 S. 1.274ff; „gemäß der SHAEF-Proklamation Nr. 1 der USA unterliegen alle Deutschen der Anweisung, Kontrolle und Gerichtsbarkeit des SHAEF-Gesetzgebers...")

Reisen aus diesem Grunde alle Bundeskanzler und Vizekanzler der BRD vor ihrer Vereidigung vor dem Deutschen Bundestag nach Washington, um auf diese Rechtslage eingeschworen zu werden?

Der „Zwei-Plus-Vier-Vertrag" (wird noch näher erklärt) wird von der BRD wohl bewußt falsch interpretiert (BGBl. 11 1990, S. 1.274). Die BRD sei demnach bis heute zu keiner Zeit souverän gewesen. Für die Siegermächte des Zweiten Weltkrieges gelten beziehungsweise galten die BRD und die DDR als *besatzungsrechtliche Instrumente*. Die Wiedervereinigung der beiden besatzungsrechtlichen Instrumente BRD und DDR ist *gegen den Willen beider deutschen Regierungen* auf Veranlassung des SHAEF-Gesetzgebers USA durchgesetzt worden. Diese Maßnahme wurde bereits 1987 – also zwei Jahre zuvor – vom Generalbevollmächtigten für das Deutsche Reich mit Zeitangabe öffentlich im Reichstagsgebäude in Berlin bekanntgegeben![100]

Die Wiedervereinigung 1990:

Ein Mitglied der damaligen Volkskammer der DDR war seinerzeit Hans-Peter Thietz, der auch Abgeordneter des Europaparlamentes war. Als die DDR 1990 der BRD beitrat, wurde dies auch mit seiner Stimme mitbeschlossen.

Der Beitritt erfolgte aufgrund eines Vertragskomplexes, durch den – zumindest nach offizieller Darstellung – die Nachkriegsära abgeschlossen und Deutschland wieder eine volle Souveränität erhalten habe. Ein klassischer Friedensvertrag sei dadurch überflüssig geworden und die Notwendigkeit des Abschlusses eines solchen durch die politischen Ereignisse überholt.[101]

Der ehemalige Abgeordnete Hans-Peter Thietz schreibt hierzu:
„Diese Darstellung läßt sich bei näherer Nachprüfung nicht aufrechterhalten. Gemeinhin wird der sogenannte „Zwei-Plus-Vier-Vertrag" (Zwei [BRD, DDR] plus Vier [die vier Siegermächte des Zweiten Weltkrieges]; Anm. d. A.), *vom 12. September 1990 als alles regelnder Basisvertrag zwischen den ehemaligen vier Siegermächten und den temporären Teilstaaten BRD und DDR angesehen, durch den Deutschland seine volle Souveränität gemäß Artikel 7 (2) wiedergewonnen habe."*[102]

Dieser Artikel 7 (2) lautet:
„Das vereinte Deutschland hat demgemäß seine volle Souveränität über seine inneren und äußeren Angelegenheiten."

Aus diesem Wortlaut würde jeder Bürger schlußfolgern, daß keinerlei Regelungen aus früherem Besatzungsrecht mehr fortgelten können, die sich bis dahin aus dem sogenannten ‚Überleitungsvertrag' mit dem offiziellen Namen ‚**Vertrag zur Regelung aus Krieg und Besatzung entstandener Fragen**' in seiner revidierten Fassung vom 23.10.1954, veröffentlicht in BGB III, am 31.3.1955, ergaben.[103]

Dieser *„Überleitungsvertrag"* umfaßte ursprünglich zwölf Teile, von denen in der Fassung vom 23.10.1954 die Teile II, VIII und XI als bereits gestrichen ausgewiesen sind, und dieser Vertragstext zu jenem Zeitpunkt so noch neun Teile mit insgesamt 83 Artikeln und 224 Abschnitten weiterhin geltender Bestimmungen der Alliierten enthielt. Solange er galt (also bis September 1990), konnte von einer Souveränität der Bundesrepublik Deutschland keineswegs gesprochen werden. Die Politiker und die Medien der BRD, die über Jahrzehnte ihren Staatsbürgern und Wählern eine solche Souveränität glauben machen wollten, handelten wider besseres Wissen oder ohne Kenntnis dieses Vertrages.
    Zur Gewährung einer vollen Souveränität war dieser *„Überleitungsvertrag"* mit seinen alliierten Vorschriften infolge des *„Zwei-Plus-Vier-Vertrages"* also aufzuheben.[104] Doch das geschah nicht, sondern nur teilweise, was wiederum die Souveränität der *neuen* Bundesrepublik zu hundert Prozent in Frage stellt!

Eine seltsame Vereinbarung, wie auch Hans-Peter Thietz stichhaltig belegt: Dazu diente die „*Vereinbarung vom 27./28. September 1990 zu dem Vertrag über die Beziehung der Bundesrepublik Deutschland und den drei Mächten (in der geänderten Fassung) sowie zu dem Vertrag zur Regelung aus Krieg und Besatzung entstandener Fragen (in der geänderten Fassung)*“, veröffentlicht als Bekanntmachung im Bundesgesetzblatt 1990, Teil II, Seite 1.386ff..

Hierin wird in Punkt 1 bestimmt, daß die alliierten Bestimmungen suspendiert werden und nun außer Kraft treten – doch vorbehaltlich der Festlegungen des Punktes 3, und hier ist nun das Erstaunliche zu lesen:

„3. Folgende Bestimmungen des Überleitungsvertrages bleiben jedoch in Kraft:

Erster Teil: Artikel 1, Absatz 1, Satz 1 bis „...Rechtsvorschriften aufzuheben oder zu ändern“ sowie Artikel 2, Absatz 1; Artikel 3, Absätze 2 und 3; Artikel 5, Absätze 1 und 3; Artikel 7, Absatz 1; Artikel 8.

Dritter Teil: Artikel 3, Absatz b, Buchstabe a des Anhangs; Artikel 6, Absatz 3 des Anhangs.

Sechster Teil: Artikel 3, Absätze 1 und 3.

Siebter Teil: Artikel 1 und Artikel 2.

Neunter Teil: Artikel 1.

Zehnter Teil: Artikel 4.“

Zusätzlich zu dieser detaillierten Festschreibung, welche Teile des Überleitungsvertrages von 1954 in Kraft bleiben, wird in der Vereinbarung einer Ziffer 4c festgelegt, daß die erfolgte Suspendierung der übrigen Teile des Überleitungsvertrages deutscherseits die weitere Erfüllung bestimmter Festlegungen „nicht beeinträchtigt“.

Von einer „Suspendierung“ des Überleitungsvertrages von 1954 kann hier wohl kaum gesprochen werden, wenn grundsätzliche Bestimmungen von 1954 fortgelten.

Wie entscheidend diese Einschränkungen – die Bestimmungen, die in Kraft bleiben – für die „Souveränität“ der wiedervereinten BRD sind, soll an zwei Beispielen deutlich werden.

1. Beispiel:

Weiter in Kraft blieb, wie oben zitiert, der Artikel 2, Absatz 1 aus dem ERSTEN TEIL. Dieser Artikel des Überleitungsvertrages von 1954 lautet:

„Alle Rechte und Verpflichtungen, die durch gesetzgeberische, gerichtliche oder Verwaltungsmaßnahmen der alliierten Behörden oder aufgrund solcher Maßnahmen begründet oder festgestellt worden sind, sind und bleiben in jeder Hinsicht nach deutschem Recht in Kraft, ohne Rücksicht darauf, ob sie in Übereinstimmung mit anderen Rechtsvorschriften begründet oder festgestellt worden sind.

Diese Rechte und Verpflichtungen unterliegen ohne Diskriminierung denselben künftigen, gesetzgeberischen, gerichtlichen und Verwaltungsmaßnamen wie gleichartige, nach deutschem Recht begründete oder festgestellte Rechte und Verpflichtungen."

2. Beispiel:

Im SECHSTEN TEIL, Artikel 3, Absätze 1 und 3 des Überleitungsvertrages von 1954, der ausdrücklich in Kraft bleibt, heißt es:

„(1) Die Bundesrepublik wird in Zukunft keine Einwendungen gegen die Maßnahmen erheben, die gegen das deutsche Auslands- oder sonstige Vermögen durchgeführt worden sind oder werden sollen, das beschlagnahmt worden ist für Zwecke der Reparation oder Restitution oder aufgrund des Kriegszustandes oder aufgrund von Abkommen, welche die drei Mächte mit anderen alliierten Staaten, neutralen Staaten oder ehemaligen Bundesgenossen Deutschlands geschlossen haben oder schließen werden."

„(3) Ansprüche und Klagen gegen Personen, die aufgrund der in Absätze (1) und (2) dieses Artikels bezeichneten Maßnahmen Eigentum erworben oder übertragen haben, sowie Ansprüche und Klagen gegen internationale Organisationen, ausländische Regierungen oder Personen, die auf Anweisung dieser Organisationen oder Regierungen gehandelt haben, werden nicht zugelassen."

Diese Feststellungen bedeuten, daß sich die Siegermächte des Zweiten Weltkrieges hiermit außerhalb jeder Rechtsverfolgung stellen, sie also für eigene, unvertretbare, grenzüberschreitende Kriegshandlungen (z.B. Kriegsverbrechen), für die bei den *Nürnberger Prozessen* Verurteilungen erfolgten, **bis heute nicht strafverfolgt werden dürfen.** Nehmen wir als Beispiel nur die Infernos der Flächenbombardierungen deutscher Städte wie Dresden mit Hunderttausenden sinnloser Opfer, unschuldiger Flüchtlinge, Frauen und Kinder unmittelbar vor Kriegsende oder den millionenfachen Tod deutscher Soldaten und vertriebener deutscher Bürger aus den beschlagnahmten Ostgebieten – in eindeutigem Bruch des in Nürnberg beschworenen Völkerrechts.[105]

Anmerkung:
Mit diesen gerade erfolgten Anmerkungen und Hinweisen soll hier in keinster Weise das Kriegsverbrechen der Nationalsozialisten heruntergespielt werden!

Besonderes Augenmerk verdient die oben zitierte Formulierung am Ende des Artikels 3, Absatz 1: „*...geschlossen haben oder schließen werden*".

Auch aus dieser Formulierung ergeben sich unzweifelhaft entscheidende Folgen für die BRD. Demnach autorisiert dies die Siegermächte auch heute noch und für die Zukunft zeitlich unbegrenzt, deutsche Auslands- oder sonstige Vermögen zum Zwecke von Reparationen, Restitutionen oder aus anderen Kriegsgründen zu beschlagnahmen und sich aneignen zu dürfen und sogar das Recht zu haben, hierzu auch in Zukunft noch spezielle Abkommen zu treffen! In Artikel 1, Satz 1, wird ausdrücklich festgeschrieben: „*Die Bundesrepublik wird keine Einwendungen erheben...*".[106]

Kann man unter diesen juristischen Einschränkungen der genannten Verträge wirklich von der Souveränität Deutschlands sprechen?

Gleiches gilt im übrigen auch für die „*Feindstaatenklausel*" (Artikel 53 und 107) der UNO-Charta, die es den Siegern des Zweiten Weltkrieges bis heute erlaubt, auch ohne Ermächtigung des Sicherheitsrates „Zwangsmaßnahmen" gegen die Feindstaaten zu ergreifen, also gegen Deutschland.[107]
Schon aus diesen zwei Beispielen wird deutlich, daß keinesfalls von einer „Suspendierung" des Überleitungsvertrages von 1954 gesprochen werden kann und daß offensichtlich wesentliche Bestimmungen des Besatzungsrechtes weiter gelten, und das in weitreichendem Umfange!

Zu diesem Ergebnis kommt Hans-Peter Thietz bei seiner detaillierten Analyse der juristischen Situation der BRD:

„...Denn das heißt doch ganz klar und unzweifelhaft, daß alle bisher im Rahmen des früheren Besatzungsrechts seitens der Alliierten festgelegten Entscheidungen – so nicht ausdrücklich aufgehoben – für Deutschland fortgelten, ohne Rücksicht darauf, ob sie mit dem deutschen Rechtssystem vereinbar sind oder nicht. Und das bedeutet, daß sich die deutsche Politik für alle Zukunft daran auszurichten und zu halten hat!

Diese betonte Festschreibung der Fortgeltung des hier zitierten und der anderen aufgezählten Artikel des Überleitungsvertrages belegt, daß die Bundesrepublik offenkundig früherem Besatzungsrecht unterworfen ist, und das hier in zeitlich unbegrenzter Weise."[108]

Auf Veranlassung des SHAEF-Gesetzgebers ist im Juli 1990 die Präambel (Wiedervereinigungsgebot) aus dem Grundgesetz gestrichen worden, ebenso wie der ursprüngliche Artikel 23, der den Geltungsbereich des Grundgesetzes für die alten Bundesländer definierte. Der Geltungsbereich wurde nicht auf die neuen Bundesländer ausgedehnt – er wurde vor dem Beitritt der DDR gestrichen! Ein Gesetz ohne Geltungsbereich gilt nirgends, das Grundgesetz ist nicht mehr existent.

Ist demnach, gemäß Auffassung des SHAEF-Gesetzgebers die BRD 1990 *de jure* erloschen und gilt völkerrechtlich als Diktatur, weil sie ohne Verfassung regiert wird? Gilt die „Vereinigung" mit der DDR gemäß dieser Auffassung als „Annexion"?[109]

Sonderstatus Berlin

Bis heute steht Berlin unter einem Sonderstatus, eine politische Tatsache, die (auch bei vielen deutschen Politikern) kaum bekannt ist.

Die juristische Grundlage dafür liefert ein Vertrag, mit dem Titel: *„Übereinkommen zur Regelung bestimmter Fragen in bezug auf Berlin".* Dieser Vertrag vom 25.9.1990 ist nachzulesen im Bundesgesetzblatt 1990, Teil 11, Seiten 1.274ff.. Parallel zur obigen Vereinbarung vom 27./28. September 1990 ist also ein gleichartiger Vertrag zusätzlich und gesondert für Berlin abgeschlossen worden.[110]

In der amtlichen Bekanntmachung Nr. 1 vom Oktober 2001, Seite 12, steht hierzu folgendes:

„Auch heute ist ein ‚Land Berlin' nach der Rechtslage, wie sie von den Bestimmungen des ‚Übereinkommens zur Regelung bestimmter Fragen in bezug auf Berlin' vom 25. September 1990 (BGBl. II S. 1.274 ff) definiert wird, nicht Bestandteil der ‚Bundesrepublik Deutschland'. Es besteht von dem hier eingenommenen Standpunkt aus der Fakt, daß das besatzungsrechtliche Mittel ‚Bundesrepublik Deutschland' in Groß-Berlin weiterhin über keine Souveränität verfügt. Die Gesetze, die durch das besatzungsrechtliche Mittel ‚BRD' erlassen werden, bedürfen zu ihrer Inkraftsetzung in Berlin stets eines förmlichen Geltungsbeschlusses des Senats, der seinerseits das besatzungsrechtliche Mittel zur Verwaltung von Groß-Berlin darstellt. Berlin besteht als der anfangs benannte ‚besondere verfassungsrechtliche Status quo ante' des Deutschen Reiches unter den gegebenen Umständen des Besatzungsrechtes fort. Damit ist Berlin nach wie vor die Regierungshauptstadt des Staates Deutsches Reich und zugleich Landeshauptstadt der aufgelösten Republik Preußen. Seit dem 25. Februar 1987 ist es nunmehr Hauptstadt des Reichslandes ‚Freistaat Preußen', Provinzhauptstadt der preußischen Provinz und Stadtgemeinde Berlin sowie Sitz des preußischen Kommunalverbandes der Gebietskörperschaft von Groß-Berlin."[111]

Leben die deutschen Bundesbürger heute, über fünfzig Jahre nach Kriegsende, noch immer unter weiterhin geltenden Bestimmungen vormaligen Besatzungsrechts der ehemaligen Siegermächte?

Wird aus den genannten Gründen die deutsche Politik mehr oder weniger fremdgeprägt, zumal Berlin verdeckt unter fortdauerndem Sonderstatus steht?

Unerklärliche deutsche Politik...

Wie oft wurde in den letzten Jahren über innenpolitische, aber insbesondere über außenpolitische Entscheidungen deutscher Politiker die Stirn in Falten gelegt.

Ein immer wieder diskutiertes Thema ist seit Jahren das Problem der Arbeitslosigkeit, das natürlich im Zusammenhang mit der sicherlich äußerst umstrittenen Ausländer- und Asylpolitik der Bundesrepublik steht.

Immer wieder heftig diskutiert wird sicherlich nicht ganz zu Unrecht der Einsatz deutscher Soldaten in Krisen- und Kriegsgebieten, die EU-Osterweiterung, die „Öffnung" der Grenzen, die Einführung des Euro und so weiter.

Haben wir in all diesen bestehenden Unklarheiten und Unstimmigkeiten die sonst unverständlichen Ursachen für Entscheidungen unserer Politiker zu suchen, die eindeutig gegen den Mehrheitswillen des Volkes sprechen? Fünf Beispiele dazu.

1. Die Einführung des Euro:

Nach dem Mehrheitswillen des Volkes wäre es nie zur Einführung des Euro gekommen. Warum gibt es in solchen Fällen in unserer Demokratie keine Volksabstimmungen wie beispielsweise in Schweden? Dort wurde der Euro mehrheitlich durch das Volk(!) abgelehnt! Dabei sollte nicht vergessen werden, daß die DM bis dato über Jahrzehnte zu einer der stabilsten Währungen der Welt zählte. Bis heute liegt ein dunkler Schatten über dieser folgenschweren Entscheidung – die Folgen waren für die Bürger schnell sichtbar oder besser gesagt: spürbar. Die Lebenshaltungskosten stiegen deutlich an. Besonders für den Mittelstand, die demokratische Basis unseres Landes, hat diese Entscheidung bis heute zu einem erheblichen Verlust an Sicherheit und Wohlstand geführt. Zudem hat der Euro bis heute seine Stabilitätskriterien nicht erreicht. Nach Einschätzung vieler Fachexperten und erstaunlicherweise auch nach Aussagen Alan Greenspans (dem Chef der amerikanischen Notenbank!) wird der Euro keinen Bestand haben.

2. Die Bundeswehr:

die Dezimierung und Umstrukturierung der Bundeswehr von einer Verteidigungsarmee zu einer weltweit einsetzbaren Eingreiftruppe unter Nato- oder UNO-Kommando. Einerseits wurde das militärische Vorgehen Amerikas und seiner Verbündeten (ohne UNO-Resolution und ohne Beweise über Massenvernichtungswaffen) gegen den Irak durch die deutsche Politik abgelehnt, aber andererseits werden Überflugrechte gewährt, Spezialisten der Bundeswehr wurden in die angrenzenden Krisengebiete gesandt, und letztlich werden deutsche Soldaten unter Nato-Kommando zur Sicherung entsendet. Trotz aller Lobeshymnen für die deutschen Soldaten, sind viele politische Entscheidungen in diesem Zusammenhang recht widersprüchlich, wenn nicht sogar in Frage zu stellen.

3. Die EU-Osterweiterung:

die EU-Osterweiterung mit ihren unabsehbaren politischen, wirtschaftlichen und arbeitsmarktpolitischen Folgen sowie langfristig mit nicht absehbaren Folgen in bezug auf die Stabilität und somit das wichtige politische Gegengewicht zur anglo-amerikanischen Politik.

4. Der 11. September:

Jeder wird sich an die Worte des Bundeskanzlers Gerhard Schröder erinnern, als er unmittelbar nach den Anschlägen vom 11. September den USA „uneingeschränkte" Solidarität ausgesprochen hat, unter Inkaufnahme einer bisher nicht gegebenen Terrorgefährdung der eigenen Bürger durch die Zusage gegebenenfalls auch aktiver Kampfbeteiligungen. Denken wir daran, daß zu diesem Zeitpunkt keinerlei Beweise vorlagen, die auf die Al Kaida als Drahtzieher eindeutig hinwiesen!

5. Ausländerpolitik:

Die fortschreitende Zunahme der BRD von Ausländern wird laut vieler Fachexperten zu immer größeren innenpolitischen Problemen und auch zu immer größeren Arbeitslosenzahlen führen. Obwohl alle Bundeskanzler jeweils meinten, daß unser Land nicht noch mehr Ausländer verkrafte, hatten sie scheinbar keinen Einfluß, um den anhaltenden Zunahme einzudämmen. Oder wurden sie durch uns vorenthaltene Festlegungen hierzu quasi gezwungen?

Es könnten noch beliebig weitere Beispiele angeführt werden, die verdeutlichen, daß die Politiker in der BRD vielfach gegen den Mehrheitswillen des Volkes Entscheidungen treffen, die wiederum in vielen Fällen (z.B. Arbeitsmarktpolitik, Euro-Einführung) zu Lasten der Bürger gehen.[112]

Der Kanzler der Wiedervereinigung...

Er war der Kanzler der Wiedervereinigung, doch immer wieder wurde im Zusammenhang mit seiner Person und insbesondere mit *seiner Politik* die Frage gestellt, ob er ein Opfer der Besatzungspolitik wurde. In Anbetracht der bis hierher aufgeführten Fakten eine sicherlich nicht zu Unrecht gestellte Frage, wie mir erscheint.

In einer Extraausgabe des *„Magazin 2000plus"* „Phantomstaat Bundesrepublik oder Deutsches Reich" wird berichtet:

„Wir erhielten Informationen, wonach die der Öffentlichkeit zugänglich gemachte Interpretation des Vereinigungsvertrages, des Zwei-Plus-Vier-Vertrages, des Übereinkommens zur Regelung bestimmter Fragen in bezug auf Berlin, vorsätzlich falsch sei. Die dort verwendeten Begriffe „Vereinigung" und „Wiedervereinigung Deutschlands" als Voraussetzung für die Souveränität Deutschlands und das Ende der alliierten Vorbehaltsrechte bezögen sich nach Auffassung der Siegermächte nicht auf die Zusammenführung der beiden „besatzungsrechtlichen Instrumente BRD und DDR", sondern auf die – zumindest formale – Wiederherstellung Deutschlands (Deutsches Reich) in den Grenzen von 1937 als völkerrechtlich einzig möglichen Vertragspartner für einen Friedensvertrag und Reparationsvertrag.

Unter einem seit 1945 in Deutschland uneingeschränkt fortgeltendem Besatzungsrecht gälten auch die systematischen Abhörmaßnahmen von Telefon, Telefax, Post und so weiter sowie die großangelegte Industriespionage durch die NSA (National Security Agency; Anm. d. A.) – unter anderem in Bad Aibling (worüber auch deutsche Nachrichtenmagazine berichteten) – als legaler Rechtsanspruch der Siegermächte. Dazu paßt auch die kompromißlos fordernde Haltung der USA bezüglich des Standortes der US-Botschaft in Berlin.

Übrigens: Nach Jahren gibt es im neuesten Telefonbuch von Berlin wieder einen Eintrag „Britische Schutzmacht" mit Sitz im Kontrollratsgebäude im Flughafen Tempelhof.

Nach Informationen, die wir des weiteren erhalten haben, wurden zwischen den USA und den übrigen Kriegsgegnern Deutschlands nach Ende des Zweiten Weltkrieges Geheimverträge geschlossen, in welchen die Wiederaufbauhilfen der USA von der Bedingung abhängig gemacht worden sind, daß die europäischen Staaten ein vereintes Europa und eine europäische Einheitswährung unter der Kontrolle der USA herbeiführen. Da die letztere Hauptbedingung durch die EU und den Euro nicht in der beabsichtigten Weise erfüllt wird, bestehe das Ziel der USA (beziehungsweise der globalen Mächte, deren Instrument die US-Regierung ist) darin, die EU und das Eurosystem zu sprengen und das amerikanische Modell eines Europas vom Atlantik bis zum Ural voranzutreiben. Das solle in der Weise geschehen, daß die europäischen Strukturen gesprengt werden, indem die de jure nicht mehr existente Bundesrepublik Deutschland eliminiert und durch das Deutsche Reich unter der Kontrolle der USA ersetzt wird, wodurch die Kontrolle ganz Europas möglich werde.

Die Parteiskandale in der Bundesrepublik, die üblicherweise diskret unter den Teppich gekehrt worden wären, werden angeblich von den interessierten Kräften jetzt besonders angeheizt, um die Bundesrepublik und ihre Institutionen in den Augen der Bevölkerung unglaubwürdig zu machen und die Bereitschaft für die Akzeptanz eines Deutschen Reiches aufzubauen. Wenn man mit der CDU fertig sei, habe man für die anderen Parteien ähnliches Material in Bereitschaft. (Nach entsprechendem Muster wurde auch Hitler an die Macht gebracht – von denselben Mächten im Hintergrund.) Die Vorgänge in und um Österreich seien ebenfalls zu dem Zweck herbeigeführt worden, um die in dieser Form unerwünschten europäischen Strukturen zu schwächen. (Die internationale Einmischung in eine demokratisch herbeigeführte Situation – ohne daß ein „Ermächtigungsgesetz" die Demokratie in Österreich in Frage stellt – paßt zu dem Konzept, das hinter den Kulissen sichtbar zu werden scheint.) "[113]

Interview mit Dr. Matthes Haug

Von 1999 bis 2002 war Dr. Matthes Haug Mitglied der Kommissarischen Reichsregierung (KRR) in Berlin. 2003 gehörte er zu den Gründungsmitgliedern des Deutschen Reich Komitees und zählt somit zu den Experten bezüglich der Fragen, die sich heute im Hinblick auf die KRR stellen. In einem Interview konnte ich ihm einige Fragen stellen:

Herr Dr. Haug, bitte fassen Sie in kurzen Worten zusammen, worum es bei der KRR geht und zu welchem Zweck sie ins Leben gerufen wurde?

Hier möchte ich vorausschicken, daß ich mich seit Ende 2002 von der KRR aus persönlichen Gründen getrennt habe. Es wurde ein unabhängiges Komitee des Deutschen Reichs gegründet, das in verschiedenen Kreisen analog eines Zwiebelschalenmodells organisiert ist. Als Gründermitglied gehörte ich dem inneren Kreis an.

Es hat sich in der Praxis unter anderem im Umgang mit BRD-Behörden als sehr ungünstig erwiesen, Titel wie „Reichskanzler" oder beispielsweise „Reichsinnenminister" und so weiter zu verwenden. Häufig werden Verfahren wegen Amtsanmaßung und so weiter eingeleitet, die zwar in der Regel alle eingestellt wurden, jedoch unwahrscheinlich viel Zeit und Energie gekostet haben. Auch ist die offizielle Unterstützung der Alliierten gegenüber einer KRR sehr dürftig.

Die KRR läuft Gefahr, als Spielball zwischen den Interessenslagern der Siegermächte mißbraucht zu werden. Ein Komitee ist ein unabhängiger Rahmen, durch den die Interessen, beziehungsweise besser gesagt, der Rechtsstatus des bestehenden Deutschen Reichs vertreten werden kann.

Ich spreche also in der Funktion eines Gründermitglieds dieses Deutschen Reich Komitees. Eine politische Ausrichtung besteht nicht.

Die Hauptaufgaben liegen, wie bereits erwähnt, in der Vertretung des Rechtsstatus der nach wie vor gültigen Verfassung von 1918, also der „Weimarer Verfassung", der Informationsverbreitung unter dem Volk über die bestehenden Rechtsgrundlagen und der Vorbereitung von freien geheimen Wahlen für eine vom Volk gewählte Staats- und Regierungsform.

U.S. Department of State
2201 C Street NW
-Secretary of State-

Office of the Under Secretary for Political Affairs
Office of the Under Secretary for Public Diplomacy

Washington, DC 20520

Date: 01/07/2003

Honourable Secretary of State!

Based on different political circumstances, the conclusions of the "Potsdamer Conference", and legal consent of the Supreme Court of the Bundesrepublik Deutschland, the Deutsche Reich continues in existence according to the Weimar Constitution of 1919.

Given this situation we are prepared to form an official organization who represent the legal status of the Deutsche Reich and accepts responsibility for the necessary administrative measures to form an interim government, so that elections for German people can be prepared which confirm the official status of a Government of the Deutsche Reich.

The feasibility of our intention requieres your consent. According to the regulations of the victorous powers of 1948, represented by the military governors of the western sector Lucius D. Clay (USA), Brian Robertson (GB) and Pierre Koenig (FR), it is the duty of the U.S. Department of State, under International Law, to support the formation of such an interim government. In order to form the aforementioned government it is necessary to grant us diplomatic recognition and to confirm our legal status as Allied Authority by your Government according to the "Berlinabkommen" from 25.9.90 (appendix) - article 1 – including a consulate representation of the Deutsche Reich in your country.

So help us God!

Yours faithfully

Dipl. Ing. Joe Baxter

Dr. Matthes Haug

Ragnar Nowak

Dipl. Ing. Gerhard Meurer

Committee of the Deutsche Reich

Distribution:
Monsieur le President de la Republique, Palais de l'Elysée 55, Rue du Faubourg Saint Honoré, 75008 Paris, France

The Office of the Prime Minister, 10 Downing Street, London, SW1A2AA, England

Abb. 1: Das Fax-Anschreiben des Komitees an das *US-Department of State* vom 7. Januar 2003.

U.S. Department of State
2201 C Street NW
-Secretary of State-

Office of the Under Secretary for Political Affairs
Office of the Under Secretary for Public Diplomacy

Washington, DC 20520

Date: 01/07/2003

Sehr geehrtes Office of the Under Secretary for Public Diplomacy

Auf Grund verschiedener politischer Fakten, den Beschlüssen der Potsdamer Konferenz der Siegermächte und gesetzlicher Zustimmung des Bundesgerichtshof der Bundesrepublik Deutschland ist der Bestand und die Fortführung des Deutschen Reichs nach der Weimarer Verfassung von 1919 gegeben. Wir sind in diesem Zusammenhang gewillt, eine offizielle Organisation zu bilden, die den Rechtsstatus des Deutschen Reichs vertritt und die Verantwortung für die notwendigen Verwaltungsmaßnahmen in Form einer Verwaltungsregierung übernimmt, um Wahlen für eine durch das deutsche Volk bestätigte Regierung des Deutschen Reichs vorzubereiten.
Die Voraussetzung hierfür ist Ihre Zustimmung für unser Vorhaben.
Laut Bestimmung der Siegermächte aus dem Jahr 1948 der Militärgouverneure Lucius D. Clay (USA), Brian Robertson (GB), Pierre Koenig (FRA) der Westzonen, sind Sie nach Völkerrecht verpflichtet, die Gründung dieser neuen Verwaltungsregierung zu unterstützen. Für unsere Arbeit an dieser neuen Verwaltungsregierung ist eine Berufung in den Diplomatenstand und eine Festlegung unseres amtlichen Status als Alliierte Verwaltungsbehörde nach Artikel 1 des Berlinabkommens vom 25.09.90 (Appendix) Ihrer Regierung notwendig.

So wahr uns Gott helfe!

Hochachtungsvoll

Joe Baxter

Dr. Matthes Haug

Ragnar Nowak

Gerhard Meurer

Komitee des Deutschen Reiches

Abb. 2: Die deutsche Übersetzung des Anschreibens des Komitees.

108

Subject: **Komitee of German Empire**
Date: **January-7-2003**
Person: **Joe baxter**

No UNCLASSIFIED

Administrator Office of Secretary
DSRecruitment@state.gov
march 23, 2003

Name   1-800-979-9331

Very honoured committee of the German Empire,

the Secretary OF State department Washington, DC requested due to your inquiry concerning a diplomatic agency of the German Empire for the establishment of a consular agency in the USA of the State Washington. We are for recording and installation assign this procedure to work on. At present an accelerated completion and requesting are possible for the USA by the occurrences outside unfortunately not. We are endeavored our armed forces, after the completion of the military employment to approve as soon you this diplomatic mechanism. Provisionally we can offer under the registration diplomatic coding for your office business and your diplomatic efforts as follows to you within the USA.

Their coding reads: US-GER/EMP-04/03-Depart.SEC.

For further questions I am to you naturally further at the disposal.

Ms. Jenny Loency
Administrations-Secretary
Secretary of Diplomatic Security U.S. Department of State

Bureau of Diplomatic Security U.S. Department of State SA-33 Washington, DC 20522

the Department of State in Washington, D.C. at 202-647-5225 from their touch-tone telephone, or receive information by automated telefax by dialing 202-647-3000 from their fax machine.

Abb. 3: Die Fax-Rückantwort des *Departments of State* an das Komitee am 23. März 2003.

Sehr geehrtes Komitee des deutschen Reiches,

das Secretary of State Department Washington, DC hat auf Grund Ihrer Anfrage bezüglich einer diplomatischen Vertretung des Deutschen Reichs zur Errichtung einer Konsularischen Vertretung in den USA im State Washington erbeten. Wir sind für die Beurkundung und Einsetzung beauftragt diesen Vorgang zu bearbeiten. Derzeit ist eine beschleunigte Abwicklung und Beantragung durch die Vorkommnisse ausserhalb den USA leider nicht möglich. Wir sind bemüht, nach der Beendigung des militärischen Einsatzes unsere Streitmächte, als bald Ihnen diese diplomatische Einrichtung zu genehmigen. Vorläufig können wir Ihnen unter der Registrierung einer diplomatische Codierung für Ihre Amtsgeschäfte und Ihre diplomatischen Bemühungen innerhalb der USA wie folgt anbieten.

Ihre Codierung lautet: US-GER/EMP-04/03-Depart.SEC.

Für weitere Fragen stehe
ich Ihnen natürlich weiterhin zur Verfügung.

Abb. 4: Die deutsche Übersetzung der Rückantwort des *Departments of State* in Washington.

Erst nach deren Abschluß kann ein Friedensvertrag durch Vertreter des Deutschen Reichs, also des noch bestehenden 2. Reichs, rechtsgültig abgeschlossen werden.

Erst dann kann es eine volle Souveränität für Deutschland geben.

Gibt es derzeit neue Entwicklungen bezüglich der Friedensverhandlungen und der Anerkennung der KRR?

Das Deutsche Reich Komitee steht in Verbindung mit Washington und hat nunmehr ein Büro in Washington DC durch das US State Department und eine Kodierungsnummer erhalten, wodurch die offiziellen Amtsgeschäfte in den USA aufgenommen werden können.

Da Deutschland nach wie vor besetzt ist und Besatzerrecht über jeglichem anderen Recht steht, sind die USA als erste Siegermacht rechtlich gesehen übergeordnet. Wir fühlen uns jedoch nicht dienstverpflichtet. Wir möchten so weit wie möglich „unabhängig" bleiben.

Wozu dient diese sogenannte Department-Codierungs-Nummer? Welche Möglichkeiten werden Ihnen dadurch eröffnet?

Diese Codierungsnummer ist ein Identifikations-Code des US-State-Departments. Dadurch ist es uns möglich, mit den Behörden in Washington, DC, in Verbindung zu treten. Diese Nummer erlaubt uns die Unterhaltung eines Büros in Washington, DC.

Ein Büroraum wurde uns dort bereits für unsere Amtsgeschäfte zur Verfügung gestellt. Ebenfalls können wir uns beim Schriftwechsel mit der amerikanischen Botschaft auf diese Codierung beziehen. Der Vorgang muß dann, ohne eine grundlose Zurückweisung, entsprechend bearbeitet werden.

Inwieweit sind Ihrer Meinung nach deutsche Politiker – im breiten Spektrum – über diesen politisch doch sehr entscheidenden Themenkomplex unterrichtet, und wenn dieser Themenkomplex bekannt ist, warum wird dann auch in der Politszene geschwiegen?

Es steht natürlich nicht im Interesse von BRD-Vertretern, wenn diese zugeben müßten, daß der rechtliche Status des Deutschen Reichs rechtmäßig ist. Dann würde die „Seifenblase BRD" sehr schnell platzen.

Deutsche Politiker sind zum Großteil über diesen Themenkomplex wenig beziehungsweise überhaupt nicht informiert. Die glauben tatsächlich an das, was sie den Leuten erzählen. Eine CDU-Fraktionsvorsitzende zum Beispiel ist mit großer Wahrscheinlichkeit tatsächlich davon überzeugt, daß Berlin Bundeshauptstadt ist, die BRD noch juristisch existent und völkerrechtlich handlungsfähig ist. Es setzt ein psychologischer Mechanismus ein, daß man irgendwann an das glaubt, was man sich ständig vormacht.

Schröder und Fischer wissen natürlich Bescheid. Die müssen ja vor Amtsantritt die Kanzlerakte in den USA unterschreiben.

Interessant ist in diesem Zusammenhang, daß Schröder vor kurzem Frankreich darauf hingewiesen hat, daß das Deutsche Reich noch existent ist und es daraufhin seitens Frankreich verschiedene Anfragen an England gab. Vielleicht möchte er rechtzeitig auf den Zug aufspringen, der bereits nicht nur mehr langsam rollt, sondern bald Höchstgeschwindigkeit erreicht haben wird.

Die deutschen Politiker, die hiervon Kenntnis haben, unterstützen natürlich mit Hochdruck eine Europaverfassung, um die Situation des Deutschen Reiches damit zu überfangen. Sie erhoffen sich auf diese Art und Weise eine Legitimation durch die EU. Das wird jedoch nicht möglich sein, da die BRD bekanntlich im völkerrechtlichen Sinne keine internationalen Verträge für Deutschland zeichnen darf und somit das gesamte Gebäude EU auf keiner rechtmäßigen Grundlage steht und es keine EU Verfassung geben kann, die von allen Staaten angenommen wird. Der EURO wurde von rechtmäßigen Vertretern Deutschlands ebenfalls nie angenommen. Man benötigt nicht viel Phantasie, um sich auszumalen, was geschehen wird.

Es gab in der Vergangenheit immer wieder Fragen bezüglich der deutschen Goldreserven von 3.500 Tonnen (Gegenwert zirka 35 Milliarden Euro). Können Sie dazu Näheres sagen?

Die Goldreserven sind nach wie vor, so wie das Deutsche Reich mit sämtlichen Einrichtungen wie Reichspost, -bahn, Gebäuden und Territorium, seit dem 12. September 1944 durch die USA beschlagnahmt. Zum Beispiel war eine Umwandlung einer Deutschen Post in eine AG hochgradig unzulässig. Hier wird Eigentum des Staates Deutsches Reich verkauft.

Persönlich bin ich froh darüber, daß die Goldreserven noch durch die USA beschlagnahmt sind. Spätestens Herr Eichel hätte diese schon längst verschleudert.

Es kam in der Vergangenheit oft die Frage auf, ob Helmut Kohl, der Kanzler der Wiedervereinigung, Opfer der Besatzungspolitik wurde. Wie ist ihre Meinung dazu?

Kanzler Kohl ist eindeutig das Opfer der Wiedervereinigung.

Er hatte damals Leisler-Kiep vor dem Mauerfall zu Honecker geschickt und ihm mitteilen lassen, er solle dafür sorgen, daß die Mauer nicht fällt. Dies hatte Honecker jedoch nicht zu entscheiden.

Die BRD- und DDR-Politiker waren ja jeweils nur für ihre besatzungsrechtlichen Instrumente BRD und DDR eingesetzt. Nach dem Fall der Mauer beziehungsweise Zeichnung der Zwei-Plus-Vier-Verträge hatte die Kohl-Regierung oder sonst irgendeine Partei ihre Existenzberechtigung verloren. Deutschland war aufgefordert, einen neuen Staat zu gründen.

Dies geschieht in der Regel im wesentlichen in drei Schritten:

1. *Wahl einer Staatsform durch das Volk (z.B. Republik oder Monarchie),*
2. *Wahl eines Gesamtdeutschen Parlaments,*
3. *Verabschiedung einer Verfassung.*

Alle drei Schritte wurden von der Kohl-Regierung natürlich ausgelassen.

Die BRD besitzt keine Verfassung. Der Unterschied zwischen einer Verfassung und einem Grundgesetz ist, daß eine Verfassung ein vom Volk gegebenes beziehungsweise angenommenes Gesetzeswerk darstellt. Bei einem Grundgesetz handelt es sich um ein Besatzerrecht, das den sogenannten Gründervä-

tern in Herrenchiemsee gegeben wurde. Deshalb heißt es „Grundgesetz __für__ die BRD". In Artikel 146 des GG steht, daß dieses GG so lange gilt, bis sich das deutsche Volk eine Verfassung gegeben hat. Also muß vom Vokabular unterschieden werden.

Mein Vater kannte Carlo Schmid (also einen der sogenannten Gründerväter des GG) persönlich. Carlo Schmid zitierte ihm gegenüber: „...wir durften beim Grundgesetz noch Punkt und Komma setzen. Das war alles. Die hatten uns alles vorgegeben..."

Hat nicht durch die sogenannte Wiedervereinigung und die Zwei-Plus-Vier-Verträge die BRD ihre volle Souveränität erhalten und beschlossen, einfach das Grundgesetz als Verfassung anzuerkennen?

Daß die BRD nicht die volle Souveränität erhalten hatte, wurde in diesem Buch bereits sehr detailliert dargestellt. Ergänzend sei noch erwähnt, daß der Zwei-Plus-Vier-Vertrag von der BRD und der DDR zur Kenntnis genommen werden durfte.

Für die BRD wurde dieser Vertrag am 25.9.1990 (BGBl. II, Seite 26 und 42 ff., 1994) wieder aufgehoben.

Von der Begrifflichkeit müssen in diesem Vertrag das vereinte Deutschland, die BRD und die DDR unterschieden werden. Der Vertrag hätte nur für das vereinte Deutschland gegolten. Weder für die BRD noch für die DDR.

Deutschland war aufgefordert, die Einheit herbeizuführen, um den Vertrag damit zu ratifizieren. Dies ist nie geschehen.

Im Einigungsvertrag (an dieser Stelle sei bemerkt, daß es sich nicht um einen Einheitsvertrag, sondern lediglich um eine Einigung handelt) vom 31.8.1990 steht in Artikel 1, daß die Länder der DDR den Ländern der BRD am 3.10.1990 nach Artikel 23 GG, der den Geltungsbereich des GG und den Beitritt anderer Länder regelte, beitreten werden. Dieser Artikel wurde bereits von den Alliierten am 17. Juli 1990 bei der Außenministerkonferenz in Paris mit Wirkung zum 18. Juli, 0:00 MEZ, definitiv gestrichen. Dadurch war ein Beitritt weiterer Länder zur BRD nicht mehr möglich. Ebenfalls ist in der Beitrittserklärung dieser Länder Berlin nicht aufgeführt.

Man konnte sich auch nicht mehr rückwirkend, wie das häufig in der Jurisprudenz geschieht, auf Artikel 23 beziehen.

Die BRD hatte mit Streichung des territorialen Geltungsbereiches ihr Grundgesetz verloren.

Wie war die Wiedervereinigung beispielsweise von Rußland geplant?
Wie war die Haltung Polens?

*Aus dem Nachlaß des Übersetzers Nogorny, der die Gespräche zwischen
Kohl, Genscher und Gorbatschow übersetzte, ist bekannt, daß Gorbatschow
die deutschen Ostprovinzen jenseits der Oder/Neiße zurückgeben wollte. Die
Uni Moskau wurde unter anderem mit dem logistischen Ablauf beauftragt.*

*Aus einem Zitat des polnischen Ministerpräsidenten vom 18. Juli 1990 in
der „Welt" ist ebenfalls bekannt, daß Polen die fremdverwalteten Ostgebiete,
so wie es das Völkerrecht vorsieht, zurückgeben wollte.*

*Kohl und Genscher hatten Gorbatschow und Polen bekniet, an der
Oder/Neiße-Grenze festzuhalten. Genscher wörtlich: „Unser System wäre
sonst nicht mehr aufrechtzuerhalten gewesen".*

*Aus einem Bundesverfassungsgerichtsurteil von 1992 geht wörtlich hervor
(Zitat) „...daß die Gebiete jenseits der Oder/Neiße weiterhin Deutschland zu-
gehörig bleiben, jedoch nicht zur BRD gehören".*

*Genscher hatte als Außenminister der BRD keine hoheitliche Verfügung
für das Deutsche Reich. Er konnte diese Gebiete nicht an Polen abtreten.*

*Das wäre, wie wenn ich in der Abwesenheit meines Wohnungsnachbars
dessen Wohnung verkaufen würde. Ein solcher Vertrag hat natürlich keine
Gültigkeit. Im völkerrechtlichen Sinne ebenfalls nicht. Dies kann nur durch
Abstimmung des im betroffenen Gebiet lebenden Volkes geschehen und nicht
durch einen Außenminister.*

Halten Sie es für möglich, daß ein möglicher Grund für das gespann-
te Verhältnis zwischen Herrn Bundeskanzler Gerhard Schröder und
dem amerikanischen Präsidenten – das ja im Zusammenhang mit einem
JA oder NEIN für einen Irak-Krieg sehr gespannt war und wohl auch
noch ist – mit der SHAEF-Gesetzgebung zusammenhängen könnte?

*Das, was in den Medien präsentiert wird, entspricht ja bekanntlich nicht
der Wirklichkeit. Ob nun das Verhältnis gespannt ist oder nicht, kann auch
nur ein Theaterspiel sein. Das deutsche Volk glaubt zumindest, daß Deutschland den USA gegenüber Paroli geboten hätte. Eine Akzeptanz hätte es in
Deutschland mehrheitlich nicht gegeben. Schröder und Fischer stiegen wieder
in der Beliebtheitsskala.*

Man schickt dann eben unter dem Deckmantel eines humanitären Aktes Soldaten in ein Krisengebiet. Was die Soldaten dort genau tun müssen, weiß niemand.

Ich hatte mich mit einem ehemaligen Soldaten einer Spezialeinheit der Bundeswehr, der in das Kosovo geschickt wurde, unterhalten. Er hat sein Schweigen, das ihm auferlegt wurde, gebrochen. Sie wurden ohne nähere Anweisung als Eliteeinheit in das Krisengebiet transportiert und dort sofort in US-Uniformen gesteckt. Nun mußten sie als US-Soldaten verkleidet an vorderster Front kämpfen, mit allen Konsequenzen.

Er hatte als gerade mal knapp über zwanzigjähriger Soldat miterlebt, wie Kameraden von ihm erschossen wurden. Den Eltern der toten Soldaten erzählte man, diese hätten sich aufgrund der psychischen Belastung umgebracht. Die Leichen durften von den Eltern natürlich nicht mehr gesehen werden. Er wurde von entsprechenden Psychologen in Deutschland dahingehend behandelt, daß er alles, was er erlebt hatte, vergessen müsse.

Diese Art der Hilfeleistung ist dann äußerst „humanitär".

Wer ist denn nun eigentlich, wenn das Deutsche Reich existent ist, Deutscher?

Man muß eigentlich nur in das Staatsangehörigkeitsgesetz von 2003 von Deutschland schauen. Dort steht: „Deutscher ist, wer die unmittelbare Reichszugehörigkeit besitzt..."

Dies betrifft den Gebietsstand vom 31.12.1937. Das heißt, die Ostgebiete jenseits der Oder/Neiße gehören ebenfalls dazu. Diese Tatsache wird in Artikel 116 Grundgesetz bestätigt.

Daraus folgt, daß die Menschen in diesen Gebieten ebenfalls ein Anrecht auf die deutsche Staatsbürgerschaft haben, das heißt, sie haben auch ein Wahlrecht. Die überwiegende Mehrheit dieser Menschen hat jedoch nie eine Wahlbenachrichtigung erhalten. Damit ist jegliche Wahl seit 1990 für Deutschland formal juristisch nicht gültig.

Wenn Deutschland noch keinen Friedensvertrag besitzt, kann es dann überhaupt volles Mitglied in der UNO sein?

Nein! Das ist natürlich nicht möglich. Das verbietet die Feindstaatenklausel, der wir immer noch unterliegen.

Die „Bundes"republik ist eher mit den USA im „Bund" stehend.

Die BRD stellt ebenfalls keinen Staat dar. Sie besitzt kein eigenes Staatsangehörigkeitsgesetz.

Es gibt mindestens drei Voraussetzungen für einen Staat:

1. Staatsvolk,
2. Staatsterritorium,
3. Verfassung.

Alle drei Voraussetzungen erfüllt die BRD nicht.

1.: Alle Bürger sind nach Staatsangehörigkeitsgesetz Artikel 1 „Reichsbürger" und nicht BRD-Bürger. Schauen Sie auf Ihren Reisepaß der BRD. Dort befindet sich der Reichsadler von 1937 auf der Außenseite. Er hat sechs Federn an jeder Schwinge. Schlagen Sie den Ausweis auf, so erkennen Sie einen Adler, der sieben Federn an jeder Schwinge besitzt. Dieser Adler wird intern von der BRD ebenfalls für die Personalausweise verwendet.

Ein Reisepaß jedoch ist ein völkerrechtliches Dokument. Hier muß auch das Staatswappen der rechtsgültigen Staatsform abgedruckt sein. Da diese Staatsform diejenige des Deutschen Reichs ist, befindet sich ergo auch das Staatswappen des Deutschen Reiches auf der Außenseite.

2.: Seit Löschung des Artikels 23 des GG (alte Fassung) besitzt die BRD kein Staatsterritorium mehr. Diese zweite Voraussetzung für einen Staat ist ebenfalls nicht gegeben.

3.: Die BRD besitzt, wie bereits erläutert, keine Verfassung.

Also sind alle drei Voraussetzungen für einen Staat nicht gegeben.

Wagen Sie abschließend eine Prognose für die weitere politische Entwicklung im Mittleren- und Nahen Osten und welche Rolle oder Aufgabe in diesem Zusammenhang möglicherweise auch auf deutsche Soldaten zukommen könnte.

Nein, lieber nicht.

Herr Dr. Haug, vielen Dank für das Interview.

Der Zwei-Plus-Vier-Vertrag und seine Folgen

Der Zwei-Plus-Vier-Vertrag hat wohl nicht nur in bezug auf die „Souveränität" der BRD weitreichende Folgen, er betrifft im weitesten Sinne die gesamte Europapolitik in politischer, wirtschaftlicher und vor allem auch in militärischer Hinsicht. Welche Rolle spielen dabei anglo-amerikanische Interessen?

Es sollte doch anzunehmen sein, daß gerade die anglo-amerikanischen Interessen an einem stabilen Europa ebenso groß sein sollten, wie das Interesse der europäischen Staaten selbst an einem starken Europa. Ist ein vereintes Europa überhaupt umsetzbar, oder ist es die Absicht der weltweit operierenden Hintergrundpolitik, Europa gezielt und ein für alle Male zu destabilisieren?

Ein destabilisiertes Europa würde nur mehr mit seinen eigenen, immer größer werdenden sozialen, politischen und wirtschaftlichen Problemen beschäftigt sein. Und wie sähe es militärisch aus? Ein schwacher „vereinter" europäischer „Gegner" würde sicherlich auch militärisch kein gesundes Gleichgewicht im globalen *Monopoly* mehr darstellen – so viel steht fest! Denn für die anglo-amerikanische Machtpolitik auf ihrem Weg zu einer kontrollierenden Neuordnung der geopolitischen Weltkarte kann es in bezug auf Europa nur zwei Alternativen geben: ein „vereinigtes" Europa oder ein zersplittertes Europa. Welches Europa ist gewollt?

Da klingen dem einen oder anderen Leser bestimmt wieder die Worte von Alan Greenspan in den Ohren, als er äußerte, daß *„der Euro nicht von Bestand sein wird..."*

Natürlich spielt insbesondere die BRD in diesem vereinten Europa eine wesentliche Rolle – politisch, wirtschaftlich und militärisch. Nur welche Rolle spielt eine BRD, die, wie es den Anschein hat, ihre volle Souveränität bis zum heutigen Tage nicht wiedererhalten hat, die nicht voll handlungsfähig zu sein scheint, die sich wirtschaftlich auf einen totalen Crash zubewegt, die militärisch aufs äußerste dezimiert wurde und langfristig als militärische Eingreiftruppe unter EU- und UNO-Kommando fungieren wird. Auf der anderen Seite geht vor allem der anglo-amerikanische Rüstungswahn weiter und erreicht jedes Jahr aufs neue nie dagewesene Höchstwerte. Bereits im Jahre 2003 war der Rüstungshaushalt der USA höher als jener der fünfzehn größten Industrienationen zusammen! Wofür brauchen die USA so einen gigantischen Militärhaushalt? Als Druckmittel zur weltweiten Friedenssicherung oder für imperialistische Zwecke?

Rufen wir dabei noch einmal folgenden Aspekt in Erinnerung, um eine mögliche Antwort auf die Frage zu erhalten, ob der Erste, der Zweite Weltkrieg und ein möglicher Dritter Weltkrieg systematisch geplant waren.

In den beiden ersten Weltkriegen haben weit mehr als siebzig Millionen Menschen auf den Schlachtfeldern, durch Hunger, Verfolgung und Folter den Tod gefunden. Das neue geopolitische Weltbild, das unter normalen Umständen, in Friedenszeiten, nur über einen Zeitraum von Generationen hätte erreicht werden können, wurde in nur wenigen Kriegsjahren umgesetzt und neu geordnet.

Die Zahl von mehr als siebzig Millionen Opfern auf den Schlachtfeldern mag dramatisch und zugleich erschreckend wirken, ist jedoch bei weitem geringer als die Zahl der Menschen, die von ihren eigenen Regierungen umgebracht wurden. R. J. Rummel, Professor für politische Wissenschaften an der Universität von Hawaii und Autor des Buches *„Death by Government"* schätzt, daß die Regierungen seit dem Beginn des letzten Jahrhunderts etwa 170 Millionen ihrer Mitbürger umbringen ließen – eine kaum bekannte und zugleich erschreckende Zahl!

Greifen wir drei Punkte auf, die sich aus den Zwei-Plus-Vier-Verträgen für ein „Vereintes Europa" ergeben könnten. Viele Kritiker und skeptische Stimmen haben im Zusammenhang mit dem Zwei-Plus-Vier-Vertrag an den Versailler Vertrag und seine Folgen erinnert, denn auch im Zwei-Plus-Vier-Vertrag spielten anglo-amerikanische Interessen eine wohl entscheidende Rolle.

Welchem Zweck dient dieser Vertrag also?

Dient er der Stabilisierung Deutschlands und Mitteleuropas, oder führt er zur systematischen „Vernichtung" und schließlich zur Neuordnung des europäischen Völkerbundes?

Beispiel 1:
Die polnische Westgrenze:
In Artikel 1, Nr. 1-5 wird die sogenannte polnische Westgrenze zwischen der ehemaligen DDR und Polen als endgültige Grenze festgeschrieben. Vor dem Hintergrund der Potsdamer Verträge und des Deutschlandvertrages bedeutet dies, daß die vier alliierten Siegermächte Deutschland hunderttausend Quadratkilometer fruchtbaren Boden entzogen und an Polen verschenkten. Wie sagt doch das Völkerrecht dazu passend: Wer nicht Nein sagen kann, der ist selbst Schuld an seinem Unglück. Doch die Sache hat einen kleinen Haken!

In den Potsdamer Verträgen von 1945 wurde festgelegt, daß die deutschen Gebiete jenseits der heutigen sogenannten polnischen Westgrenze den Polen nur *zur Verwaltung* übergeben wurden. Von einer Übereignung dieser Gebiete an Polen ist in diesen Verträgen keine Rede.

Bereits unter der Regierung Adenauers verzichtete man auf jedes Mitspracherecht, so daß für die Fragen der deutschen Einheit sowie der endgültigen Nachkriegsgrenzen ausschließlich die Alliierten Siegermächte zuständig waren.

Das Verhalten der deutschen Politiker während der Zwei-Plus-Vier-Verhandlungen zeigte deutlich, daß die deutsche Politik von allen guten Geistern verlassen ist. In Anbetracht der vorgenannten vertragsrechtlichen Grundlagen hätte jeder mit einem Minimum an politischer und diplomatischer Intelligenz ausgestattete deutsche Politiker abwarten müssen, welche Vorschläge durch die verantwortlichen Alliierten zunächst einmal vorgebracht werden, woraufhin man eigene Vorschläge hätte vorbringen können. Das mindeste – aus deutscher Sicht – wäre doch gewesen, einen Teilerfolg (die Hälfte der Gebiete) anzustreben.

Doch noch bevor die Alliierten irgendwelche Vorschläge vorgebracht hatten, forderten viele deutsche Spitzenpolitiker die bedingungslose Anerkennung der sogenannten deutschen Westgrenze. Wie kommen die Volksvertreter eines Landes, das ohnehin zu den am dicht bevölkertsten Ländern der Erde zählt, dazu, ohne zwingende Notwendigkeit, hunderttausend Quadratkilometer ihres kostbaren Besitzes so mir nichts dir nichts wegzugeben?

Die polnische Regierung hielt das großzügige deutsche Geschenk von hunderttausend Quadratkilometern deutschen Bodens offensichtlich für normal – dazu kam *lediglich* eine Abfindung vom deutschen Volk in dreistelliger Milliardenhöhe, die verlangt wurde. Die Ereignisse in bezug auf diese Verhandlungen und ihre Ergebnisse sind wohl ein einmaliger Vorgang in der Geschichte!

Noch befremdender waren in diesem Zusammenhang die Worte des damaligen Friedensnobelpreisträgers und Anwärters auf den Thron des polnischen Ministerpräsidenten, Lech Walesa.

In einem Interview, das in der niederländischen Wochenzeitung „*Elsevier*" veröffentlicht wurde, erklärte der Friedensnobelpreisträger, daß er allen Grund habe, sich wegen der deutschen Vereinigung Sorgen zu machen:

„Ich schrecke selbst nicht vor einer Erklärung zurück, die mich in Deutschland unpopulär macht. Wenn die Deutschen erneut Europa in der einen oder anderen Art destabilisieren, sollte man nicht mehr zu einer Aufteilung Zuflucht nehmen, sondern dieses Land einfach von der Landkarte ausradieren. Der Osten und der Westen besitzen die notwendige fortgeschrittene Technologie, um diesen Urteilsspruch durchzuführen."[114]

Inwieweit konnte oder kann auch gegenwärtig dieses Thema oder ähnliche Themen auf der Politebene diskutiert werden?

Allzu schnell wird die deutsche Politik mit der Vergangenheit konfrontiert, und die ausländische Presse ist voll mit Hinweisen auf den deutschen *Revanchismus* (Politik, die auf Rückgewinnung in einem Krieg verlorener Gebiete mit militärischen Mitteln gerichtet ist) und die damit verbundene „*Deutsche Gefahr*" für den Völkerfrieden.

Die letzten dreizehn Jahre, zuletzt die Intervention gegen den Irak (ohne UNO-Resolution!), haben wohl unzweifelhaft gezeigt, welche Völker den Völkerfrieden wirklich bedrohen! Spielt dabei eine doch wohl unaufhaltsam fortschreitende Destabilisierung Europas eine strategische Rolle?

Dabei stellt sich auch die Frage, welche Rolle die UNO dabei letztlich spielt, die wohl wie kein anderes Instrument anglo-amerikanische Politik zu unterstützen scheint. Doch der zweite Irak-Krieg hat gezeigt, daß auch die UNO in politische Handlungsohnmacht verfallen kann, wenn die USA entschlossen sind, einen Krieg um jeden Preis zu führen. Bis Ende 2003 gibt es keinerlei Konsequenzen in bezug auf die Mißachtung des Völkerrechtes durch die USA und ihre Verbündeten durch ihre Entscheidung, einen Angriffskrieg gegen den Irak zu führen – ohne UNO-Resolution. Im nachhinein muß diese Tatsache noch mehr betont werden, da sich herausstellte, daß der amerikanische Geheimdienst falsche Informationen in bezug auf irakische Massenvernichtungswaffen veröffentlichte, die der Präsident George W. Bush in der *Rede an die Nation* den Bürgern Amerikas präsentierte!

Überraschend ist auch die Übereinstimmung der UNO-Mitglieder bezüglich gemeinsamer Erpressungsaktionen. Als die Sowjetunion Ungarn und die Tschechoslowakei niederschlug und in Afghanistan einmarschierte, da erhob niemand seine Stimme! Wer drohte mit Sanktionen, als China Tibet besetzte – ein scheußliches Gemetzel, wie jeder weiß. Wo waren die Sanktionen der UNO dagegen, als im afrikanischen Sudan Hunderttausende von Menschen buchstäblich abgeschlachtet wurden? Wo waren die Sanktionen der UNO, als durch die Invasion der USA in Panama Tausende von Bürgern umkamen?

Gab es bis heute Sanktionen gegen Israel, das vielfach gegen UNO-Resolutionen verstoßen hat?

Wird bei der UNO mit zweierlei Maß gemessen, in Rücksichtnahme auf anglo-amerikanische oder andere Interessen?

Beispiel 2:
Abrüstungsfragen:
In den Zwei-Plus-Vier-Verträgen wurde der freiwillige Verzicht Gesamtdeutschlands auf ABC-Waffen (Artikel 3, Nr. 1) sowie die Verringerung der Wehrmacht auf 370.000 Mann (Artikel. 3, Nr. 2) beschlossen.

Sicherlich eine Entscheidung, die vor allem in ethischer Hinsicht sehr zu begrüßen ist. Betrachtet man diese Entscheidung im Hinblick auf Sicherheit und Souveränität, die sich ausschließlich auf wirtschaftliche und militärische Macht stützt, könnte man diese Entscheidung in Frage stellen, denn militärische Konflikte in Europa scheinen unter den derzeitigen politischen und wirtschaftlichen Umständen in nur wenigen Jahren möglich zu sein. Durch diesen Schritt zur Wehrlosigkeit wird Deutschland in jedem Fall erpreßbar für jeden Staat der über genannte Waffengattungen verfügt.

Ich betone an dieser Stelle nochmals, um nicht falsch verstanden oder bewertet zu werden, daß der Verzicht von ABC-Waffen in jedem Fall in Deutschland nicht positiv genug bewertet werden kann. Selbst bei einem möglichen atomaren oder biologischen Angriff auf Deutschland wäre Vergeltung mit ABC-Waffen die schlechteste aller Antworten. Wenn es überhaupt einen positiven Aspekt in bezug auf das Vorhandensein dieser Waffengattungen in Deutschland gäbe, dann den, daß sie zur Abschreckung dienen!

Doch wie sieht es gegenwärtig bei den großen Weltmächten mit den Plänen in bezug auf Abrüstung aus, vor allem in bezug auf ABC-Waffen? Die dreizehn Jahre, die seit den Zwei-Plus-Vier-Verträgen verstrichen sind, sprechen eine klare Sprache. Das Motto heißt: Aufrüstung um jeden Preis – unangefochtener Spitzenreiter sind die USA, der selbsternannte Weltpolizist, der sich allein für autorisiert sieht, eine *Neue Weltordnung* zu repräsentieren.

Wohin das unaufhaltsame Wettrüsten führt, hat die Vergangenheit eindrucksvoll in immer größer werdenden militärischen Konflikten bewiesen, die letztlich in einem Flächenbrand langanhaltender Kriege enden könnten, in denen dann auch atomare Waffen zum Einsatz kommen könnten – der Dritte Weltkrieg! Schließlich ist es nur eine Frage der Sichtweise, ob wir uns derzeit – vielleicht seit den Anschlägen am *11. September* – bereits in den Anfängen des prophezeiten Dritten Weltkrieges befinden!

Beispiel 3:
Die Situation Rußlands:
Eine entscheidende Rolle im zukünftigen Europa wird zweifellos die wirtschaftliche Situation Rußlands spielen. Viele Fachexperten sehen jedoch gerade hier die größte Gefahr im Hinblick auf ein stabiles Europa. Doch wie kam es, daß die einstige Weltmacht Rußland, nach ihrem steilen Aufstieg nach dem Zweiten Weltkrieg, in eine derartige innen- und außen-

politische Zwangslage gekommen ist, wie es gegenwärtig den Anschein hat?

Um auf diese entscheidende Frage eine plausible Antwort zu erhalten, wollen wir die Vernetzung von Weltpolitik, Geheimgesellschaften und Finanzmagnaten im Zusammenhang mit dem Aufstieg der ehemaligen Sowjetunion etwas näher betrachten. Erst dann werden die Folgen für ein „Vereintes Europa", das angeblich angestrebt wird, deutlich.

Hintergrundpolitik im Kalten Krieg

Ein Rückblick auf die Zusammenhänge der Russischen Revolution sowie des Ersten und Zweiten Weltkrieges und seine schwerwiegenden Folgen für die ehemalige Sowjetunion läßt jedoch einen ganz anderen Schluß zu, und das auch im Zusammenhang mit der wirtschaftlichen, politischen und militärischen Situation Europas in der Gegenwart.

Erinnern wir uns daran, daß neben Deutschland Rußland der große Verlierer des Ersten Weltkrieges war.

Es wird heute als eine Tatsache angesehen, daß die kommunistische Revolution in Rußland von den Kapitalisten des Westens finanziert wurde (Kapitel 1). Das wiederum ist ein deutliches Indiz dafür, daß hier übernationale Mächte ein zweites Lager schaffen wollten und dieses über Jahre hinweg zu einer Supermacht hochzüchteten.[115]

Hier finden wir eindeutig Parallelen zu der Situation Deutschlands nach dem Ersten Weltkrieg. Denn auch Deutschland hätte ohne fremde Hilfe nicht innerhalb so weniger Jahre wieder zu einer militärischen Stärke heranwachsen können. Und Rußland?

Nach dem Zweiten Weltkrieg wurde aus der ersten Welt eine zweite Welt geboren. Der Begriff dieser zwei Welten bezog sich auf die zwei Weltmächte, die sich während vierundvierzig Jahren gegenüberstanden: der kapitalistische Westen unter der Führung der US-Supermacht und der kommunistische Osten unter der Führung der Supermacht Sowjetunion.

Nach dem Blutvergießen des Ersten Weltkrieges und der Revolution war Rußland ein ruinierter Bauernstaat ohne Industrie und Technologie. Gleich danach folgte die Zeit der Gewaltherrscher Lenin, Trotzki und Stalin, die ebenfalls eine blutige Spur hinterließen. Bis zu Stalins Tod (1953) wurden rund fünfzig Millionen Menschen getötet!

Wie konnte es dazu kommen, daß der Diktator Stalin, der für den Tod von Millionen von Menschen verantwortlich war, bis zu seinem Tod unangefochten weiterregieren konnte?

Wenn man Hitler stoppen konnte, warum konnte man nicht auch den Diktator Stalin stoppen? Schließlich war seine Schreckensherrschaft, der Millionen von Menschen zum Opfer fielen, im Westen bis ins Detail bekannt, aber dennoch saßen die westlichen Siegermächte mit Stalin am selben Tisch und unterzeichneten ihre Protokolle. Wenn von einem offiziellen Kriegsende 1945 gesprochen wird, so gilt dies sicherlich nicht für die damalige Sowjetunion, denn dort ging der „Krieg" eigentlich weiter – mit Millionen von Opfern. Rußland war wirtschaftlich am Ende und finanziell ausgebrannt. Wie konnte aus diesem wirtschaftlich und innenpolitisch ruinierten Staat plötzlich eine *Supermacht* erwachsen, die sogar der Atommacht Amerika die Stirn bieten konnte?

Es ist eine nicht zu widerlegende Tatsache, daß Amerika hinter der Fassade des „Kalten Krieges" Rußland mit neuester Technologie wieder aufbaute. Eine erschreckende Parallele zum Wiederaufbau Deutschlands nach dem Ersten Weltkrieg, denn auch da flossen bekanntermaßen große Summen aus internationalen Kreisen in das wirtschaftlich und militärisch ruinierte Deutschland.

Wie konnte es also dazu kommen, daß Rußland nach dem Zweiten Weltkrieg zur Supermacht Sowjetunion aufsteigen konnte?

Eine Frage, die selten gestellt wurde. Das amerikanische Magazin „*Newsweek*" veröffentlichte am 19. Mai 1980 einen Artikel, der sich mit genau dieser Frage befaßte:

„Warum ist die Sowjetunion – mit ihrer schwächeren Wirtschaft und Technologie – heute dem Westen militärisch ebenbürtig oder vielleicht sogar überlegen? Die Standardantwort lautet: Weil der Westen, insbesondere die Vereinigten Staaten, ihr Verteidigungsbudget in einem „spirit of détente" verringert haben, während die Sowjetunion weiterhin einen großen Teil ihres Staatshaushaltes in die Aufrüstung fließen ließ."

Sicherlich eine sehr elegante, aber keine überzeugende Erklärung. Allein die Überschrift dieses Artikels („*Tricks of the Arms Trade"* – Die Tricks des *Waffenhandels*) führt zu den eigentlichen Zusammenhängen, die in der offiziellen Geschichtsschreibung nicht erwähnt werden. Eine Parallele läßt sich schnell finden: spielten internationale Finanzkreise nicht auch bei der Unterstützung des Hitler-Deutschlands nach dem Ersten Weltkrieg eine entscheidende Rolle?

Eine Schlüsselfigur

Wie bei der Unterstützung Deutschlands vor dem Zweiten Weltkrieg durch internationale Finanzkreise, stoßen wir auch im Zusammenhang mit der Aufrüstung Rußlands nach dem Zweiten Weltkrieg auf eine Vernetzung von Geheimgesellschaften, Hochfinanz und Politik. Was den Aufbau der Sowjetunion durch die USA betrifft, so wollen wir eine Schlüsselperson etwas näher betrachten, *die geradezu die Symbolfigur für die übernationale Politik der westlichen Geheimgesellschaften ist.*[116] Es ist *Averell Harriman* (1891-1986), der in den entscheidenden Jahren von 1943 bis 1946 amerikanischer Botschafter in Rußland war.

Harrimans Vater, Edward Henry Harriman (1848-1909), war der amerikanische Eisenbahnmagnat, der die Eisenbahnlinie vom Atlantik zum Pazifik errichtet hatte, quer durch den nordamerikanischen Kontinent. Die Eisenbahnindustrie arbeitete damals Hand in Hand mit der Metall- und Waffenindustrie. Der bittere aber notwendige Beigeschmack war die millionenfache Tötung der Indianer, die den machtpolitischen Köpfen im Weg waren. Harriman kontrollierte auch die Schiffahrt zwischen den USA und Japan. Nach Beendigung des Krieges zwischen Rußland und Japan im Jahre 1905 plante Harriman ein globales Eisenbahn- und Schiffahrtsnetz. 1905 reiste er persönlich nach Japan. Zunächst kooperationsbereit, schöpfte Japan jedoch Verdacht und weigerte sich zu kooperieren. Weil Japan sich dieser geplanten Weltordnung nicht unterordnen wollte und über Jahrzehnte hinweg an der eigenen Weltordnung festhielt, so wurde oft spekuliert, sei Japan und nicht Deutschland oder Rußland Ziel der Atombombe gewesen.[117]

Harrimans ältester Sohn Averell trat in die Fußstapfen seines Vaters. Er studierte, wie es sich für Sprößlinge der obersten Zehntausend gehört, an der Universität von Yale. Die Elite-Universitäten, insbesondere Harvard und Yale, sind die Hochburgen der Studentengesellschaften und bilden somit die Außenposten der Geheimgesellschaften (siehe auch Band 1). Hier wird der Nachwuchs ausgebildet und behutsam aufgebaut. Weil alle zukünftigen Politiker, Anwälte und Wirtschaftsleute diese Hochschulen absolvieren, wird verständlich, warum so viele führende Köpfe der heutigen Gesellschaft direkt mit Geheimgesellschaften vernetzt sind. Die Kandidaten sind ausschließlich weiß, männlich, Protestanten und kommen gewöhnlich aus sehr reichen Familien. Oft waren schon deren Väter Mitglieder des gleichen Ordens.

Die größte Studentengesellschaft in Harvard und Yale heißt offiziell „Skull and Bones" („Schädel und Knochen").

Diesen für ihn vorgezeichneten Weg ging auch Averell Harriman. Er wurde schnell ein angesehenes Mitglied von Skull and Bones (S&B) und zählte bald zu seinen führenden Köpfen.

Die weitere Karriere und die wichtigsten politischen Meilensteine von Averell Harriman verdeutlichen die Vernetzung der anglo-amerikanischen Politik und deren Ziel, langfristig eine Neue Weltordnung zu installieren. Dabei sollten insbesondere **Deutschland und Rußland** eine Schlüsselrolle spielen:

- Im Jahre 1920 gründete er mit seinem jüngeren Bruder Roland eine Investment-Gesellschaft, die von der Zwischenkriegszeit profitierte und viel Geld in das kriegsgeschädigte Europa investierte. 1926 stieg ein anderer Yale-Absolvent und S&B-Mitglied in die Harriman-Gesellschaft ein: Prescott Bush, der Vater des späteren US-

Präsidenten George Bush und Großvater des heutigen US-Präsidenten George W. Bush.

- 1931 kam es an der New Yorker Wall Street zu einer großen Bankenfusion: *Harriman Brothers & Company* und die britisch-amerikanische *Brown Brothers & Company* schlossen sich zusammen. Unter den zwölf Direktionsmitgliedern befanden sich acht S&B-Mitglieder. Durch geschickte Investitionen wurde diese Bankenfusion vor und während des Zweiten Weltkrieges zur größten Privatbank Nordamerikas.

- Nach dem Ende des Ersten Weltkrieges reiste Averell Harriman nach Deutschland und gründete 1922 in Berlin eine Filiale von W. A. Harriman & Co.. Bei diesen Besuchen trafen sich Harriman und Thyssen, woraufhin 1924 offiziell die *Union Banking Cooperation* gegründet wurde, eine Verbindung der *Harriman-Bank* und Thyssens *Bank voor Handelen Schepvaart* (BHS) in den Niederlanden. Über diese Verbindung sollen große Geldsummen nach Deutschland geflossen sein.

- Im Jahre 1926 wurde Prescott Bush Vizepräsident von W. A. Harriman & Co.. Im gleichen Jahr wurden in Deutschland mit amerikanischer Unterstützung Thyssens „*Vereinigte Stahlwerke AG*" gegründet. Die Stahlwerke waren eine wesentliche Voraussetzung für die militärische Aufrüstung.

- 1927 traf Averell Harriman in Italien mit Mussolini zusammen, und auch dort kam es zu einer Zusammenarbeit.

- Im Jahre 1933 wurde Hitler Kanzler und kurz darauf Diktator von Deutschland. Über die internationalen Geldströme, die danach nach Deutschland flossen, wurde bereits im vorherigen Kapitel ausführlich berichtet. Das Ausmaß der US-Gelder, die nach Deutschland flossen, führte dazu, daß es im Jahre 1942 in New York zu offiziellen Maßnahmen gegen *Union Banking Cooperation* kam, in der kein Geringerer als Prescott Bush Direktor war. Aufgrund des *Trading with the Enemy Act* (Gesetz über Geschäfte mit dem Feind) wurden die Wertpapiere beschlagnahmt, die allesamt Bush, Roland Harriman, drei Nazi-Geschäftsführern und zwei weiteren Partnern von Bush gehörten. Angesichts der brisanten Geschäfte – mit dem Feind – und der übernationalen Verbindungen wurde die ganze Affäre sehr diskret abgewickelt und schließlich fallengelassen, jedoch in den Akten umfassend dokumentiert.

All diese Machenschaften und Hintergründe, die den Zweiten Weltkrieg erst ermöglichten, wurden von den Autoren Des Griffin und Chaitkin in ihrem Buch „*George Bush – The Unauthorized Biography*" dargelegt und mit allen erforderlichen Aktenreferenzen belegt.

Abschließend noch ein paar politische Meilensteine des Averell Harriman, die verdeutlichen, wie vernetzt Politik, Geheimgesellschaften und Hochfinanz sind – dieser rote Faden scheint nicht abzureißen und zieht sich offensichtlich bis in die politische Gegenwart hinein:

• Nach Beginn des Zweiten Weltkrieges reiste Harriman mehrere Male nach England, Europa und Rußland. In den Jahren 1941 bis 1943 war er Sonderbeauftragter des Präsidenten Roosevelt in England und Rußland, um das „*Lend-Lease-Programm*" zu koordinieren. Rußland erhielt hierdurch die wohl entscheidende Unterstützung, um den Krieg gegen Deutschland zu gewinnen. Der Autor Hamilton Fish schreibt in seinem Buch „*Der zerbrochene Mythos*": *„Mehr als eineinhalb Jahre bevor der Krieg gewonnen wurde, bevor irgendwelche Friedenskonferenzen auf der Tagesordnung standen, plante Roosevelt, Rußland nicht nur eine Einflußsphäre in Europa zu geben, sondern vielmehr Rußland dort als beherrschende Kraft in Aktion treten zu lassen. Jeder, der die Geschichte des Zweiten Weltkrieges kennt, weiß, daß Rußland den Krieg gegen Deutschland 1941 verloren hätte, wenn es nicht durch die USA massiv unterstützt worden wäre: Die Vereinigten Staaten haben Sowjetrußland elf Milliarden Dollar geliehen. Unter dem „Lend&Lease-Abkommen" erhielt Stalin vom Westen 20.000 Flugzeuge; fast 400.000 Lastkraftwagen; zweimal so viele Tanks, wie die Russen am Beginn des deutschen Angriffes hat-*

ten; riesige Mengen Schuhleder; Stoff für Uniformen; Hunderte von Meilen an Stachel- und Telefondraht; Lokomotiven und Automobile; Nahrungsmittel in großem Umfang und schließlich Ausrüstung zur Errichtung neuer Fabriken.«[118]

- In den Jahren 1943 bis 1946 war Harriman US-Botschafter in Moskau.

- 1946 bis 1948 war er US-Handelsminister. Er unterhielt in all den Jahren persönliche Freundschaftsbeziehungen mit Stalin und Chruschtschow und wurde von Truman, Kennedy, Johnson, Nixon und Carter immer wieder in die Sowjetunion gesandt, um Verhandlungen zu führen. Wie wichtig Harriman für die US-Politik und ihre internationalen Beziehungen zu der Sowjetunion war, verdeutlicht die Tatsache, daß er noch im Jahre 1983 nach Moskau reiste und dort Gespräche mit Andropov führte – im Alter von einundneunzig Jahren!

- 1971 heiratete Averell Harriman im Alter von achtzig Jahren die einundfünfzigjährige Pamela Churchill, Witwe des Churchill-Sohnes Randolph. Pamela Harriman-Churchill war unter anderem eine der wichtigsten Sponsorkräfte von Bill Clinton. Nach dem Wahlsieg von Bill Clinton und Vizepräsident Al Gore sagte sie in einem Interview gegenüber der „*Washington Post*" am 6. November 1992: „*Er* (Averell Harriman) *ist es gewesen, der die beiden* (Clinton und Gore) *ausgesucht, zu uns eingeladen und mit ihnen über frühere Präsidenten gesprochen hat, auch über die Krise, der ihre Generation entgegengeht.*"

- Im Jahre 1993 wurde Pamela Harriman von Bill Clinton zur amerikanischen Botschafterin in Frankreich ernannt.[119]

Die weitreichenden Folgen...

Betrachtet man die politischen Zusammenhänge und deren Auswirkungen seit Beginn des letzten Jahrhunderts, inklusive der Russischen Revolution, des Ersten und Zweiten Weltkrieges und des Nachkriegseuropas, bis in die Gegenwart, so werden besonders die Folgen für die Position Europas offensichtlich. Die Folgen sind insbesondere eine Destabilisierung Rußlands und Deutschlands.

Die anglo-amerikanischen Kreise waren in jedem Fall sehr daran interessiert, Deutschland nach dem Ersten Weltkrieg und nach dem Zweiten Weltkrieg auch die Sowjetunion aufzubauen.

Der bereits erwähnte Finanzexperte und Autor Professor Anthony C. Sutton hat in seinem Buch „*National Suicide: Aid to the Soviet Union*" (*„Nationaler Selbstmord: die militärische Hilfe an die Sowjetunion"*) die Zusammenhänge und die US-Unterstützung in bezug auf den Aufbau Rußlands aufgedeckt.

In seinem Buch belegt Sutton, wie amerikanische Firmen direkt und indirekt (durch internationale Geschäftspartner) in der Sowjetunion Dünger- und Chemiefabriken errichteten, die in Wahrheit jedoch der Explosionsstoffproduktion dienten. Es entstanden auch Waffen- und Munitionsfabriken sowie Lastwagen- und Panzerfabriken. Das erschreckende Fazit: Amerika und Rußland bedrohten sich also mit Waffen, die aus denselben Firmen stammten, einfach über den Umweg der verschiedenen Tochterfirmen.[120]

Professor Sutton schlußfolgert am Ende seines Buches: *„Die historische Evidenz ist stark und klar. Die Vereinigten Staaten haben für die Sowjets Einrichtungen gebaut, um Militärlastwagen und andere Fahrzeuge, Panzer und Waffentransportmittel herzustellen. Diese Aufbauarbeit dauerte vierzig Jahre und fand mit vollem Wissen statt."*[120]

Auch im technologischen Bereich wurde die Sowjetunion massiv unterstützt. Die sowjetischen Computernetzwerke wurden weitgehend von amerikanischen Firmen beziehungsweise von ihren europäischen Tochterfirmen installiert. Bereits seit Anfang der siebziger Jahre erhielten die Sowjets über diese Kanäle die Technologie, die es ihnen ermöglichte, ihre Marschflugkörper-Leitsysteme auszubauen. Seit Mitte der achtziger Jahre wird das sowjetische Raketen- und Nuklearwaffensystem von amerikanischen High-Tech-Computern koordiniert. Es wird berichtet, daß sich die Zentrale zwei Kilometer unter dem Granit des Ural-Gebirges befindet.[121]

Caspar Weinberger, der Sekretär des amerikanischen Verteidigungsministeriums, sagte am 21. Mai 1982 vor CFR-Mitgliedern in New York: *„Den Sowjets unsere Technologie zu verkaufen, ist Kurzsichtigkeit, die man bereits als kriminell bezeichnen muß."*

Ein anderer, der die dunklen Machenschaften der US-Politik an die Öffentlichkeit brachte, war der US-Kongreßabgeordnete Lawrence (Larry) McDonald. Er schrieb unter anderem auch das Vorwort zu einem brisanten Buch, das weltweit für Aufmerksamkeit sorgte: *„The Rockefeller File"* (*„Die Rockefeller-Papiere"*) von dem Autoren Garry Allen – ein Buch, das lesenswert ist!

Weinberger kam etwa ein Jahr später bei einem tragischen und zugleich ungewöhnlichen Flugzeugunfall ums Leben. Vor der russischen Insel Sachalin (vor Japan) wurde ein Jumbo-Jet der Korean Airline mit 270 Menschen an Bord abgeschossen. Auf Weisung des sowjetischen Verteidigungsministers Ustinov hatte General Kornukov den Befehl zum Abschuß gegeben. Unter den Passagieren befand sich Larry McDonald![122]

Zwei Jahre nach dem mysteriösen Absturz veröffentlichte der amerikanische Politologe Ralph Epperson ein Buch mit dem Titel *„The Unseen Hand"* (*„Die unsichtbare Hand"*). In dem sehr ausführlichen Buch schrieb Epperson über bis dato kaum bekannte Hintergründe der Geschichte der letzten dreihundert Jahre, unter anderem der zwei Weltkriege und des Vietnamkrieges. Die Widmung in seinem Buch lautet: *„Gewidmet dem Kongreßabgeordneten Larry McDonald (1935-1983), ermordet beim Flug der Korean Airline 007 von denjenigen in der Sowjetunion, die den Anweisungen dieser Verbrecher gehorchen, da er ebenjene Verschwörung zu entlarven wagte, der er zum Opfer fiel."*[123]

Es gab viele Spekulationen um diesen Flugzeugabsturz, und so unglaublich es klingen mag: es gab Stimmen, die mutmaßten, daß der Kongreßabgeordnete Larry McDonald einer Verschwörung zum Opfer fiel, bei der 269 Menschen geopfert wurden. Sicherlich eine Spekulation mit einer ungeheuren Tragweite, wie auch der Autor Armin Risi feststellt: *„Die Behauptung, Larry McDonald sei einer Verschwörung zum Opfer gefallen, die nicht davor zurückschreckte, 269 andere Menschen mitzuopfern, und die derart weltumspannend ist, daß geheime Befehle einer ‚unsichtbaren Hand‘ den russischen Verteidigungsminister bewegten, den Abschuß eines koreanischen Jumbos zu bewirken, um einen amerikanischen ‚Verräter‘ zu stoppen, ist unglaublich. Die Aufdeckung der geheimen US-SU-Beziehungen lassen eine solche hochgradige Kooperation jedoch nicht unmöglich erscheinen. Wenn Eppersons Behauptung wahr ist, dann wäre der Fall McDonald ebenso eklatant wie die Ermordung John F. Kennedys. Es wäre die Spitze eines Eisberges aus dunklen, eiskalten Tiefen.“*[124]

Zielscheibe Europa?

> *„Das Schlachtfeld des nächsten konventionellen Krieges wird Europa sein und nicht die Vereinigten Staaten.“*
> (Caspar Weinberger, ehem. Verteidigungsminister, 1982)

Findet ein möglicher Dritter Weltkrieg in Europa statt?
Wurde das *„Schlachtfeld Europa“* systematisch dafür vorbereitet?

Lassen die Zusammenhänge mit der Unterstützung Hitler-Deutschlands und der Aufbau der Sowjetunion nach dem Ende des Zweiten Weltkriegs durch internationale Finanzkreise diesen Schluß nicht möglich erscheinen?

Erinnern wir uns in diesem Zusammenhang an die Protokolle der bayerischen Illuminaten (Band 1), in denen unter Punkt 10 über den **Sinn und Zweck des Krieges** steht:

„...Um Machthungrige zu einem Mißbrauch der Macht zu veranlassen, werden wir alle Kräfte in Gegnerschaft zueinander bringen. In ganz Europa,

132

und mittels der Beziehungen Europas auch in anderen Erdteilen, müssen wir Gärungen, Zwiespalte und Feindschaften erschaffen...

...Wir müssen in der Lage sein, jedem Widerstand durch Kriege mit dem Nachbarland zu begegnen. Wenn diese Nachbarn es jedoch auch wagen sollten, gegen uns zusammenzustehen, dann müssen wir ihnen durch einen Weltkrieg Widerstand bieten..."[125]

Der Deutschlandvertrag hat sich in keinem politischen Bereich so negativ ausgewirkt, wie in der aus ihm folgenden NATO-„Kriegspolitik".

Im Frühjahr 1981 tagte in der Universität im niederländischen Groningen die internationale *Konferenz über einen Nuklearkrieg in Europa.* Mit-Initiator und einer der sachkundigsten Redner war General LaRoque, Ex-Admiral der US-Navy und wegen seiner strategischen Planungen im vereinigten Generalstab der USA hochdekoriert: *„Die Amerikaner gehen davon aus, daß der **Dritte Weltkrieg** (Herv. d. d. A.) ebenso wie der Erste und Zweite Weltkrieg in Europa ausgefochten wird."*

Während in Europa gestorben werden soll – und es werden auch einige hunderttausend US-amerikanische Soldaten unter den Opfern sein –, soll die Fernschreibleitung zwischen dem Weißen Haus und dem Kreml dafür sorgen, daß der Krieg nicht überbordet auf die Kernländer der beiden Bündnisse, auf die Vereinigten Staaten und auf die Sowjetunion. LaRoque: *„Im inneren Zirkel der US-Atomgeneralität wird sorgsam die Überzeugung gepflegt, daß der heiße Draht funktioniert... Man glaubt, daß ein Atomkrieg, wenn er richtig geführt wird, nämlich in Europa und auf kleiner Flamme, unter Kontrolle gehalten werden kann."*[126]

Wird Europa auf einen endgültigen Untergang vorbereitet?

Auf der Konferenz in Groningen über den Kernwaffenkrieg in Europa zitierte Admiral LaRoque einen seiner NATO-Kollegen: *„Während des taktischen Atomkrieges in Europa wird man den strategischen Atomfrieden zwischen den USA und der Sowjetunion aufrechterhalten."*

Was das bedeutet, erläutert LaRoque: *„Der Unterschied zwischen taktischen und strategischen Atomwaffen ist nicht bloß der Unterschied zwischen klein und groß. Die taktischen Atomwaffen, wie sie die Truppen beider Seiten* *auf dem Schlachtfeld mitführen, würden auch tatsächlich abgeschossen und zerstören ganz Europa. Hingegen blieben die strategischen Atomwaffen, die großen Interkontinentalraketen, bis auf weiteres in ihren Silos... Erst stirbt Europa, und dann werden wir weitersehen."* [126] (Herv. d. d. A.)

Bei einem Nuklearkrieg in den achtziger Jahren würden in Europa nach Berechnungen des US-Verteidigungsministeriums etwa einhundert Millionen Menschen sofort oder in den ersten Tagen sterben – nicht gezählt die Verletzten und unheilbar Strahlenkranken.[126]

Aktuelle Anmerkung zur amerikanischen Einflußnahme auf die europäische Politik:

In seiner Ausgabe vom 25.6.2003 berichtete die PHI (Deutschlanddienst), daß die USA an Sitzungen des EU-Ministerrates und an der Diskussion über die Europäische Verfassung teilnehmen wollen: *„Unter dem Dach des CIA-nahen Centure for Strategic & International Studies (CSIS) formierte sich unlängst eine auf die Interna der EU ausgerichtete pressure group (Einfluß-Gruppe, Druck-Gruppe). Zu den Mitgliedern gehören die ehemalige Außenministerin Madeleine Albright, ihr Amtskollege Warren Christopher, der berüchtigte Sicherheitsberater Zbigniew Brzezinski (Mitglied der Trilateralen Kommission), Reagans Verteidigungsminister Frank Carlucci, sein Kollege unter Clinton, William Cohen, Ex-Vizepräsident Bob Dole, Lawrence Eagleburger als Sprecher der Internationalen Kommission für Versicherungsansprüche aus der Zeit des Holocaust, der in derartigen Angelegenheiten ebenfalls nicht unbekannte Stuart Eizenstat, die Wirtschaftsexpertin Carla Hills, General-Elektric-Vorstand Sam Nunn, der ehemalige US-Finanzminister und nunmehrige Kodak-Vorstand Paul H. O´Neil, der ehemalige NATO-Oberbefehlshaber in Europa, Alexander Haig und nicht zuletzt James Schlesinger als ehemaliger Verteidigungsminister und ehemaliger CIA-Chef. CIA und CSIS wandten sich nunmehr in Gestalt dieses personell höchst verdächtigen Klüngels an die EU-Kommission und forderten nicht mehr und nicht weniger als die Hinzuziehung amerikanischer Vertreter zu innereuropäischen Angelegenheiten. Konkret sollten Vertreter der US-Regierung als Beobachter an Sitzungen der diversen EU-Ministerräte teilnehmen, parallel dazu will Washington Abgesandte des Kongresses als Sitzungsteilnehmer des die EU-Verfassung vorbereitenden Europäischen Konvents installieren. Na-*

türlich alles nur, um weitere Zerwürfnisse im transatlantischen Bündnis zu verhindern. Unterstützt wird diese Unverschämtheit durch den Verein Atlantik-Brücke e.V., den German Marshall Fund und die Deutsche Gesellschaft für Auswärtige Politik. Von dem letzteren Verein wurde uns das aber nur durch mündliche Informationen berichtet. Der Vorstand wird das möglicherweise bestreiten."

Helmut Kohl und seine „Vision"... – Pulverfaß Europa

„Sollen wir etwa alle nur Diener und Knechte der USA sein und ihnen dafür auch noch danken?"

(M. Gorbatschow;
über den Führungsanspruch der USA in Europa)

Am 28. November 1989 legte der damalige Bundeskanzler Dr. Helmut Kohl vor dem Deutschen Bundestag das sogenannte *Zehn-Punkte-Programm* zur Überwindung der Teilung Deutschlands und Europas vor.

Unter Punkt *Neun* erklärte der damalige Bundeskanzler:
„Die Überwindung der Trennung Europas und der Teilung Deutschlands erfordert weitreichende und zügige Schritte in der Abrüstung und Rüstungskontrolle. Abrüstung und Abrüstungskontrolle müssen mit der politischen Entwicklung Schritt halten und, wenn notwendig, beschleunigt werden.
Dies gilt im besonderen für die Wiener Verhandlungen (In Wien verhandelten im März 1989 die Mitgliedstaaten von Warschauer Pakt und Nato in der seit langem aussichtsreichsten Abrüstungskonferenz zwischen Ost und West über die Reduzierung konventioneller Rüstung in Europa; Anm. d. A.) *über den Abbau konventioneller Streitkräfte und für die Vereinbarung vertrauensbildender Maßnahmen ebenso wie für das weltweite Verbot chemischer Waffen, das, wie ich hoffe, 1990 kommen wird. Dies erfordert auch, daß auch die Nuklearpotentiale der Großmächte auf das strategisch erforderliche Minimum reduziert werden können. Das bevorstehende Treffen zwischen Präsident Bush und Generalsekretär Gorbatschow bietet eine gute Gelegenheit, den jetzt laufenden Verhandlungen neue Schubkraft zu geben."*[127]

Seit dieser Erklärung Helmut Kohls sind beinahe vierzehn Jahre vergangen, und der Rüstungswahn – allen voran die Vereinigten Staaten – dringt jedes Jahr in immer neue Dimensionen vor. Und Europa?

Ungeachtet aller zumindest öffentlich bekundeten Abrüstungsbestrebungen der vergangenen Jahrzehnte, glich Europa noch in den neunziger Jahren einem einzigen Pulverfaß, zu dem es ja schließlich nicht unwissentlich gemacht wurde.

Die militärische Rivalität und Rüstungskonkurrenz zwischen NATO und Warschauer Pakt hatten die in Friedenszeiten größte militärische Konzentration in der Geschichte hervorgebracht. Europa glich einem Waffenlager ohnegleichen: *„Rund vierzehn Millionen aktive Soldaten und Reservisten stehen im Dienst auf beiden Seiten unter Waffen. Dazu kommen über zweihundert stehende Divisionen Bodentruppen und über einhundert Reserve-Divisionen. Zu den ständig in Europa stationierten Truppen zählen zirka 75.000 schwere Kampfpanzer, 60.000 Artilleriegeschütze, 30.000 Schützenpanzer und 12.000 Kampfflugzeuge. Dazu kommen noch 1.000 Kriegsschiffe.*"[128]

Schlimmer könnten jedoch die Folgen der immer noch beachtlichen Atomwaffendichte in Europa sein. Weniger Reservisten, Bodentruppen, Panzer und Flugzeuge, vielmehr stellt das immer noch vorhandene Arsenal an Atomwaffen eine unabsehbare Gefahr für das gesamte Europa dar.

Seit der Gründung der Vereinten Nationen erklären die Regierungen der Welt die Abschaffung aller Atomwaffen zum Ziel. Doch noch heute bedrohen mehr als 30.000 Atomwaffen Menschen in allen Regionen der Welt – ein erschreckender Gedanke!

Nach dem Ende des Kalten Krieges ist die Hoffnung auf eine radikale Abrüstung der Atomwaffen bitter enttäuscht worden. Die zirka 20.000 Sprengköpfe in den offiziellen Arsenalen bedeuten **eine Sprengkraft von fünf Milliarden Tonnen** TNT, also fast eine Tonne Sprengstoff für jeden Menschen! Mit den in Reserve liegenden Sprengköpfen sind Atomwaffen für eine Million mal Hiroshima vorhanden.

Die NATO ist nicht bereit, in ihrer Strategie auf Atomwaffen zu verzichten. Das gleiche gilt auch für die Großmacht Rußland, die – wegen ihrer zunehmenden Unterlegenheit im konventionellen Bereich – im Krisenfall auf den Einsatz taktischer Nuklearwaffen setzt.

Diesen skandalösen Zustand verantwortet auch die Bundesregierung mit, die als Mitglied der NATO die atomare Abschreckungsdoktrin unterstützt. Auch in der BRD sind mindestens noch 101 Atombomben gelagert (deutsche Lager für US-amerikanische Bomben in Büchel, Memmingen Nörvenich; britisches Lager in Brüggen; US-Bunker in Ramstein). Die Bundesluftwaffe stellt etwa fünfzig Maschinen der Luftwaffe für die *„nukleare Teilhabe"* im Rahmen der NATO bereit.

Die USA haben in Europa immerhin noch weit über einhundert Atomwaffen gelagert. Hierbei handelt es sich um taktische Nuklearwaffen, das heißt frei fallende Atombomben des Typs B-61, die sowohl den US-Geschwadern in Europa eingesetzt werden können als auch von europäischen NATO-Geschwadern im Rahmen eines NATO-Einsatzes. Der Einsatzbefehl für die Atomwaffen selbst verbleibt in jedem Fall beim US-Präsidenten!

Aufrüstung, Abrüstung, diplomatische Verhandlungen, Atomwaffensperrverträge – alles wirtschaftsfördernde Maßnahmen –, aber die eigentliche Botschaft, eine Abrüstung der Atomwaffen und auch der B- und C-Waffen zu erzielen, ist die überhaupt gewollt?

Heute ist die Gefahr von ABC-Waffen-Anschlägen durch terroristische Gruppen, der besonders die Zivilbevölkerung der westlichen Nationen gegenübersteht, größer denn je. Ein Wunder ist das natürlich nicht, wenn man bedenkt, welche Rolle die Großmächte und die verschiedenen Geheimdienste dabei teilweise spielen, welche Terrornetzwerke, wie beispielsweise die Al Kaida, mitaufgebaut haben.

Da die Gefahr von terroristischen Angriffen nach den Anschlägen vom 11. September zunehmend gestiegen ist, ist gleichzeitig auch die Erkenntnis der großen Nationen gewachsen, daß man sich vor Anschlägen kaum schützen kann. Tatsächlich hat der Großteil der Bevölkerung im Falle terroristischer Anschläge mit Bio-, Chemie- oder gar Atomwaffen nur eine minimale Chance, in der betroffenen Zone zu überleben. Dennoch werden, beispielsweise in den USA, Großbritannien oder auch in Israel, regelmäßig Übungen durchgeführt, die einen nicht zu erhoffenden Ernstfall simulieren.

Der beste und wohl einzige Schutz wären großangelegte Schutzräume und Bunkersysteme, was aber in Anbetracht der hohen Bevölkerungszahl finanziell nicht umsetzbar wäre, denn das wäre ein Multimilliarden-Programm – eigentlich sehr traurig, wenn man bedenkt, wie viele unnötige Milliarden Euro unserer Steuergelder jährlich so mir nichts dir nichts verpulvert werden, ganz zu schweigen von den *schwarzen Kassen* und den Korruptionsaffären in der Politik. Da mag man sich wirklich die Frage stellen, welchen Stellenwert der einzelne Mensch hat. Dahingegen ist für die oberen Zehntausend auch in Deutschland gut gesorgt, da kann man sicher sein! Natürlich wird über die wenigen atomsicheren Anlagen und die jährlichen Millionen Euro, die zur Instandhaltung benötigt werden, selten etwas in den Medien verlautbart. Bis Ende der neunziger Jahre galt der sogenannte Regierungsbunker in Dernau (zirka 60 km vor Bonn) als *der* Zufluchtsort der Herren und Damen der Volksvertretung. Im Ernstfall können sich dort wohl 4.000 bis 6.000 Privilegierte zurückziehen. Der jährliche Unterhalt dieser Anlage soll etwa zwanzig Millionen Euro betragen. Die in den sechziger Jahren für mehrere Millionen Euro errichtete Anlage ist heute, laut Innenministerium, stark renovierungsbedürftig. Kostenpunkt: etwa fünfzig Millionen Euro!

Obwohl großangelegte Schutz- oder Präventivmaßnahmen sicherlich nie schaden, können diesen den Menschen aber auch mehr Angst einflössen. Vielleicht ist es aber besser, sich der Angst zu stellen und sich mit einer eventuellen Ernstfallsituation auseinanderzusetzen. Ich möchte an dieser Stelle nicht falsch verstanden werden und auch nicht den *Teufel an die Wand malen*, doch die Realität sieht bekanntlich anders aus. Auch deutsche Politiker werden diese Problematik hoffentlich noch rechtzeitig erkennen und den Mut haben, realistischer an die Sache heranzugehen, auch wenn das die eine oder andere Wählerstimme kosten wird.

Sehr befremdend sind in diesem Zusammenhang die Ansichten verschiedener deutscher Politiker, die der Meinung sind, daß ein Terroranschlag in Deutschland aufgrund der Position der Bundesrepublik gegenüber dem Irak-Krieg unwahrscheinlich ist. Der Bundesverteidigungsminister Struck behauptete in diesem Zusammenhang sogar, die Bundeswehr könne sich in erster Linie auf Auslandseinsätze konzentrieren, da eine Bedrohung des eigenen Landes nur von sekundärer Bedeutung sei. Da muß man sich wirklich fragen: In was für einer Realität leben diese Leute eigentlich, oder haben sie Angst oder Anweisungen von „oben", diese Gefahren offiziell nicht auszusprechen? Gibt es nicht genug Zielgruppen in Deutschland, denen Anschläge gelten könnten? Und wie sieht es mit den ohnehin schwierig zu treffenden Schutzvorkehrungen aus? Und was wohl ganz außer Acht gelassen wird, sind die verschiedenen US-Militärstütz-punkte in der BRD, in Süddeutschland unter anderem mit dem Hauptquartier für sämtliche US-Einheiten in Europa oder dem Hauptquartier der US-Luftwaffe in Europa in Ramstein. Daß diese Stützpunkte auch Ziele für Terrorangriffe sein könnten, ist wohl nicht auszuschließen. Bei solchen Anschlägen wird zwangsläufig auch die deutsche Bevölkerung in Mitleidenschaft gezogen, und davor sollte man nicht die Augen verschließen.

Dahingegen investierte die NATO (mit deutschen Steuergeldern!) mehrere Milliarden Euro in ABC-sichere Hauptquartiere auf deutschem Boden! Neben dem Hauptquartier für die Kriegsmarine (in der Eifel) wurde Ende der achtziger Jahre auch das unterirdische Hauptquartier der NATO für Europa-Mitte gebaut, und dies sind nicht die einzigen Anlagen!

Auch wenn die verantwortlichen Politiker entweder wider besseren Wissens oder schlichtweg aus dem Grund, die Bevölkerung nicht in Panik versetzen zu wollen, diese Gefahr herunterspielen – die Gefahr von Terrorangriffen durch ABC-Waffen ist auch in Deutschland deutlich gestiegen, dessen sollte man sich bewußt sein. Doch auf einen Einsatz von solchen Waffen ist hierzulande scheinbar niemand vorbereitet, und das wiederum ist der Grund dafür, daß in einem solchen Ernstfall, den wir uns alle nicht wünschen, viele Menschen sterben werden, weil sie nicht vorbereitet sind und gerade deshalb eine noch größere Massenpanik ausbrechen kann, als sie das wohl ohnehin schon wird.

Man denke in diesem Zusammenhang an die Sicherheitsmaßnahmen in Flugzeugen. Hier werden die Menschen vor jedem Flug auf den Ernstfall vorbereitet, und jeder Fluggast weiß, daß zumindest bei einem Absturz die Überlebenschancen gleich Null sind. Doch wenn ein Flugzeug notlanden muß, auf dem Land oder zu Wasser, dann ist die Wahrscheinlichkeit einer Massenpanik bei weitem geringer, weil die Menschen über den Ernstfall, und wie sie sich in einem solchen zu verhalten haben, informiert worden sind.

Auch wenn dieser Vergleich ein wenig hinkt, so soll dadurch lediglich verdeutlicht werden, daß es besser ist, die Menschen auf mögliche terroristische Anschläge vorzubereiten, anstatt ihnen eine heile und sichere Welt vorzugaukeln – Information ist besser als Desinformation!

Mini Nukes – Atomwaffen mit geringerer Sprengkraft

Von den etwa 30.000 Atomwaffen, die noch in den Arsenalen der Großmächte lagern, befinden sich 7.000 in den USA und Rußland in ständiger Alarmbereitschaft – ein Einsatz ist auf Knopfdruck möglich!

Glaubt man den offiziellen Zahlen, so hält George W. Bush in seinem Land noch etwa 10.600 Nuklearwaffen, Rußland besitzt 18.000, China 400, Frankreich 350 und Großbritannien 200. Israel soll über 200, Pakistan über 50 und Indien über immerhin noch 30 Atomwaffen verfügen.

Während die US-Army immer noch vergeblich Massenvernichtungswaffen im Irak suchte, fand in Genf eine Konferenz der Unterzeichner des Atomwaffensperrvertrages statt. Neben Nordkorea standen dort insbesondere die USA in der Kritik. Was in den öffentlichen Medien meist unterdrückt wird, ist, daß besonders Amerika seit langem bereits an einer neuen Generation von Atombomben arbeitet.

Nach vorhergehenden Plänen begann man bereits 1995 mit der Entwicklung einer kleineren Atombombe zur Zerstörung unterirdischer Anlagen. Das Ergebnis ist die B61-11, ein sogenannter „bunker-buster", eine Wasserstoffbombe, die bereits 1997 zur Verfügung stand und die zumindest den ersten bekannten Schritt zur Herstellung von kleinen Atomwaffen oder „mini-nukes" darstellt. Bei einem näheren Blick sind die bekannt gewordenen Einzelheiten des NPR-Berichtes bereits nach dem Ende des Kalten Krieges unter Bush sen. angelegt gewesen. George W. Bush setzt mit den alten Kämpfern seines Vaters, Cheney, Rumsfeld und Powell, nur um, was unter der Clinton-Regierung ein wenig ins Hintertreffen geraten war.

Um den Frieden zu bewahren, sei die nukleare Abschreckung weiterhin vonnöten, so der amerikanische Präsident George W. Bush: *„Wir wollen allen Staaten sehr deutlich zu erkennen geben, daß sie nicht die USA bedrohen oder Massenvernichtungswaffen gegen uns oder Alliierte oder unsere Freunde einsetzen dürfen."*

Offiziell ist diese Atomwaffe nicht gerade neu, sondern lediglich eine modifizierte Waffe, weswegen sich für das Pentagon eigentlich nichts verändert hat. Das war schon Mitte der neunziger Jahre eine geschickte Formulierung, als die US-Regierung 1996 den Vertrag über das umfassende Verbot von Nuklearversuchen nur unterschrieben hat, die Ratifizierung aber Ende 1999 vom Senat abgelehnt wurde – wahrscheinlich aus guten Gründen. Der Vertrag verbietet Testexplosionen von Kernwaffen und will darüber hinaus versuchen, die Entwicklung neuer Atomwaffen zu verhindern. Präsident Clinton, der seinerzeit den Vertrag ratifizieren wollte (zumindest offiziell), hatte aber erklärt, an dem seit 1992 beschlossenen Teststop-Moratorium festzuhalten. George W. Bush versicherte dahingegen bereits als Präsidentschaftskandidat, hinter dem Beschluß des Senates zu stehen und eine Ratifizierung zu verhindern.

In einem Artikel der *„Los Angeles Times"* vom 9. März 2002 wurde die Katze dann endgültig aus dem Sack gelassen. In einem von dieser Zeitung aufgedeckten Geheimbericht des Pentagon wurde bekannt, was schon lange vermutet wurde.

Darin vollzieht die US-Regierung einen fundamentalen Schwenk, die Abkehr von den festgelegten Grundsätzen des Kalten Krieges: Atomwaffen sollen nicht mehr nur als strategisches Abschreckungspotential wirken, sondern in der Zukunft gezielt in regionalen Konflikten zum Einsatz kommen.

Sieben Staaten müssen sich wohl auf das Schlimmste gefaßt machen. Sie werden in dem Bericht als Gegner Amerikas ausdrücklich benannt und sollen im Kriegsfall mit *Atomwaffen* beschossen werden. Darunter ist die *„Achse des Bösen"*, der Irak, Iran und Nordkorea, aber auch Libyen, Syrien und die Großmächte Rußland und China.[129]

Der Planungsbericht mit dem nüchternen Titel „Nuclear Posture Review" wurde bereits am 8. Januar 2002 dem Kongreß zugeleitet, war aber bisher geheim geblieben. Unterschrieben vom US-Verteidigungsminister Donald Rumsfeld, leitet er in kaltblütiger Militär-Sprache eine äußerst gefährliche Entwicklung ein: Er macht Atomwaffen zum Bestandteil des Anti-Terror-Arsenals, wie etwa die Super-Bombe „Daisy Cutter", die größte konventionelle Bombe der Welt. Atomraketen, Atomgranaten und lasergesteuerte Nuklear-Mini-Bomben gehören plötzlich zum taktischen Schreckenskabinett der US-Militärs.

Das US-Verteidigungsministerium drängt die Wissenschaftler und Rüstungskonzerne zur Eile: Rasch sollen sie in den nächsten Monaten die neuen Waffen entwickeln. Das Pentagon-Papier fordert die Entwicklung von Atomsprengsätzen, die weniger „Kollateralschäden" anrichten als herkömmliche Nuklearwaffen. Konventionelle Cruise Missiles sollen umgebaut werden, so daß sie auch kleinere Atomsprengköpfe tragen können.[130]

Die Erklärungen der US-Verantwortlichen können paradoxer nicht sein, wenn behauptet wird, daß diese *Mini-Atombomben* lediglich eingesetzt werden sollen, um „Schurkenstaaten" zu bekämpfen, die Massenvernichtungswaffen beherbergen. Es sei daran erinnert, durch wen Schurkenstaaten, wie beispielsweise der Irak, das *Know-How* für Massenvernichtungswaffen erhalten haben. Besonders die Geschichte des vergangenen Jahrhunderts belegt doch unzweifelhaft, daß die Großmächte und deren finanzstarken Hintermänner ihre zukünftigen Kriegsgegner aufgebaut haben – daran hat sich offensichtlich nichts geändert.

Überdies, so die gegenwärtigen Erklärungen für den *Atomwahn*, würden viele der unterirdischen und gesicherten militärischen Anlagen mit herkömmlichen Waffen nicht zerstört werden können.

Der Gipfel der US-Ausreden: Nukleare Prozessionswaffen zur Zerstörung einzelner Ziele könnten gleichzeitig dazu beitragen, die größeren Nuklearwaffen zu reduzieren! – Wie denn? Indem man sie in die Luft sprengt?

Die Strategie der Bush-Regierung gegenüber der Öffentlichkeit wird hier schon deutlich: hinter der vermeintlichen Abrüstung eine Aufrüstung mit nuklearen Prozessionswaffen mit geringer(!) Sprengkraft zu realisieren. Anders ausgedrückt: Es geht darum, den Einsatz von Atomwaffen in begrenzten Konflikten möglich zu machen – was wohl längst geschehen ist! Schon im Irak-Krieg sollen diese Waffentypen bereits zum Einsatz gekommen sein.

Massenvernichtungswaffen im ersten Irak-Krieg

Daß im ersten Irak-Krieg bereits Massenvernichtungswaffen zum Einsatz kamen, ist heute kein Geheimnis mehr. Natürlich wurde behauptet, man halte sich an geltendes Recht. Die US-Generäle aber befahlen den Einsatz von FAE-Druckbomben, Napalmbomben, Streubomben und der GBU-28-„Superbombe" und verletzten damit internationales Recht. Tatsächlich sollen jene Bomben mit hoher Zerstörungswirkung, die laut Pentagon zum Räumen von Minenfeldern eingesetzt wurden, auch auf Menschen abgeworfen worden sein.

FAE-Bomben haben eine mit Atombomben vergleichbare Sprengkraft. Beim Aufschlagen entweicht eine Wolke hochflüchtiger Dämpfe, die sich mit der Luft vermischen und detonieren. Der Überdruck, den eine bestimmte Art FAE-Bomben auf einer Fläche von 300 mal 300 Metern schlagartig entstehen läßt, beträgt 200 psi (zirka 15 kg/cm^2). Ein Mensch kann höchstens bis zu 40 psi aushalten.[131]

In einem CIA-Bericht über FAE-Bomben heißt es:

„Die Druckeinwirkung der FAE-Bomben grenzt bei kurzer Distanz an die von Atombomben geringer Sprengkraft. Bezogen auf eine bestimmte umrissene Fläche sind die Auswirkungen enorm. Jegliches Leben in unmittelbarer Nähe der Explosion wird ausgelöscht. Weiter entfernte Personen erleiden zahlreiche innere Verletzungen. Oft sind zum Beispiel geplatzte Trommelfelle und zerstörte Innenohr-Organe die Folge, häufig kommt es zur schweren Gehirnerschütterung, die Lungen und andere innere Organe platzen; wahrscheinlich erblinden die Opfer auch."[132]

Zu allem Übel berichtete die Presse anschließend, daß die FAE-Bomben entsetzliche und exotische irakische Waffen seien. Die *„Los Angeles Times"* warnte am 5. Oktober 1990: *„Im Gegensatz zu Iraks chemischen und biologischen Waffen, gibt es gegen die FAE kein Mittel."* Die FAE-

Bomben, so die „Times", gehörten nicht zum US-amerikanischen Waffen-arsenal. Das war natürlich reine Propaganda, denn es ist kein Geheimnis, daß die US-Militärs seit dem Vietnam-Krieg FAE-Bomben in ihren Arse-nalen horten.[133]

Als die Wahrheit schließlich ans Tageslicht kam, gab es einen schnellen Kurswechsel in der Berichterstattung. Die US-Offiziere erklärten nun, daß sie die FAE-Bomben zum Räumen von Minenfeldern in Kuwait benutzen. Michael Kinsley, Kolumnist der „Washington Post", beschrieb die FAE-Bomben als Waffe, „*die wir zuerst gar nicht besaßen, dann nie einsetzen würden, außer zur Abwehr eines Chemiewaffen-Angriffs, und schließlich, um Minenfelder zu räumen und Sandmassen zu bewegen.*" Wer es glaubt, wird selig.

In Wahrheit setzten die US-Streitkräfte FAE-Bomben doch gegen ira-kische Soldaten ein. Kinsleys Kollege Jeffrey Smith hatte bereits fünf Tage zuvor festgestellt: „*Sämtliche irakische Frontverbände sind massiven Bom-bardierungen ausgesetzt worden – auch mit 10.000-Pfund-BLU-82-Bomben, die ein Benzin-Luft-Sprengstoffgemisch enthalten.*" Tatsächlich ist die BLU-82 eine 15.000 Pfund schwere FAE-Bombe mit einem Explosionsdruck von 1.000 psi. Seit dem Einsatz in Vietnam, wo sie im Dschungel Lande-plätze für Helikopter freisprengen sollte, wird sie im Militärjargon „*daisy-cutter*" („*Gänseblümchen-Mäher*") genannt. Das Söldnerblatt „*Soldiers of Fortune*" benannte im Juli 1992 mindestens elf BLU-82-Einsätze, drei da-von an einem einzigen Tag auf die Faylakah-Inseln nahe Kuwait-City.[134]

Napalmbomben sind Brandbomben mit einer Mischung aus Benzin, Benzol (einer krebserregenden Substanz), Aluminiumsalzen der Naph-thensäuren und Fettsäuren als Verdickungsmitteln. Die Stoffe werden beim Aufschlagen der Bombe freigesetzt. Die bei der Explosion entstehen-den extrem hohen Temperaturen von mehr als 2.000 Grad Celsius setzen auf größeren Flächen alles in Brand. Natürlich wurde der Einsatz von Na-palmbomben gegen die irakische Bevölkerung dementiert. Der Einsatz von Napalmbomben wurde lediglich benutzt, um das als Abwehr gedachte Öl in Brand gesetzt zu haben. Hingegen liegt unter anderem ein Bericht eines Marineoffiziers vor, der eingestand, daß „*Napalm gegen irakische Truppen, wie damals gegen den Feind in Vietnam, eingesetzt wurde*".[135] Die „*Washing-*

144

ton Post" berichtete am 23. Februar, daß Napalm verwendet wurde, um *„verschanzte gegnerische Soldaten"* zu erreichen.

Auch Streubomben kamen im Irak-Krieg häufig zum Einsatz. Stephen Sackur schrieb dazu in seinem Buch *„On the Basra Road"*:

„Es war offensichtlich, daß alliierte Flugzeuge den ‚Highway of Death' mit Streubomben angegriffen hatten – die leeren Metallhülsen lagen überall herum. Splitterbomben sind so konstruiert, daß sie in hunderte kleine Bomben zerplatzen, mit denen das Zielgebiet abgedeckt wird, und besonders zusammengesetzte Granatsplitter speien, um den Schaden für Mensch und Gerät zu vergrößern. Im Aufschlaggebiet hinterlassen sie Einschüsse wie Pockennarben. Die Straße nach Basra war übersät davon."[136]

Die Verbündeten, Amerika und Großbritannien, setzten Streubomben nicht nur gegen Soldaten, sondern auch gegen Zivilisten ein. Ein bekanntes Fabrikat war die Rockeye II Mk 20, eine 222 Kilogramm schwere Waffe, bestehend aus 247 Einzelbomben, die sich auf eine Fläche von rund einem Morgen verteilen und dabei 500.000 Granatsplitter mit hoher Geschwindigkeit versprühen. Die Fachzeitschrift *„Aviation Week and Space Technologie"* berichtete im Februar 1991, daß F-16A-Kapfflugzeuge pro Angriff vier Rockeye-Splitterbomben mit sich führten. Andere Typen von Streubomben werden im Jargon *„gut-rippers"* (*„Eingeweide-Zerreißer"*) oder *„bouncing Bettys"* (*„hüpfende Bettys"*) genannt: Sie schlagen auf, springen hoch und explodieren in Magenhöhe.[137]

Diese Ausführungen sollen an dieser Stelle genügen, um aufzuzeigen, daß bereits im ersten Golfkrieg (und auch in vorherigen Kriegen wie z.B. dem Vietnamkrieg) Massenvernichtungswaffen zum Einsatz kamen. In verschiedenen Quellen, die im Literaturverzeichnis aufgeführt sind, können Sie hierzu noch weitere und ausführlichere Informationen erhalten. Wie sehr diese Kriegsverbrechen von den Medien gefiltert und letztlich vertuscht werden, ist auch hier einmal wieder erkennbar. Die Wahrheit ist bekanntlich immer der erste Verlierer in einem Krieg. Daß ähnliche Waffen und solche neuester Generation auf den jüngsten Schlachtfeldern in Afghanistan und im zweiten Irak-Krieg auch zum Einsatz kamen, davon ist wohl auszugehen.

Bill Clinton und die China-Connection

Im Jahre 1999 wurde eine geheime Aktion bekannt, die an Widersinnigkeit kaum übertroffen werden kann, andererseits aber auch ein eindeutiger Beleg für die Hintergrundpolitik des vergangenen Jahrhunderts ist. Der damalige US-Präsident Bill Clinton hat in geheimster Mission bewilligt, daß neueste US-Nukleartechnologie an China verkauft wird! In der zweiten Märzwoche 1999 erschien in der *„Washington Post"* ein Artikel des bekannten Polit-Journalisten Michael Kelly mit der Überschrift *„Lies about China"* (*„Lügen über China"*):

„Notra Trulock, der Chef des Geheimdienstes des Energieministeriums, hat Hinweise entdeckt, die zeigen, daß China das US-Geheimnis erfahren hat, wie man Atombomben komprimiert, um kleinere, noch gewaltigere Raketensprengköpfe herzustellen. ...Das Geheimnis des Weißen Hauses wäre geheim geblieben, wenn nicht ein Forschungskomitee unter der Führung des Republikaners Christopher Cox darauf gestoßen wäre."

Die *„New York Times"* veröffentlichte am 6. März 1999 eine Grafik, aus der hervorgeht, daß der neuste W-88-Sprengkopf mit 150 kg Eigengewicht dreißigmal leichter ist als die 4.500 kg schwere Hiroshima-Bombe. Letztere war über drei Meter lang, W-88 ist nur 70 cm lang, ist aber mindestens zehnmal stärker als die Hiroshima-Bombe. W-88 gehört zu jenen geheimen US-Waffen, von denen China nun alle Konstruktionspläne bekommen hat!

Die Wut und Empörung des Volkes brachte der republikanische Senator von Oklahoma, James Inhofe, im US-Senat am 15. März 1999 zum Ausdruck. In Gegenwart von Vizepräsident Al Gore sagte Inhofe unter anderem: *„Herr Vorsitzender, ich verlange, daß Sie mir zuhören. Ich werde Ihnen eine Geschichte über Spionage, Verschwörung, Täuschung und Verheimlichung erzählen, eine Geschichte, in der es für Millionen von Amerikanern um Leben und Tod geht. ...Die Chinesen stahlen unsere Technologie, und der Präsident hat die diesbezügliche Information zurückgehalten und verheimlicht. ...Bei zahlreichen Anlässen hat Präsident Clinton das amerikanische Volk angelogen, als es um die Gefahr von Atomraketen in der Ära nach dem Kalten Krieg ging.*

Während dieser Zeit hat Präsident Clinton bei über 130 verschiedenen An-lässen Aussagen gemacht wie die folgende: ‚Zum erstenmal seit dem Beginn des Atomzeitalters gibt es nicht eine einzige Atomrakete, die heute Abend auf ein amerikanisches Kind gerichtet ist. Keine. Nicht eine einzige!‘ Dabei wußte er, daß China bis zu 18 Interkontinentalraketen auf Amerikas Kinder gerichtet hat... "[138]

Nach modernen Schätzungen wird angenommen, daß die Chinesen eine Volksarmee von zweihundert Millionen(!) mobilisieren könnten. Eine höchst interessante Zahl, denn exakt diese Zahl wird auch in der Apokalypse erwähnt!

Und die Prophezeiungen zum Dritten Weltkrieg?

In Band 1 wurde im ersten Kapitel aufgezeigt, wie präzise die gegenwärtige Weltlage, die als eine zyklische Wendezeit betrachtet werden sollte, von verschiedensten Sehern in den vergangenen Jahrhunderten beschrieben wurde. In Anbetracht der politischen Weltlage – insbesondere in Europa – und des atomaren Rüstungswahns, erhalten die Prophezeiungen zum Dritten Weltkrieg ein so großes Gewicht, daß sie hier nochmals kurz behandelt werden.

Seit den Anschlägen vom *11. September* haben viele Schauungen verschiedener Seher, die unter anderem über eine Zerstörung New Yorks berichtet haben, auch in der Öffentlichkeit immer mehr an Beachtung gewonnen.

Das aktuellste Beispiel, das mehr als deutlich unterstreicht, daß die Prophezeiungen ernst genommen werden sollten, ist die Ermordung des serbischen Regierungschefs Zoran Djindjic, kurz vor Ausbruch des zweiten Irak-Krieges.

Der bekannte Seher Alois Irlmaier prophezeite in Verbindung mit einem neu aufflammenden Nahostkrieg den Mord an einem *Hochgestellten* auf dem Balkan. Wenige Tage nach dem am 12. März 2003 an Djindjic verübten Attentat brach bekanntlich der „unabdingbare" zweite Irak-Krieg aus.

Die zum Teil Jahrtausende alten Prophezeiungen beschreiben sehr präzise die gegenwärtige Weltlage, wie schon bis zu diesem Punkt deutlich wird. Auch „Sklaverei" und „Knechtschaft" sind präzise Beschreibungen für die Rolle, in der sich der größte Teil der Menschheit heute befindet. Besonders interessant in bezug auf die gegenwärtige politische Weltlage sind die verschiedenen Schauungen, die den Dritten Weltkrieg sehr genau beschreiben. Im Mittelpunkt der Hauptkriegshandlungen steht dabei Europa, und eine entscheidende Rolle kommt dabei Rußland zu, das vielfach als *Geißel* des Dritten Weltkrieges bezeichnet wurde!

Die verschiedenen Prophezeiungen, die einen Dritten Weltkrieg behandeln, sind bekanntermaßen sehr umfangreich, deshalb sollen hier nur einige genannt werden. Dabei gibt es zwei Hauptmerkmale:
1. Eine atomare Auseinandersetzung zwischen den USA und Rußland und
2. den Einmarsch Rußlands in Westeuropa.

Über die Zerstörung ganz New Yorks wurde bereits im ersten Band berichtet.

Zu Punkt 1 – Einsatz von Atomwaffen:
Erna Stieglitz (1894-1965): *„Als Rache erfolgt der atomare Gegenschlag gegen alle Städte der USA."*[139]

Durch atomare Rückschläge durch die USA werden weite Teile Rußlands zerstört werden. Als Folge dieser Ereignisse kommt es dann zu einer Gegenrevolution in Rußland, die das bisherige System stürzt!

Die Seherin **Veronika Luecken** berichtet: *„Rußland plant, die Vereinigten Staaten und Kanada mit Raketen zu erobern. Ich sehe einen sehr großen, schrecklichen Krieg. Ich sehe... es sieht wie ein Pilz aus. Eine gewaltige Explosion, und alles ist zerstört."*[140]

Onit: *„Das amerikanische Industriedreieck Detroit, Chicago, New York und deren Symbole wird wieder einsam und verlassen wie dermaleinst."*[141]

Johansson: *„Unter den nordamerikanischen Städten wurden mir folgende als besonders betroffen bezeichnet: Chicago, Minneapolis, Washington, New*

York; letztere war am schlimmsten betroffen. Davon zeugten Ruinen... alles war in Rauchwolken gehüllt, große und kleine Gegenstände wurden vom Sturm mitgerissen und wirbelten in Mengen durch die Luft. Zugleich brachen in vielen Stadtteilen gewaltige Feuersbrünste aus... viele Schiffe wurden aufs Land geschleudert, andere versanken im Hafen. Nicht nur in der Stadt New York, sondern auch in ihrer weiteren Umgebung loderten große Brände, der Himmel glich einem einzigen Flammenmeer. Auch in den Waldgebieten Kanadas sah ich riesige Brände... die Verwüstungen durch (einen) Orkan waren in diesem Lande gewaltig."[142]

Alois Irlmaier (1894-1959): *„In Amerika wird eine große Stadt durch Raketen-Geschosse zerstört werden.*"[143]

In einer anderen Schauung Irlmaiers heißt es: *„Ich sehe einen Einbruch von **gelben Menschen** über Alaska nach Kanada und die USA. Doch werden die Massen zurückgeschlagen.*"[144]

Auch *Paris* scheint betroffen zu sein, wie unter anderem **Nostradamus** zu berichten weiß:

Vers III/84:
Die große Stadt wird völlig zerstört,
Von Bewohnern wird nur ein einziger übrigbleiben:
Mauern, Menschen, Kirchen und Jungfrauen verletzt,
Durch Feuer, Seuche, Kanonen stirbt das Volk.[145]

Vers V/8:
Das Feuer bleibt entfacht, der Tod versteckt schleichend
In den Kugeln schreckliches Grauen,
Bei Nacht von Flotte aus wird Paris zu Pulver gemacht,
Paris im Feuer, dem Feind zur Freude.[146]

Paris wird bei Nacht, vermutlich von einem Unterseeboot aus, mit Atomraketen beschossen und buchstäblich in Schutt und Asche gelegt. Danach sind Paris und die Umgebung unbewohnbar!

In Vers VI/43 heißt es hierzu:
Lange Zeit wird unbewohnt bleiben,
Wo Seine und Marne das Land benetzten:
Von der Themse her auch kriegerisch verlockt,
Niedergemacht die Wachen, zurückgestoßen/schießen wollten.[147]

Der Einsatz von Nuklearwaffen im Dritten Weltkrieg wird von verschiedenen Sehern bestätigt und ist sicher. Weitere Städte werden genannt und zerstört: Moskau, Prag, Lyon, Berlin, Ulm und Münster.

Mit großer Wahrscheinlichkeit ist aufgrund der verschiedenen Schauungen davon auszugehen, daß der Dritte Weltkrieg im Frühjahr im Nahen Osten beginnen wird – Mitteleuropa wird zunächst nicht betroffen sein.

Der Krieg in Europa kommt völlig überraschend und ist ganz kurz. Die Kampfphase dauert nach Aussage der Visionäre höchstens drei Monate.

Abb. 5: Wird der Eifelturm noch lange stehen?

Verschiedene Seher beschreiben in ihren Schauungen modernste Waffen – Nuklear- und Chemiewaffen –, die zum Einsatz kommen werden.
Eine Seherin sah *Soldaten Taucheranzüge tragen* und fand das recht merkwürdig. Bei den „Taucheranzügen", die von den Soldaten getragen werden, handelt es sich um schwere ABC-Schutzbekleidung aus Gummi.
Die Schutzmasken der Truppen des ehemaligen Warschauer Paktes haben den Filter nicht wie westliche Soldaten direkt am Maskenkörper, sondern sie tragen den Filter am Koppel. Maske und Filter sind mit einem Luftschlauch verbunden, wie bei einem Taucheranzug.[148]

150

Von **Erna Stieglitz** ist folgende Überlieferung nach W. J. Bekh überliefert: „*Aus der Stille ihrer Kammer schaute diese Frau den Untergang der Welt. Es folgen die Aussagen: Der Stand der Technik eröffnet zum erstenmal die Möglichkeit, die ganze Welt von einem Machtzentrum aus zu beherrschen. Während im Westen Bequemlichkeit und Weichheit, Wohlstand und Luxus obenan stehen, bereitet sich der Osten vor, erzieht zur Erhebung, stählt seine Völker, sorgt für Nachwuchs und Waffen. Nach den Gesetzen der Militärstrategie stärken die Russen ihre Flanken, bevor sie in der Mitte, das heißt gegen Westeuropa vorstoßen... Gegen Ende Juli stoßen sowjetische Angriffskeile blitzartig gegen Westeuropa vor. Anfang August werden die eingedrungenen russischen Panzerarmeen in Mittelfrankreich, vermutlich um Lyon, und wenig später bei Ulm vernichtet.*

Mitte August greifen sowjetische Eliteeinheiten Alaska an. In Europa kommt es zum Abwurf von einer radioaktiv strahlenden gelben Wand. Prag wird atomar zerstört. ...Die Sowjets sind in Westeuropa in die Verteidigung gedrängt. Als Rache erfolgt der atomare Gegenschlag gegen alle Städte der USA. Gleichzeitig schlagen die USA atomar zurück. Weite Teile der Sowjetunion und die letzten sowjetischen Raketensilos werden zerstört. Als Folge dieses Ereignisses kommt es in der Sowjetunion zu einer Gegenrevolution, die das bisherige System stürzt. Im September gibt es den letzten verzweifelten Versuch sowjetischer Unterseebooteinheiten, Europa atomar zu verwüsten. Bei diesem Angriff werden viele französische und deutsche Städte in ein Flammenmeer verwandelt. ...Der Angriff der Roten Armee wird gebrochen. Mehr noch, die sowjetische Armee vernichtend geschlagen. Die Sowjetunion verliert allein in ihren Heersäulen sieben Millionen Menschen..."[149]

Der Einmarsch des Angreifers in Deutschland:

Der alte **Jasper** (1764-1833) sah den Dritten Weltkrieg wie folgt: „*Aus Osten wird dieser Krieg losbrechen. Vor Osten habe ich bange. Dieser Krieg wird sehr schnell ausbrechen. Abends wird man sagen Friede, Friede, und es ist kein Friede, und morgens stehen die Feinde schon vor der Türe; doch geht's schnell vorüber...*"[150]

Paulussen: „*Das Rußland wird von einer riesengroßen Hungersnot überschattet werden. Das Russenvolk wird zu den Waffen greifen...*"[151]

Irlmaier sieht drei Vorstöße aus dem Osten kommend. Eine Heeressäule, die zuerst in den Süden der Bundesrepublik einbricht und bis an die Schweizer Grenze und in das Ruhrgebiet vordringen wird.

Bei einem zweiten und dritten Stoßkeil handelt es sich bei Irlmaiers Schauung um Verbände, die über Polen hinweg in Norddeutschland angreifen. *„Denn beim Dritten Weltkrieg soll Rußland in Deutschland einfallen, und zwar im Süden bis Chiemgau... Anfangen tut der vom Sonnenaufgang (aus dem Osten). Die Bauern sitzen beim Kartenspiel im Wirtshaus, da schauen die fremden Soldaten bei den Fenstern und Türen herein. Ganz schwarz kommt eine Heeressäule herein von Osten, es geht aber alles ganz schnell. Einen Dreier seh' ich, weiß aber nicht, sind's drei Tag oder drei Wochen. Von der Goldenen Stadt (Prag) geht es aus. Der erste Wurm (Angriffskeil) geht vom blauen Wasser (Donau) nordwestlich bis an die Schweizer Grenz'. Bis Regensburg steht keine Brücke mehr über der Donau, südlich vom blauen Wasser (Donau nördlich des Chiemgaus) kommen sie nicht.*"[152]

Diese Schauung wird von Bernhard Bouvier folgendermaßen interpretiert:

„Nach einer Krise, die vom Westen offensichtlich nicht als kriegsauslösend erkannt wird, wahrscheinlich im Frühjahr, kommt der Überfall ohne vorhergehende Spannungszeit. Die Planer der NATO gehen aber von einem Spannungszeitraum aus, so daß in dieser Frist dem westlichen Bündnis genügend Spielraum für die Alarmierung der verfügbaren Truppen bleiben würde und damit vor Kriegsbeginn die erforderlichen Mobilmachungsmaßnahmen rechtzeitig abgeschlossen werden können. Die dargestellte Situation ohne Krise wäre für die NATO fatal. Der Angriff trifft offensichtlich nicht auf einen abwehrbereiten Verteidiger, sondern wirft uns, völlig unvorbereitet, ganz überraschend mitten im Frieden in den Krieg. Auch dafür findet sich eigentlich keine Erklärung. So unbedarft, so blauäugig können die Politiker des Westens, der Bundesrepublik, doch eigentlich nicht sein!"[153]

Oder handeln sie im Auftrag?

Zumindest gibt folgendes Zitat von Richard Cohen vom 18. Juli 1990 zu denken, das Jan van Helsing in *„Buch 3 – Der Dritte Weltkrieg"* anführt:

„Wir dürfen die NATO nicht als beidseitige Allianz betrachten. In Wirklichkeit ist sie wie eine Hundeleine, mit welcher man Deutschland am Zügel hält. Sie verstehen sicher, was ich meine."[154]

Ein überraschender Angriff auf die Bundesrepublik, der von verschiedenen Sehern geschildert wird, könnte nur aufgrund der oben geschilderten Situation erfolgen und erfolgreich sein.

Bei **Nostradamus** heißt es dazu in Vers IV/22:
Die große Militärstreitmacht wird heimgeschickt,
Doch kurz darauf hat sie der Herrscher nötig,
Die versprochene Treue vor langer Zeit wird gebrochen,
Nackt wird er (der Herrscher) sich sehen in erbärmlicher Verwirrung.[155]

Jan van Helsing schreibt hierzu folgendes:
„Unter der Voraussetzung, daß dieser Vers richtig zugeordnet ist, handelt es sich bei der Militärstreitmacht wohl um die USA, die aus Deutschland abgezogen sind. Doch schon kurz darauf soll sie Deutschland bitter nötig haben, nämlich dann, wenn der Angreifer aus dem Osten in Deutschland einmarschiert. Doch offenbar werden die USA ihre versprochene Hilfe nicht halten, und Deutschland muß selber schauen, wie es zurechtkommt. Es steht sprichwörtlich nackt da."[156]

Nostradamus dazu in Vers XI/29:
Der Greif (die BRD) kann/soll sich einstellen
Um dem Feind zu widerstehen
Und verstärken gut seine Armee,
Andernfalls wird der Elefant kommen,
Der auf einen Schlag ihn überraschen wird,
Sechshundert und acht, Meer entflammt.[157]

Der Nostradamus-Forscher Konrad Klee hat diesen Vers folgendermaßen entschlüsselt:
„Der Greif ist das Wappentier der Bundesrepublik Deutschland. Der Elefant steht für die russische Dampfwalze und an anderen Stellen bei Nostradamus als Chiffre ebenfalls für Rußland. Auch bildlich vorgestellt paßt dieser

Vergleich: Wie eine donnernde Elefantenherde brechen sie nach Deutschland herein, die Geschützrohre erhoben wie die Rüssel der Elefanten.«[158]

Und in Vers V/94 lesen wir:
Übersetzen wird er in das große Deutschland,
Brabant und Flandern, Genf, Brügge und Boulogne
Der Waffenstillstand geheuchelt,
der große Führer von Armenien wird angreifen Wien und Köln.[159]

Der Vers könnte folgendermaßen interpretiert werden: Man setzt in das große, wiedervereinigte Deutschland über, dann nach Brabant und Flandern, nach Genf, Brügge und Boulogne. Die Waffenruhe ist offenbar nur eine List des Angreifers. Der große Führer Armeniens (Rußland) greift Wien (Österreich) und Köln (Rheinland) an.

Ist Rußland, wie von vielen Sehern beschrieben, die Geißel des Dritten Weltkrieges?

Abb.6:
Michel de Nostredame (Nostradamus); Seher, Arzt, Naturmediziner und Astrologe; lebte von 1503 bis 1566 in Südfrankreich. Er ist der bedeutendste Seher des Abendlandes.

Zusammenfassung und Ausblick

Das vergangene Jahrhundert war das der Revolutionen und Kriege. Vergessen wir dabei nicht die Kolonialpolitik (z.b. *Supermarkt* Afrika), den ewigen Kampf um das schwarze Gold (der bis in die Gegenwart in politischen und militärischen Planungen der Großmächte eine zentrale Rolle spielt) und andere wichtige Rohstoffe sowie die künstliche Erschaffung der dritten Welt. Natürlich hat alles bekanntlich auch eine zweite Seite, so wird beispielsweise auch der Bevölkerungszuwachs in der (geschaffenen) dritten Welt zu einer immer größer werdenden Bedrohung für die radikalen Globalisten. Nach modernen Schätzungen sterben in jeder Sekunde etwa zwei Menschen, etwa vier werden geboren. Diese Differenz wird auch für die *großen* radikalen geopolitischen Strategen auf unserem Planeten – die Erschaffer der dritten Welt – immer mehr zu einem Problem werden. In diesem Jahr (2003) wird die Weltbevölkerung um mehr als achtzig Millionen zunehmen. Insgesamt lebten im Jahre 1900 keine zwei Milliarden Menschen auf der Erde, heute sind es nach offiziellen Angaben 6,3 Milliarden – und in fünfzig Jahren werden es voraussichtlich über zehn Milliarden sein...

1. In den beiden ersten Weltkriegen haben weit mehr als siebzig Millionen Menschen auf den Schlachtfeldern durch Hunger, Verfolgung und Folter den Tod gefunden. Das neue geopolitische Weltbild, das unter normalen Umständen – in Friedenszeiten – nur über einen Zeitraum von Generationen hätte erreicht werden können, wurde in nur wenigen Kriegsjahren umgesetzt und neu geordnet.

Die Zahl von mehr als **siebzig Millionen Opfern** auf den Schlachtfeldern mag dramatisch und zugleich erschreckend wirken, ist jedoch bei weitem geringer als die Zahl der Menschen, die von ihren eigenen Regierungen umgebracht wurden, die auf weit über einhundert Millionen geschätzt wird. Berücksichtigen wir dann noch die Opfer der dritten Welt, zählen wir **mehrere Hundert Millionen Opfer** durch Krieg, Revolution, Regierung, Hunger, Folter und Verfolgung!

Das erschreckendste an diesen Zahlen ist die Tatsache, daß gezielte Hintergrundpolitik den Weg der Russischen Revolution, des Ersten und Zweiten Weltkrieges und nicht zuletzt die Aufrüstung des kommunistischen Reiches erst ermöglichte.

Die Geschichtsdarstellung, die im vorherigen Kapitel erörtert wurde, wird für viele Leser ungewohnt sein, denn sie unterscheidet sich völlig von der, die wir im Geschichtsunterricht erfahren können. Sie erscheint erst plausibel, wenn man die Vernetzung von Weltpolitik, Geheimgesellschaften und Finanzmagnaten näher betrachtet!

2. Ein Rückblick auf die Zusammenhänge der Russischen Revolution, des Ersten und Zweiten Weltkrieges und seine schwerwiegenden Folgen für die ehemalige Sowjetunion läßt jedoch einen ganz anderen Schluß zu, und das auch im Zusammenhang mit der wirtschaftlichen, politischen und militärischen Situation der heutigen Bundesrepublik und des Europas der Gegenwart.

Erinnern wir uns daran, daß neben Deutschland Rußland der große Verlierer des Ersten Weltkrieges war. Es gilt unter Historikern heute als eine erwiesene Tatsache, daß die kommunistische Revolution in Rußland von den Kapitalisten des Westens finanziert wurde.

Hier finden wir eindeutig Parallelen zu der Situation in Deutschland nach dem Ersten Weltkrieg, denn auch Deutschland hätte ohne fremde Hilfe nicht innerhalb so weniger Jahre wieder zu einer militärischen Stärke heranwachsen können – die Folge war der Zweite Weltkrieg.

Die Voraussetzungen hierfür wurden im Grunde durch die Verträge in Versailles geschaffen, wie viele Politiker seinerzeit bereits offen ausgesprochen haben. Der britische Premierminister David Lloyd George bemerkte damals treffend: *„Wir haben ein schriftliches Dokument, das uns den Krieg in zwanzig Jahren garantiert. Wenn Sie einem Volk* (Deutschland) *Bedingungen auferlegen, die es unmöglich erfüllen kann, dann zwingen Sie es dazu, entweder den Vertrag zu brechen oder Krieg zu führen. Entweder wir modifizieren den Vertrag und machen ihn für das deutsche Volk erträglich, oder es wird, wenn die neue Generation herangewachsen ist, es wieder versuchen."*

3. Die politischen Folgen, die sich für die Bundesrepublik durch die Niederlage des Zweiten Weltkrieges ergeben haben, sind besonders zu beachten. Die vertraglichen Vereinbarungen der Siegermächte (z.B. Zwei-Plus-Vier-Verhandlungen), die sich für das Nachkriegsdeutschland und später durch die Wiedervereinigung (BRD und DDR) ergeben haben, stel-

len eine Souveränität der Bundesrepublik sicherlich in Frage, um das ganz vorsichtig auszudrücken! Das wiederum wäre eine plausible Erklärung für viele unerklärliche politische Entscheidungen in der deutschen Politik. Die Einführung des Euro belegt das sicherlich eindrucksvoll, denn nach dem Mehrheitswillen des Volkes wäre es nie zur Einführung des Euro gekommen. Dabei sollte nicht vergessen werden, daß die DM bis dato über Jahrzehnte zu einer der stabilsten Währungen der Welt zählte!

Auch das Verhalten in bezug auf andere wichtige politische Entscheidungen, wie beispielsweise die EU-Osterweiterung, Ausländerpolitik, die Abgabe der ehemaligen Ostgebiete, die Dezimierung und Umstrukturierung der Bundeswehr von einer Verteidigungsarmee zu einer weltweit einsetzbaren Eingreiftruppe unter Nato- oder UNO-Kommando, die sofortigen Solidaritätsbekenntnisse nach den Anschlägen am 11. September 2001 und so weiter.

Unter Berücksichtigung dieser Tatsachen taucht die Frage auf, ob ein „Vereintes Europa" von den übernationalen Politstrategen überhaupt gewollt ist? Wenn neben vielen Finanzexperten ein Alan Greenspan (der Chef der US-Notenbank) die Aussage trifft, daß der Euro keinen Bestand haben wird, sollte das schon zu denken geben.

4. Betrachten wir in dieser Zusammenfassung abschließend den Rüstungswahn der Großmächte (atomar, biologisch, chemisch und so weiter – siehe nächstes Kapitel!), allen voran die USA. Die gezielte Aufrüstungspolitik nach dem Zweiten Weltkrieg führte dazu, daß Europa zu einem atomaren Pulverfaß wurde, das trotz aller Abrüstungsfloskeln der letzten Jahrzehnte immer noch eine unvorstellbare Bedrohung für Millionen von Menschen darstellt. Hat die übernationale Politik dadurch gezielt die Grundlagen geschaffen, daß ein Dritter Weltkrieg möglich und sein Hauptschlachtfeld Europa sein wird?

Besonders die Aufrüstungspolitik nach dem Zweiten Weltkrieg, der Sinn und Zweck des Kalten Krieges, der den Einfluß der anglo-amerikanischen Politik auf das heutige Europa deutlich macht, ist wohl kaum zu beschreiben oder in Worte zu fassen!

Die Entwicklung in der Atomwaffenforschung hat mit der Entwicklung von Mini-Atombomben, die bereits Mitte der neunziger Jahre begann, ein neues Zeitalter im Rüstungswahn eingeläutet.

Von nicht geringerer Tragweite ist heute die Möglichkeit der biologischen und chemischen Kriegsführung sowie die Möglichkeit der unsichtbaren Kriegsführung (z.B. ELF-Wellen) und der Wettermanipulation (HAARP), die im vierten Kapitel näher betrachtet werden!

Die Frage, ob auch ein Dritter Weltkrieg bereits von langer Hand geplant ist und ob wir uns gegenwärtig bereits im Anfangsstadium eines langsam beginnenden und länger andauernden weltweiten Flächenbrandes (3. Weltkrieg) befinden, soll hier nicht beantwortet werden. Feststeht aber, daß alle Voraussetzungen dafür in jedem Fall geschaffen wurden – ein Dritter Weltkrieg wird kaum mehr zu verhindern sein!

In diesem Zusammenhang erhalten die verschiedenen Prophezeiungen über einen Dritten Weltkrieg und den Einsatz von atomaren und chemischen Waffen einen sehr realistischen Bezug. Unzweifelhaft geht aus den Schauungen hervor, daß eines der Schlachtfelder im Dritten Weltkrieg Europa sein soll – mit unvorstellbaren und kaum absehbaren Folgen!

Ein Dritter Weltkrieg sollte aber nicht gleichzeitig als ein *Weltuntergang* verstanden werden. Vielleicht sollte man besser von einem *Welt-Tiefpunkt* oder einem *zyklischen Wendepunkt* sprechen, den es in vergangenen Zeitaltern immer wieder gegeben hat und der, hinsichtlich der gegenwärtigen Situation auf unserem Planeten, das Ergebnis gezielter Machtpolitik elitärer Gruppen und Organisationen ist, die durch ihre globalisierende Hintergrundpolitik der Welt ein neues Gesicht – eine *Neue Weltordnung* – verleihen möchten.

Die Mittel, die dazu verwendet werden, um die Menschheit gezielt zu manipulieren, werden wir in den nächsten zwei Kapiteln beleuchten, in denen wir uns fragen, wie frei der Mensch des 21. Jahrhunderts in Wirklichkeit ist?

Die Möglichkeit der Manipulation der Massenmedien hat nämlich unabsehbare Folgen für den heutigen Menschen.

Der amerikanische Autor *Des Griffin* hat dazu einmal bemerkt:
„Wie ändert man die Ideale einer Nation? Nun, man braucht lediglich zu verändern, was in Schulen, Colleges und Universitäten, in Kirchen und Massenmedien gelehrt wird."

Besonders nach dem Ende des Zweiten Weltkrieges fand eine gezielte Umerziehung durch die Macht und den gezielten Einfluß der Medien statt.
Die modernen Massenmedien werden heute auch die *vierte Macht* im Staat genannt. Der politische und gesellschaftliche Einfluß von Fernsehen, Rundfunk, Film und Presse ist seit Jahrzehnten das wichtigste Manipulationsmittel. Wer an den Schalthebeln dieser Medienmacht sitzt, bestimmt die Inhalte, also das, was wir die „öffentliche Meinung" nennen. Die „öffentliche Meinung" ist also nur die von den Medien veröffentlichte Meinung, die von den Massenmedien erst erzeugt wird! Viel mehr noch betrifft das auch die geschichtliche und historische Vergangenheit und letztlich die Voraussetzungen, die sich daraus für die geschichtliche Gegenwart ergeben.

Warum sind selbständiges Denken und Bildung gar nicht gewünscht?

Feststeht, daß bestimmte Machthaber (die wirklichen Meinungsmacher) durch Zeitungen, Nachrichtenmagazine, Rundfunk und Fernsehen nicht informieren, sondern gezielt programmieren!

Warum werden lieber Milliarden in die Rüstung anstatt in die Bildung einer Nation investiert?

Der Plan, eine *Neue Weltordnung* zu installieren, wird mit allem Nachdruck vorangetrieben und ist bereits zu weiten Teilen umgesetzt. Dazu ist die totale Kontrolle und Überwachung der Massen erforderlich.

Kapitel 3
UNWISSENDE UND GOTTLOSE GESELLSCHAFT

„Nur die kleinen Geheimnisse müssen beschützt werden.
Die großen werden von der Ungläubigkeit der Öffentlichkeit geheimgehalten. "
(Marshall McCluhan)

Wissen ist Macht

Heute ist unser Handeln und Denken durch die dogmatischen Glaubenssätze und Halbwahrheiten von Religion und Naturwissenschaft geprägt. Dadurch wird der Mensch bewußt und sehr gezielt im Laufe seiner ersten Entwicklungsphasen immer mehr von seiner eigentlichen Bestimmung und seiner innewohnenden spirituellen Quelle entfernt. Das Ergebnis sind Angst, Unwissenheit, Körperkult und Schuldgefühle, die den Menschen weiterhin, wie bereits seit Beginn der offiziellen Geschichtsschreibung, in Knechtschaft halten.

Trotz der rapiden Entwicklungssprünge in Wissenschaft und Technik bleibt das Wissen der breiten Masse auf einer sehr niedrigen Stufe. Es war vor Jahrtausenden nicht wesentlich anders als heute. Das elitäre Wissen war nur den *Auserwählten* zugänglich. Heute ist es nicht anders: Die Masse der Weltbevölkerung wird auf einem äußerst niedrigen Entwicklungs- und Wissensstand gehalten und hat doch letztlich das zu glauben, was die Medien ihr präsentieren und vorsetzen. Wie leicht der Mensch steuerbar ist, werden wir im weiteren Verlauf noch behandeln.

Der heute so „wissende" und „freie" Mensch hat so den Bezug zu seiner spirituellen schöpferischen Kraft immer mehr verloren. Zudem ist das geheime und okkulte Wissen mit den zyklischen Veränderungen über die Jahrhunderte immer mehr verlorengegangen. Heute ist dieses Wissen im Besitz geheimer Gesellschaften und Organisationen und zum Teil auch im Besitz der großen Religionsgemeinschaften noch vorhanden, aber auch in diesen Gruppen spiegelt sich ein ähnliches Muster wider, denn auch dort ist es nur den „Höchsten" (Hochgraden) zugänglich und wird somit über die Jahrhunderte geschützt. Auch hier gilt also: Die breite Masse handelt eigentlich in Unkenntnis und ist auch nur Spielfigur im globalen Schachspiel!

Diese verschiedenen Gruppen nutzen dieses uralte, okkulte Wissen nicht *gott-zugewandt*, sondern *gott-abgewandt*, um die Menschen, oder sagen wir die jeweilige Anhängerschaft, besser zu steuern.

Jede Religionsgemeinschaft, die den Menschen von ihren tiefsten Erkenntnissen abhält und ihn somit in Unkenntnis hält, um ihn besser steuern zu können, handelt nicht gott-zugewandt, sondern gott-abgewandt – sie handelt satanisch!

Wie tief unser Bewußtsein in der Materie verwurzelt ist, wird besonders deutlich, wenn man sich vor Augen führt, daß der heutige Mensch, der den Zugang zu den höheren geistigen und spirituellen Welten verloren hat, das Ergebnis allen Lebens ausschließlich auf das Wirken der vier elementaren Grundkräfte zurückführt. Dabei handelt es sich doch auch hier um ein braves, treues Herdenverhalten (Konformität), denn der allgemeine Wissensstand der meisten Menschen – in physikalischer Hinsicht – beschränkt sich nicht einmal darauf, die einfachsten physikalischen Zusammenhänge erklären zu können.

Ein wichtiger Hinweis sollte an dieser Stelle auch an all diejenigen gerichtet sein, die gerade auf dem *fliegenden Teppich* durch den Himmel der spirituellen und okkulten Welt fliegen und die so einfache und langweilige Welt der Materie innerlich ablehnen und insgeheim über diese lächeln. Wichtig ist zu erkennen, daß auch diese Welt, die der Materie, durchwoben ist vom göttlichen Geist und vor allem in Hinsicht auf den Kausalplan von jeder Seele gewollt ist. Es ist wichtig, sie zu leben und zu verstehen, womit der fliegende Teppich wieder auf Mutter Erde landet, mit der Erkenntnis, daß die so langweiligen Gesetzmäßigkeiten aus Mathematik, Chemie und Physik auch gleichzeitig die Verständnisgrundlage der geistigen Welt bilden!

Ohne Fleiß (Wissen) keinen Preis (Erkenntnis)!

Wie aber schon ein altes Sprichwort sagt: *Wissen ist Macht!*

Um nicht falsch verstanden zu werden, möchte der Autor an dieser Stelle deutlich betonen, daß eine Schuldzuweisung hier nicht erfolgt, schon gar nicht an den „Unwissenden", denn die Verantwortung liegt immer größtenteils bei dem „Wissenden", denn:

Macht beruht auf Vernunft!

Je nachdem, wie man das Wissen, über das man verfügt anwendet, handelt man *gott-zugewandt* oder *gott-abgewandt* – göttlich oder satanisch(!) im großen Kausalplan. All jene oben genannten Gemeinschaften auf unserer Erde, die ihre jeweilige Glaubensschar in Unkenntnis halten, ihr Wissen und Erkenntnis vorenthalten, sie also letztlich auf *moderne* und unsichtbare Form versklaven, handeln *gott-abgewandt* – satanisch! Aber warum handeln sie so?

Würden sie dem Menschen all ihr Wissen und ihre Erkenntnisse offenbaren, würden sie selbst schneller von der Weltbühne verschwinden, als ihnen lieb wäre!

Wie frei ist der Mensch heute im 21. Jahrhundert?

Führen wir uns einmal unser Industriesystem vor Augen, erkennen wir, daß auch wir nur Figuren in einem globalen Schachspiel sind.

Die Menschen sind heute ein wichtiger Bestandteil, aber letztlich nicht mehr als eine Ware innerhalb des Industriesystems. Sie führen Tag für Tag weltweit Handlungen und Tätigkeiten aus, die sie, so sie die freie Wahl hätten, niemals ausüben würden. Immerhin handelt es sich hier um etwa fünfzig Prozent der Zeit, in welcher der Mensch sich im Wachzustand befindet, also nicht schläft.

Dazu kommt, daß es sich dabei größtenteils um Handlungen handelt, die bei Millionen und Abermillionen Menschen zu einer destruktiven Geisteshaltung führen, die darüber hinaus ausschlaggebend für das gesamte fatale Freizeitverhalten der Menschen ist, in der er zum Sklaven der angebotenen Annehmlichkeiten wie Fernsehen, Kino, Sport, Luxus und so weiter wird. Damit schließt sich der Kreislauf aber noch nicht ganz, denn die weiteren Folgen unseres destruktiven und nekrophilen Lebens sind Krankheit,

Genußsucht und Drogenkonsum wie Nikotin, Alkohol oder noch stärkere Drogen unserer *Lust- und Spaßgesellschaft.*

Die Ausbeutung unserer eigenen innewohnenden Energien, die meist schon im frühen Kindheitsstadium im Keim erstickt werden und zumeist durch die Unwissenheit der Eltern nicht gefördert werden können und zu einer kranken und destruktiven Geisteshaltung führen, ist ein bewußtes Zerstören unserer eigenen Natur und letztlich unserer spirituellen Bestimmung. Aber auch unsere Handlungen innerhalb unseres täglichen Lebens (z.b. im Beruf) führen ja letztlich zur Zerstörung der Umwelt und steuern unser *Schiff Erde* auch auf eine globale Katastrophe zu. Denken wir nur an die besonders seit dem letzten Jahrhundert massive Zerstörung der Regenwälder. Ausbeutung, Unterdrückung, Sklaverei, Folter, Hunger, Drogen und Krieg sind die größten *Unternehmen* unserer Zeit!

Während der gesamten historischen Menschheitsgeschichte gab es wohl kein Jahr, keinen Monat, keinen Tag, keine Sekunde ohne Krieg! Der Schweizer Gelehrte Jean-Jacques stellte fest, daß es in den letzten 5.600 Jahren etwa 14.500(!) Kriege gab, mit **dreieinhalb Milliarden Toten!**

Allein im letzten Jahrhundert starben **mehrere hundert Millionen** Menschen durch Krieg, Revolution, Regierung, Hunger, Folter und Verfolgung!

Das bedeutet, daß sich in diesen beinahe unzählbaren kriegerischen Auseinandersetzungen auf unserer Erde gegnerische Ideologien gegenüberstanden, deren Anliegen offenbar schwerwiegend genug sind, das Morden von weiteren Millionen Menschen zu rechtfertigen. Allein in den letzten Jahrhunderten, seit Beginn der *Neuzeit*, gab es etwa zweihundert Kriege, alleine im 20. Jahrhundert zweiundsechzig an der Zahl, darunter zwei Weltkriege – Tendenz steigend!

Erfüllen sich die Jahrhunderte und Jahrtausende alten Prophezeiungen über das große Weltende?

Sicherlich mangelt es nicht an technischen Möglichkeiten, an dem Wunsch und Willen der meisten Menschen unserer Erde und wohl schon gar nicht am Geld, um diese unheilvolle Entwicklung, in der wir uns befinden, abzuwenden. Denken wir beispielsweise nur an die politische und finanzielle Macht der Kirche, die allein durch anteilige Zinsen ihres Gesamtvermögens dem Hunger der dritten Welt in kurzer Zeit ein Ende bereiten könnte – sie unternimmt aber nichts Entscheidendes! Aber auch neben der Kirche gibt es eine Reihe von Organisationen, Einzelpersonen und reiche Familien, die sogar dem Reichtum der Kirche standhalten könnte, aber auch diese handeln nicht – warum?

Der Grund dafür ist, daß es Religionsgemeinschaften, Mächte und geheime Gruppen gibt, welche die menschliche Entwicklung beeinflussen, und das ganz bewußt. Dieses globale Schachspiel verfolgt ein einziges Ziel: *Die gezielte Unterdrückung und Manipulation der Menschheit, um ihre jeweilige Ideologie in Form einer Neuen Weltordnung umzusetzen.*

Dieses globale Schachspiel funktioniert, wie wir noch genauer sehen werden, weil es eben die besagten Mächte gibt, die gezielt manipulieren, um ihre Ziele zu erreichen. Zum anderen funktioniert es aber auch, weil es viele Menschen gibt, die sich beeinflussen lassen und sich gar nicht bewußt darüber sind, daß sie manipuliert werden.

Heute, in unserem modernen Zeitalter, in dem der Mensch doch meint, so frei zu sein, selbst zu handeln und zu entscheiden, ist es nicht mehr die Sklaverei, wie noch im vorletzten Jahrhundert, die angewendet werden kann. Heute werden „bessere" und „unsichtbarere" (psychologische) Mittel angewendet, die noch wirkungsvoller sind als Zwang.

Wer Menschen manipulieren will, wird versuchen, sie möglichst weit vom Ziel des Lebens abzulenken, denn je näher ein Mensch an dieses Ziel gelangt, desto freier und selbst-bewußter wird er. Deshalb ist es das Ziel verschiedener Machthaber und Organisationen, das Bewußtsein der Menschen gezielt zu programmieren. Wer das Bewußtsein der Menschen beherrscht, hat auch maßgeblichen Einfluß auf das politische Weltgeschehen.

Die einfachste und wirkungsvollste Methode heute, Menschen gezielt zu manipulieren, ist, in das *Bewußtsein* des Menschen zu gelangen, das heißt gezielt durch Bilder und Gedankenmuster den Menschen Inhalte und Werte zu suggerieren, damit wir unsere Energie (z.B. was wir glauben, welche Partei wir wählen, wie wir unsere Freizeit verbringen, welche Mode wir auswählen usw.) den gewünschten Zielen widmen. Die Manipulatoren ändern gezielt die Wellenlänge, die Frequenz des eigenen Bewußtseins, die bestimmt, was wir also in unserer vermeintlichen Freiheit tun und was nicht.

Wie gut die gezielte Beeinflussung des Bewußtseins funktioniert, wird schon dadurch deutlich, daß die meisten Menschen nicht nur glauben, sondern fest davon überzeugt sind, daß das, was sie kaufen, lesen, was sie gut finden und ablehnen, ihre eigene, freie Entscheidung ist – ein Trugschluß! Besonders dadurch wird sichtbar, wie gut dieses Wechselspiel funktioniert, denn die meisten Menschen wollen die dargebotenen Annehmlichkeiten, weil sie die große Leere in ihnen ausfüllt.

Ein anderes Beispiel, wie gut Manipulation funktioniert, sehen wir an den seit Jahrhunderten suggerierten und verfälschten religiösen Weltbildern unserer großen Weltreligionen, die maßgeblich dazu beigetragen haben, daß wir uns heute in einer destruktiven und nicht umkehrbaren politischen und religiösen Sackgasse befinden. Hier wurden über Jahrhunderte Muster programmiert, so daß weltweit Religionsgemeinschaften und die daraus vielfach entstandenen Sekten ihre *Schäfchen* davon überzeugt haben, daß sie die Auserwählten sind, die Krönung der Schöpfung und die höchstentwickelten Wesen im ganzen Universum. Die Suggestion der eigenen Wahrheit der großen Religionen beinhaltet auch, daß diese *Wahrheit*, zum Beispiel die der Kirche, die einzige Wahrheit ist und die anderen nur Halbwahrheiten sein können und somit gar keine Existenzberechtigung haben, woraus sie ihren von Gott gewollten Absolutheitsanspruch herleiten.

Die großen Weltreligionen bedienen sich der *Angst*, der *Schuldzuweisung* und des *schlechten Gewissens*. Sie haben sich als weltliche Institution zwischen den Menschen und dem von ihr eigens geschaffenen Gott gestellt, um so handlungsfähig zu werden, denn nur durch sie, durch die Vergebung, die sie ausspricht und dadurch, daß das nur durch sie als Mittler zwischen Mensch und Gott möglich ist, bekommt der Mensch die direkte Fahrkarte ins Paradies.

Die Absolutheitsansprüche der Kirche und ihr planvolles Vorgehen wurden im ersten Band bereits ausführlich beleuchtet.

Alles in diesem globalen Schachspiel ist darauf ausgerichtet, den Menschen daran zu hindern, sich weiter zu vergeistigen und ein höheres Bewußtsein zu erreichen. Das Bewußtsein der Masse wird immer mehr auf die Materie ausgerichtet. Durch die Suggestion unseres Bewußtseins, durch Fernsehen, Fehlinformationen, Reizüberflutung, Musik, Massensport, Computer, falsche Ernährung... führt der Weg weiter zur übermäßigen Genußsucht, zu legitimen Drogen wie Nikotin und Alkohol und zu illegalen Drogen. Ein weiterer Baustein in dem tödlichen Kreislauf, in dem wir uns heute befinden, sind dann die daraus resultierenden Zivilisationskrankheiten (Herz- und Kreislauferkrankungen, Krebs, Fettleibigkeit usw.), die den Menschen dann zu einer weiteren Abhängigkeit führen – Medikament! – durch chemische Substanzen der Pharmaindustrie, denn Krankheit gehört zu den größten Geschäften auf unserer Erde.[160]

Hunger und Krankheit, Revolutionen und Kriege sind „Projekte", es sind die modernsten Methoden, Menschen zu unterdrücken und an einer geistigen Entwicklung zu hindern, denn ein kranker Mensch „kämpft" mit seiner Krankheit und hat nicht die Kraft und Energie, sich seiner geistigen und spirituellen Bestimmung zu widmen und diese entsprechend zu entwickeln. Auch hier gilt: Ein Kranker kann keinen Kranken heilen!

Viele Leser werden sich an dieser Stelle sicherlich die Frage stellen, wie sie denn als einzelne Person auf große globale Geschehnisse, wie beispielsweise Kriege und Hungersnöte, Einfluß nehmen können. Das können Sie sicherlich kaum. Wir können aber entscheiden, wie diese Geschehnisse *uns* beeinflussen!

So wie alles Große im Kleinen wurzelt, so müssen auch wir beginnen, in uns hineinzuschauen. Die Gesetzmäßigkeit hat immer eine logische Reihenfolge: Eine Änderung im Mikrokosmos ist gleichzeitig eine Änderung im Makrokosmos – im Kleinen wie im Großen!

Wir können nicht die anderen verändern. Wir können nur uns selbst verändern, und so verändern wir auch die Welt.[161]

Der Schlüssel dafür liegt in uns – in unserem Bewußtsein!

In der Politik geschieht nichts zufällig

Es gibt zwei Möglichkeiten der Geschichtsbetrachtung. Entweder treten Ereignisse „zufällig" ein, das heißt, sie wurden weder geplant noch bewußt von jemandem verursacht. Die zweite Möglichkeit ist die einer sorgfältigen Planung von geschichtlichen Ereignissen.

F. D. Roosevelt sagte einmal: *„In der Politik geschieht nichts zufällig. Wenn etwas geschieht, kann man sicher sein, daß es auch auf diese Weise geplant war."*

Daß genau letzteres der Fall ist, wird uns im weiteren Verlauf klar und verständlich werden. Dabei werden sicherlich immer wieder Fragen auftauchen wie unter anderem: Warum habe ich davon noch nie etwas gehört? Warum wird darüber nichts im Geschichtsunterricht vermittelt? Warum liest man darüber nichts? Warum erfährt man darüber nichts in den Nachrichten oder im Fernsehen?

Diese und viele weitere Fragen sind letztlich recht einfach zu beantworten: Das Zauberwort heißt *Umerziehung*! Elitäre und einflußreiche Gruppen sind es, die letztlich entscheiden, welche Themen <u>nicht</u> Lehrinhalt an Schulen und Universitäten sind und daß man darüber nichts in der Presse oder über die Nachrichtensender erfährt. Über die Medien wie Presse, Rundfunk und Fernsehen ist es nun einmal am einfachsten, die gewünschten Werte und Ideale auf Menschen und letztlich auf ganze Volksgruppen und Nationen zu projizieren. Diese „schlauen" Köpfe haben es durch eine gezielte Strategie geschafft, im Laufe weniger Generationen unsere moderne und „aufgeklärte" Welt in eine Gesellschaft von dummen, gottlosen und degenerierten Schafen mutieren zu lassen.

Anmerkung:
Auch hier muß festgestellt werden, daß die Protokolle der bayerischen Illuminaten (Band 1) angewendet werden. Über die Kontrolle der Presse steht in den Protokollen:

„...Wir werden mit der Presse in folgender Weise verfahren:
Sie dient zur Aufreizung und Entflammung der Volksleidenschaften... und die Öffentlichkeit hat nicht die geringste Ahnung, wem die Presse in Wirklich-

keit dient... Unter den Blättern werden aber auch solche sein, die uns angrei-
fen, die wir aber selbst gegründet haben, und sie werden ausschließlich solche
Punkte angreifen, die wir bereits zur Anordnung bestimmt haben...

...Keine einzige Ankündigung wird ohne unsere Kontrolle an die Öffent-
lichkeit gelangen. Das wird ja auch jetzt schon erreicht, insofern die Nachrich-
ten aus aller Welt in einigen Nachrichtenagenturen zusammenlaufen. Diese
Agenturen werden von uns bereits kontrolliert und lassen nur das in die Öf-
fentlichkeit, was wir gutheißen..."[162]

Eine Schlüsselrolle spielen hierbei die Schul- und Erziehungssysteme.
Genau hier wurde die Saat gestreut, um am Ende einen gut funktionierenden und unwissenden Zögling zu erhalten. Wichtig ist dabei, daß der
Großteil einer demokratischen Gesellschaftsform nur aus dem gesellschaftlichen Mittelstand, also den unteren, mittleren und oberen Mittelschichten
bestehen darf. Diese wiederum befinden sich permanent in existentiellen
Grenzsituationen, die es gar nicht zulassen, über den Tellerrand hinaus
Einblick und Zugang zu einem höheren Wissen und Bewußtsein zu erlangen.

Für diese langfristigen Ziele gebraucht man gewisse raffinierte Methoden, die mehr psychologischer Natur sind und zu denen auch die sogenannte psychologische Kriegsführung zählt. Genau in diesem Punkt haben
sich die Methoden entscheidend verändert, die von verschiedenen Machthabern benutzt werden, um den Menschen zu steuern. Es sind also die Methoden, die angewendet werden, verändert worden, um den Menschen weiterhin zu versklaven. Mit hoher Erfolgsquote, denkt doch ein Großteil der
Bürger, er sei gebildet, mündig, frei und unabhängig.

Psychologisch geschulte Machthaber wissen heute, daß eine Diktatur
mit physischem Terror sehr viel Gegendruck erzeugt, der früher oder später so stark werden kann, daß das Terrorregime daran zerbricht. Darauf
wurde von Machiavelli bereits vor Jahrhunderten hingewiesen. Weit wirksamer und dauerhafter ist dahingegen eine Diktatur auf psychologischer
und wirtschaftlicher Basis. Die beiden Hauptsäulen einer solchen Diktatur
sind ein zentralisiertes Erziehungssystem, also möglichst die Staatsschule
als Konfessionsschule, und eine umfangreiche Kredit- oder Schuldenwirt-

schaft. Mit Hilfe eines zentralisierten Schuldensystems kann man die Menschen eines Volkes dermaßen geistig versklaven und in der Materie binden, daß dagegen physische Fesseln und Mauern eine Kleinigkeit sind. Die Erziehungsmethoden lassen sich so weit ausbauen, daß sie fast jenen Zustand hervorrufen, den wir im Okkultismus die „okkulte Gefangenschaft" nennen. Es ist sogar möglich, innerhalb einer Demokratie eine Diktatur zu errichten.[163]

Die eben genannten Hauptsäulen sind wohl für jeden mündigen Bürger heute unübersehbar, auch die Säulen unserer „demokratischen" Verfassung – „Zufall"?

In *„Die Rockefeller Papiere"* beschreibt der amerikanische Autor ausführlich, mit welchen Methoden Rockefeller und seine Kreise beispielsweise das dezentralisierte amerikanische Schulsystem in die Zentralisierung zwangen. Die folgenden Zitate fassen das Grundproblem treffend zusammen:

„Diejenigen, die das Erziehungssystem kontrollieren, werden für einen Zeitraum von mehreren Generationen auch die ganze Nation leiten. Die Rockefellers haben jetzt seit fünf oder sechs Jahrzehnten einen beherrschenden Einfluß auf die Entwicklung des amerikanischen Erziehungssystems gehabt. Auch die Religion läßt sich als wichtiges Mittel zum Formen der öffentlichen Meinung benutzen. Seit vielen Jahren finanziert die Rockefeller-Dynastie das Union Theological Seminary in New York, das schon viel dafür getan hat, die Geistlichkeit sozialistisch-faschistisch zu infizieren und die alten Inhalte des Christentums zu zerstören."[164]

Durch ein zentralisiertes Erziehungssystem mit beamteten Lehrern und zensierten Schulbüchern läßt sich somit eine hervorragende Grundlage zur Versklavung eines Volkes legen. Damit aber die solchermaßen Eingekerkerten nun auch während ihres ganzen Lebens in diesem Zustand verbleiben, müssen sie nach der Entlassung aus den Schulen und Universitäten durch eine „freie Presse" weiter bearbeitet werden. Diese Presse wird den *Protokollen* (siehe Band 1) entsprechend fast vollständig von der unsichtbaren Weltregierung gesteuert und bombardiert die Völker ständig mit einer Mischung aus Irrtum, Lüge und Heuchelei.[165]

Zur Aufrechterhaltung dieses Systems in den westlichen Demokratien ist es demnach notwendig, die Völker so lange mit Lügen zu bearbeiten, bis sie diese Lügen für Wahrheiten halten.[166]

Zur Verdeutlichung der Vorgehensweise auch hierzu noch einmal ein Auszug aus den Protokollen der bayerischen Illuminaten, in denen über die Kontrolle der Erziehung zu lesen ist:

„...*Die Massen werden nicht zur praktischen Anwendung der vorurteilslosen geschichtlichen Beobachtung angeleitet, sondern zu theoretischen Erwägungen, ohne kritische Beziehung auf folgende Ereignisse...*

...Laßt uns für jenes Spiel die Hauptsache sein, daß wir sie überredet haben, die Erfordernisse der Wissenschaft anzunehmen...

...Angesichts dieser Tatsache haben wir unablässig mittels unserer Presse ein blindes Vertrauen auf diese (wissenschaftlichen) Theorien hervorgerufen. Diese Intellektuellen unserer Feinde werden sich mit ihren Erkenntnissen anpreisen. Sie werden alle Ergebnisse der Wissenschaft ohne ihre logische Bestätigung in die Tat umsetzen... Denken Sie nicht, daß diese Feststellungen bloße Worte sind: Denken Sie an die Erfolge, die wir mit dem Darwinismus, Marxismus und Nietzscheismus errungen haben.

...Indem das Volk immer mehr entwöhnt wird, selbst nachzudenken und sich eigene Meinungen zu bilden, wird es schließlich in dem Ton reden, wie wir wollen, daß sie reden..."[167]

Seit vielen Jahren schon hört man in unserem Land die Ausdrücke: „Amerikanisches System" oder „Amerikanische Verhältnisse". Warum? Weil es kein „Zufall" ist (!), daß unser Bildungsniveau in Deutschland auf einem so dramatischen und zugleich niedrigen Niveau angelangt ist. Es ist eine Kettenreaktion, die nicht von heute auf morgen in Erscheinung trat. Das heutige Bildungsniveau der deutschen Schüler (und auch das vieler deutscher Professoren und Lehrer) gleicht einer schlechten Ernte. In dieser öffentlichen Diskussion stößt man selten auf Kritik, die zu den Lehranstalten, zu den Hochschulen und Universitäten zurückreicht und diese kritisch in Frage stellt, geschweige denn, diese und ihre Lehrpläne einmal methodisch zu durchleuchten. Die Saat wird bereits seit Jahrzehnten an den deutschen Hochschulen und Universitäten ausgestreut und hat dort ihre tiefgreifenden Wurzeln – die Schüler sind hier das schwächste und letzte

Glied in der Kette. Die Bedeutung aber, die das Bildungsniveau an unseren Schulen hat, sollte zu konsequentem Handeln führen, denn die Kinder einer Nation sind ihr Puls und ihr Herzschlag – sie sind die Zukunft jeder Nation.

Die Grundlagen für die beängstigende Situation wurden vor Generationen strategisch geplant und sind systematisch umgesetzt worden!
Die Hintergründe dafür und die Zusammenhänge werden im weiteren Verlauf verständlich.

Der moderne Mensch als „Ware"

Nicht nur in den religiösen Bestrebungen der großen Religionsgemeinschaften und der verschiedensten Geheimgesellschaften, auch in den weltlichen Bestrebungen, also unserer Industriegesellschaft, spielt der Mensch die gleiche Rolle – er dient nur als Ware!
Die heutige kapitalistische Gesellschaft gründet sich auf den Markt als den Regulator aller wirtschaftlichen und somit auch aller gesellschaftlichen Beziehungen. Der Markt der Gebrauchsgüter bestimmt die Bedingungen, unter denen diese Gebrauchsgüter ausgetauscht werden. Der Arbeitsmarkt reguliert den An- und Verkauf von Arbeitskraft.[168]
Nutzbringende Dinge wie auch nutzbringende menschliche Energie werden in Gebrauchsgüter verwandelt, die man ohne Anwendung von Gewalt und ohne Betrug entsprechend den Marktbedingungen austauscht. Schuhe zum Beispiel, so nützlich und notwendig sie sein mögen, haben keinen wirtschaftlichen Wert (Tauschwert), wenn auf dem Markt keine Nachfrage danach herrscht. Die menschliche Energie und Geschicklichkeit hat keinen Tauschwert, wenn sie unter den derzeitigen Marktbedingungen nicht gefragt ist. Wer über Kapital verfügt, kann Arbeitskraft kaufen und so einsetzen, daß er sein Kapital gewinnbringend anlegt. Wer nur über Arbeitskraft verfügt, muß sie zu den jeweiligen Marktbedingungen an die Kapitalisten verkaufen, wenn er nicht verhungern will. Diese wirtschaftliche Struktur spiegelt sich in der Hierarchie der Werte wider. Das Kapital dirigiert die Arbeitskraft; angesammelte, tote Dinge besitzen einen höheren Wert als das Lebendige, die menschliche Arbeitskraft und Energie.[169]

Man kann das menschliche Problem des Kapitalismus folgendermaßen formulieren: Der moderne Kapitalismus braucht Menschen, die in großer Zahl reibungslos funktionieren, die immer mehr konsumieren wollen, deren Geschmack standardisiert ist und leicht vorausgesehen sowie beeinflußt werden kann. Er braucht Menschen, die sich frei und unabhängig vorkommen und meinen, für sie gebe es keine Autorität, keine Prinzipien und kein Gewissen – und die trotzdem bereit sind, sich kommandieren zu lassen, zu tun, was man von ihnen erwartet, und sich reibungslos in die Gesellschaftsmaschinerie einfügen; Menschen, die sich führen lassen, ohne daß man Gewalt anwenden müßte, die sich ohne Führer führen lassen und die kein eigentliches Ziel haben außer dem, den Erwartungen zu entsprechen, in Bewegung zu bleiben, zu funktionieren und voranzukommen.[170]

Wie „sozial" oder vielmehr antisozial unser System in diesem Zusammenhang aussieht, beschreibt Dieter Rüggeberg in seinem Buch „Geheimpolitik":

„Ein anderes wichtiges innenpolitisches Machtinstrument ist die Einführung eines Kastensystems. Natürlich macht man das in den modernen Demokratien nicht mehr so wie in Indien oder durch äußere Zeichen wie Einfärbung der Haare oder offenes Tragen eines bestimmten Symbols auf der Kleidung, wie bei den Nazis die Juden. In der Bundesrepublik wird dafür die Steuer- und Sozialgesetzgebung benutzt. Ein wohl durchdachtes, in ein Labyrinth nahezu undurchschaubarer Gesetze und Verordnungen gehülltes System von Vorrechten oder Privilegien dient dazu als Mittel. Dies führt beispielsweise dazu, daß eine gewisse arbeitende Kaste für den gleichen Nettolohn etwa den doppelten Bruttolohn aufbringen muß wie eine andere oder daß die „mündigen" Arbeiter vierzig Jahre nach Einführung der Demokratie noch nicht einmal ihre Krankenkasse frei wählen dürfen. Das Werkzeug einer solchen Aufrechterhaltung eines solchen Kastensystems sind die Gewerkschaften",* so Rüggeberg.[171]

„...Das Grundprinzip besteht darin, daß man mit Hilfe der jährlichen Lohn- und Gehaltserhöhungen die Reichen immer reicher und die Armen immer ärmer werden läßt. Angenommen, die Löhne und Gehälter sind in dreißig Jahren um hundert Prozent gestiegen, und der Arbeitnehmer A hatte zu Beginn halb so viel Verdienst wie der Arbeitnehmer B, dann wird die Richtigkeit meiner Behauptung sofort deutlich:

172

Arbeitnehmer:	A	B
Grundgehalt:	DM 1.000,--	DM 2.000,--
+ 100%	DM 1.000,--	DM 2.000,--
Gesamt:	DM 2.000,--	DM 4.000,--

Durch die prozentuale Erhöhung der Verdienste ist die Differenz zwischen den Gehältern der Arbeitnehmer A und B um tausend Mark gewachsen, ohne daß sich die individuelle Leistung der Arbeitnehmer verändert haben muß. Die prozentuale Erhöhung der Löhne und Gehälter ist somit ein antisoziales Mittel zur Erzeugung von sozialen Spannungen. Bei einer linearen Anhebung der Löhne und Gehälter würde der Abstand der Grundgehälter immer gleich bleiben, nämlich tausend Mark.

Dieses asoziale Prinzip der prozentualen Erhöhung wird auch bei den Renten seit Jahrzehnten durchgeführt, wo es noch viel drastischer wirkt, weil die Rentnerinnen und Rentner ihre Grundrente nicht mehr durch individuelle Leistungen verbessern können. Millionen von Rentnerinnen und Rentnern werden durch dieses Prinzip in die Altersarmut getrieben, weil eben bei einer hundertprozentigen Erhöhung aus einer Grundrente von 300 DM nur 600 DM werden, während aus 1.000 DM bereits 2.000 DM werden.

Dieses antisoziale Prinzip wird den bundesdeutschen Arbeitnehmern und Rentnern seit Jahrzehnten von ihren christlichen Führern als soziale Gerechtigkeit verkauft, ohne daß sich dagegen jemals ein ernst zu nehmender Protest erhoben hat. Daran kann man erkennen, wie es in Deutschland mit dem Unterscheidungsvermögen zwischen sozial und antisozial bestellt ist – nämlich sehr schlecht. Die Gewerkschaftsmitglieder sollen sich doch nicht einbilden, daß jene ihrer Anführer, die im Jahr eine halbe Million Mark verdienen und diverse Aufsichtsratposten in Aktiengesellschaften besitzen, ernsthaft an einer sozialen Gerechtigkeit interessiert sind.

Der mit Geheimpolitik Vertraute weiß, daß einige sogar an den Konferenzen der „Trilateralen Kommission" (Band 1; Anm. d. A.) teilnehmen. "[172]

Massenmedien manipulieren den Menschen

Spätestens nach dem Sturz von Richard Nixon durch zwei Journalisten haben die Massenmedien eine führende Rolle bei der Lenkung von Politikern und ganzen Nationen übernommen. Vom Berichterstatter sind sie zum Ereignismacher geworden. Die Medien sind die großen Manipulierer unserer Zeit, sind aber selbst auch nur Manipuliermasse in den Händen jener, welche die Kapitalmacht besitzen.

John Swainton war in den sechziger und siebziger Jahren des 19. Jahrhunderts Herausgeber der angesehenen *„New York Times"*. In seiner Abschiedsrede sagte er: *„So etwas wie eine freie Presse gibt es nicht. Sie wissen es, und ich weiß es. Nicht einer unter Ihnen würde sich trauen, seine ehrliche Meinung zu sagen. Die eigentliche Aufgabe des Journalisten besteht darin, die Wahrheit zu zerstören, faustdicke Lügen zu erzählen, die Dinge zu verdrehen und sich selbst, sein Land und seine Rasse für sein tägliches Brot zu verkaufen. Wir sind nur Werkzeuge und Marionetten der Reichen, die hinter den Kulissen die Fäden in der Hand halten. Sie spielen die Melodie, nach der wir tanzen. Unsere Talente, unsere Möglichkeiten und unser Leben befinden sich in den Händen dieser Leute. Wir sind nichts weiter als intellektuelle Prostituierte.*"[173]

Den meisten Menschen ist dies alles sicher nicht bekannt, und ich bin davon überzeugt, daß es vielen Lesern schwerfallen wird, das zu glauben. Daran kann man aber gleichzeitig erkennen, wie erfolgreich die seit Generationen praktizierte Gehirnwäsche und Desinformation die Menschen geformt hat.

Die mächtigen Köpfe, die im Hintergrund die Fäden ziehen, halten sich für auserwählt, die Geschicke der Erde zu bestimmen. Ihr effektivstes Mittel sind – neben dem Fernsehen – die Massenmedien. Diese zu beherrschen, ist nicht sonderlich schwierig. Es geschieht über das Monopol der großen Nachrichtenagenturen, von denen es weltweit nur noch eine Handvoll gibt. Die wiederum sind aber in den Händen von weniger als einer Handvoll Menschen. Sie üben schon vor Ort Zensur aus, was weiter berichtet wird und in welcher Weise. Einer von ihnen, das werden die Leser spätestens seit dem Kirch-Konkurs wissen, ist beispielsweise der Pressezar Rupert Murdoch.

Ein Beispiel dafür, wie Nachrichten unterdrückt oder verschleiert werden, liefert uns der Tod von Amschel Rothschild. Man fand ihn im Juli 1996 tot an einer Gardinenkordel hängend im Badezimmer des Pariser Luxushotels *Bristol*. Das ist Stoff, an dem die Boulevardzeitungen nicht vorbeigehen. Laut „*Bildzeitung*" und deren schweizerischem Pendant „*Blick*" litt der 41jährige Amschel sehr darunter, daß er von seiner Familie in die Bankiersrolle gedrängt werden sollte, wo er doch viel lieber mit Frau und Kindern auf seiner Farm lebte. Vor acht Jahren hatte er sich dennoch in die Londoner Hausbank N. M. Rothschild begeben, um dort die Vermögenswerte zu managen. Sein Chef Evelyn Rothschild schaute sich, da er nun auf die 65 zuging, nach einem Nachfolger um. Amschel schien ihm wie geschaffen. Dieser schien gar nicht gleicher Ansicht und beging aus Verzweiflung darüber, daß man ihn nicht Farmer sein lassen wollte (obwohl er ja offensichtlich schon längere Zeit seine Tage im Bankbüro und nicht zwischen Kühen verbrachte), Selbstmord. Anderen Zeitungen zufolge erlag er einem Herzinfarkt (an der Gardinenkordel?).[174]

Anders sah es die russische Zeitung „*Nasa otacestwo*". Sie berichtete am 20. November 1996: „*Die französische Polizei hat festgestellt, daß Amschel Rothschild ermordet wurde. Allerdings hat Chirac eine Einstellung der Untersuchung angeordnet.*"

Wäre das nicht eine Super-Schlagzeile gewesen? „*Rothschild ermordet, Chirac stellt Untersuchung ein?*" Nichts da. So etwas gab es in der westlichen Presse nirgendwo zu lesen. Hing das etwa damit zusammen, daß Pressezar Rupert Murdoch selbst 600 Faxe an Nachrichtenagenturen und wichtige Medien verschicken ließ, unter anderem mit der Aufforderung, keinesfalls auf der ersten Seite über den Tod von Amschel Rothschild zu berichten?[175]

Murdoch, Gebieter über das zweitgrößte Medienimperium der Welt (mit einem Nettowert von 3,5 Milliarden Dollar), ist unter anderem Besitzer von Buchverlagen (*Harper Collins*), TV-Anstalten (*Fox Broadcasting*), Zeitungen („*New York Post*", „*Times of London*") und Filmgesellschaften (*20th Century Fox*). Harold Evans, früherer Redakteur der Londoner Murdoch-Zeitungen „*Times*" und „*Sunday Times*", sprach im englischen Radio darüber, wie sein ehemaliger Chef Murdoch das riesige Zeitungs- und

Rundfunkimperium führt, und mit welcher Rücksichtslosigkeit er seine kommerziellen und politischen Interessen durchsetzt. Er behauptete, daß Margret Thatcher während ihrer Zeit als Premierministerin nichts anderes war als *Murdochs Pudel*, und wie sehr sie von ihm abhängig gewesen sei.[176]

Wie sehr die höchsten Ebenen von Politik und Geheimdiensten zusammenwirken und letztlich Einfluß auf die weltweiten Massenmedien und den Endkonsument ausüben, zeigt ein anderes Beispiel.

Der verstorbene italienische Premierminister Aldo Moro war seinerzeit ein führender Politiker, der sich dem massiven Druck und Richtlinien geheimgesellschaftlicher Gruppierungen widersetzte. Dr. John Coleman nennt in seinem Buch *„Das Komitee der 300"* unter anderem den *Club of Rome* und die *Olympier*.

Am 10. November 1982 bezeugte ein enger Freund von Moro, daß der frühere Premierminister von einem Beauftragten des Royal Institute for International Affairs (RIIA) und Mitglied des Komitees der 300, nämlich US-Außenminister Henry Kissinger, bedroht worden war.[177]

Der italienische Premierminister Moro wurde 1978 von den Roten Brigaden entführt und später brutal erschossen. Bei einem Gerichtsverfahren gegen Mitglieder der Roten Brigaden bezeugten einige von ihnen, daß sie von einer hochrangigen US-Verwicklung in den Plan, Moro zu töten, gewußt hatten. Als Kissinger Moro bedrohte, führte er offensichtlich nicht die Außenpolitik der Vereinigten Staaten aus, sondern handelte eher gemäß den Instruktionen, die er vom Club of Rome, dem außenpolitischen Arm des Komitees der 300, erhalten hatte.[178]

Der Zeuge, der diese Bombe vor Gericht platzen ließ, war Corrado Guerzoni, ein enger Vertrauter Moros. Seine explosive Aussage wurde am 10. November 1982 vom italienischen Fernsehen und Rundfunk übertragen und in verschiedenen italienischen Zeitungen abgedruckt. Trotzdem wurde diese wichtige Information in den Vereinigten Staaten (und in der übrigen Welt; Anm. d. A.) unterdrückt. Die *„Washington Post"* und die *„New York Times"*, jene berühmten Bastionen der Freiheit, hielten es nicht für wichtig, auch nur eine Zeile aus Guerzonis Zeugenaussage abzudrucken. Die Neuigkeit wurde auch von keiner der Nachrichtenagenturen und Fernsehstationen gebracht. Die Tatsache, daß Italiens Aldo Moro, seit Jahrzehnten eine führende Figur in der Politik, im Frühling 1978 am helllichten Tage entführt und alle seine Leibwachen niedergemetzelt wurden, war es nicht wert, in den Nachrichten gebracht zu werden, und das, obwohl Kissinger der Komplizenschaft bei diesem Verbrechen angeklagt wurde. Oder herrschte diese Stille, **weil** Kissinger verwickelt war?[179]

Mögen die Medien im Zweiten Weltkrieg noch Diener der Politik gewesen sein, so haben sich die Machtverhältnisse spätestens seit dem Sturz von Richard Nixon dramatisch verändert. Wenn es zwei Journalisten gelingen konnte, den *mächtigsten Mann der Welt* vom Thron zu stürzen – natürlich mit Unterstützung der wirklich Mächtigen –, dann hatte in den Medien ein neues Zeitalter begonnen. Vom untergeordneten *Mittel zum Zweck* haben sie es zum *Macher der Geschehnisse* gebracht, wobei sie natürlich, wie beschrieben, lediglich Diener heimlicher Herren im Hintergrund sind. Es ist dies ein Indiz dafür, daß es ganz sicher nicht mehr die Politiker sind, welche die Geschicke der Staaten und Völker lenken, sondern die *heimlichen Herrscher*, die ihre Doktrinen über die weit verzweigten Verästelungen ebenfalls geheimer Logen und Bruderschaften weitergeben – an ihre Lakaien in Politik, Wirtschaft und Medien.[180]

Henry Kissinger, ein Exponent jener *heimlichen Herrscher*, hatte geweissagt, daß man um das Jahr 1980 mit der Etablierung einer lose gefügten *Eine-Welt-Regierung* werde rechnen können. Schon lange davor hatten sie die Präsidenten der Vereinigten Staaten am Gängelband. **Es gibt keine manipulierbarere Staatsform als die Demokratie, denn in ihr hat das Geld uneingeschränkte Macht.**[181] (Herv. d. d. A.)

Denken wir nur an die Parteispendenaffären deutscher Politiker – Namen brauche ich an dieser Stelle bestimmt nicht mehr zu nennen. Welchen Stellenwert dabei die Verfassung und der darauf geleistete Eid der Herren Politiker hat, ist in den letzten Monaten und Jahren deutlich geworden. Viel schlimmer ist, daß es keine Verurteilungen gibt – oder sind da gewissen Institutionen in unserem demokratischen Land die Hände gebunden? Die „Verurteilung" sieht im allgemeinen so aus: zurücktreten und kassieren!

Übrigens ist sicherlich anzunehmen, daß die bisher ans Tageslicht gekommenen Spenden-Affären nur die Spitze des Eisberges sind neben weiteren unzähligen Spenden- und Korruptionsaffären. Erinnern Sie sich an die Zeit vor der Bundestagswahl. Es ist doch interessant, was dann durch die Medien so „zufällig" an die Öffentlichkeit getragen wird, um die eine oder andere Seite zu stärken beziehungsweise zu schwächen. Je tiefer man sich in den Dschungel von Korruption in Wirtschaft und Politik vorwagt, desto größer werden auch die Summen, die in die verschiedensten Kanäle gelenkt werden. Hier geht es nicht um ein paar Flugmeilen oder Privatflüge von Bundestagsabgeordneten, die im übrigen durch die Medien hervorragend zu Tagessensationen gemacht werden, um von den wirklich wichtigen Themen abzulenken. Dann rollt wieder ein Kopf eines Abgeordneten, natürlich ohne Konsequenzen und erst recht ohne finanzielle Einbußen – im Gegenteil.

Sicherlich ist es richtig, daß diese raffgierigen und unseriösen „Persönlichkeiten" von der Bildfläche verschwinden (was sie ja leider nicht ganz tun). Doch wenn das alles auch erwähnenswert ist: Die wirklich großen, illegalen Transaktionen in Politik und Wirtschaft – hier geht es um Millionen – sind das sicherlich nicht. Die kommen zumeist nie ans Tageslicht, deshalb wird öffentlich durch die Meinungsmacher nur „kleiner Fischfang" betrieben, und das wohl mit gezieltem Vorsatz.

Welchen Einfluß die Wirtschaft auf die heutige Politik ausübt, wird gerade durch diese Affären sehr deutlich. Nicht anders, so ist wohl anzunehmen, verhält es sich bei den großen Wahlen, bei denen utopische Summen erforderlich sind, um den jeweiligen Kandidaten auf dem Siegerpodest zu sehen. Wem fühlen sich die großen Politiker verpflichtet, dem Volk oder jenen, die ihre Wahl finanzieren und bezahlen?

Eine der wenigen Ausnahmen in der Weltpolitik war der amerikanische Präsident John F. Kennedy, weil der von Haus aus steinreich war. Mit einer hauchdünnen Mehrheit von hunderttausend Stimmen hatte er 1960 gegen Nixon die Wahl gewonnen. Obwohl es einige Mitglieder seiner Familie gab, die in höchst dubiose Geschäfte mit der Mafia verwickelt waren (insbesondere sein Vater), hatte Kennedy einige Pläne, die gewissen Herren absolut nicht ins Konzept paßten. Kennedy hatte unter anderem angedroht, die CIA *in tausend Stücke zu zerschlagen*. Er wollte die Aktivitäten der Federal Reserve, der amerikanischen Zentralbank, überprüfen lassen –

das Kartell des *Establishments*, welches die amerikanische Wirtschaft kontrolliert. Außerdem wollte er, daß die amerikanische Regierung ihr eigenes, zinsfreies Geld druckt. Weiterhin plante er, sich aus dem vom *Establishment* inszenierten Vietnam-Krieg zurückzuziehen und den Kalten Krieg mit der Sowjetunion zu beenden. Alles Pläne, die den im Hintergrund wirkenden Köpfen deutlich zuwiderliefen.

Nachdem Kennedy beseitigt war, übernahm Lyndon B. Johnson, ein Freimaurer, die Nachfolge. Unverzüglich stoppte er die Maßnahmen in bezug auf die Bundesbank und machte den Vietnam-Krieg zum kostspieligen Massengrab für Asiaten und Amerikaner. 220 Milliarden Dollar durfte der amerikanische Steuerzahler dafür berappen; aber die Rüstungsindustrie verdiente prächtig.[182]

Die Kommission, die Johnson zur Untersuchung des Kennedy-Mordes einsetzte, wurde vom Freimaurer Earl Warren präsidiert. Die meisten ihrer Mitglieder waren auch Mitglieder des *Council on Foreign Relations*, von dem Freimaurer des 33. Grades, J. Edgar Hoover, Chef des FBI, und einem weiteren Freimaurer, dem ehemaligen Chef des CIA, Allen Welsh Dulles, geführt.[183]

„Die Bruderschaft bringt Präsidenten an die Regierung oder zerstört sie, wie sie es gerade will", schreibt der englische Autor David Icke. *„Und sie macht das auf der ganzen Welt."*

Massenmedien entscheiden über Krieg und Frieden...

Über die Macht und *das Instrument Massenmedien* könnte man ganze Bände verfassen, dennoch wird oft außer Acht gelassen, welchen unbewußten Einfluß diese Machtinstrumente in Wirklichkeit haben. Würde man zu weit gehen, wenn man heute behaupten würde, sie entscheiden über Krieg und Frieden?

Es könnten viele Beispiele aus den vergangenen Jahren herangezogen werden, durch die deutlich wird, wie sehr die Medien instrumentalisiert wurden, Lügen konstruiert wurden, um politische Vorhaben gegenüber dem Volk zu rechtfertigen.

Rückblende in das Jahr 1990:

Nach dem Einmarsch des Irak in Kuwait Anfang August standen die Zeichen auf Krieg. Allerdings war nicht nur in Europa, sondern auch in den USA die überwiegende Mehrheit des Volkes gegen einen Krieg gegen den Irak. Um eine US-Intervention aber dennoch zu legitimieren, wurde zur Vorbereitung des Irak-Krieges eine der größten PR-Agenturen in den USA unter Vertrag genommen. Ausgestattet mit einem Budget von 10,7 Millionen Dollar, startete die PR-Agentur *Hill & Knowlton* 1990 einen Propagandafeldzug für die Befreiung Kuwaits. Der Höhepunkt dieser wohl einzigartigen PR-Kampagne war eine gezielte Lüge, die von der Bush-Regierung und der kuwaitischen Regierung propagiert wurde.

Am 10. Oktober 1990 schilderte vor dem Menschenrechtsausschuß des US-Kongresses die fünfzehnjährige Kuwaiterin Nayirah unter Tränen die Greueltaten irakischer Soldaten. Diese hätten in einem kuwaitischen Krankenhaus fünfzehn Babys aus Brutkästen gerissen, auf den Boden geworfen und dort sterben lassen. Die Brutkästen seien entwendet worden. Aus anderen Krankenhäusern wurden ähnliche Vorfälle geschildert, so daß unter anderem *Amnesty International* 312 auf diese Weise getötete Babys und gestohlene Brutkästen zählte.

Amnesty International dementierte später die Meldung! Dennoch war der angerichtete Schaden nicht wieder gutzumachen, denn die Massenmedien haben diese Greueltaten natürlich sofort medienwirksam und politisch nutzbringend ausgeschlachtet – noch heute sprechen viele Menschen von einem „Verbrechen", das es gar nicht gab. Präsident Bush sen. griff diese Propagandalüge natürlich gerne auf und nutzte sie für seine Kriegskampagne. Immer wieder griff er diese „Geschichte" auf, so daß zunächst der kriegskritische US-Senat der Intervention zustimmte. Durch die mediale Aufbereitung der Geschichte auch innerhalb der US-Gesellschaft gab es schließlich auch den erhofften Meinungsumschwung, und die US-Bürger waren schließlich mehrheitlich für einen Krieg gegen den Irak.

Im Januar 1992 kam die Identität der jungen Zeugin ans Tageslicht: Es handelte sich um die Tochter von Saud Nasir al-Sabah, dem kuwaitischen Botschafter in den USA. Das Mädchen war von der Agentur *Hill & Knowlton* als Zeugin aufgebaut worden. Präsident von *Hill & Knowlton* war Craig Fuller, ein bekennender Bush-Anhänger und dessen ehemaliger Stabschef. Weitere Untersuchungen ergaben, daß kuwaitische Ärzte offensichtlich gelogen hatten und die angeblich entwendeten Brutkästen an ihren Plätzen standen. Außerdem wurde herausgefunden, daß im Vorfeld der Propaganda-Kampagne Untersuchungen durchgeführt worden waren, mit deren Hilfe herausgefunden werden sollte, welche Meldungen Menschen besonders erregten. Das Ergebnis lautete, daß der befragte Bevölkerungsquerschnitt sehr heftig auf die Baby-Greuel reagiert hatte. Die Propaganda-Lüge war 1992 widerlegt, da war der Krieg gegen den Irak aber bereits Vergangenheit.[184]

Giftgas auf das eigene Volk?

Eine andere Geschichte, die bis heute durch die Massenmedien geistert und verdeutlicht, wie sehr die Massenmedien heute instrumentalisiert und als Propagandamittel benutzt werden, um letztlich sogar Kriege zu legitimieren, hat sich mit hoher Wahrscheinlichkeit ebenfalls nicht so ereignet, wie die Massenmedien dies darstellen.

Es geht um die Behauptung, Saddam Hussein habe chemische Waffen gegen seine eigenen Bürger eingesetzt. Gemeint ist der als Völkermord verurteilte Giftangriff der irakischen Armee gegen das wehrlose kurdische Dorf Halabja in der Nähe der iranischen Grenze. Dort wurden im März 1988, gegen Ende des acht Jahre dauernden Krieges zwischen Irak und Iran, bis zu fünftausend Dorfbewohner durch die direkten und indirekten Folgen eines Giftgasangriffes getötet. Bis heute werden die Bilder durch Giftgas umgekommener Kurden regelmäßig in den Medien propagiert, und das sehr erfolgreich. Doch die Wahrheit beziehungsweise die Hintergründe dieses Giftgasangriffes sind mit hoher Wahrscheinlichkeit reine Propagandazwecke zur Darstellung Husseinischer Grausamkeit. Ich will damit keineswegs bezwecken, daß man auch noch Saddam Hussein für den Friedensnobelpreis vorschlägt – über diesen Machthaber muß man sicherlich kein weiteres Wort mehr verlieren –, aber Wahrheit muß Wahrheit bleiben!

Am 31. Januar 2003 hat sich in einem inzwischen sehr beachteten Artikel in der „*New York Times*" Professor Stephen C. Pelletiere zu Wort gemeldet. Dieser hat aufgrund seiner Biographie und seines Wissens als führender Mitarbeiter der CIA und der US-Armee eine der größten Propagandageschichten zur Rechtfertigung des bevorstehenden Irak-Krieges nicht nur entkräftet, sondern sie wie eine Seifenblase platzen lassen.[185]

Professor Pelletiere äußerte in der „*New York Times*" folgendes:
„Aufgrund meiner früheren Tätigkeiten weiß ich Bescheid, denn während des Iran-Irak-Krieges war ich Chefauswerter für die Central Intelligence Agency (CIA), und von 1988 bis 2000 war ich Professor am Army War College. Ich hatte Zugang zu dem geheimen Material, das mit dem Persischen Golf zu tun hatte und durch Washington floß. Außerdem habe ich seit 1991 eine Untersuchungsgruppe der US-Army geleitet, die herausfinden sollte, wie die Iraker einen Krieg gegen die Vereinigten Staaten führen würden."[186]

Weiter berichtet Pelletiere, daß er sich auch intensiv mit den Umständen des Halabja-Giftgaseinsatzes befaßt habe, über die es einen sehr detaillierten US-Geheimdienstbericht gebe, aus dem jedoch nicht ersichtlich sei, wer nun tatsächlich für die Toten in Halabja verantwortlich ist:
„In Wahrheit wissen wir nur, daß an diesem Tag die Kurden von Halabja mit Giftgas bombardiert wurden. Aber wir können nicht mit Sicherheit sagen, daß es irakische Chemiewaffen waren, welche die Kurden getötet haben."[187]

Das war aber nicht die einzige Verfälschung in der Halabja-Geschichte, so Pelletiere:
*„Die Vergasung von Halabja, und das wissen wir mit Sicherheit, erfolgte während einer Schlacht zwischen Irakern und Iranern. Irak setzte Chemiewaffen ein, um die Iraner zu töten, die das (irakische) Dorf unweit der iranischen Grenze besetzt hatten. Wenn also dabei kurdische Zivilisten getötet wurden, dann hatten sie das Pech, ins Kreuzfeuer geraten zu sein. Aber ganz sicher waren sie nicht das Hauptziel der Iraker... Unmittelbar nach der Schlacht führte die DIA (der militärische Geheimdienst der US-Armee; Anm. d. A.) eine Untersuchung durch, deren Ergebnisse in einem Geheimbericht festgelegt wurden. In diesem Bericht stand ganz klar, **daß iranisches Gas die Kurden getötet hatte und nicht irakisches**. Die Agency hatte herausgefunden, daß beide Seiten in der Schlacht um Halabja Giftgas eingesetzt hatten. Der Zustand der Leichen der Kurden deutete jedoch darauf hin, daß sie mit einem Gift getötet wurden, das über die Blutbahnen wirkt, das heißt mit einem Gas auf Zyankali-Basis, das – und dieser Umstand war den amerikanischen Geheimdiensten allgemein bekannt – vom Iran eingesetzt wurde. Die Iraker, bei denen davon ausgegangen wurde, daß sie Senfgas eingesetzt hatten, hatten zu jener Zeit kein Gas, das über die Blutbahnen wirkt."*[188]

Pelletiere brachte sein Erstaunen darüber zum Ausdruck, daß *„diese Fakten schon seit langem bekannt sind, aber im Zusammenhang mit der Halabja-Affäre so gut wie nie erwähnt werden"*. Bei den seltenen Gelegenheiten, bei denen der DIA-Bericht erwähnt würde und daß es aller Wahrscheinlichkeit iranisches Giftgas war, das die Kurden getötet hat, würde sofort spekuliert, daß der Bericht zugunsten Saddam Husseins frisiert worden sei, der im Jahre 1998 von Washington noch als guter Freund behandelt wurde.

„Ich versuche hier nicht Saddam Hussein zu rehabilitieren", schließt Pelletiere, er sei schließlich für viele Verstöße gegen die Menschenrechte verantwortlich. Aber *„ihm die Vergasung seiner eigenen Leute in Halabja als Akt des Völkermordes vorzuwerfen, das ist nicht korrekt"*.[189]

Was soll man dem noch hinzufügen? Pelletiere hat es auf den Punkt gebracht und wohl unzweifelhaft belegt, daß die Fakten und die wahren Hintergründe des schrecklichen Giftgasangriffes in Halabja 1988 gezielt falsch dargestellt wurden.

Das erschreckende ist, daß diese und viele andere Propaganda-Lügen gezielt über die Massenmedien quasi als eine Impfung für das Volk benutzt werden, um, wie in diesem Fall, den *Bösewicht Hussein und seine Massenvernichtungswaffen* als globale Bedrohung darzustellen.

Es gibt weitere Beispiele aus der Gegenwart, zum Beispiel die Kelly-Affäre und die unrühmliche Rolle der BBC, durch die ans Tageslicht kam, daß George Bush (in seiner Rede zur Nation) und auch Tony Blair ihr Volk belogen haben, um den Irak-Krieg zu legitimieren. Ein ähnliches Propaganda-Spiel betrieben die Medien um Osama bin Laden, wenn sie in der Vergangenheit wiederholt behaupteten, dieser wäre im Besitz von Atomwaffen und so weiter.

Die Macht beziehungsweise die Instrumentalisierung der Massenmedien hat in den vergangenen Jahrzehnten einen dramatischen Höhepunkt erreicht, wenn es darum geht, Meinungen zu bilden und die Volksmeinung gezielt zu manipulieren. Vor, während und nach einem Krieg ist die Wahrheit ein Spielball der Mächtigen und der Medien, die heute mit über Krieg und Frieden entscheiden.

Bücherverbote zu allen Zeiten

Soweit wir die Geschichte der zivilisierten Menschheit überblicken, hat es Bemühungen von Herrschenden gegeben, ihnen unliebsame Schriften zu verbieten. Sie waren dabei meist davon überzeugt, mit Bücherverboten zum Wohle nicht nur ihrer Herrschaft, sondern auch des Volkes zu handeln. Dabei gingen früher in der Regel weltliche und geistliche Herrschaft Hand in Hand; die Argumentation zur Unterdrückung unliebsamer Bücher war miteinander verbunden.

Die Geschichte liefert uns auch große Namen, die Opfer der Unterdrückung wurden: Luthers Schriften wurden ebenso verfolgt wie Erasmus, aber auch Namen wie Giordano Bruno, Jakob Böhme, Immanuel Kant, Schiller und Goethe kamen auf den Index.

Das öffentliche Verbrennen unliebsamer Bücher war in Europa, aber auch in den USA bis Ende des 19. Jahrhunderts gang und gäbe. Der Sieg über die Vernunft ließ zwar die öffentliche Bücherverbrennung verschwinden, keinesfalls aber die Verfolgung unliebsamer Bücher. Im letzten Jahrhundert brannten hier und da immer noch die Scheiterhaufen der Bücher.

In den zwölf Jahren der NS-Herrschaft wurden annähernd 12.500 Bücher verboten. Man pflegt heute mit Nachdruck in öffentlichen Veranstaltungen auf die Bücherverbote aus der Zeit des Nationalsozialismus hinzuweisen, ohne an die Büchervernichtung durch die Siegermächte nach dem Zweiten Weltkrieg zu erinnern. Die Siegermächte hatten nämlich, fußend auf einem Befehl des obersten Chefs der sowjetischen Militärverwaltung in Deutschland vom 15. September 1945, wenige Monate später, nämlich am 13. Mai 1946, den „Befehl Nr. 4" des Kontrolrates erlassen, *„die Einziehung von Literatur und Werken nationalsozialistischen und militaristischen Charakters betreffend"*. Von der deutschen Verwaltung für Volksbildung in der sowjetischen Besatzungszone wurden in Zusammenarbeit mit der Schriftprüfstelle bei der Deutschen Bücherei in Leipzig sogenannte *„Listen der auszusondernden Literatur"* herausgegeben, die auch in den westlichen Besatzungszonen amtlich verwendet wurden. Insgesamt erschienen nach dieser ersten Liste aus dem Jahre 1946 drei Nachträge mit zusammen 34.645 Buchtiteln.[190]

Jugendgefährdende Schriften

Die Bundesprüfstelle für jugendgefährdende Schriften (BPjS) wurde bereits 1954 gegründet. Ihre Aufgabe: Schriften, die geeignet sind, Jugendliche sittlich zu gefährden, sind in eine Liste aufzunehmen.

„Dazu zählen vor allem unsittliche sowie Verbrechen, Krieg und Rassenhaß verherrlichende Schriften... Eine Schrift darf nicht *in die Liste aufgenommen werden,*

1. *allein wegen ihres politischen, sozialen, religiösen oder weltanschaulichen Inhalts und*
2. *wenn sie der Kunst und der Wissenschaft, der Lehre und der Forschung dient und*
3. *wenn sie dem öffentlichen Interesse dient, es sein denn, daß die Art der Darstellung zu beanstanden ist.*

Ein Gremium aus allen gesellschaftlichen Gruppierungen (z.B. aus den Bereichen Kunst, Literatur, Buchhandel, Träger der öffentlichen Jugendhilfe, Lehrerschaft, Kirchen) entscheidet darüber, ob ein Buch auf die Liste der jugendgefährdenden Schriften zu setzen ist.“ [353]

Kann man im Hinblick auf ein Kontrollgremium denn überhaupt von uneingeschränkter Meinungs- und Redefreiheit sprechen?

Tatsache ist und bleibt, daß Verbote nach wie vor ausgesprochen werden! Der Artikel 5 des deutschen Grundgesetzes sagt kurz und klar: *„Eine Zensur findet nicht statt.“* Das Gegenteil scheint der Fall zu sein, wie wir bereits im Falle der Presse erfahren konnten und auch in den folgenden Absätzen sehen werden. Gibt es darüber hinaus eine regierungsamtliche Zensurbehörde, die allein dafür zuständig ist, Bücher und andere Veröffentlichungen unter zu verbieten?

Zensur in der Bundesrepublik Deutschland?

Eine repräsentative Meinungsumfrage ergab kürzlich, daß die meisten der befragten Bundesbürger die Meinungs- und Redefreiheit als das wichtigste Grundrecht betrachten. Bei der Umfrage stellte sich zudem heraus, daß der Großteil der Befragten davon überzeugt ist, daß es eine uneingeschränkte

Meinungs- und Redefreiheit gebe – schließlich ist dies ja durch das Grundgesetz garantiert!

Sind die Bundesbürger wirklich so unaufgeklärt und desinformiert?

In der Bundesrepublik gibt es eine Liste mit mehreren hundert Büchern, die dem deutschen Bürger nicht erlaubt sind, sie zu kaufen oder sie zu lesen. Wie sagt doch das Grundgesetz: „...*unsere Meinung frei zu äußern, in Wort, Schrift und Bild.*"

Das Buchverbot der beiden Bestseller über Geheimgesellschaften von Jan van Helsing war der Fall, der wohl am meisten Wirbel in Deutschland hervorrief (über 150.000 verkaufte Exemplare in zwei Jahren), da es bundesweit über fünfzig Hausdurchsuchungen – auch bei den Großhändlern und Barsortimenten – gab, neben einer flächendeckenden Medienhetze. Der Autor Jan Udo Holey, der die beiden Bücher unter dem Pseudonym *Jan van Helsing* verfaßt hatte, veröffentlichte ein Buch zu seinem Verbotsverfahren (wegen angeblicher Volksverhetzung), wobei er auch die komplette Anklageschrift darin veröffentlichte. In diesem Buch „*Die Akte Jan van Helsing*" schreibt er: „*Auf der einen Seite ist also unser Volk mündig genug, ein Land zu regieren (Demokratie = Herrschaft des Volkes), aber es ist ganz offensichtlich nicht mündig genug, kritische Bücher zu lesen. Doch wer verbietet diese Bücher? Es sind dies die Vertreter des eigenen Volkes. Im Klartext: Das Volk darf Vertreter wählen, die dann Gesetze erlassen, die wiederum dem Volk verbieten, seine Meinung öffentlich zu äußern beziehungsweise alle möglichen Quellen zur eigenen Meinungsbildung heranzuziehen.*"[191]

Bei einem Großteil dieser in Deutschland *verbotenen* Bücher handelt es sich neben pornographischen Schriften (z.B. Kinderpornographie) um Bücher mit politischem Inhalt. Da wären Bücher, welche
* die Demokratie und ihre dementsprechenden Vertreter kritisieren;
* dann nationalsozialistische Schriften;
* solche, die behaupten, es gäbe eine Verschwörung einiger weniger Mächtiger, die das große Geschehen auf der Erde nach ihren privaten Plänen lenken;

- und wir finden auch Bücher revisionistischen Inhalts. Als Revisionisten bezeichnet man im Bereich der Literatur solche Autoren, die auf Grundlage forensischer Gutachten zu belegen versuchen, daß es keine technischen Anlagen im Dritten Reich gab, die zur Tötung von Menschen durch Gas benutzt werden konnten. Andere Autoren, die als Revisionisten bezeichnet werden, kratzen am Tabu der allgemeinen deutschen Kriegsschuld des Ersten sowie des Zweiten Weltkrieges. Von diesen befindet sich ein großer Teil unter den verbotenen Büchern der BRD.[192]

Die Tatsache, daß wir Bücherverbote in Deutschland haben, wirft unweigerlich die Frage auf, ob es tatsächlich eine Meinungsfreiheit gibt. Sollte man nicht besser von einer *eingeschränkten Meinungs(äußerungs)freiheit* sprechen? Oder doch von Zensur?

Der Europäische Gerichtshof für Menschenrechte hat in seinem Handyside-Urteil vom 7.12.1976 zu Artikel 10, Absatz 1 – Meinungsäußerungsfreiheit – der Europäischen Menschenrechtskommission zum Thema *„Meinungsfreiheit in einer Demokratie"* folgendes ausgeführt:

„Seine Kontrollfunktion gebietet dem Gerichtshof, den Grundsätzen, die einer „demokratischen Gesellschaft" eigen sind, größte Aufmerksamkeit zu schenken. Das Recht der freien Meinungsäußerung stellt einen Grundpfeiler einer solchen Gesellschaft dar, eine der Grundvoraussetzungen für ihren Fortschritt und für die Entfaltung eines jeden einzelnen. Vorbehaltlich der Bestimmung des Art. 10, Abs. 2 gilt dieses Recht nicht nur für die günstig aufgenommenen oder als unschädlich oder unwichtig angesehenen „Informationen" oder „Gedanken", sondern auch für die, welche den Staat oder irgendeinen Bevölkerungsteil verletzen, schockieren oder beunruhigen. So wollen es Pluralismus, Toleranz und Aufgeschlossenheit, ohne die es eine „demokratische Gesellschaft" nicht gibt. Daraus folgt insbesondere, daß jede „Formvorschrift", „Bedingung", „Einschränkung" oder „Strafandrohung" im angemessenen Verhältnis zum verfolgten berechtigten Ziel stehen muß."

Wenn man die Auszüge des Urteils des Europäischen Gerichtshofes liest, sollte man kaum daran zweifeln, daß es andererseits in der Bundesrepublik eine *garantierte Meinungs- und Redefreiheit* gibt, doch die Praxis sieht etwas anders aus, wie die folgende kleine Aufzählung von Buchbe-schlagnahmungen der Jahre 1996/97 belegt:

- Februar 1996: Auf Beschluß des Amtsgerichtes Starnberg wurden die Geschäftsräume der Verlagsgesellschaft Berg durchsucht: Unter anderem suchten die Beamten nach angeblich vorhandenen Büchern, die Anfang der sechziger Jahre in Österreich erschienen waren. Da diese Bücher nicht im Verlag aufgefunden wurden, beschlagnahmten die Beamten einen Videofilm, der 1992 als Ansichtsexemplar von einem bekannten Großhändler geliefert worden war.

- Februar 1996: Bei der Durchsuchung von zweiundzwanzig Wohnungen im Kreis Recklinghausen und in Lübenau bei Cottbus beschlagnahmten rund einhundertfünfzig Polizeibeamte zwei Lastwagenladungen voll mit politischen Druckschriften, einen Computer und Programme.

- März 1996: Das Amtsgericht Mannheim beschlagnahmte die Bücher von Jan van Helsing, erschienen im Ewert-Verlag, welche sich mit der Thematik der geheimen Gesellschaften auseinandersetzen. Laut *„Börsenblatt"* war die Beschlagnahmungsanordnung sämtlicher Exemplare bundesweit vollstreckbar. Neben Durchsuchungen und Beschlagnahmungsbeschlüssen wurden gegen Buchhändler Verfahren wegen „Volksverhetzung" eröffnet und gegen den Autor ein Haftbefehl beantragt.

- März 1996: Wegen einer Werbeanzeige gegen die Wehrpflicht, in der die Bundeswehr in die Tradition der deutschen Wehrmacht gestellt wurde, hatte die Polizei die Geschäftsräume der Tageszeitung *„TAZ"* in Berlin durchsucht. Festgestellt werden sollte der Auftraggeber der Werbung.

- März 1996: In Mohrkirchen wurden aufgrund des Beschlusses des Amtsgerichtes Kappeln die Geschäftsräume des Lühe-Verlages durchsucht. Grund für diese Durchsuchung war das Vorrätighalten und Versenden der Bücher des Autoren J. G. Burg, in denen die staatlich festgelegte Geschichtsschreibung bezweifelt wird.

- April 1996: Von rund 450 Polizeistellen wurden in ganz Deutschland etwa eintausend Buchhandlungen nach Comics von Walter Moers und Ralf König und nach einem Sachbuch von Midas Dekkers durchsucht, ohne daß den Verlegern oder Buchhändlern zunächst ein richterlicher Beschluß dazu bekanntgegeben wurde. Die Frankfurter Staatsanwaltschaft weigerte sich, an der Aktion teilzunehmen.

- Mai 1996: Der Bundesanzeiger Nr. 100 teilte die Indizierung eines Buches des Verlages „Neue Visionen GmbH" aus der Schweiz mit, welches eine andere Geschichtsauffassung vertritt, als die staatlich festgelegte. Außerdem wurden zwei Schallplatten mit Tondokumenten aus der Zeit vor 1945 indiziert.

- Mai 1996: Zum dritten Male innerhalb von vierzehn Monaten fand eine Hausdurchsuchung bei VAWS in Bingen statt. Während es bei der ersten Durchsuchung um bis heute unbekannte Anschuldigungen gegen die „Unabhängigen Nachrichten" ging, suchten die Polizisten bei der zweiten Hausdurchsuchung CDs, die überall in Kaufhäusern angeboten wurden. Lediglich bei VAWS sah man darin eine Straftat. Bei der dritten Durchsuchung ging es um zwei Bände der Bücher von Jan van Helsing.

- Juli 1996: Bei dem Druffel-Verlag in Starnberg wurden mehrere Druckerzeugnisse beschlagnahmt oder gänzlich eingezogen, einige tausend Exemplare versiegelt. Es handelte sich dabei um Schriften, die sich kritisch mit der Justiz der Sieger des Zweiten Weltkrieges auseinandersetzen.

- Oktober 1996: Der „Spiegel" meldete am 21.10.1996, daß die Staatsanwaltschaft Bayreuth ein Ermittlungsverfahren wegen „Verunglimpfung des Staates und seiner Symbole" gegen einen Parteivorsitzenden eingeleitet hatte, weil dieser bei einer Rede im fränkischen Kulmbach von „Verfolgungs-" und „Polizeistaatsmethoden" in der BRD gesprochen hatte.

- Juli 1997: Neun Objekte im Süden Sachsen-Anhalts und in Leipzig wurden von der Polizei durchsucht. Dabei wurden umfangreiches Material, CDs, Musikkassetten, Broschüren und diverses Schriftmaterial beschlagnahmt.

- Juli 1997: Die Polizei verbot eine geplante Demonstration auf dem Marktplatz von Halle. Die Kundgebung sollte unter dem Motto „Deutschland in Not" stehen.

- August 1997: Der Liedermacher Veit Kelterborn wollte auf einem Konzert seine neue CD vorstellen. Nach etwa einer halben Stunde klirrten die Fensterscheiben und eine Hundertschaft des SEK stürmte den von innen verschlossenen Saal. Der Liedermacher sowie einige Gäste wurden vorübergehend verhaftet.[193]

Angesichts dieser Tatsachen ist die Frage nach der vielgepriesenen Meinungsfreiheit in Deutschland natürlich mehr als verständlich. Das paradoxe an dieser Sachlage ist doch, daß auf der einen Seite von dem Grundrecht der freien Rede- und Meinungsfreiheit in unserer Demokratie gesprochen wird und auf der anderen Seite Bücher aufgrund des Inhaltes beschlagnahmt und aus dem Verkehr gezogen werden – ein sicherlich höchst strittiger Punkt! Aber damit nicht genug, denn es werden nicht nur Bücher beschlagnahmt: Musik wird verboten; Filme werden eingezogen; unschuldige und nichtsahnende Bürger, die sich Bücher bestellen, werden von Polizeimannschaften heimgesucht; Verleger und Buchhändler werden telefonisch überwacht. Mit hohen Geldstrafen und Haftstrafen werden die belegt, die das Grundrecht der freien Meinungsäußerung und Unterrichtung in Anspruch nehmen. Ist es da ein Wunder, daß da bei vielen Deutschen schlimme Erinnerungen an die DDR-Stasiherrschaft wach werden oder an die Zeiten der dreißiger und vierziger Jahre des vergangenen Jahrhunderts?

Wie hatte doch Heinrich Böll einmal gesagt: *„Es ist kein Zufall, daß immer da, wo der Geist als eine Gefahr angesehen wird, als erstes die Bücher verboten, die Zeitungen, Zeitschriften und Rundfunkmeldungen einer strengen Zensur ausgeliefert werden."*

1996 „*verurteilte*" das „*Börsenblatt des deutschen Buchhandels*" die Machenschaften der Behörde und bescheinigte der Prüfstelle „*Inkompetenz gepaart mit Heuchelei*".[194]

Heiner Gehring schreibt, nachdem er einige zensierte Bücher nannte: „*Diese unsystematische Liste zeigt, daß Bücher aus allen Bereichen in der BRD von Verboten betroffen sind. Buchhändler berichteten dem Autor, daß sie seitens der Bundesprüfstelle angehalten sind, die Listen der verbotenen Bücher nicht auszulegen, damit die Kunden nicht das wahre Ausmaß der Zensur erkennen können.*
Ähnlich wie die Zensur von Büchern wird auch in den Medien zensiert. Deutsche Journalisten erzählten dem Verfasser hinter vorgehaltener Hand, es gebe bestimmte Tabus, über die nicht oder nur entstellt berichtet werden dürfe. Absolut unantastbar sei in der Bundesrepublik neben einer Religionsgemeinschaft, die Tiere schächtet, und den Freimaurern das Privatleben von Politikern... Im Lokalbereich dürfe über Gewalttaten von Ausländern nur in ausgesuchten Fällen berichtet werden, Straftaten von Deutschen an Ausländern dagegen unterlägen keinerlei Berichtsbeschränkungen."[195]

Interessant scheint in diesem Zusammenhang, daß laut dem „Geheimen Staatsvertrag" der BRD vom 21.5.1949 die Medienhoheit in Deutschland noch bis zum Jahre 2099 bei den Alliierten Siegermächten liegt.[196]

Anmerkung:

Eines soll hier keinesfalls mißverstanden werden: Überall, wo es sich um Veröffentlichungen jeglicher Art von Kinderpornographie handelt, ist ein striktes und strenges Vorgehen in jedem Fall von äußerster Wichtigkeit.

Aber wie sieht es beispielsweise mit kritischen Bücher aus, die ein anderes Geschichtsbild darstellen als das staatlich festgeschriebene? Ist es dabei nicht irrelevant, welchen Inhalt solch ein kritisches Buch hat und ob jemand mit dem Inhalt einverstanden ist? Oder ist es gemäß Grundgesetz oder der Prüfstelle individuelle Auslegung – eine Frage der Bewertung? Heißt es doch auch in den Grundsätzen der Bundesprüfstelle für jugendgefährdende Schriften, daß eine Schrift <u>nicht</u> in die Liste aufgenommen werden darf, **allein wegen ihres politischen, sozialen, religiösen oder weltanschaulichen Inhalts.**

191

Der Autor Claus Nordbruch schreibt dazu passend in seinem Buch *„Sind Gedanken noch frei – Zensur in Deutschland"*: *„Es ist offensichtlich niemals das „Volk" oder die „Öffentlichkeit", die Anstoß an einer Schrift nimmt und diese anzeigt. Diesen allzuoft denunzierenden Teil übernehmen immer Individuen oder Gruppen, die sich als Sittenwächter berufen fühlen, oder Institutionen, die vorgeben, von dem edlen Motiv getrieben zu sein, das Interesse der Jugend zu schützen. Es ist also nicht die Mehrzahl mündiger Bürger, sondern ein selbsternannter Vormund, der über Sittlichkeit oder die sozialethische Gefährdung der Jugend oder der Bürger entscheidet."*[197]

Nordbruch weiter: *„Es ist sicher richtig zu behaupten, daß das Grundrecht auf freie Meinungsäußerung ohne die Gewährleistung anderer menschlicher Grundrechte und Bedürfnisse ohne Wert ist. Geistige Freiheit kann sich nur dort entfalten, wo der Mensch auch frei von elementarer Not, Furcht und äußerem Zwang lebt. Tatsächlich ist das Grundrecht auf Meinungs(äußerungs)- freiheit, in dem Informationsfreiheit und Pressefreiheit wesentliche Aspekte bilden, aber ein Fundamentalgrundrecht, ohne das alle anderen Grundrechte illusorisch sind. Ohne Meinungs(äußerungs)freiheit kann es eine freie Willensbildung der Bevölkerung als Grundlage der Zusammensetzung der Staatsorgane nicht geben. Die Meinungsfreiheit ist daher das höchste Gut der Bürger einer freien Gesellschaft; der Grad der Einschränkung der Meinungsfreiheit markiert den Grad der Entmündigung."*[198]

Über die Beeinflussung der Massenmedien und vor allem über ihren entscheidenden Einfluß auf die „öffentliche Meinung" wurde vor wenigen Absätzen berichtet. Werfen wir diesen entscheidenden Einfluß mit in die Waagschale, ist die Frage, warum es doch offensichtlich nur eine eingeschränkte *Rede- und Meinungsäußerungsfreiheit* gibt, möglicherweise beantwortet – es sind zwei Puzzleteile, die zusammenpassen könnten!

Die *Entmündigung* der Menschen beginnt wohl ohne Zweifel bei den Massenmedien und ihren Strategen. Durch sie werden am einfachsten die gewünschten Werte und Ideale der Menschen und ganzer Volksgruppen vorgegeben. Man denke nur an die Folgen der weltweiten Vernetzung durch das Internet – hier finden wir *eine* entscheidende Erklärung für den Werteverfall der Menschen. Wie steht es denn in diesem Fall mit der Meinungs(äußerungs)freiheit? Warum findet gerade hier offensichtlich keine strengere Zensur statt, durch welche Sitte und Moral unserer Gesellschaft besser geschützt würden? Warum können denn hier verbotene Bücher auf die Festplatte runtergeladen werden? Und wie steht es mit der Kinderpornographie und der Gehirnwäsche durch Computerspiele im World Wide Web? Der Moral- und Sittenverfall unserer Gesellschaft und vor allem unserer Kinder wird wohl kaum durch irgend etwas mehr gefördert als durch die weltweite Vernetzung, vor allem aber durch die kaum vorhandene Zensur, wodurch zugelassen wird, daß all der Schund und Dreck auf den Bildschirmen abzurufen ist.

Betrachtet man die Geschichte der Bücherverfolgung aus politischen Gründen, dann bleibt nur der Schluß übrig, daß Bücherverbote mittelfristig nicht verhindern (schon gar nicht aufgrund der mangelnden Zensur des Internet), daß die in den Büchern vertretenen Ansichten und die in ihnen enthaltenen Forschungsergebnisse sich letztlich durchsetzen. Die Geschichte belegt, daß fast immer solche Bücher, die neue Meinungen und bislang unbekannte Tatsachen verbreiten, von jenen, denen sie unbequem sind und welche die Macht innehaben, verboten werden. Gerade heute kann eine plötzlich ans Tageslicht geratende Wahrheit (z.B. freie Energie) unabsehbare Folgen für die Wirtschaft haben, was wiederum auch politische Folgen und Machteinbußen bedeuten würde.

„Zensur ist die schändlichere von zwei Schwestern. Die ältere heißt Inquisition. Die Zensur ist das lebendige Eingeständnis der Herrschenden, daß sie nur verdummte Sklaven treten, aber keine freien Völker regieren können."
(Johann Nopomuk Nestroy, 1801-1862)

Werden mächtige Vereinigungen geschützt?

Ist es nicht auffällig, daß geheime Gesellschaften und ihre mächtigen Hintermänner in der Presse fast gänzlich unbeachtet bleiben?

Der Logenkenner Johannes Rothkranz schreibt dazu: *„Das restlose Desinteresse an den Geheimen Gesellschaften ist derart auffällig, steht in einem so schreienden Gegensatz zur gleichzeitigen Enthüllungsmanie auf allen anderen Gebieten, daß es für die Tatsache der perfekten Kontrolle unserer „freien"*

Massenmedien durch die Logen überhaupt keines anderweitigen Beweises mehr bedarf."[199]

Der Mainzer Bischof W. E. von Ketteler schrieb schon 1862: *„Die Freimaurerei nimmt allein in der ganzen Welt einen merkwürdigen Ausnahmezustand tatsächlich ein und grundsätzlich in Anspruch. Sie ganz allein wird mit wenigen Ausnahmen in der öffentlichen Presse nicht besprochen und will nicht besprochen werden. Während die Presse über alle anderen Verhältnisse, welche die Menschen interessieren, spricht und urteilt, bildet die Freimaurerei allein nach einem allgemeinen europäischen Konsens das „Rühr-mich-nicht-an". Diese Erscheinung ist zunächst ein Beweis für die immense Macht, welche die Freimaurerei in der Welt ausübt. Die Freimaurerei mit ihren Genossen, den übrigen geheimen Gesellschaften, sind im permanenten Widerspruch zu dem, was sonst der Zeitgeist auf allen Gebieten fordert, nämlich zu der Öffentlichkeit, und ich glaube, es wäre deshalb ganz berechtigt, in ihrem Namen allgemein zu verlangen, daß dieses geheime Treiben aufhöre. "*[200]

Doch wie schaffen es beispielsweise die Freimaurer, aus der Öffentlichkeit herausgehalten zu werden? Eine Antwort gibt Konrad Lerich, der selbst Freimaurer gewesen ist: *„Die Presse ist in vielen Ländern ein restloses Werkzeug des freimaurerischen Geistes. Nicht darin besteht die Gefahr einer Herrschaft des Freimaurertums, daß soundso viele maßgebende Persönlichkeiten Mitglieder der Loge sind, sondern dadurch, daß der freimaurerische Geist in seiner Ideologie durch Journalistik und Literatur, durch Unterricht und Volksbildung gerade die Intelligenz, die der Loge organisatorisch fernsteht, geistig gefangengenommen hat. "*[201]

Die „vierte Macht" im Staat

Die modernen Massenmedien werden auch die „vierte Macht" im Staat genannt, und das nicht zu Unrecht, wie bereits deutlich wurde. Der politische und gesellschaftliche Einfluß von Fernsehen, Rundfunk, Film und Presse ist seit Jahrzehnten das Manipulationsmedium Nummer eins. Wer an den Schalthebeln dieser Medienmacht sitzt, bestimmt die Inhalte, also das, was wir die „öffentliche Meinung" nennen. Die „öffentliche Meinung" ist also nur die von den Medien veröffentlichte Meinung, die von den Massenmedien erst erzeugt wird! Vielmehr noch betrifft das auch die geschichtliche und historische Vergangenheit.

Öffentlich bekannt sind uns in Wirklichkeit nur ihre Diener oder Erfüllungsgehilfen, nicht aber die wahren Urheber und Steuermänner. Natürlich kennen wir die Namen der Chefredakteure, Moderatoren, Korrespondenten und Kommentatoren, die aber eben nur im Angestelltenverhältnis stehen. Auch wenn sie hochdotierte und öffentlich teilweise sehr bekannte Persönlichkeiten darstellen, unterliegen auch sie einer strengen Zensur der wirklichen Medien-Bosse.

In seinem Buch „*Die öffentlichen Meinungsmacher*" schreibt Johannes Rothkranz: „*Wo verschiedene Menschen sich zum selben Thema äußern, gibt es häufig so viele verschiedene Meinungen wie Köpfe. Angesichts der äußerlichen Vielfalt der modernen Massenmedien – Dutzende von Fernsehsendern, Hunderte von Rundfunksendern, Tausend von Zeitungen und Zeitschriften, Millionen von Büchern – stünde eigentlich zu erwarten, daß in unseren Medien in allen wichtigen Fragen des öffentlichen Lebens auch alle jeweils möglichen Meinungen zu Wort kämen, denn es herrscht ja grundgesetzlich verbriefte Meinungs- und Pressefreiheit. Doch wachsame Zeitgenossen stellen seit Jahrzehnten mit wachsender Bestürzung fest, daß nicht bloß auf dem Feld der Politik und Wirtschaft, sondern auch in den Bereichen Religion, Erziehung, Kultur und Wissenschaft jeweils ganz bestimmte Meinungen von praktisch allen großen Medien wie mit einer Stimme verkündet werden, davon abweichende, durchaus vorhandene Meinungen, aber von denselben Medien mit unverbrüchlicher Solidarität totgeschwiegen werden. Natürlich nicht bloß Meinungen, sondern auch solche Tatsachen („Nachrichten"), die irgendeiner öffentlichen Medien-Standardmeinung ins Gesicht schlagen oder sie ins Wanken bringen würden.*

Diese unerklärliche Einförmigkeit zahlreicher von den Massenmedien veröffentlichter Fakten und Meinungen hat ganz konkrete, aber naturgemäß für das breite Publikum im Dunkeln bleibende Ursachen. Sie hat auch eine ganz konkrete Tendenz und ganz konkrete machtpolitisch-religiöse Ziele – nicht bloß in Deutschland, nicht bloß in Europa, sondern weltweit."[202]

Besonders der Fernsehkonsum hat mittlerweile in unserem Alltagsleben einen so großen und ungesunden Anteil angenommen, daß insbesondere durch das Medium Fernsehen die Formung unserer Anschauungen erfolgt. Unter Anwendung sorgfältig ausgewählter und hochentwickelter psychologischer Techniken wird unser Denken gelenkt, so daß wir brav mit der großen Masse im Strom der gelenkten Informationen mitschwimmen. Hier können wir auch getrost die Konsumenten hinzuzählen, die meinen, über ein gutes Allgemeinwissen in Geschichte, Politik sowie auch im allgemeinen Spektrum zu verfügen und die Fallen der Medienwelt zu erkennen.

Die Kontrolle der Meinungsmacher-Medien ist monopolistisch. Sämtliche kontrollierten Medien – Fernsehen, Rundfunk, Zeitungen, Zeitschriften, Bücher und Filme – sprechen mit einer einzigen Stimme, wobei sie einander wechselseitig verstärken. Ungeachtet des Anscheins von Vielfalt, gibt es keine echte Meinungsverschiedenheit, keine alternative Informationsquelle für Tatsachen oder Ideen, die der breiten Masse der Menschen zugänglich wäre und ihnen erlauben würde, sich eine Meinung entgegen derjenigen der Medien-Herren zu bilden.[203]

Auf der Suche nach einer Antwort auf die Frage, wer diese allmächtigen Herren der Medien sind, kommt Johannes Rothkranz in seinem Buch zu einem interessanten Ergebnis.

Bei Fernsehen, Unterhaltungsindustrie, Rundfunk, Zeitung und allen übrigen Massenmedien hatten, insbesondere in den USA, in den letzten Jahrzehnten überwiegend elitäre Gruppen das Steuer in der Hand.

Beispiel Fernsehen:

Abgesehen von gewissen spezialisierten Kabelfernseh-Nachrichten-Systemen werden praktisch sämtliche nationalen und internationalen in den Vereinigten Staaten ausgestrahlten Fernseh-Nachrichten von gerade einmal drei Gesellschaften eingeholt, gefilmt, redigiert und gesendet: American Broadcasting Companies (ABC), Columbia Broadcasting System (CBS) und National Broadcasting Company (NBC). Die meisten Fernseh-Unterhaltungs-Programme, welche die Amerikaner anschauen, werden von denselben drei Sendern ausgestrahlt. Jede dieser drei Gesellschaften hat unter der absoluten Kontrolle eines einzigen Mannes gestanden, und dies über einen genügend langen Zeitraum – er reicht von 32 bis zu 55 Jahren –, um das Unternehmen auf allen Ebenen mit Funktionären seiner Wahl zu besetzen und ihm mithin endgültig, total und unauslöschlich seinen Stempel aufzudrücken.

Bis 1985, als ABC mit Capital Cities Communications Inc., einem in New York ansässigen Medien-Konglomerat, verschmolz, war Vorstandsvorsitzender und Hauptgeschäftsführer des Senders Leonard Harry Goldenson. Er hatte dem Sender vorgestanden, seit er 1953 Präsident der Vorgänger-Gesellschaft American Broadcasting-Paramount Theatres Inc. geworden war (der Name wurde 1965 in American Broadcasting Companies Inc. geändert).[204]

Die Unterhaltungsindustrie:
In der Unterhaltungsindustrie verhält es sich nach den Ergebnissen von Rothkranz ähnlich wie in der Fernsehindustrie:
So wichtig nun die Kontrolle der Fernseh-Nachrichtenprogramme auch immer sein mag, noch entscheidender für die Festlegung der Denkweise der Amerikaner ist die Fernseh-Unterhaltung. Zig Millionen von Amerikanern, vor allem die jüngeren, sehen sich niemals Nachrichtensendungen an, sondern haben ihre Geräte stattdessen dauernd auf den Empfang von Unterhaltungsprogrammen eingestellt. Und es ist just der Unterhaltungssektor, auf dem die stärkste Kontrolle erlangt wurde.[205]

Beim CBS ist Jeff Sagansky verantwortlich für die Fernseh-Unterhaltungsabteilung. Anders bei der ABC, dort sind für die Unterhaltungsabteilung zwei Männer verantwortlich: Robert Iger und Stuart Bloomberg, wobei Bloomberg mehr für das Unterhaltungsprogramm zuständig ist und Iger für den geschäftlichen Teil. Brandon Tartikoff wurde 1980 Präsident der NBC-Unterhaltung, bis er nach zehn Jahren zum Vorsitzenden befördert wurde. Im Juli 1991 verließ er die NBC und wurde Vorsitzender bei *Paramount Pictures*. Der neue Präsident der NBC-Unterhaltung wurde Warren Littlefield.
Sagansky, Bloomberg und Littlefield wählen die Programme aus, die ihre Sendeanstalten ausstrahlen werden: die Spiel-Shows, die Talk-Shows, die Blödel-Sendungen, die historischen „Dokumentar"filme, die Familiense-

rien, die Abenteuerserien, die Sondersendungen. Sie erklären den Programm-Entwicklern, was sie in den Programmen sehen wollen. Sie verbieten alles, was sie nicht mögen. Sie legen die Schlagseite fest, die jedes Programm haben wird. Sie entscheiden auch darüber, wie hart im Programm ihres Senders die verschiedenen Propaganda-Themen vorangetrieben werden sollen: gemischtrassische Eheschließungen, Homosexualität, Feminismus, Schußwaffenkontrolle, Wiedereinführung der „Holocaust"-Gesetzgebung, die Bedrohung durch den „weißen Extremismus".[206]

Die Kontrolle der amerikanischen Unterhaltungsindustrie und ihr Einfluß auf die amerikanische Psyche geht weit über die Fernseh-Programmgestaltung für die größten Sendeanstalten hinaus; sie schließt so gut wie alles ein, was Hollywoods Filmstudios verläßt.[207]

Rundfunk, Zeitungen und sonstige Massenmedien:
Die drei großen Fernsehsender – ABC, CBS und NBC – besitzen nicht bloß ein faktisches Monopol auf dem Feld des kommerziellen Fernsehens in den USA; sie tragen auch die Verantwortung für den größten Teil des kommerziellen Rundfunks – oder taten es bis vor kurzem. Viele Jahre hindurch wurde ihr einziger Wettbewerber in der letzteren Arena, *Mutual Broadcasting System* (MBS) mit landesweit 941 angeschlossenen Radiostationen (aber keiner Fernsehstation), von Martin Rubinstein präsentiert. 1985 übernahm Norman J. Pattiz MBS als Vorsitzender und Hauptgeschäftsführer.[208]

Nicht anders verhält es sich bei den Zeitungen. Die Tageszeitungen sind in den USA die einflußreichsten Massenmedien nach dem Fernsehen. Mehr als dreiundsechzig Millionen Exemplare werden täglich gekauft. Diese verteilen sich auf rund 1.640 Publikationen. Führt man sich die hohe Zahl der verschiedenen Zeitungen vor Augen, würde man meinen, daß allein das einen gezielter vor Kontrolle schützt und auf der anderen Seite die freie Meinungsäußerung in hohem Maße fördert. Leider ist das überhaupt nicht der Fall.[208]

Die Aufhebung des Wettbewerbs und die Schaffung örtlicher Monopole zur Verbreitung von Nachrichten und Meinungen waren kennzeichnend für die Herausbildung von Menschen einer bestimmten Religionszugehörigkeit über Amerikas Zeitungen. Die daraus resultierende Fähigkeit, die Presse als ein Werkzeug zu benutzen, ließe sich kaum besser demonstrieren als anhand der drei angesehensten und einflußreichsten Zeitungen der Nation: der „*New York Times*", des „*Wall Street Journal*" und der „*Washington Post*". Diese drei Blätter beherrschen nicht nur die finanzielle und die politische Hauptstadt Amerikas, sondern geben auch die Tendenzen und die Richtlinien für nahezu alle übrigen vor. **Sie sind diejenigen, die – auf nationaler wie auf internationaler Ebene – entscheiden, was eine Nachricht ist und was nicht. Sie erzeugen die Nachrichten, die anderen kopieren sie bloß.**[209] (Herv. d. d. A.)

Wie sehr der Einfluß der amerikanischen Massenmedien auf die internationale Medienlandschaft wirkt, können wir am besten erkennen, wenn wir beispielsweise unser Augenmerk nur einmal auf die Spiel-Shows, Talk-Shows, die Blödel-Sendungen, die Abenteuersendungen oder die Familienserien wenden. Hier richtet sich die Programm-Entwicklung unübersehbar nach amerikanischem Muster. Wie groß aber der wirkliche Einfluß „amerikanischer" Medienmogule auf die internationalen Massenmedien ist, speziell auch auf die deutsche Medienlandschaft, ist kaum einschätzbar.

Anmerkung zur aktuellen Situation:
Ein gutes Beispiel für einen offensichtlich großen Einfluß der amerikanischen Medienmogule auf die deutsche Medienlandschaft ist immer wieder deutlich sichtbar, wenn es um sogenannte antisemitische Äußerungen, um Themen bezüglich des Dritten Reiches oder einfach um freie Meinungsäußerungen zum aktuellen Kriegsgeschehen in Israel geht. Denken Sie an die öffentliche Diskussion um die Herren Möllemann, Karsli und Friedmann. Eine sachliche Auseinandersetzung mit diesen und ähnlichen problematischen Themen bezüglich Israel ist in unserem Land offensichtlich fast unmöglich – haben Sie sich schon einmal gefragt, warum?

Wenn jemand die Politik Israels, das Vorgehen der Scharon-Regierung in Djenin beispielsweise, das Auftreten von Herrn Friedmann oder sonst jemanden kritisiert, ist es eine empörende Unterstellung, wenn behauptet wird, daß diese Kritik einfach aus einem Judenhaß heraus formuliert wird.

Diese Person dann als Antisemiten zu bezeichnen, verhindert logischerweise, sich mit dieser Kritik sachlich auseinanderzusetzen, um letztlich Lösungen zu finden, die allen Seiten dienen – und vor allem dem Frieden. Ohnehin wird der Begriff *Antisemitismus* falsch verwendet, da nicht alle Juden semitischen Ursprungs sind. Die meisten Menschen assoziieren mit diesem Begriff aber fälschlicherweise tatsächlich Judenhaß, was nun einmal nicht in jedem Fall richtig ist.

Was ist die breite öffentliche Meinung in bezug auf den Israel-Palästina-Konflikt? Anders gefragt: Wann darf man öffentlich von militärischen Operationen oder Reaktionen sprechen und wann von hinterhältigen terroristischen Anschlägen? Jeder möge sich die Bewertung in den täglichen Zeitungen sowie Rundfunk- und Fernsehreportagen einmal vor Augen führen. Wird da vielleicht mit zweierlei Maß gemessen?

Wie dem auch sei, „Terror" ist die systematische Verbreitung von Angst und Schrecken durch Gewaltaktionen. *Terrorismus* wird im Lexikon mit *Schreckensherrschaft* beschrieben oder auch als *das Verbreiten von Terror durch Anschläge und Gewaltmaßnahmen zur Erreichung eines bestimmten politischen Ziels.*

Blickpunkt Israel:

Vergeltung, von welcher Seite sie auch immer ausgeübt wird, führt nie zur Lösung des Problems, sondern erzeugt nur mehr Haß und weitere Vergeltungsmaßnahmen, das wissen alle Beteiligten sehr gut. Dennoch ist es interessant, die in den öffentlichen nationalen und internationalen Massenmedien in bezug auf den Israel-Palästina-Konflikt bezogene Berichterstattung und ihre Wertung einmal genauer zu betrachten. Es finden durch die Meinungsmacher immer öfter Wertungen statt, je nach eigener politischer Gesinnung! Es gibt immer Gute und Böse, Schuldige und Unschuldige! Terroristische Anschläge und militärische Reaktionen(?) Israels – alles immer eine Frage der Bewertung!

Äußern sich dann deutsche Politiker öffentlich, und dann auch noch kritisch, zu bestimmten politischen Aktionen oder Reaktionen Israels, werden sie sofort öffentlich in die politische Enge getrieben, als antisemitisch verachtet und müssen oftmals aus ihrem Amt zurücktreten – schöne freie Meinungsäußerung in der Bundesrepublik Deutschland!

Zum Schluß meiner Anmerkung zur aktuellen politischen Situation möchte ich auf den kausalen Hintergrund – Ursache und Wirkung –, der im zweiten Kapitel erörtert wurde, aufmerksam machen. **Dem Autoren geht es nicht um Schuldzuweisungen an irgendeine ethnische, religiöse oder politisch orientierte Gruppe in dieser Problematik, sondern letztlich um das Verständnis im allumfassenden kausalen Zusammenhang.**

Das Kausalitätsgesetz besagt: *„Was man sät, das erntet man auch!"*

Vor dem gesprochenen Wort steht immer der Gedanke, der bereits Schwingung erzeugt! Das gesprochene Wort erzeugt ebenfalls Schwingung, und dadurch entsteht Polarität, denn jede Bewegung erzeugt eine entsprechende Gegenbewegung. Ebenso verhält es sich mit jeder Tat (Gedanken, Worte und Werke...)!

Das Resonanzgesetz ergänzt sich mit dem Kausalitätsgesetz, da eben nur das auf den Betreffenden zurückkommt, was auf Resonanz gestoßen ist beziehungsweise womit er gleich schwingt. Das bedeutet, er bekommt nur das als Resonanz zurück, was er auch zuvor „gesät" hat.

Aufgrund der besonderen Wichtigkeit wiederhole ich mich an dieser Stelle nochmals in bezug auf jegliche Krisengebiete der Erde, aber besonders auch auf das im Nahen Osten, da ich den kausalen/spirituellen Hintergrund eben angeschnitten habe.

Nach dem Kausalitätsgesetz ist es fast aussichtslos, in einer Krisenregion, wie beispielsweise im Nahen Osten, Frieden zu schaffen, da die meisten Menschen keinen Frieden in sich tragen, sondern Haß und Vergeltung. Nur wenn ein Mensch oder eine Volksgruppe in sich selbst friedlich ist, wird sie dementsprechend auch Frieden in der Welt finden.

„Jeder möge seine Meinung üppig genießen, bis jenes Licht der Erkenntnis die Finsternis der falschen Propheten auf rechte Weise in den Glanz des Wahrhaften verwandelt."

(Johannes Eriugena)

Zusammenfassung und Ausblick

Heute ist unser Handeln und Denken durch die dogmatischen Glaubenssätze und Halbwahrheiten von Religion und Naturwissenschaft geprägt.
Dadurch wird der Mensch bewußt und sehr gezielt im Laufe seiner ersten
Entwicklungsphasen immer mehr von seiner eigentlichen Bestimmung, seiner innewohnenden spirituellen Quelle entfernt. Das Ergebnis sind Angst,
Unwissenheit, Körperkult und Schuldgefühle, die den Menschen weiterhin,
wie bereits seit Beginn der offiziellen Geschichtsschreibung, in Knechtschaft halten.

Trotz der rapiden Entwicklungssprünge in Wissenschaft und Technik
bleibt das Wissen der breiten Masse immer mehr auf der Strecke. Es war
vor Jahrtausenden nicht anders als heute. Das elitäre Wissen war nur den
Auserwählten zugänglich. Heute ist es nicht anders: Die Masse der Weltbevölkerung wird auf einem niedrigen Entwicklungs- und Wissensstand gehalten und hat doch letztlich das zu glauben, was die Medien ihnen präsentieren und vorsetzen.

Heute ist das Fernsehen das erfolgreichste Medium, um Menschen und
ganze Nationen zu manipulieren, Ideale zu erschaffen, Meinungen zu *bilden* und die Menschen zu weltanschaulichen Dummköpfen zu erziehen.

Neben dem Fernsehen sind es zweifellos die Massenmedien, durch die
dem heutigen Menschen gezielt die gewünschten Werte eingetrichtert werden. Hinzu kommt eine eingeschränkte Rede- und Meinungsfreiheit, die
das ganze Puzzle vervollständigt. Das Ergebnis ist eine Gesellschaft von
überaus gutfunktionierenden und weltanschaulichen Dummköpfen; es ist
quasi nichts anderes als eine moderne und unsichtbare Form der Entmündigung.

Das Bewußtsein der Menschen, ihre Meinungen, Handlungsweisen, politischen Tendenzen und letztlich ihre Weltbilder werden gezielt gesteuert,
beginnend bereits in den Schul- und Erziehungssystemen.

Wenn tatsächlich *„in der Politik nichts zufällig geschieht"*, dann geschehen auch alle Krisen, Revolutionen und sämtliche Kriege nicht zufällig,
sondern sind sorgfältig geplant. Und daß dem so ist, werden wir im weiteren Verlauf unzweifelhaft erkennen.

Doch welches Ziel hat eine scheinbare und sogenannte Weltverschwörung? Ist es einer elitären Gruppe, selbst wenn sie über noch so viel Geld verfügte, überhaupt möglich, die Welt aus den Angeln zu heben, um ihre satanischen Ziele langfristig umzusetzen?

Bereits vor vielen Jahrzehnten erkannte man, daß der Schlüssel zu einer gezielten Kontrolle und Steuerung der Menschen in deren Bewußtsein liegt.

„Körperliche Qualen erträgt der Mensch. Der wissenschaftlich durchgeführten geistigen Verwirrung aber ist er nicht gewachsen."
(Der ungarische Schriftsteller Lajos Tuff)

Kapitel 4
BEWUSSTSEINSKONTROLLE

> *„Was wäre, wenn der Mensch direkt gesteuert
> werden könnte? Was wäre, wenn es der Gefäng-
> nisse und der Polizei nicht mehr bedürfte, wenn
> es Ersatz gäbe für Zensur und Propaganda? Was
> wäre, wenn direkt in den Geist der Menschen
> eingedrungen werden kann?"*
>
> (Die Autoren Scheflin und Opton
> in „ *The mind manipulators* ")

TV-Hypnose

Zu Beginn des vergangenen Jahrhunderts begann der unaufhaltsame Erobe-
rungsfeldzug des Fernsehens. Mit der Zeit hat das Fernsehen die Zeitungen
als wesentliches Element zur Beeinflussung der öffentlichen Meinung abgelöst.

Heute ist das Fernsehen das erfolgreichste Medium, um Menschen und
ganze Nationen zu manipulieren, Ideale zu erschaffen, Meinungen zu *bilden* und die Menschen zu weltanschaulichen Dummköpfen zu erziehen.

Welchen großen Einfluß das Fernsehen auf unsere heutige Kultur hat,
wird am leichtesten deutlich, wenn man sich vor Augen führt, daß fernsehen mittlerweile die Hauptfreizeitbeschäftigung ganzer Nationen geworden ist. Am Abend könnte man einem Hobby oder dem Studium eines guten Buches nachgehen, könnte musizieren, Freunde besuchen oder Spa-
ziergänge in der Natur unternehmen. Stattdessen sitzen ganze Nationen
wie hypnotisiert vor den Flimmerkisten – durchschnittlich vier Stunden
pro Tag!

Die Fernsehgeräte haben mit dem Verlauf des 20. Jahrhunderts die
kirchlichen Altäre abgelöst, obwohl auch diese trotz ihrer großen Irrlehren
noch erstaunlich gut im Rennen sind. In unseren Wohnzimmern sind die
bequemen Sitzplätze auf den Fernseh-Altar – auf das Allerheiligste – ausgerichtet, der im Durchschnitt viele Stunden am Tag mit seinen Botschaf-

ten auf den Zuschauer einrieselt. Natürlich gibt es in vielen Haushalten mehr als einen Fernseher, wo beispielsweise zwei oder sogar drei Generationen zusammenleben. Und dann wäre da noch das Schlafzimmer – schließlich gibt es wohl kaum ein besseres *Einschlafmittel* als die gute alte Flimmerkiste.

„Die Manipulatoren wissen, daß es sehr schwierig ist, die Menschen zu vorbestimmten Handlungen zu bringen", schreibt der Autor Armin Risi in seinem Buch *„Machtwechsel auf der Erde"*.

„Die Menschen wollen selbst bestimmen, was sie machen, es sei denn, man zwingt sie. Zwang ist jedoch kein ideales Mittel, weil die Menschen dann nur widerwillig beugsam sind. Viel einfacher und wirksamer ist es, wenn sie freiwillig mitmachen und es selber wollen. Die gesamte Werbung und alle ideologischen Kampagnen sind auf diesem Prinzip aufgebaut. Die Wirksamkeit der Programmierung von Elementalen zeigt sich auch in der Inkonsequenz der „gewaltlosen" Menschen. Niemand will Krieg oder Mord, aber in ihrer Freizeit schauen sie sich Filme und Dokumentationen über Kriege, Morde und Konflikte an. Kaum ein Film kann heute auf Mord, Gewaltszenen und Action verzichten, da sonst nur wenige kämen, um diesen Film anzuschauen."[210]

Der deutsche Medienforscher Jo Goebel zählte in einer TV-Woche mehr als 2.700 Gewaltszenen. Aneinandergereiht sind das etwa fünfundzwanzig Stunden pure Gewalt. Ein amerikanischer Jugendlicher hat bereits mit zehn Jahren 16.000 Morde durch das Fernsehen konsumiert. Nach pädagogischen Untersuchungen geht heute jedes zehnte Gewaltverbrechen, das Jugendliche begehen, auf das Konto der Medien.

Denken wir in diesem Zusammenhang an die Schulmassaker in den USA und in Erfurt in der jüngsten Vergangenheit. Seit langem schon hat eine Reihe von Pädagogen und Psychologen auf den direkten Zusammenhang zwischen realer Gewalt und gewaltverherrlichenden Filmen und Computerspielen hingewiesen – ohne jeglichen Erfolg, wie die grausamen Massaker bestätigt haben. Besonders durch mangelnde Aufklärung wird verhindert, daß die Gesellschaft über diese „neue Gewalt" aufgeklärt wird, denn dahinter stehen langfristige Ziele.

Bereits 1972 warnte der US-Gesundheitsminister, daß kein Zweifel an dem Zusammenhang von Gewalt und Gewalt in den Medien bestehe. Die US-Medical-Association warnte kurz darauf, daß die Mediengewalt die größte Gesundheitsbedrohung in den USA darstelle. Das wurde bereits vor dreißig Jahren festgestellt!

Gewaltverherrlichende Action- und Horrorfilme sowie Video- und Computerspiele wurden besonders in den letzten Jahrzehnten wie eine Seuche auf der ganzen Welt verbreitet. Dahinter stehen konkrete langfristige Ziele, zum Beispiel die Förderung der Gewaltbereitschaft! Daß die Gewaltbereitschaft bei Kindern und Jugendlichen besonders in den letzten Jahrzehnten drastisch zugenommen hat und auch ein Sitten- und Moralverlust eingetreten ist, belegen aktuelle Studien nachhaltig. Dies wiederum geht auch einher mit dem schlechten Abschneiden unserer Schulen im internationalen Vergleich, das auch unlängst durch Studien bestätigt wurde.

Im letzten Jahrhundert wurden Konzepte erstellt, Soldaten zu willenlosen Befehlsempfängern und bereitwilligen Tötungsmaschinen zu manipulieren. Eines entstammt der utopisch-militärischen Doktrin von Samuel Huntington, wie er es in seinem Buch „*The Soldier and the State*" entwickelte.

Ursprünglich waren beispielsweise bestimmte Killer-Computerspiele für die Ausbildung im Bereich militärischer Spezialeinheiten entwickelt worden. Ziel und Zweck dieser Spiele war es, die natürliche Hemmschwelle der Rekruten, den Gegner im Kampf zu töten, herabzusetzen. Es hatte sich nämlich herausgestellt, daß im Zweiten Weltkrieg und im Korea-Krieg nur etwa fünfzehn Prozent aller Soldaten bereit waren, die Waffe mit Tötungsabsicht auf den Gegner zu richten. Durch das Training mit Computerspielen, das ständig wiederholte Schießen auf virtuelle Gegner, soll das Töten gewissermaßen zur Routine werden, ohne daß lästige moralische Skrupel dazwischentreten.

Kinder sind besonders gefährdet:
Der Dr. Böttinger-Verlag in Wiesbaden veröffentlichte in diesem Zusammenhang einen erschütternden, aber auch sehr interessanten Bericht des amerikanischen Oberleutnants David Grossman. Der Amerikaner ist Professor für Psychologie, Schießtrainer der US-Armee und hat selbst ein

Kind an der Schule in Jonesboro, an der Anfang 2000 zwei Schüler auf dem Schulhof vier Mitschüler erschossen und zehn weitere schwer verletzt hatten. Grossman veranschaulicht in seinem Bericht, wie Computerspiele, die dem Schießtraining der Armee und Polizei entlehnt sind, und Gewaltdarstellungen in den Medien unsere Kinder regelrecht zu Mord befähigen und dafür trainieren. Er ist außerdem Mitautor eines Buches, das 1999 in den USA erschienen ist. Der Titel heißt übersetzt: *„Hört auf, unseren Kindern das Töten beizubringen – Aufruf gegen die Gewaltdarstellung in Film und Fernsehen, auf Video- und Computerspielen."*

Grossman geht in seinem Bericht zunächst auf die Gewaltdarstellung in den Medien ein:

Er erklärt, daß Geschriebenes über Gewalt von Kindern bis zu acht Jahren nicht berührt und dazu noch durch den lesenden Verstand gefiltert wird. Akustisch ausgedrückte Gewalt wird von Kindern unter vier Jahren nicht verstanden, da das Reden über Gewalttaten im Vorhirn verarbeitet werden muß, bevor sie sich auf den emotionalen Bereich auswirken kann.

Anders ist es aber bei optischen Eindrücken. Mit achtzehn Monaten ist der Verstand eines Kindes so ausgeprägt, daß es Handlungsabläufe wahrnehmen kann. Im Alter von achtzehn Monaten wirken Bilder von Gewalttaten, ob sie aus dem Fernsehen, aus Filmen oder Computerspielen stammen, unmittelbar durch die Augen auf das emotionale Zentrum.

Die Forschungsarbeiten, auf die sich Grossman bezieht, um zu beweisen, daß die Gewalttätigkeit in unserer Kultur (aber auch weltweit) und einige besonders abstoßende, barbarische Kriegsereignisse direkt auf die Gewaltdarstellungen in den Medien zurückgehen, sind überwältigend. Er führt dazu die Amerikanische Medizinische Gesellschaft, die Amerikanische Psychologische Gesellschaft, das Gesundheitsministerium, das Nationale Institut für Geistige Gesundheit, die UNESCO und das Internationale Rote Kreuz auf.

Auch eine Studie der Vereinten Nationen aus dem Jahr 1998 stellt das klar und macht dafür die Gewaltdarstellungen in amerikanischen Medien verantwortlich. Die Medien exportieren, wie kolumbianische Rauschgiftkonzerne, Tod und Horror, um einige wenige Leute reich zu machen. Das alles ist so überzeugend, so überwältigend nachgewiesen, daß Leute, die das leugnen wollten, genausogut behaupten könnten, Tabakrauchen verursache keinen Krebs.

Dazu erklärt Professor Grossman sehr ausführlich, wie die US-Armee ihre Elite-Soldaten ausbildet. Da es wider der Natur des Menschen ist, seine Artgenossen zu töten, braucht es Jahre an hartem Training, um jemandem die „Fähigkeit" und den Willen zu töten beizubringen. In jedem Menschen ist eine biologische Hemmschwelle angelegt, welche die Vernichtung der eigenen Art verhindern soll.[211]

Armin Risi schreibt über die TV-Manipulation: *„Die perfide* (hinterhältig; Anm. d. A.) *Taktik der Manipulation besteht also darin, in den Menschen bestimmte Gedanken und Ideen auszulösen, so daß sie geneigt werden, entsprechende Dinge zu glauben, zu tun und anzunehmen. Dadurch handeln die Menschen auf eigene Karma-Kosten, denn wenn sie auf diese Verführung hereinfallen, sind sie selbst schuld. Ein typisches Beispiel hierfür sind die Zigaretten- und Alkoholreklamen, die mittlerweile in allen Städten dem Volk mit überdimensionalen Plakaten aufgedrängt werden. Wenn man dann süchtig und krank wird, ist man – so sagen die Hersteller – selbst schuld. Man sei ja nicht gezwungen gewesen, der Reklame entsprechend zu handeln! Dasselbe Prinzip wirkt auf allen Ebenen, selbst dort, wo nicht mit offensichtlicher, sondern mit feinstofflicher Beeinflussung gearbeitet wird."*[212]

Armin Risi weiter: *„Durch Zeitungen, Nachrichtenmagazine, Rundfunk und Fernsehen werden den Menschen zahllose negative Eindrücke ins Bewußtsein eingepflanzt. Die Dokumentationen werden immer extremer, blutiger und brutaler, genauso wie die Spielfilme im Fernsehen und im Kino. Das Publikum verlangt nunmehr sogar solche Bilder. Die Rechtfertigung der Produzenten lautet: „Dies dient der Information und Vorbeugung. Durch solch schockierende Darstellungen wird die Öffentlichkeit über die nackten Wahrheiten in Kenntnis gesetzt und abgeschreckt. Die Menschen erkennen, wie brutal und tragisch Kriege und Morde sind, und sie werden sich gegen Krieg und Mord entscheiden."*[213]

„Brauchen wir tatsächlich täglich Bilder von Blut und Gewalt, um zu sehen und zu wissen, daß Krieg, Mord, Vergewaltigung und so weiter nicht gut sind? Welch stumpfen und naiven Charakter müßte man haben, um eine derartige „Aufklärung" nötig zu haben? Tatsache ist, daß wir durch solche Pro-

gramme der Information nicht informiert, sondern programmiert werden! Es werden destruktive Schwingungen in unser Unterbewußtsein eingeflößt, wodurch sie sich in uns spiegeln und dadurch vermehren. Wir werden unbewußt zu Trägern von negativer Schwingung, die wir in uns eindringen lassen. Wäre tatsächlich nur die Aufklärung und Abschreckung die Motivation, dann müßten diese Eindrücke nicht noch durch zahllose TV- und Kinofilme in unendlicher Variation verstärkt werden. Das überwältigende Angebot dieser negativ gekoppelten Konsumgüter und Unterhaltungen zeigt, daß eine entsprechende Nachfrage vorhanden ist. Die Programmierung funktioniert! Da die Menschen nun eine entsprechende Resonanz angenommen haben, finden sie diese Dinge „interessant" und „informativ". Aber was ist der konkrete Nutzen, wenn man weiß, wie genau ein Krieg verläuft, wo ein Mord stattfand und daß in Algerien oder Ruanda wieder ein Massaker stattfand?"[214]

Warum „füttert" man ein Volk, das man angeblich bilden will, mit Banalitäten? Machen wir einen Querschnitt durch das Unterhaltungsprogramm und addieren das Ganze, kommen wir zu folgendem Ergebnis: Mord, Totschlag, Vergewaltigung, Krieg, Rassenhaß, Betrug, Korruption, Ehebruch, Sex, Pornographie, Luxus und so weiter. Ich könnte diese Liste beliebig weiterführen, als weitere Beispiele führe ich hier die Volksunterhaltung Fußball oder den Starrummel an. Der Gipfel sind dann und wann Projekte mit arbeitslosen und ungebildeten Teenies, die in „Containerkonzepte" eingebaut und zu Millionären und Superstars gemacht werden. Durch sie werden die Ideale unserer Jugend programmiert – sie sind die Helden unserer Zeit, unserer Nation, sie sind Sinnbild für die Struktur und den Geist unserer Zeit.

Machen Sie sich einmal die Mühe und schalten an einem Wochentag durch das Nachmittagsprogramm verschiedener TV-Sender. Sieht man sich die Talk-Shows an, die in den Sendern ausgestrahlt werden und sich bei der breiten Masse größter Beliebtheit erfreuen, ist es am leichtesten, direkt ein Bild von der Struktur und dem Zeitgeist unserer Nation zu erhalten – erschrecken Sie nicht!

„Die materialistische Weltordnung kann nur im Spannungsbereich von Produzieren und Konsumieren überleben. Ein Stagnieren bedeutet bereits eine Bedrohung dieser Weltordnung! Zufriedene Menschen sind also eine Gefahr,

denn diese haben andere Interessen, als bloß sinnlos zu produzieren und zu konsumieren. Diese Weltordnung ist also davon abhängig, daß die Menschen keine wahre, das heißt innere Zufriedenheit finden. Das ist der Grund, warum Menschen konstant durch äußere Einflüsse agitiert (erregt; Anm. d. A.) *und stimuliert werden. Das Ziel ist nicht Zufriedenheit, sondern Befriedigung. Wenn die Sättigung des Marktes droht, müssen neue Formen des Konsums gefunden werden. Läßt sich der Konsum nicht weiter steigern, müssen zusätzliche Möglichkeiten geschaffen werden – nämlich durch eine Intensivierung der Zerstörung. Als am geeignetsten haben sich in dieser Hinsicht Wirtschaftskrisen (Finanz-Crashs) und Kriege erwiesen, denn diese sind die Grundlage eines jeden „Wirtschaftswunders". Damit die Menschen in diesem Teufelskreis mitmachen und nicht etwa ausbrechen, müssen sie gegenüber der Zerstörung immun werden. Das erreicht man dadurch, daß man sie konstant mit den entsprechenden Schwingungen impft.* "[215]

Als vorläufiges Fazit sollte man sich fragen, warum selbständiges Denken und Bildung gar nicht gewünscht sind und warum bestimmte Machthaber (die wirklichen Meinungsmacher) durch Zeitungen, Nachrichtenmagazine, Rundfunk und Fernsehen nicht informieren, sondern gezielt programmieren! Warum werden lieber Milliarden in die Rüstung anstatt in die Bildung einer Nation investiert?

Systematische TV-Manipulation

Im Verlauf der Fernsehgeschichte kann man erkennen, daß die Bildfolgen immer kürzer wurden (zirka 3,5 Sekunden), mit immer weniger durchlaufenden Szenen. Wenn wir mit reichen visuellen Bildern bestürmt werden, werden enorme Mengen von Beta-Wellen produziert, Alpha-Wellen werden unterdrückt. Mit anderen Worten, die Rechtsgehirnfunktion, die Intuition wird ruiniert, zugunsten der Beta-logischen Denkfunktion des Linksgehirns sowie ängstlicher Gefühle.
Ironischerweise wird bei einer derartigen Bildflut das Denken auch noch abgeschaltet, wie Dick Sutphen herausfand. Wie funktioniert das? Die erste Erfahrung machte Sutphen in einem Saal mit Tausenden von Zuhörern, die wie hypnotisiert einem Redner lauschten. Er bemerkte, wie er

von einem bewußten zu einem unbewußten Zustand hin und her wechselte und fand heraus, daß dies von einem Signalgeber hinter der Klimaanlage herrührte, der einen Vibrations-Zyklus von 6:7 pro Sekunde abgab. 10 bis 25 Prozent der Bevölkerung sind alleine für dieses Signal sehr empfänglich und empfinden die Botschaften als Befehle. Bei *ELF-Wellen* (*Extreme-Low-Frequency-Wellen*) wurden ähnliche Zyklen herausgefunden, mit noch höherer Beeinflußrate. Zyklen unter 6 Sekunden brachten die Menschen auf die Palme, bei 8,2/s fühlten sie sich high, emporgehoben, bei 11-11,3/s wurden sie depressiv und so weiter.

Es ist einfach, Menschen zu hypnotisieren. Wenn wir von Hypnose sprechen, ist damit nicht der Extremzustand gemeint, den die meisten aus Filmen oder Erzählungen kennen und der schon an ein Mysterium grenzt. Aussetzen des Denkens und eine gewisse Willenlosigkeit sind ebenfalls eine Form der Hypnose. Man hat herausgefunden, daß dies geschieht, wenn jedes 323. Bild im Film bildlos/schwarz ist. Dies erschafft eine 45-Schläge-pro-Minute-Pulsation, die nur vom Unterbewußtsein wahrgenommen wird. Ideal, um eine tiefe Hypnose zu bewirken, während der wir aufnahmebereit werden für die gesendeten Inhalte. Und je mehr wir fernsehen, desto tiefer geht die Hypnose; bei Kindern sogar so weit, daß sie Fernsehentzug kaum noch ertragen. Dabei ist die Fernsehsucht bei Kindern kein Trend nach bestimmten Sendungen aufgrund ihres Inhaltes.[216]

Kinder sind unter dem Fernsehpublikum die Süchtigsten, gefolgt von den Jugendlichen, bis zu den Erwachsenen. Die meisten Leser werden den Grund kennen – aus eigener Erfahrung. Kleine Kinder können den nächsten Tag kaum abwarten, für ältere Menschen dahingegen vergeht die Zeit wie im Fluge. Unterhalten Sie sich einmal mit älteren Menschen über diese Thematik. Sie werden von den meisten Gesprächspartnern in Erfahrung bringen, daß die Jahre mit zunehmendem Alter förmlich davonfliegen. Aussagen wie „*Wo ist bloß das Jahr geblieben*" kennen wir alle und treffen den berühmten Nagel auf den Kopf.

Psychologische Untersuchungen haben bewiesen, daß Menschen mit zunehmendem Alter Zeit anders wahrnehmen. Das hängt im wesentlichen mit dem Alterungsprozeß zusammen – Zellen erneuern sich mit zunehmendem Alter immer langsamer und weniger. Ebenso verhält es sich mit Gehirn- und Nervenzellen, die für die Wahrnehmung zuständig sind. Das ist aller Wahrscheinlichkeit nach auch der Grund dafür, daß kleine Kinder viel intensiver auf die Bilder des Fernsehers reagieren. Denken wir in diesem Zusammenhang einmal daran, wie sehr uns kleine Kinder in den ersten Sozialisationsphasen noch wie *unschuldige kleine Tagträumer* erscheinen. Genau in den Momenten, in denen wir das beobachten, erkennen wir, daß alle Kinder, wie eben auch wir, in eine materialistische, dogmatisierte Welt hineinwachsen beziehungsweise hineingeformt werden.

Mit subliminalen Botschaften ins Unterbewußtsein

Durch die verschiedensten Untersuchungen ist seit langem erwiesen, daß der Fernsehkonsument nicht nur indirekt über die Inhalte und Erscheinungsformen beeinflußt wird, sondern gezielt und mit fester Absicht.

Überall, wo beispielsweise Bildschirme installiert sind, können *subliminal messages* (unterschwellige Mitteilungen) mitgesendet werden. Der Name verrät bereits, daß diese Mitteilungen nur an unsere unterbewußten Bereiche adressiert sind.

Am 13. Mai 1988 publizierte die Zeitung *„Le Quotidien de Paris"* einen Bericht des Medienspezialisten Jean Montaldo, der entdeckt hatte, daß dem französischen TV-Publikum während des Wahlkampfes um das Amt des Staatspräsidenten über Monate hinweg dreimal täglich vor den Nachrichten eine Sequenz von zehn Bildern des amtierenden Präsidenten Mitterand präsentiert worden war, unwahrnehmbar eingeblendet in das Vorspann-Signet des staatlichen Senders *Antenne 2*. Der Nachweis gelang mit Hilfe eines Videorekorders, der die Einzelbilder auf Wunsch als Standbilder zeigt. Insgesamt soll die Bildreihe 2.949mal gesendet worden sein. Der Produzent entschuldigte sich anschließend: *„Ich wollte den Vorspann nur aktuell machen"*, und der zuständige Redakteur erklärte alles zu einem „Scherz". Die Wahl Mitterands wurde niemals angefochten.[217]

Daß *subliminal messages*, Mitteilungen, die für unsere Sinne unwahrnehmbar sind, sehr wohl im Unterbewußtsein ankommen, weiß man bereits seit Mitte des vergangenen Jahrhunderts. Bereits 1959 wies D. Byrne nach, daß durch die unterschwellige Darbietung des Wortes BEEF (Rindfleisch) als Einzelbild in einem Film der Hunger der Versuchsperson aktiviert wurde. D. P. Spence wiederholte 1964 den Versuch mit dem Wort

CHEESE (Käse), jedoch unter erheblich verschärften Versuchsbedingungen – und fand Byrnes Ergebnisse bestätigt. Es gab in den folgenden Jahren viele bestätigende Experimente, daß selbst Kritiker bis 1972 beziehungsweise 1986 zugeben mußten, daß die unterschwellige Beeinflussung von Menschen in diversen Experimenten gelungen ist.[218]

Auch für den Autoren Jim Keith stellt es keine Überraschung dar, daß die einflußreichen Rockefellers maßgeblich an der Initiierung des Siegeszuges des amerikanischen TVs beteiligt und Mehrheitsaktionäre aller größeren Sender waren. Auch er nennt den *Fall Mitterand*, fügt aber noch weitere Fälle als Beispiele für unterschwellige TV-Beeinflussung an. Seine Quelle ist der *Kiwi Gemstone*, ein Untergrunddokument neuseeländischen Ursprungs. Nach diesem soll der CIA *subliminal messages* für das australische Fernsehen *gesponsert haben.* 1984 habe man mit der Installierung von Geräten für solche Mitteilungen an fünf Orten in Neuseeland begonnen – Waiatarua, Mt. Erin, Kaukau, Sugarloaf und Obelisk. Dieselben Geräte wurden angeblich in Australien im August 1985 installiert, in Japan im September 1986, in Großbritannien im Februar 1987 und in New York ebenfalls 1987.

„Am 17. Juli 1984 beginnt unterschwellige Werbung in Aotearoa, Kanal 2, zwischen 18 und 24 Uhr; später schon ab Mittag. Die unterschwelligen Mitteilungen wurden in den USA vom CIA verfaßt und sagen den Wählern, die Labour Partei zu unterstützen, ebenso die New Yorker Zealand Partei, und die Mafia-Produkte zu kaufen." [219] Am 27. Februar wollen sie auf den *Kiwi TV-Schirmen* folgende unterschwellige Spots ausgemacht haben: *„Hallo, Freunde. Macht mehr Geld. Wählt Labour."* Eine andere Meldung habe beinhaltet: *„Ich grüße meine Eigenen. Kauft Autos. Kauft sie jetzt."* Und die finsterste von allen suggerierte dem Fernsehzuschauer: *„Zerschmettere! Hasse! Vergewaltige! Schlag zu! Töte! Sei gewalttätig!"* Diese unterschwelligen Mitteilungen seien im australischen Fernsehen durchschnittlich viermal pro Stunde ausgestrahlt worden.[219]

Den besten Beweis für die Wirksamkeit unterschwelliger Mitteilungen sind die zahllosen *Sublimationskassetten*, die zwecks Fremdsprachenlernen oder zur besseren Lebensbewältigung verkauft werden. Der bulgarische Arzt und Psychotherapeut Georgi Lozanov lieferte hierfür das wissenschaftliche Fundament. Er fand in den sechziger Jahren heraus, daß die menschliche Lernfähigkeit wesentlich gesteigert werden kann, wenn man während des Lernens körperlich und seelisch vollkommen entspannt ist, rhythmisch atmet, sich mit angenehmen Vorstellungen beschäftigt und eine passende Hintergrundmusik hört. Im entspannten *Alpha-Zustand* soll gewünschter Lernstoff scheinbar mühelos in die grauen Zellen fließen.

TV-Signal verursacht Leukämie

Die *Hypnose* durch das Fernsehen wird für die gesamte Menschheit unvorstellbare Folgen haben, so viel ist bereits jetzt abzusehen – insbesondere auch in bezug auf unser Wohlbefinden und unsere Gesundheit.

Nicht nur der TV-Bildschirm allein gefährdet durch sein elektromagnetisches Feld unser Wohlbefinden und unsere Gesundheit.

Al Bielek, berühmter Vortragsredner zum Philadelphia-Experiment, zum Montauk-Projekt und Zeitreisen, ist in punkto Technik bestimmt einer der bestinformierten Menschen dieses Planeten. Er sagt, daß die TV-Stationen mit ihrer gepulsten Übertragung (Klasse D, um ein besseres Bild zu erzeugen) sehr zerstörerisch auf die Physiologie des Körpers einwirken. Menschen, die in der Nähe eines TV-Senders wohnen, seien extrem in ihrer Gesundheit gefährdet.

Al Bielek erklärt: *„Es gibt dafür ein gutes Beispiel. Man hat in Portland, Oregon, Messungen davon gemacht. Oregon ist vielleicht deshalb einzigartig, weil sie alle ihre FM-, AM- und TV-Sender auf dem Mount Olympia stehen haben, und es ist wirklich eine teuflische Ballung von Senderstationen an einem Ort. In unmittelbarer Umgebung dieser Sender befinden sich alle möglichen Wohnungen; Menschen leben dort. Die Leukämierate in diesem Gebiet von Portland ist sehr hoch. Ein Privatarzt führte eine private Studie durch, um zu korrelieren (miteinander in [Wechsel-]beziehung stehen), was passiert. Er schaute sich Kranke und Familiengeschichten an und so weiter. Dabei fand er heraus, daß die Leute, die in der Nähe dieser Sendeanlage lebten, an dieser besonders bösartigen Art von Leukämie erkrankten, und stellte letztendlich fest, daß, wenn sie lange genug dort gelebt hatten, die Erkrankungsrate an Leukämie hundert Prozent war! Es gab keine Ausnahmen. Wenn sie aus dem*

Gebiet wegzogen, erholten sie sich, außer die Krankheit hatte bereits ein ernstes Stadium erreicht."[220]

Wenn man bedenkt, wie viele Studien es in den vergangenen Jahrzehnten gab, die eindeutig belegen, daß Bildschirmstrahlen von TV-Geräten und Computern zu massiven Gesundheitsstörungen führen wie zum Beispiel nervliche, psychische und körperliche Beschwerden, ist es auf der anderen Seite erstaunlich, wie wenig darüber offiziell verlautbart wird. Die offizielle Wahrheit über die Schädigungen durch Bildschirmstrahlen wird der Öffentlichkeit aus gutem Grund vorenthalten, denn Aufklärung würde in diesem Fall nicht nur Panik auslösen, sondern gleichzeitig Milliardenverluste für Wirtschaft und Industrie weltweit bedeuten.

Bildschirm-Strahlen sind schädlich – besonders für Kinder

Die gesundheitlichen Folgen durch niederfrequente elektromagnetische Felder von TV-Geräten und Bildschirmen führen bei erwachsenen Menschen unter anderem zu Schlafstörungen, chronischer Müdigkeit, Streß, Aggressivität, Reizbarkeit, Depressionen und zu Erinnerungs- und Konzentrationsschwächen. In den vergangenen Jahrzehnten haben verschiedene Studien beispielsweise gezeigt, daß es zu Hormonstörungen und einem unregelmäßigen weiblichen Zyklus, zu einem erhöhten Risiko für Fehlgeburten und Mißbildungen von Neugeborenen führen kann. Diese Störungen treten häufig auf, wenn man mehr als vier Stunden täglich vor dem Computer sitzt.

Die niederfrequenten ELF-Wellen werden weder durch Filter aufgehalten noch durch Mauern, Beton, Bleiplatten oder den menschlichen Körper – sie durchdringen alles!

Die allgemeine Verharmlosung durch Behörden stützt sich nur auf Messungen, die mit Geräten – also Maschinen – durchgeführt wurden. Es ist aber eine wissenschaftlich anerkannte Tatsache, daß biologische Systeme bis zu einer Milliarde mal sensibler sind als die empfindlichsten und besten Meßgeräte. Mit anderen Worten: Eine lebende Zelle reagiert noch auf Energien, die milliardenfach niedriger sind als die Nachweismöglichkeit technischer Hilfsmittel. Man schätzt die Empfindlichkeit einer Zelle auf ein Billiardstel Watt pro Quadratzentimeter ($10-15$ W/cm^2), während die besten Meßsysteme bloß ungefähr ein Millionstel Watt pro Quadratzentimeter ($10-6$ W/cm^2) messen können.

Daraus folgt, daß mit technischen Meßverfahren keine relevanten Aussagen über die biologische Wirkung von elektromagnetischen Feldern gemacht werden können. Aussagekräftige Studien müssen aber zwingend an Lebewesen durchgeführt werden.[221]

In den letzten Jahrzehnten wurden auf diesem Gebiet die verschiedensten medizinischen Studien durchgeführt, die erschreckende Resultate ans Tageslicht brachten. Bereits 1989 veröffentlichte die Weltgesundheitsorganisation WHO eine von den schwedischen Professoren Johnson und Aaronson im Jahre 1984 durchgeführte Studie, welche zeigt, daß sich die Kurve der Adrenalinausscheidung nach vier Stunden vor dem Bildschirm umdreht. Der Körper beginnt, verstärkt Adrenalin auszuschütten, und ist in den nächsten zwölf Stunden mit diesem für ihn giftigen Streßhormon gesättigt.

Durch Bildschirmstrahlen wird unser körpereigenes Energiefeld deutlich geschwächt. Bereits nach etwa vier Stunden ist es bereits um ein Viertel geschwächt. Nach acht Stunden vor einem Bildschirm sind neunzig Prozent unseres vitalen Energiefeldes zusammengebrochen.

Diese fast vollständige Zerstörung empfindet der Körper als lebensbedrohliche Attacke. Um sich zu schützen, schüttet er Adrenalin aus. Dieses aufputschende Streßhormon kann zwar kurzfristig Körperkräfte mobilisieren, doch schadet es dem Organismus, wenn es zu lange im Blut bleibt. Der durch die Bildschirmstrahlen verursachte hohe Adrenalinspiegel kann jedoch erst abgebaut werden, wenn sich das natürliche Energiefeld des Körpers vollständig regeneriert hat. Sind neunzig Prozent zerstört, beansprucht dies ganze achtzehn Stunden (6 Stunden bei 25 Prozent Reduktion).

Und genau da liegt das Problem: Menschen, die am Arbeitsplatz vor Bildschirmen arbeiten, haben nämlich nie achtzehn Stunden, die zwischen dem Ende des letzten und dem Beginn des nächsten Arbeitstages liegen.

Demzufolge kann ein krankhaft hoher Adrenalinspiegel unter der Woche nicht auf ein natürliches Maß abgebaut werden, weil das Adrenalin ja erst reduziert wird, wenn das bio-elektrische Feld des Menschen wieder voll aufgeladen ist. Das ist nach acht Arbeitsstunden vor oder neben laufenden Bildschirmen erst am nächsten Morgen der Fall – zu einem Zeitpunkt, zu dem das menschliche Energiefeld bereits von neuem geschwächt wird. Dies führt zu einer sich ständig wiederholenden Negativspirale, die bei Menschen, welche beispielsweise in Großraumbüros arbeiten müssen, besonders gravierend ist.[222] Kinder reagieren besonders empfindlich auf gepulste elektromagnetische Felder. Schon bei täglich fünfzig Minuten vor dem Bildschirm sinken die Schulleistungen deutlich. Die Folge sind Gedächtnisschwächen, Konzentrations- und Lesestörungen. Unruhe, Aggressivität und Schlaflosigkeit steigen markant.

Bereits 1990 bewies der am Spital Ste. Marguerite in Marseille arbeitende Professor Marcel Rufo die besonders schädliche Wirkung gepulster elektromagnetischer Strahlen auf Kinder: Während sechs Monaten betreute er 289 Kinder zwischen drei und zwölf Jahren. Jene, die täglich mehr als fünfzig Minuten vor dem Bildschirm saßen, hatten dreimal schlechtere Schulnoten; die Konzentration und Merkfähigkeit sank sogar um den Faktor fünf. Andererseits war ihre Aggressivität und Unruhe dreimal stärker. Diese Ergebnisse wurden 1992 von Jean Bourque, einem Orthopädagogen an der Académie du Québec, durch eigene Studien bestätigt.[223]

Das Tavistock-Institut

Von welch großer Bedeutung die Formung und die Kontrolle der Erziehungssysteme ist, wurde gerade erwähnt:

„Diejenigen, die das Erziehungssystem kontrollieren, werden für einen Zeitraum von mehreren Generationen auch die ganze Nation kontrollieren."

Das *Tavistock-Institut* für menschliche Beziehungen ist eines der wichtigsten Zentren für die weltweite psychologische Manipulation, die in den letzten fünfzig Jahren stattgefunden hat. Die Tavistock-Geschichte beginnt unmittelbar nach dem Zweiten Weltkrieg, als Mitglieder des britischen Militärgeheimdienstes das Institut gründeten.

In seinen eigenen Schriften wird Tavistock eine Organisation der „dynamischen Psychiatrie" genannt, die dazu gedacht war, das zu praktizieren, was sie als „Societys" (Gesellschaftsformung) auf dem ganzen Planeten bezeichneten – und was man als weltweite Bewußtseinskontrolle bezeichnen könnte.

Der britische Militärgeheimdienst hatte mit vielen seiner Hauptfiguren seit seiner Gründung Repräsentanten für das Ziel einer Eine-Welt-Regierung. Der erste britische SIS-Direktor Mansfield Cumming – welcher der Vorgesetzte des berühmten Reilly, dem „Ass der Spione", war – unterstützte die United World Colleges (Vereinte-Welt-Colleges), die gegründet worden waren, um eine Eine-Welt-Elite zu erziehen.

Es wird angenommen, daß Tavistock viel früher gegründet wurde, als sein Gründungsjahr angegeben wird – über zwanzig Jahre früher, 1921 durch Major John Rawlings Reese und auf Befehl des Round Tables RIIA, des Königlichen Instituts für internationale Angelegenheiten, auch bekannt als Chatham House. Das RIIA wurde zusammen mit dem amerikanischen Amt für Auslandsbeziehungen 1919 während der Friedenskonferenz von Versailles gegründet. Beide waren frühere Ausführungen der Neuen Weltordnung. Reese war der Mann, der davon träumte, „eine Gesellschaft zu bilden, in der es für jedes Mitglied irgendeiner gesellschaftlichen Gruppe möglich ist, (psychiatrisch) behandelt zu werden, ohne Zuflucht zu legalen Mitteln und sogar dann, wenn eine solche Behandlung gar nicht gewünscht wird". Am Ende des Zweiten Weltkriegs rief Reese nach der Bildung von „psychologischen Stoßtruppen", die von Tavistock ausschwärmen und die zukünftige Richtung der Gesellschaft in die Wege leiten sollten.[224]

Im Jahre 1932 wurde Tavistock unter die Leitung des deutschen Psychologen Kurt Lewin gestellt. Lewin war Begründer der nationalen Trainings-Laboratorien und der Direktor der psychologischen Klinik von Harvard, außerdem – seltsam für einen Psychiater – eine der Hauptfiguren bei der ursprünglichen Schaffung der OSS (Vorläufer der CIA) in Amerika. Lewin ist viel von der ursprünglichen Tavistock-Forschung im Bereich der Gehirnwäsche für Massen zu verdanken, wobei die Ergebnisse von wiederholtem Trauma und Folter in der Bewußtseinskontrolle auf die gesamte Gesellschaft angewandt wurden. Wenn Terror auf einer breit angelegten

Grundlage in die Gesellschaft gebracht werden kann, behauptete Lewin, dann kehrt die Gesellschaft zu einem Zustand zurück, in dem Kontrolle von einem außerhalb liegenden Punkt ausgeübt werden kann.[225]

Anders ausgedrückt: **Durch die Schaffung des kontrollierten Chaos kann die Bevölkerung zu dem Punkt gebracht werden, wo sie sich bereitwillig einer größeren Kontrolle unterwirft. Lewin behauptete, daß die Gesellschaft in einen Zustand getrieben werden muß, der einem „frühen Kindheitsstadium" entspricht. Er nannte dieses gesellschaftliche Chaos „Fluidität".**[226]

Während des Zweiten Weltkrieges leiteten viele Industriemitglieder, einschließlich seines Gründers, John Rawlings Reese, das britische psychologische Kriegsdirektorat und unterstützende Organisationen mit Sitz in den Vereinigten Staaten. Nach dem Zweiten Weltkrieg kann man sagen, daß Tavistock funktional ein Teil des Psychologischen Kriegsbüros für Großbritannien geworden war, das jetzt an Projekten arbeitete, die sich mit der Gehirnwäsche von Völkerschaften beschäftigten.[227]

Der Autor Henry Dicks schreibt in seinem Buch „Fünfzig Jahre Tavistock-Klinik": *„Tavistock ist auch weltweit in Verbindung mit einem verzweigten Netzwerk anderer Organisationen und „Denkfabriken" einschließlich der UNESCO, WHO, der Weltförderation für geistige Gesundheit und der Rand Corporation. Tavistock ist einfach eine repräsentative Gruppe für den psychologischen Mißbrauch durch die Neue Weltregierung auf unserem Planeten, und ihr hauptsächliches psychologisches Werkzeug ist die Hegel'sche Dialektik, eingebunden in die Begriffe Lewins. Die Rockefellers waren immer schon herausragend in der Kursfestlegung für Tavistock. Der offizielle Chronist der Gruppe sagte dazu: ,Die Rockefeller-Stiftung wollte, ehe sie uns einen Zuschuß gewährte, zufriedengestellt werden, nicht nur durch unsere Vorgehensweisen..., sondern auch durch Personen, die sie ausführten.'"*[228]

Hier noch ein paar Anmerkungen von John Coleman über Kurt Lewin: *„Lewin wurde (im Zweiten Weltkrieg) Leiter der Strategischen Bombeninitiative, eines Plans der Royal Air Force (RAF), sich auf die Bombardierung der Wohngebiete deutscher Arbeiter zu konzentrieren, während militärische Ziele wie etwa Munitionsfabriken verschont blieben. Die Munitionsfab-*

riken beider Seiten gehörten den internationalen Bankiers, die natürlich nicht den Wunsch verspürten, ihren Besitz zerstören zu lassen... Die Idee hinter der Flächenbombardierung ziviler Arbeiterwohnungen war, die Moral des deutschen Arbeiters zu brechen. Sie war nicht darauf angelegt, die Kriegsanstrengung gegen die deutsche Militärmaschinerie zu fördern. Lewin und sein Team von Versicherungsstatistikern einigten sich auf einen Zielwert: Wenn fünfundsechzig Prozent der deutschen Arbeiterheime durch die nächtlichen Bombenangriffe der RAF zerstört wären, würde die Moral der Zivilbevölkerung zusammenbrechen... Die RAF führte Lewins Pläne unter dem Kommando von ,Bomber' Harris aus. Höhepunkt war der Feuersturm bei der Bombardierung Dresdens, bei dem über 125.000 Menschen, hauptsächlich ältere Männer, Frauen und Kinder, getötet wurden. Die Wahrheit über die Bombenangriffe von ,Bomber' Harris auf die deutsche Zivilbevölkerung war bis lange nach dem Ende des Zweiten Weltkrieges ein wohlbehütetes Geheimnis."[229]

Im Mai 1967 wurde im Landsitz von Königin Elizabeth in Deauville, Frankreich, eine Konferenz zusammengerufen. Sie hatte den Zweck, die Teilnehmer an laufenden Projekten des Tavistock-Netzwerks auf den neuesten Stand zu bringen. Es war die „Konferenz über transatlantisches technologisches Ungleichgewicht und Zusammenarbeit".

Die Prinzipien, auf die man sich auf dieser Konferenz einigte, werden für die sehr vertraut erscheinen, die verfolgt haben, wie die menschlichen Institutionen und Werte in der heutigen Zeit von der *Neuen Weltordnung* und ihren Strategen umgewandelt wurden. Diese beinhalten die Überzeugung, daß „*der Mensch nicht die Natur dominieren dürfe, sondern stattdessen ein Teil von ihr werden müsse, mit nicht mehr Rechten und Privilegien als zum Beispiel der purpur-arschige Affe der Wildnis. Regierungen sind veraltet und müssen durch andere, geeignetere Institutionen ersetzt werden. Die Menschheit bewegt sich in eine de-industrialisierte, post-technologische Gesellschaft hinein, in ein „Informationszeitalter", das Zeitalter des Wassermannes.*"[230]

Diese Philosophie wurde bereits 1957 von Dr. William Sargent vom Tavistock-Institut in seinem Buch „*Battle for the Mind – A Psychology of Con-*

version and Brain Washing" („*Kampf um das Bewußtsein – Eine Psychologie der Umkehrung und Gehirnwäsche"*) veröffentlicht.

Sargent sagte: „*Verschiedene Typen von Überzeugungen können in viele Leute implantiert werden, nachdem die Gehirnfunktion durch ‚zufällig' oder absichtlich herbeigeführte Furcht, Wut oder Aufregung ausreichend gestört wurde. Von den durch solche Störungen erzeugten Ergebnissen ist das geläufigste die zeitweise Einschränkung der Urteilsfähigkeit und eine erhöhte Beeinflußbarkeit.*

Ihre verschiedenen Gruppenerscheinungen sind manchmal unter der Überschrift ‚Herdentrieb' klassifiziert und treten am spektakulärsten in Kriegszeiten, während schlimmer Epidemien und in allen ähnlichen Zeiten gemeinschaftlicher Gefahr auf, wenn die Besorgnis gesteigert ist und damit auch die Beeinflußbarkeit des einzelnen und der Masse."[231]

Willkommen in der Gegenwart

Aus der Tavistock-Konferenz resultierte auch das 1968 erschienene Buch „*The Techtronic Age*" („*Das technotronische Zeitalter*") von keinem Geringeren als Zbiginiew Brzezinski, dem späteren nationalen Sicherheitsberater von Präsident Carter und Exekutivdirektor der Trilateralen Kommission. Brzezinski beschreibt in seinem Buch eine Informationsgesellschaft, deren Wettbewerbsbasis ersetzt wird durch „*Fokussierung auf Vergnügen*" auf der Grundlage von „*Zuschauerereignissen (Massensport und Fernsehen), die Opiate für die zunehmend ziellosen Massen liefern... Neue Formen von gesellschaftlicher Kontrolle könnten nötig sein, um das Individuum im gedankenlosen Ausüben seiner neuen Möglichkeiten zu begrenzen.*"[232]

Da kann man nur sagen: Willkommen in der Gegenwart! Das ist nichts weiter als eine offene Ankündigung der Methoden, mit denen die Menschen in der Zukunft weltweit kontrolliert werden sollen. Ist es nicht bemerkenswert, daß Brzezinski in seinem Buch auch vom Klonen und von „Robotoiden" schreibt, das heißt von Leuten, die aussehen und handeln wie Menschen, aber keine sind?

War Brzezinski ein Prophet?

Diese Frage beantwortet Dr. John Coleman folgendermaßen: „*Die Antwort lautet ‚Nein‘. Was er schrieb, hatte er einfach aus den Plänen kopiert, die der Club of Rome zur Durchführung erhalten hatte. Ist es nicht so, daß wir bereits jetzt eine ziellose Masse von Bürgern haben?... Zusätzlich zur Religion, dem ‚Opium der Massen‘, von der auch Lenin und Marx zugaben, daß sie notwendig sei, haben wir nun die Opiate Massen-Zuschauer-Sport, uneingeschränkte sexuelle Lust, Rockmusik sowie eine ganz neue Generation von Drogenabhängigen. Gedankenloser Sex und die epidemische Verwendung von Drogen wurden verwendet, um die Leute von dem abzulenken, was um sie herum vorgeht. In der ‚technotronischen Ära‘ spricht Brzezinski über die Massen, als wären die Menschen leblose Objekte, was womöglich die Art und Weise ist, wie uns das Komitee sieht. Fortwährend spricht er von der Notwendigkeit, die Massen zu kontrollieren.*"[233]

(Das *Komitee der 300* und der *Club of Rome* wurden bereits in Band 1 behandelt.)

Brzezinski hierzu selbst: „*Zur gleichen Zeit wird das Vermögen zunehmen, soziale und politische Kontrolle über die Individuen zu ergreifen. Es wird bald möglich sein, die Bürger beinahe kontinuierlich zu kontrollieren und aktuelle Dossiers zu führen, die zusätzlich zu den üblicheren Daten auch die intimsten Details über Gesundheit und persönliches Verhalten jedes Bürgers enthalten werden.*

Die Behörden werden auf diese Dossiers sofortigen Zugriff haben. Die Macht wird sich in die Hände jener verlagern, welche die Informationen kontrollieren. Unsere existierenden Institutionen werden durch Krisen-Voraus-Managment-Institutionen abgelöst werden, deren Aufgabe es sein wird, drohende soziale Krisen bereits im voraus zu erkennen und Programme zu entwickeln, um damit zurechtzukommen.

Das wird auch die nächsten Jahrzehnte hindurch die Tendenz auf eine **technotronische Ära** *hin fördern,* **eine Diktatur,** *die sogar noch weniger Raum für politische Prozeduren läßt, als wir es jetzt kennen. Wenn wir weiters eine Vorschau auf das Ende des Jahrhunderts machen, so könnten die Möglichkeiten* **biochemischer Bewußtseinskontrolle und genetischer Experimente mit dem Menschen, einschließlich Wesen, die wie Menschen funktionieren und denken werden, einige schwierige Fragen aufwerfen.***"[234]

222

Der Autor John Coleman merkt in diesem Zusammenhang noch folgendes an: „*Brzezinski schrieb das nicht als Privatmann, sondern als Carters Berater für Nationale Sicherheit, führendes Mitglied des Club of Rome, Mitglied des Komitees der 300, Mitglied des CFR sowie des alten Schwarzen Adels von Polen. Sein Buch erklärt, wie Amerika seine industrielle Grundlage hinter sich lassen und in etwas eintreten muß, das er ‚eine eigene neue historische Ära' nennt.*

‚Was Amerika so einzigartig macht, ist eine Bereitschaft, die Zukunft zu erleben, sei es die Pop-Art oder LSD. Heute ist Amerika eine schöpferische Gesellschaft; die anderen sind, wissentlich oder unwissentlich, nur Nachahmer.'

Was er hätte sagen sollen, ist, daß Amerika das Versuchsfeld für die Richtlinien des Komitees der 300 ist, welche direkt zur Auflösung der alten Ordnung und zum Eintritt in die Eine-Welt-Regierung führen."[235]

Das Tavistock-LSD-Projekt

Etwa 1950 wurde von Tavistock dieses Projekt ins Rollen gebracht, das eine massive Berauschung der Bevölkerung der Vereinigten Staaten durch LSD zum Ziel hatte. Aldous Huxley, der das Tavistock-LSD-Projekt anführte, war der Onkel von Thomas H. Huxley, einem Begründer der *Round-Table-Gruppe* von Rhodes. Huxley war von Wells (wird noch behandelt), dem lautstarken Befürworter der *Offenen Weltverschwörung*, geschult worden und war lange Zeit der Mitarbeiter von Arnold Toynbee, der fünfzig Jahre lang Mitglied des RIIA-Rates war und außerdem der Leiter der britischen Geheimdienst-Forschungsabteilung.[236]

Merken Sie sich den Namen Aldous Huxley gut, denn wir werden in Kapitel 5 noch einmal auf ihn zu sprechen kommen!

Toynbee behauptete: „*...daß für die Welt eine bolschewistische Diktatur nötig sei, ehe eine wohlwollende Eine-Welt-Ordnung eingerichtet werden könne. Das neue Tavistock-Projekt hatte die Absicht, eine Euphorie verursachende Chemikalie im großen Stil in Amerika zu verabreichen.*"

Huxleys Absichten, LSD in den Vereinigten Staaten zu verbreiten, könnten vielleicht in der folgenden Aussage verraten worden sein: *„Jetzt wollen wir eine andere Art Droge in Betracht ziehen – noch nicht entdeckt, aber wahrscheinlich gleich um die nächste Ecke verborgen –, eine Droge, die fähig ist, Leute in Situationen glücklich zu machen, in denen sie sich normalerweise elend fühlen würden. Solch eine Droge wäre ein Segen, aber ein Segen voll mit schweren politischen Gefahren. Wenn man einen harmlosen chemischen Euphorie-Macher frei zugänglich macht, dann könnte ein Diktator eine gesamte Völkerschaft in einen Zustand versetzen, der für den Menschen mit Selbstachtung nicht akzeptabel sein sollte...“*[237]

An einer anderen Stelle drückte Huxley es noch deutlicher aus: *„In der nächsten Generation wird es vielleicht eine pharmakologische Methode geben, so daß Leute ihre Knechtschaft lieben und daß eine Art schmerzfreies Konzentrationslager für ganze Gesellschaften geschaffen wird.“*[238]

Moderne Kriegsführung – Beeinflussung mit ELF- und Mikrowellen

Besonders in den letzten Jahrzehnten des vergangenen Jahrhunderts hat die Forschung für **psychologische Kriegsführung** einen unaufhaltsamen, für die breite Öffentlichkeit aber unsichtbaren Siegeszug angetreten. Um Bevölkerungsgruppen, Länder und ganze Nationen zu beeinflussen und zu versklaven, ist die herkömmliche und konventionelle Form des Krieges an Position drei oder vier getreten. Einfacher, schneller und wirksamer sind Hungersnöte, Naturkatastrophen (z.B. Überschwemmungen), Formen des Wirtschaftskrieges und biologische Waffen. Das Wirtschaftsembargo nach dem Golfkrieg gegen den Irak beispielsweise hat bereits weit über eine Million Opfer gekostet. In vielen anderen Ländern der Welt läuft es oft nach dem gleichen, für die Weltöffentlichkeit unsichtbaren und undurchschaubaren Schema ab, daß oppositionelle Gruppierungen in einem Land beispielsweise finanziell unterstützt werden, um auf diese Weise für Unruhen und Revolten zu sorgen, Bürgerkriege zu führen und letztlich Regierungen zu stürzen. Ist eine Regierung erst einmal gestürzt und ein Land in Schutt und Asche gelegt, intervenieren die Hintermänner der Weltpolitik, geben umfangreiche finanzielle Unterstützungen für einen Wiederaufbau und haben somit alle aus ihrer Sicht legitimen Möglichkeiten, ihre politischen Interessen durchzusetzen – das sind die „modernen", unsichtbaren Kriege unserer Zeit.

Vergleichbar schlimm ist, daß elektromagnetische Wellen in den letzten Jahrzehnten immer gezielter in verschiedensten Geheim- und Kriegsoperationen Anwendung fanden und von den dahinterstehenden Interessengruppen benutzt wurden, um die physische und psychische Gesundheit von ganzen Bevölkerungen zu beeinflussen.

Bereits in meinem ersten Werk wurde teilweise auf die aktuelle Bedrohung durch Psycho-Waffen eingegangen. Ein Forschungszentrum, das damit vorzugsweise in Verbindung gebracht wird, ist die *Area 51*, etwa zweihundert Kilometer nördlich von Las Vegas.

Auf *Area 51* finden, neben Experimenten zu einer utopisch fortgeschrittenen Flugtechnologie, auch Mind-Control-Experimente statt; es geht dabei auch um die Schaffung von Waffen für das dritte Jahrtausend. Dabei handelt es sich um nicht-letale Systeme, die unser Bewußtsein manipulieren und damit einen schleichenden Sieg erreichen. Es geht im Prinzip um genau das, was bei dem Philadelphia-Experiment und auch in Montauk begonnen und vielleicht schon verwirklicht wurde (siehe HAARP-Projekt; einige Absätze weiter!).

Es gibt dafür zahlreiche Beispiele und Belege aus den vergangenen Jahrzehnten, wie wir gleich noch sehen werden. Vorab zwei interessante Beispiele aus dem Golfkrieg. Daß die USA in diesem Krieg nicht ihre modernste Waffentechnologie eingesetzt haben, das steht wohl außer Frage, denn dazu bedarf es eines gleichwertigen Gegners. Trotzdem bietet ein „leichter Gegner" immer die Möglichkeit, neue Kriegstechnologien zu testen, zum Beispiel Psychowaffen.

Ein Trupp von Irakern hatte sich in massiven Bunkern verschanzt und sollte nun von den Amerikanern zum Aufgeben bewegt werden. Die Situation war natürlich völlig festgefahren. Doch merkwürdigerweise erschien am Himmel ein Helikopter mit einigen ungewöhnlichen Aufbauten und flog über den Bunker hinweg. Daraufhin öffneten sich die Türen, und die Iraker kamen mit erhobenen Händen und fast verklärten Gesichtern heraus. Was war passiert?

Ein britischer Journalist befragte Brigadegeneral Neil für den Sender BBC und wollte kurz vor dem Vorfall wissen, was man zu tun gedenke, um die Sache zum Ende zu bringen. Neil begann: *„Wir setzen nun die psychologischen...“*, brach dann aber den Satz abrupt und mit einem künstlichen Hüsteln ab, entschuldigte sich für die Unpäßlichkeit und fing dann von vorne an: *„Wir werden Hubschrauber mit Lautsprechern einsetzen und sie (die Iraker) durch Gespräche zum Herauskommen bewegen.“* Die Formulierung, die Neil vorher benutzen wollte, war offensichtlich eine mit ganz anderer Bedeutung, die mit einem psychologischen Waffensystem zusammenhing.

Schon vor mehreren Jahrzehnten begann man mit der Erforschung von Infraschall. Man wußte bereits, daß Frequenzen im Bereich von drei bis zwölf Hertz aktiv auf das menschliche Gehirn einwirken und verschiedene Bewußtseinszustände hervorrufen wie zum Beispiel Tiefschlaf. Diese Frequenzen liegen im nicht hörbaren Bereich und sind daher für das menschliche Gehirn (Ohr) nicht wahrnehmbar.

In diesem Zusammenhang ist ein Artikel aus dem *„Magazin 2000plus“*, Nr. 97 vom Dezember 1993 sehr interessant, in dem es heißt:
„Neue Psychotronik-Waffen – Erinnern Sie sich an die Bilder vom Golfkrieg, als Tausende irakischer Soldaten kapitulierend aus den Schützengräben stiegen, sich sogar Journalisten ergaben, die sich für Soldaten hielten, und welche trotz weißer Fahnen zum willkommenen Kanonenfutter für die amerikanische Artillerie wurden? Jetzt sind immer mehr Militärexperten davon überzeugt, daß nicht etwa die schlechte Versorgung von Saddams Truppen diese plötzliche und lemminghafte Kapitulation bewirkte, sondern „Psychotronik-Mind-Control-Waffen“ der USA. Einige dieser High-Tech-Superwaffen bedienen sich der Wirkungen von Radiofrequenzwellen auf das menschliche Gehirn. Wie die Januar-93-Ausgabe der Fachzeitschrift „Aviation Week and Space Technology“ berichtet, rüstet jetzt das US-Verteidigungsministerium Raketen mit Gerätschaften aus, die in der Lage sind, elektromagnetische Pulse

(EMPs) zu erzeugen, um den Feind „lahmzulegen", ohne sich dabei atomarer, biologischer oder chemischer Komponenten bedienen zu müssen. Dieser Waffentyp hat in erster Linie das Ziel, die elektronischen Systeme des Feindes auszuschalten. Andere Geräte erzeugen Ultraschall, ELF(Extreme Niedrigfrequenz)-Schallwellen, die Übelkeit und Erbrechen bewirken und das Orientierungsvermögen der betreffenden Person extrem stören. Diese Waffen haben einen Wirkungsbereich von mindestens 2.500 Kilometern..."

Sogenannte Psycho-Waffen sind schon seit Jahrzehnten im Einsatz. Am 16. Juli 1981 beispielsweise gab der nordamerikanische TV-Sender NBC bekannt, daß der Nordwesten der USA über mehrere Jahre mit ELF-Wellen bestrahlt wurde. Diese Wellen waren Anfang des letzten Jahrhunderts von dem genialen Physiker Nikola Tesla (1856-1943) entdeckt worden. Heute wird allgemein angenommen, daß kein damals lebender Forscher Tesla wissenschaftlich folgen konnte. Er hatte damit begonnen, das Energiefeld zu ergründen und nutzbar zu machen, das heute im allgemeinen als *Äther* bezeichnet wird. Tesla benutzte das energetische Feld des Äthers für mehrere Formen der Kommunikation und Energiefortleitung. Heute wird diese Technologie als Konversion von Schwerkraft-Energie oder von Tachyonen-Energie bezeichnet.

In einem Vortrag, den Tesla bereits 1891 in New York vor dem American Institute of Electrical Engineers führte, sagte er: *„Ehe viele Generationen vergehen, werden unsere Maschinen durch eine Kraft angetrieben werden,*

Abb. 7:
Nikola Tesla in seinem
Labor in New York.

227

die an jedem Punkt des Universums verfügbar ist. Diese Idee ist nicht neu, wir finden sie in den herrlichen Mythen des Antheus, der Energie aus der Erde ableitet; wir finden sie auch in den feinen Spekulationen eines ihrer glanzvollen Mathematiker... Überall im Weltraum ist Energie. Ist diese Energie statisch oder kinetisch? Wenn statisch, werden unsere Hoffnungen vergeblich sein. Wenn kinetisch – und wir wissen, daß dem sicherlich so ist –, dann ist es nur eine Frage der Zeit, daß die Menschheit ihre Energietechnik erfolgreich an das eigentliche Räderwerk der Natur angeschlossen haben wird."

Stellen Sie sich das einmal vor; Energiequellen wie Kohle, Öl, Wasserkraft und elektrische Überlandleitungen wären auf einmal nicht mehr erforderlich. Auch Schiffe, Automobile, Flugzeuge, Fabriken und Häuser könnten die Energie aus dem Energiefeld des Äthers entnehmen, und das auch noch kostenlos. So schön und paradiesisch dieser Gedanke sich anhört, so erschreckend ist er sicherlich andererseits für die Industrie und Wirtschaft.

Ende 1898 war Tesla auf seinem Experimentierfeld in Colorado Springs, das durch den Finanzier J. P. Morgan unterstützt wurde, der technischen Realisierung dieser Energiegewinnung aus dem Äther sehr nahe gekommen. Morgan, der sich über die Tragweite dieser Entwicklungen wohl im klaren war, veranlaßte den Abbruch der Arbeiten. Teslas Forschungszentrum in Colorado Springs wurde zerstört.

Die wichtigste Entdeckung...

Seine bedeutendste war die Entdeckung von stehenden Wellen und extrem niedrigen Frequenzen, die auch als Tesla-Effekt bezeichnet werden. Seine Experimente bildeten die Grundlage für alle modernen Forschungen auf dem Gebiet der ELF-Kommunikation. Setzt man ein Tachyonenfeld diesen ELF-Wellen aus und richtet es beispielsweise auf einen Menschen, kommt es zur Entkoppelung von elektrischen Funktionen im Gehirn, die zu schweren Störungen im Wachbewußtsein führen. Die neurologischen und die physiologischen Funktionen werden durch eine Verminderung der geistigen Funktion stark beeinträchtigt und machen den Menschen dadurch beeinflußbarer.

Ein paar Absätze zuvor wurde am Beispiel Golfkrieg über *Mind-Control*-Waffen berichtet und bereits darauf hingewiesen, daß diese und andere Techniken wohl schon seit Jahrzehnten zur Anwendung kommen. Zwischen 1949 und 1969 wurden über zweihundert Versuche mit biologischen Waffen durchgeführt, davon etwa achtzig mit Keimen. Laut CIA-Berichten wurden auch Städte mit Keimen und Bakterien bombardiert. Beispielsweise wurde im Jahre 1950 durch ein Schiff der US-Navy, mit dem die Angriffs- und Verteidigungsfähigkeit biologischer Waffen getestet werden sollte, San Francisco sechs Tage lang mit den als *Serratia* bekannten Bakterien eingenebelt. Es ist heute bekannt, daß die Serratia-Bakterien eine Art Lungenentzündung verursachen, die auch tödlich verlaufen kann. Die Amerikaner wurden jedoch nicht „nur" mit Keimen beschossen. Die NBC gab am 16. Juli 1981 bekannt, daß der Nordwesten der USA seit mehreren Jahren von der Sowjetunion mit Niedrigfrequenz-Wellen bombardiert wurde.

So verrückt es auch klingen mag, Mikrowellenwaffen können auf recht einfache Weise hergestellt werden. Wer sich in der Funktechnik auskennt, kann beispielsweise einen Mikrowellenherd zur Strahlenwaffe umbauen, die Wände durchdringt. Daß das technisch möglich ist, bestätigte Klaus Münter von der Physikalisch-Technischen Bundesanstalt in Braunschweig gegenüber der „*Welt am Sonntag*", sowie Professor Peter Pauli von der Universität der Bundeswehr.

Auf Einzelheiten soll hier nicht eingegangen werden. Aber feststeht, daß man durch diese leicht herzustellende technische Apparatur in der Lage ist, auch bewegte Ziele zu verfolgen, mit gepulsten elektromagnetischen Wellen *anzugreifen* und deren Elektronik zu (zer-)stören oder Menschen (unauffällig) zu besenden, was zu schlimmen gesundheitlichen Folgen führen kann.

Bisher wissen unsere Sicherheitsorgane (angeblich) kaum etwas über Mikrowellen-Waffen. Immerhin betont wenigstens der Zweite Gefahrenbericht der Schutzkommission beim Bundesminister des Innern (2001) die Gefahren durch „Elektromagnetischen Terrorismus" und weist ausdrücklich auf Mikrowellen-Waffen [High Power Microwave = HPM] hin:

„HPM-Waffen können ... relativ einfach und ohne aufwendige Kosten von Zivilpersonen aus handelsüblichen Komponenten gefertigt und zu Sabotage- oder Erpressungszwecken eingesetzt werden. Es wird in diesem Zusammenhang bereits vom „Elektromagnetischen Terrorismus" gesprochen, der zu einer Gefährdung der öffentlichen Ordnung führen kann."

Mind Control ist Gegenwart

Vor wenigen Absätzen wurde darauf hingewiesen, daß bereits vor Jahrzehnten im Bereich der Gedankenkontrolle (mind control) erstaunliche Ergebnisse erzielt wurden. Es ist natürlich nicht einschätzbar, wie weit die technischen Möglichkeiten gegenwärtig sind und in welchem Umfang sie heute bereits angewendet werden.

Bereits im August 1977 berichtete die *„Washington Post"* über einen kurz zuvor bekanntgewordenen Report der US-Abwehr-Organisation DIA (Defense Intelligence Agency), in dem über „psychologische" Experimente der Sowjets berichtet wurde, bei denen an Versuchspersonen auf elektromagnetischem Weg Angstempfindungen mit Erstickungs- und Schwindelgefühlen hervorgerufen wurden – das Schlagwort war: Bewußtseins-Gedankenkontrolle.

In diesem Bericht der *„Washington Post"* wurde auch von der Möglichkeit gesprochen, die sich aus solchen „Beeinflussungsmethoden" auf amerikanisches oder westeuropäisches Personal, zum Beispiel in Raketensilos, ergeben könnte. Die Beeinflussung sei, nach den Erfahrungen aus den bekanntgewordenen Experimenten, jederzeit über **Fernseh-Signale**(!) oder mit anderen Übertragungsmöglichkeiten möglich (heutzutage auch durch die Mobilfunktechnologie für die Handys). Weiter wird berichtet, daß auch die Tschechen in Versuchen mit sogenannten *„Psychotronischen Geräten/Waffen"* zu aufsehenerregenden Ergebnissen gelangt seien.[239]

Nur einen Monat später wurde dann ein weiterer Geheimdienstbericht der DIA veröffentlicht. Ein Bericht der von dem *Medizinischen Nachrichtendienst des US-Heeres – Sanitätswesen* verfaßt wurde. Nach der Veröffentlichung über die *„Washington Post"* im September 1977 legte der Geheimdienst seine Unterlagen am 7. März 1978 der amerikanischen Öffentlichkeit offiziell vor.

Auszugsweise heißt es darin: „*Die Fortschritte in der psychischen Forschung der UdSSR könnten dazu führen, daß:*

- *der Inhalt geheimer Dokumente, Truppen und Waffen-Bewegungen, Details über militärische Installationen... erkennbar würden.*
- *der Mord bestimmter Personen durch Ferneinwirkung möglich wäre.*
- *die direkte Beeinflussung von militärischen Einrichtungen jeglicher Art, einschließlich Raumfahrzeugen, durch Ferneinwirkung in den Bereich der Möglichkeiten rückt.*"[240]

In dem DIA-Papier werden auch Untersuchungsergebnisse und Feststellungen führender amerikanischer Wissenschaftler zu diesem Thema behandelt, die durchweg voraussagten, daß die UdSSR bis zum Jahre 1987 in der Lage sein würde, menschliches Verhalten gezielt zu manipulieren.

Durch eine Vielzahl von Versuchen in den Vereinigten Staaten und in Rußland ist davon auszugehen, daß dies längst gelungen ist und wahrscheinlich durch Militärs und Geheimdienste genutzt wird.

Vergessen darf man bei dieser vorsichtigen Einschätzung nicht, daß seit den ersten Veröffentlichungen, die hier angeführt wurden, bereits mehr als fünfundzwanzig Jahre vergangen sind – in der Forschung stellt dieser Zeitraum nicht eine Generation dar, sondern wohl schätzungsweise fünf bis sieben Generationen!

In einem Artikel der „*Associated Press*" vom 20. Mai 1983 wird berichtet, daß die UdSSR seit mindestens 1960 eine als LIDA bekannte Vorrichtung verwendet, um das menschliche Verhalten mit einer niederfrequenten Radiowelle zu beeinflussen. Die LIDA wird in der UdSSR zur Ruhigstellung eingesetzt und bewirkt einen tranceähnlichen Zustand. Es ist möglich, damit psychische Probleme, Neurosen und Bluthochdruck zu behandeln oder aber auch einen Zustand der Aggression oder Depression hervorzurufen. Durch große Exemplare dieser LIDA werden einzelne Personen, Städte und sogar ganze Landstriche der Sowjetunion und auch der USA schon seit langem gezielt bestrahlt, um bestimmte Verhaltensweisen hervorzurufen.

Einer der frühen Fälle des „unsichtbaren Krieges", der an die Öffentlichkeit gelangte, war das sogenannte *Moskau-Signal*. Im Jahre 1962 suchte man die US-Botschaft in Moskau nach Wanzen ab und entdeckte einen Mikrowellenstrahl, der direkt auf die Botschaft gerichtet war.

Diese Tatsachen wurden durch keinen Geringeren als Boris Yelzin selbst bestätigt. In der 1998er Ausgabe der *„Microwave News"* eröffnete er einem Journalisten, daß der KGB ein ELF-Gerät besitze, welches das menschliche Herz zum Stillstand bringen könne. In einem Interview mit Radio Liberty, einer US-Kurzwellenstation im ehemaligen Westdeutschland, sagte Yelzin, daß KGB-Agenten ihm anvertraut hätten, sie verfügten über ein Gerät, welches ein machtvolles 7-bis-11-Hz-Signal aussendet, welches das Herz „stoppen" kann.

Die US-Regierung ist weltweit führend in diesem Forschungsbereich und selbst im Besitz ähnlicher Geräte. Ein Codename ist Jim Keith zufolge *„Project Black Beauty"*. ELF-Geräte sollen eingesetzt worden sein, als sich der Diktator Manuel Noriega nach der Invasion der US-Truppen in der Vatikan-Botschaft in Panama City versteckte. Die Geräte waren als Lautsprecher getarnt, aus denen ständig überlaute Heavy-Metal-Rockmusik dröhnte. Offiziell wurde gesagt, daß die Musik Noriega depressiv machen solle. In Wirklichkeit aber soll die Botschaft mit ELF-Wellen bestrahlt worden sein. Sehr Aufschlußreich ist in diesem Zusammenhang das HAARP-Projekt.

ELF-Wellen-Geräte im Regierungseinsatz

Eine andere Operation mit einem ELF-Wellen-Gerät soll in Verbindung mit der Ermordung des Generals Zia ul Haq stehen. Auch er soll ein Opfer Kissingers und des Komitees geworden sein

Kissinger bedrohte auch den verstorbenen Ali Bhutto, den Präsidenten der souveränen Nation Pakistan. Bhuttos Verbrechen war, daß er Nuklearwaffen für sein Land wollte. Bhutto fühlte, daß Pakistan als moslemischer Staat durch das, was er *„fortwährende israelische Aggression im Mittleren Osten"* nannte, bedroht war. Er wurde 1979 nach einem Gerichtsverfahren von einem Vertreter des *Council on Foreign Relations (CFR, Rat für auswärtige Beziehungen)* in seinem Land, General Zia ul Haq, exekutiert.[241]

Im Laufe seiner geplanten Machtergreifung ermutigte ul Haq den wütenden Mob, die US-Botschaft in Islamabad anzuzünden, in einem scheinbaren Versuch, dem CFR zu zeigen, daß er sein eigener Herr war, mehr Hilfsgelder wollte und, wie man später erfuhr, um Richard Helms (u.a. Ex-CIA-Chef) zu ermorden. Einige Jahre später zahlte ul Haq mit seinem Leben dafür, daß er sich in den Afghanistan-Krieg eingemischt hatte. Sein C-130 Herkules-Flugzeug wurde kurz nach dem Start von einem elektromagnetischen ELF-Impuls getroffen, was zur Folge hatte, daß sich das Flugzeug in den Boden schraubte. Der Club of Rome, der auf Befehl des Komitees der 300, General ul Haq zu eliminieren, handelte, hatte keine Bedenken, das Leben einer Anzahl US-Bediensteter zu opfern, die ebenfalls an Bord waren, einschließlich einer Gruppe der DIA (Verteidigungsgeheimdienst der USA), der US-Armee, geleitet von Brigadegeneral Heber Wasscom. Ul Haq war vom türkischen Geheimdienst gewarnt worden, nicht mit dem Flugzeug zu reisen, da er das Ziel eines Abschusses werden sollte. Dessen eingedenk nahm ul Haq das US-Team mit, als eine Art „Versicherungspolice", wie er gegenüber einem inneren Kreis von Beratern meinte.[242]

Das HAARP-Projekt

Am 1. August 1987 wurde die US-Patentnummer 4,686,605 an Dr. Bernhard Eastlund vergeben. Die Ausgabe der *„New York Times"* berichtete am 15. August, daß Dr. Eastlund *„ein Physiker und ein Experte für die Entwicklung von Ölfeldern ist. Er ist der Berater der Atlantic Richfield Oil Company (ARCO)... Mr. Eastlund übertrug die Patentrechte auf APTI Inc., eine in Los Angeles ansässige Tochtergesellschaft von Atlantic Richfield."*

Das Patent sagte über die Möglichkeiten der Technologie folgendes aus: *„Verursachung von... totaler Zerstörung von Fernmeldesystemen in einem Großteil der Erde... Nicht nur die Zerstörung landgestützter Fernmeldesysteme im Luftraum und auf See (sowohl überirdisch als auch unterirdisch)... Zerstörung, Ablenkung und Verwirrung von Flugkörpern oder Flugzeugen...*

Veränderungen des Wetters... durch die Veränderung der solaren Absorption...
Konzentration von Ozon, Stickstoff und so weiter könnten künstlich erhöht
werden..."
In der Beurteilung von Dr. Eastlunds Entdeckungen im National Public
Radio wurde einen Monat später berichtet: „*Dr.*
Eastlund behauptete, daß
seine neue Erfindung dazu verwendet werden könne, das Wetter zu verän-
dern, indem man die Strömungsmuster des Windes in sehr großen Höhen ver-
ändere. Die Erfindung würde eine auf der Erde stationierte Stromquelle ver-
wenden, um elektromagnetische Funkwellen zu erzeugen und sie weit oben in
der Atmosphäre zu fokussieren. Dr. Eastlund sagt, daß die Erfindung Jetstre-
ams steuern könne, aber ebenso dazu Verwendung finden könne, um Fern-
meldesysteme auf der ganzen Welt zu unterbrechen. Und was vielleicht am
bedeutendsten ist, sie könne dazu verwendet werden, einen Raketenangriff zu
verhindern oder abzulenken."

Eastlunds Erfindung wurzelt in Wirklichkeit in den Forschungsergeb-
nissen Nikola Teslas; es ist ein verstärkendes Sendegerät von Tesla, und
zwei Bezugsquellen im Patent selbst handeln von der Tesla-Technologie!

Dr. Eastlund wurde in der Radiosendung interviewt und sagte: „*Ich per-*
sönlich bin nicht glücklich, daß das Patent veröffentlicht wurde. Dieses beson-
dere Patent stand anfänglich durch das Patentamt unter Geheimhaltungsbe-
fehl. Aber wie ich die Sache sehe, behält das Patentamt keine geheimen, grund-
sätzlichen und wesentlichen Informationen für sich, denn als solche wurde die-
ses Patent von ihnen interpretiert. Die spezifische Diskussion von militäri-
schen Anwendungen ist geheim – und auch gleichzeitig geschützt. Das ist es,
was sie tun wollten."[243]

Die offensichtlich erste Verwendung der Technologie von Patent
4,686,605 war HAARP, durchgeführt vom Verteidigungsministerium, dem
Phillips Laboratory, der Air Force und dem Amt für Marineforschung.
Obwohl das Militär es verneint, daß dieses Patent mit HAARP im Zusammenhang steht, weisen Eastlunds Antworten diese Aussage als unwahr
aus.[244]

Die überwiegende Mehrzahl der Menschen in Deutschland und Europa hat sicherlich noch nie etwas über HAARP gehört. Bei HAARP handelt es sich um eine Technologie, die nicht neu ist oder erst in den vergangenen Jahren entwickelt wurde. In Wirklichkeit steht die Entwicklung des HAARP-Projektes in unmittelbarem Zusammenhang mit dem Montauk-Projekt aus den vierziger Jahren des vergangenen Jahrhunderts. Im Gegensatz zum HAARP-Projekt wurden die technischen Entwicklungen innerhalb des Geheimprojektes *Montauk* von der Regierung bestätigt.

Die meisten Menschen haben leider nicht die leiseste Ahnung, was heute technisch bereits möglich ist und in welch ungeheurem Ausmaß diese für sie kaum vorstellbare Technik bereits eingesetzt wird. Es bleibt zu befürchten, daß diese Technik gegen die überwiegende Mehrzahl der Menschen eingesetzt wird.

Daß in den Medien kaum über die Realität von elektromagnetischen Waffen diskutiert wird, obwohl die Regierungen in diesen Forschungsgebieten Milliarden investieren, kann man sich leicht denken. Die Vorgehensweise, wie das Volk ruhiggestellt wird, ist altbekannt – das Schlüsselwort heißt: Angst!

Damit das Volk diese Politik nicht näher hinterfragt, wird ihm von offizieller Seite zuerst Angst vor möglichen fremden Aggressoren und Schurkenstaaten eingeflößt. Dann wird der Bevölkerung eingetrichtert, man könne sie dank neuen Waffensystemen schützen – allerdings müssen diese eben geheimgehalten werden.

Wie gut diese klassische Vorgehensweise mit der *Angst* funktioniert, hat die US-Regierung nach den Anschlägen vom 11. September 2001 eindrucksvoll unter Beweis gestellt. Denn: Steht erst einmal der Großteil der Bevölkerung hinter der Regierung, sind die wichtigsten Grundlagen für militärische Operationen (nach dem 11. September), wie zum Beispiel in Afghanistan und gegen den Irak, auch ohne hundertprozentige Beweise legitim und finden letztlich die Zustimmung des unwissenden Volkes.

Doch was verbirgt sich eigentlich hinter den fünf Buchstaben HAARP?

Der Name HAARP heißt: *„High-frequency Active Auroral Research Program"*.
Die riesige Forschungsstation befindet sich in der Wildnis von Alaska, in Gakona, 320 Kilometer nordöstlich von Anchorage. Die Anlage wird von der US-Navy und der US-Air-Force finanziert. Die gigantische Sendeanlage dient angeblich dazu, das Polarlicht und neue Wege der Nachrichtenübermittlung zu erforschen.
Doch in Wirklichkeit ist HAARP der größte Ionosphären-Erhitzer der Welt und bereits seit Anfang der neunziger Jahre in Betrieb.

Das Herzstück dieser Anlage ist das IRI (Ionospheric Research Instrument), das aus 360 Antennen besteht, genaugenommen sind es 180 gewaltige Antennentürme, bestehend aus jeweils zwei Paaren sogenannter Kreuzdipolantennen – je ein Teil für Niedrigfrequenz- und ein anderer für Hochfrequenz-Radiowellenübertragung.[245]
Diese zehn Kilometer langen Antennen senden Strahlungen in die Ionosphäre. Die Ionosphäre wird somit aufgeladen, und es entstehen ELF-Wellen, die zur Erde zurückgestrahlt werden. Durch diese konzentrierte Bestrahlung der Ionosphäre wird diese somit selber zu einer Sendeantenne, Hunderte von Kilometern lang.[246]

Einfach ausgedrückt bestrahlt der *Ionosphären-Erhitzer* die äußere Schutzschicht mit Energie. Er schießt einen Hochfrequenz-Strahl mit einer Leistung von bis zu zehn Milliarden Watt(!) in die Ionosphäre.

In der *„ZeitenSchrift"* wird hierzu folgendes berichtet:
„Einzigartig an HAARP ist nicht nur die enorme Ausgangsleistung, sondern auch der Umstand, daß diese Energiewellen zu einem dünnen Strahl gebündelt werden und dadurch die oberen Luftschichten gezielt aufheizen können. Dadurch wird die Wirkung um ein Vielfaches verstärkt. Durch diese gebündelte Konzentration können Löcher in dem elektrischen Schutzschirm unseres Planeten erzeugt werden. Es ist kaum absehbar, welche Resonanzeffekte diese absichtliche elektrische Überladung in den Luftschichten hervorruft. Da

Abb. 8:
Luftaufnahme des HAARP-Antennenwaldes.

Abb. 9:
Mit Hilfe der gekreuzten Dipolantennen schießen die HAARP-Wissenschaftler und Militärs hochfre-
quente Radiostrahlung in die obere Ionosphäre.

die Natur jedoch ein dynamisches System ist, gehen viele Forscher davon aus, daß dieses künstliche Einwirken durch enorme elektromagnetische Energiekonzentrationen eine verheerende Kettenreaktion von globalem Ausmaß bewirken kann.[247]

Haben wir hier schon das Ergebnis in Form der vielen weltweiten Wetterkatastrophen der letzten Jahre?

Weiter wird berichtet: *„Das amerikanische Militär stellt sich für solche Befürchtungen allerdings taub. Es möchte dank HAARP in der Lage sein, weltweit mit seinen getauchten U-Booten zu kommunizieren oder das Erdinnere zu durchleuchten (um etwa unterirdische Militäranlagen ausmachen zu können). Bei genügend Leistungskraft könnte HAARP auch eine bodengestützte Waffe sein im sogenannten „Krieg der Sterne". Die Star-Wars-Strategen des unter Ronald Reagan ins Leben gerufenen SDI-Verteidigungsprogrammes wären mit HAARP in der Lage, sämtliche Interkontinentalraketen frühzeitig abzufangen, Satelliten zu zerstören oder die Nachrichtenverbindungen über weite Teile des Globus zu unterbrechen. Man könnte damit aber auch die chemische Zusammensetzung der oberen Atmosphäre verändern und das Wetter kontrollieren – genauso, wie sich Menschen und ihre Gehirnfunktionen beeinflussen ließen.*[248]

Ein Mann, der seit Jahren für eine offene Debatte in der Mikrowellen-Technologie kämpft, ist Dr. Nicholas Begich, der 1995 das Buch *„Löcher am Himmel – Der geheime Ökokrieg mit Ionosphärenheizer HAARP"* schrieb. Besonders ihm ist es zu verdanken, daß die Geheimnistuerei rund um das HAARP-Projekt bekannter wurde. Bis heute sprach er mittlerweile in über tausend Vorträgen, Radio- und TV-Sendungen über die großen Gefahren von HAARP und ähnlichen Technologien.

In seinem Buch schreibt Begich ausführlich über die eigentlichen Ziele von HAARP. In einem Interview mit der *„ZeitenSchrift"* sagte Begich folgendes: *„Nun, es ist alles möglich, was wir in unserem Buch dargelegt haben: Weltweite Radarüberwachungen, verbesserte Kommunikation etc.. Der wichtigste Beweggrund scheint mir aber der Aufbau eines Verteidigungssystems, das Interkontinentalraketen abfangen kann. Das verstößt zwar gegen den ABM-*

Vertrag von 1972, doch die USA stellen sich einfach auf den Standpunkt, da diese Abkommen mit der heute nicht mehr existierenden Sowjetunion abgeschlossen worden waren, seien sie hinfällig. Wir haben bereits 3,7 Milliarden US-Dollar für die Entwicklung solch verbotener Waffentechnologien ausgegeben; in den nächsten Jahren werden es nochmals acht Milliarden sein.

Außerdem kann man mit extrem langen ELF-Wellen Erdtomographie betreiben, also in die Erde „hineinspähen". Das Militär ist daran natürlich interessiert, um verborgene Raketenbasen etc. aufzuspüren. Wirtschaftlich gesehen ist diese Technologie natürlich Gold wert, um damit Erdöl- und Erdgasfelder zu lokalisieren.

Erdtomographie dieser Art funktioniert aber nur mit Resonanzfrequenzen der Erde. Solch künstliche Energiequellen können bereits bei relativ niedrigen Leistungen geophysikalische Ereignisse provozieren. Das ist die große Gefahr dabei. Eine Gefahr, die man militärisch gezielt einsetzen könnte. So warnte US-Verteidigungsminister Cohen in einer Rede an der Universität von Georgia am 27. April 1997 vor Terroristenstaaten, „die sogar in einer Art Öko-Terrorismus angreifen können, indem sie das Klima ändern, Erdbeben auslösen und Vulkanausbrüche aus der Ferne bewirken, allein durch den Einsatz elektromagnetischer Wellen."[249]

Das Wetter, Vulkanausbrüche und Erdbeben...

Keinen Zweifel läßt Dr. Nicholas Begich an der Möglichkeit, mit der HAARP-Technologie maßgeblichen Einfluß auf das Wetter zu erlangen. Zum Beispiel haben Wissenschaftler feststellen können, daß Erdbeben und Vulkanausbrüchen immer energetische Entladungen von ELF-Frequenzen vorausgehen. Wissenschaftler fragen sich nun, ob diese Wellen bloß eine Begleiterscheinung oder gar die Ursache für solche Erdbewegungen sind.

„Das Ozonloch, El Ninjo und Wetterkatastrophen sind die Vorläufer der verheerenden Folgen einer „kleinen" Kettenreaktion: unvorstellbare Überschwemmungen, Dürrekatastrophen, Brände, Erdbeben, Hunger, Tod und Zerstörung ohne Ende. Es ist sogar denkbar, daß sich als Folge die Magnetpole der Erde umkehren, so daß der Schutzschild der Erde vor Raumstrahlung komplett wegfällt. Die Folgen wären unabsehbar, aber für das Leben auf der Erde sehr schnell tödlich."[250]

Die weitreichenden Folgen für die Natur scheinen kaum einschätzbar zu sein. So konnten Wissenschaftler feststellen, daß auch das Waldsterben in direktem Zusammenhang mit der Ausbreitung von Zentimeterwellen, Richtfunk- und Radarsystemen zu sehen ist. Seit der Einführung der digitalen Richtfunktechnik begannen nachweislich neben den Nadelbäumen verstärkt auch die Laubbäume mit ihren für Breitbandempfang dimensionierten Blattrippen zu sterben. Wie sehr die konstante und zunehmende Bestrahlung beim Menschen wirkt, zeigt die Statistik der AOK zwischen 1975 und 1985: Eine ganze Anzahl von Erkrankungen sind über 180 Prozent angestiegen, insbesondere bei Erkrankungen der Psyche und des Gemüts, aber auch besonders Allergieerkrankungen und Erkrankungen des Immunsystems haben einen epidemieähnlichen Verlauf.[251]

Unerklärliche Flugzeugabstürze...

In den letzten Jahren wurden verschiedene unerklärliche Flugzeugabstürze mit elektromagnetischen Experimenten in Verbindung gebracht. Sicherlich eine sehr gewagte Behauptung, daß Geheimdienste sich auf diese Weise dieser Technologie bedienen. Feststeht jedoch, daß die technischen Möglichkeiten für solche *unerklärlichen* Abstürze seit langer Zeit gegeben sind. So existiert sogar ein Papier des *US-Army War College* aus dem Jahre 1989. Unter dem Titel *Revolution in militärischen Angelegenheiten* wurde eine solche Technologie bereits vor zehn Jahren zur Bekämpfung von Terroristen und Drogenschmugglern vorgestellt: Mit einem zielgerichteten elektromagnetischen Puls kann man die Elektronik eines Flugzeuges lahmlegen. Es „stürzt" ab. Beweise gibt es bisher nicht, und so werden viele ungeklärte Abstürze als Pilotenfehler zu den Akten gelegt.

„*Gerade heute*", so Nicholas Begich, „*wo Flugzeuge immer mehr mit Radiowellen gesteuert werden – zum Beispiel die Landeklappen –, sind sie sehr anfällig für elektromagnetische Störungen. Wenn nun beispielsweise eine solch technische Frequenz die Bahn eines Flugzeuges kreuzt, können unvorhersehbare Interferenzen auftreten, die im schlimmsten Fall zum Absturz führen.*"[252]

Wettermanipulation durch HAARP:

In den öffentlichen Darstellungen wird die heutige katastrophenreiche Wettergestaltung einem Treibhauseffekt zugeschrieben, der angeblich

durch Ansteigen des Kohlendioxid-Gehaltes, verursacht durch Industrialisierung und Autoabgase, hervorgerufen wird.

Die gegenwärtige Bundesregierung hat diese Argumentation dankbar
aufgegriffen, um nun eine angebliche „Öko-Steuer" einzuführen, die jedoch nicht bezeichnungsgemäß zur Regenerierung der Umwelt, sondern in
Wahrheit wohl zur Stützung des Rentenfonds dient. Dabei wird offensichtlich unterschlagen, daß der Kohlendioxid-Gehalt der Atmosphäre nur
lediglich 0,03 Prozent ausmacht und es als kommerziell entstandener wis-
senschaftlicher Unsinn anzusehen ist, daß drei Zehntausendstel einen derartigen Treibhauseffekt bewirken sollen.[253]

Aber wenn nicht natürlicher Herkunft, muß diesem Wetterchaos ja
dennoch eine Ursache zugrunde liegen, die in ihrer Wirkung vor etwa zehn
Jahren eingesetzt haben muß. Das würde theoretisch in den zeitlichen
Rahmen von HAARP und den ersten Testphasen passen.

Der Autor Hans-Peter Thietz schreibt über die Möglichkeit der Wettermanipulation durch Folgen des HAARP-Projektes folgendes: *„Diese
Zielsetzung (der Wettermanipulation) wird in dem Patenttext Nr. 4.686.605
eindeutig genannt und detailliert ausgeführt. Hierbei spielt das Patent
5.041.834 ‚Künstlicher, lenkbarer aus Plasma geformter atmosphärischer Spiegel' eine besonders wichtige Rolle. Hierdurch können eine Wettermanipulation beziehungsweise die anderen beabsichtigen Wirkungen gezielt auf bestimmte Bereiche der Erdoberfläche ausgerichtet werden, zu denen diese Rückreflexi-
on genau erfolgt. Da unser globales Wettersystem jedoch ein äußerst sensibles
System ist, das deshalb leicht durch fremde äußere Beeinflussungen aus dem
Gleichgewicht gebracht werden kann, werden bereits geringe Test-
Einstrahlungen mehr oder weniger große Auswirkungen auf örtliches Wetter
haben, wobei sich diese Wirkungen dann unkontrolliert global weiter fort-
pflanzen dürften. Was eine Einstrahlung der vollen Leistung in Milliarden
Watt bewirkt, vermag man sich in seinen Folgen kaum auszudenken. Wir befinden uns hier in einer ähnlichen Situation wie vor der Zündung einer
Atombombe, als man sich nicht sicher war, ob es hierbei nicht zu einer Kettenreaktion der gesamten Erdatmosphäre kommen könnte, was die Auslösung jeglichen Lebens bedeutet hätte. Dennoch ist die Zündung erfolgt. Ein Verbre-*

chen größerer Ordnung läßt sich deshalb kaum vorstellen, und es ist für mich unbegreiflich, daß die Menschheit solche Experimente und Anlagen duldet![254]

Die bereits eingetretenen unnormalen Wetterkonstellationen, die seit einigen Jahren beobachtet werden, werden von G. Fosar und F. Bludorf folgendermaßen beschrieben: *„Seit Anfang der neunziger Jahre beobachtete Greenpeace bereits eine zunehmende Verlagerung des nördlichen Jetstreams in Richtung Süden. Der Jetstream ist ein Starkwindfeld in der oberen Atmosphäre, das eigentlich in der nördlichen Polarregion rund um die Erde verlaufen sollte. Es ist auch stark elektrisch aufgeladen und wirkt daher auch als die größte Schleifenantenne der Welt, über die großräumig elektromagnetische Wellen (z.B. Schuman-Erdresonanzwellen) rund um die Erde geleitet werden. Außerdem bildet es eine Bahn, entlang derer sich Tiefdruckgebiete bewegen können. In den vergangenen Jahren geschah es nun immer wieder, daß der Jetstream tatsächlich seine normale Bahn im hohen Norden verließ und sich südwärts verlagerte. Sobald er zum Beispiel über Deutschland verlief, kam es fast regelmäßig zu Hochwasserkatastrophen in Jahreszeiten, in denen solche Erscheinungen normalerweise nicht auftreten. Beispiele sind etwa die verheerende Oderflut im August 1997 oder die Hochwasserkatastrophen im Oktober 1998 an Rhein und Neckar, in Niedersachsen, Sachsen-Anhalt und Thüringen.*[255]

Insgesamt konnten wir eine globale Zunahme von Erdbeben und Überschwemmungen sowie die Änderung globaler Wetterstrukturen beobachten, die so ihre Erklärung durch HAARP-Experimente und möglicherweise auch russische Anlagen wahrscheinlich machen. Des weiteren wird befürchtet, daß eine noch größere Sendeleistung von HAARP sogar einen Polsprung zur Folge haben könnte – mit unabsehbaren globalen Folgen für die gesamte Menschheit.

Im zweiten Kapitel wurde auf die große Bedrohung durch ABC-Waffen hingewiesen. Eine nicht minder große Bedrohung für die Menschheit und die gesamte Erde stellt heute wohl zweifellos die HAARP-Technologie dar. Auch der gezielte und kontrollierte Einsatz von Umweltmanipulation – die möglicherweise längst praktiziert wird – würde ein Machtinstrument unvorstellbaren Ausmaßes darstellen.

Die vielleicht wichtigste mögliche Anwendung von HAARP ist *Bewußtseinskontrolle* und Bewußtseinsspaltung, obwohl diese Anwendungsmöglichkeit in der offiziellen Literatur niemals erwähnt wird. HAARP sendet auf den gleichen Frequenzen, die auch das menschliche Gehirn verwendet, und kann für spezifische Anwendungen auf gesamte Völkerschaften abgestimmt werden. Es ist auch denkbar, daß die Technologie dazu verwendet werden könnte, Worte und Bilder direkt in das Bewußtsein ganzer Völkerschaften hineinzuprojizieren. HAARP wurde nach *offiziellen* Angaben 1997 in Betrieb genommen, obwohl es heißt, daß es vor 2002 nicht in vollem Umfang arbeiten wird.[256]

Fassen wir zusammen, was mit der HAARP-Technologie alles möglich sein kann:

- Wetterkontrolle (Überschwemmungen, Orkane usw.);
- Hervorrufen von Vulkanausbrüchen und Erdbeben;
- Entwicklung elektromagnetischer Waffen (Strahlenwaffen);
- Unterbindung jeglichen Funkkontaktes (EMP);
- mit extrem langen ELF-Wellen kann man Erdtomographie betreiben;
- Erfassung und Vernichtung jeglicher Flugobjekte;
- und eine gewaltige Anzahl weiterer Greueltaten bis hin zu der Gefahr der Polverschiebung.

Kann man aufgrund dieser technischen Möglichkeiten noch daran glauben, daß eine globale Katastrophe abgewendet werden kann?

Feststeht, daß die US-Regierung ihren Absolutheitsanspruch auf eine zentrale Weltregierung mit allen nur möglichen Mitteln in die Wirklichkeit umzusetzen versucht. Der Rüstungswahn, die Oberhoheit im Bereich der ABC-Waffen-Technologie und das militärische Vorgehen im Nahen und Mittleren Osten seien hier genannt. Auch das Ignorieren von UNO-Resolutionen oder anderen Gesetzgebungen wird von keiner Industrienation sonst auf der Welt so beispielhaft praktiziert.

In einem Auszug aus dem Gesetz gegen elektronische Waffen (Massachussets/USA) ist paradoxerweise folgendes zu lesen:

„Niemand soll ein tragbares Gerät oder eine Waffe kaufen, zum Kauf anbieten oder besitzen, von der ein elektrischer Strom, ein Impuls, elektromagnetische Wellen oder ein Strahl gerichtet ausgehen kann, welche geeignet sind, vorübergehend einen Menschen kampfunfähig zu machen, zu verletzen oder zu töten.“

„Das HAARP-Projekt ist vielleicht das Übelste, was Menschen je an der Schöpfung begangen haben, begehen, bereit sind zu begehen. Wenn sich menschlicher Größenwahn, Machtwahn, pervertiertes Denken und Machbarkeitswahn irgendwo politisch, wirtschaftlich, militärtechnisch ausdrücken, so ist es innerhalb des HAARP-Projektes.“

(Ulrich Heerd, *„Das HAARP-Projekt“*)

Zusammenfassung und Ausblick

Die größte Gefahr, der die Menschheit heute gegenübersteht, sind zweifellos – neben der Bedrohung durch atomare, biologische und chemische Waffen – die vielschichtigen Möglichkeiten der unsichtbaren Einflußnahme auf das Bewußtsein des Menschen.

Die Auswirkungen sind kaum absehbar. Die Möglichkeiten, die sich dadurch für die Mächtigen dieser Erde, für Regierungen, Militär und Geheimdienste ergeben, sind kaum vorstellbar – manch einer mag es für Science Fiction halten. Es ist aber die knallharte Realität, der die Menschen heute größtenteils ausgeliefert sind! Und es steht wohl außer Frage, daß viele neue Techniken durch Geheimdienst und Militär in Kriegseinsätzen, aber auch im Zivilleben, bereits zum Einsatz kommen.

Dazu kommt, daß *unsichtbare Kriegsführung*, zum Beispiel einer Regierung, wohl kaum mehr gegenüber der Bevölkerung gerechtfertigt werden muß, schließlich weiß das Volk ja gar nicht, was beispielsweise ein Projekt wie HAARP alles imstande ist zu bewirken.

Man sollte sich aber auch darüber im klaren sein, daß die technischen Möglichkeiten, die heute zur Verfügung stehen, nahezu eine totale Kontrolle über ganze Nationen bewirken können, und genau das scheint ja beabsichtigt zu sein.

Jim Keith schreibt dazu treffend in seinem Buch „Bewußtseinskontrolle":
„Jetzt im 20. Jahrhundert haben Wissenschaftler, die von Regierungen und anderen zahlungsfähigen Interessengruppen bezahlt werden, technische Durchbrüche errungen, die eine tatsächliche Bewußtseinskontrolle möglich machen, und zwar auf universeller Ebene. Invasionsmäßige Kontrolltechniken sind so fein eingestellt worden, daß die Kontrolleure praktisch fähig sind, in unsere Köpfe hineinzugelangen und uns zu bestimmen. Sie sind in der Lage, an unserem Menschsein herumzupfuschen, es zu manipulieren und es zu zerstören, wenn sie das wollen. Sie sind fähig High-Tech-Netzwerke elektronischer Beeinflussung und Sendung zu benutzen, deren Verfahrensweise in den Massenmedien noch nicht einmal schwach angedeutet wurde – da die Massenmedien selbst mit dem gleichen Ziel eingesetzt werden, nämlich für die Manipulation der Bevölkerung. Sogar das Thema der Bewußtseinskontrolle wird in den Medien nur im Zusammenhang mit Science Fiction erwähnt oder es wird verlacht..."[257]

Eine schöne neue Welt ist das! Womit ich beim nächsten Kapitel wäre und aufzeigen möchte, daß diese schöne neue Welt beispielsweise von Aldous Huxley (1894-1963) bereits in seinem vor siebzig Jahren erschienenen Roman „Schöne neue Welt" eindrucksvoll beschrieben wurde. Waren Huxley und auch andere Autoren, wie beispielsweise auch George Orwell („1984"), Propheten, Visionäre, oder steckte hinter ihrem prophetischen Wissen, das sie in das Kleid eines Romans verpackten, vielleicht doch mehr als nur visionärer Geist?

„Wenn sowohl die Vergangenheit als auch die sichtbare Welt nur im Bewußtsein existieren, und wenn das Bewußtsein selbst kontrollierbar ist – was dann?"

(George Orwell)

Kapitel 5
DIE VIERTE WELT – MC-DOLLYWOOD

> *„...über der europäischen Kultur schwebt eine*
> *ernsthaft drohende Gefahr. Die Bedrohung geht*
> *von einer Massenkultur aus, die über den Atlan-*
> *tik kommt... Man kann sich in der Tat nur wun-*
> *dern, daß eine starke, zutiefst intelligente und*
> *von Natur aus humane europäische Kultur zu-*
> *rückweicht vor dem primitiven Trubel von Ge-*
> *walt und Pornographie... und billiger Gedan-*
> *ken."*
>
> (Michael Gorbatschow)

Huxleys schöne neue Welt

Das Gedankengut oder die Zukunftsschau, wie man wohl besser sagen sollte, von Autoren wie Huxley, Orwell, Wells, Huntington oder auch dem
bereits zitierten Zbiginiew Brzezinski, basierte sicherlich nicht so sehr auf
visionären Gedanken. Es ist wohl eher anzunehmen, daß durch genannte
Personen ein bereits vorhandener und in seinen Anfangsstadien befindlicher Prozeß einfach weitergesponnen wurde.

Man sollte dabei nicht vergessen, daß beispielsweise Huxley eine der
Personen war, die in Verbindung mit dem Tavistock gestanden haben. Eine
andere Person – neben dem bereits erwähnten Arnold Toynbee (der fünfzig Jahre lang Mitglied des RIIA-Rates war und außerdem der Leiter der
britischen Geheimdienst-Forschungsabteilung) –, die wohl großen Einfluß
auf Aldous Huxley ausübte, war kein Geringerer als H. G. Wells, über den
gleich noch zu sprechen sein wird.

In Huxleys 1932 erschienenem Roman „*Schöne neue Welt*" beschreibt
er, wie es treffender wohl kaum gelingen mag, die Jetztzeit, in der die Menschen ein sinnentleertes, oberflächliches Leben führen, mit tierisch-
sinnlichen Instinkten, aber hochtechnischen Mitteln.[258]

Eltern, Familie und Ehe sind abgeschafft worden. An ihrer Stelle bedienen sich die Mächtigen nun der künstlichen Züchtung durch Retortenzeugung – ein Gedanke, den wohl auch Brzezinski in seinem 1968 erschienenen Buch „Das Technotronische Zeitalter" mit einfließen ließ!

Alle Menschen, so Huxley, stammen aus den staatlichen Brut- und Normzentralen. Huxley erwähnt später auch das Klonen von Menschen:

„Völlig identische Geschwister, aber nicht lumpige Zwillinge oder Drillinge wie in den alten Zeiten des Lebensgebärens, sondern Dutzendlinge, viele Dutzendlinge auf einmal... Sechsundneunzig Geschwister bedienen sechsundneunzig völlig identische Maschinen."[259]

Wie sehr die Inhalte in diesem Zukunftsroman doch mit der Gegenwart und den Zielen der Mächtigen und den Regierungen unserer heutigen Welt übereinstimmen, verdeutlicht Huxley nachhaltig in seinem Buch, indem er darauf hinweist, daß diese „schöne neue Welt" von einem Weltaufsichtsrat (Eine-Welt-Regierung?!) kontrolliert wird, der letztlich nur aus zehn Männern besteht. Einem Vertreter dieser Mächtigen legt er folgende Worte in den Mund: „Betrachten Sie die Sache objektiv, und Sie werden feststellen, daß es keinen ärgeren Frevel gibt als unkonventionelles Verhalten. Mord tötet nur einen einzelnen – und was ist schon ein einzelner? ...Wir können ganz ohne Mühe neue einzelne erzeugen, so viele wir wollen. Unkonventionalität bedroht nicht nur das Leben des einzelnen, sie ist eine Bedrohung für die Gesellschaft."[260]

„1984" ist heute...

Die Gesellschaft der Zukunft, die in Orwells Roman beschrieben steht, ist sinnentlehrt, kontrolliert, und die Menschen leben roboterhaft; es sind klare Parallelen zu Huxley zu erkennen.

Die Menschen leben in ständiger Angst, da offiziell immer Krieg herrscht. Die Welt ist in drei Supermächte unterteilt: Ozeanien, Eurasien und Ostasien, die sich gegenseitig bekämpfen. Der Krieg ist jedoch eine abgekartete Sache, nur ein Vorwand der Supermächte, um so ihr Volk durch eine allumfassende Überwachung unter Kontrolle zu halten. Durch die ständige Angst, in der die Menschen leben, werden jegliche menschlichen Beziehungen vergiftet, angefangen bei der Familie.

Der Hauptdarsteller des Buches, Winston Smith, versucht sich dieser irrsinnigen Tyrannei zu entziehen, um für sich selbst mehr Freiraum zu gewinnen. Der einzige Weg, dieses Ziel zu erreichen, zwingt ihn, sich mit einer jungen Frau, die Winstons heimliche Geliebte wird, der berüchtigten Untergrundpartei anzuschließen. Diese Untergrundpartei, die den „Großen Bruder" bekämpfen will, wird einfach „Bruderschaft" genannt. Sie wenden sich an einen Genossen der inneren Partei, der sich ihnen gegenüber als Agent der „Bruderschaft" zu erkennen gegeben hat. Von ihm bekommen die beiden das legendäre und zugleich verbotene Buch der Opposition. Aus diesem Buch verwendet George Orwell rund vierzig Seiten, um dessen Inhalt offenzulegen. Dies ist das Kernstück des Romans 1984, denn Orwell offenbart darin – aus der Sicht der Opposition – die Pläne der Oligarchie („Herrschaft der wenigen"; Gesellschaftsform, in der die Macht bei einer kleinen Elite liegt). Orwell beweist dadurch, daß er viele Informationen über die Pläne der Illuminaten besitzt, die er hier literarisch verpackt der Öffentlichkeit mitteilt. Dementsprechend lautet die Überschrift dieses fiktiven Buches: „Theorie und Praxis des oligarchischen Kollektivismus."[261]

Orwell läßt keinen Zweifel daran, daß es am instinktiven Machttrieb liegt, daß es immer eine geldorientierte Elite gibt, die versucht, ihren Einfluß zu konzentrieren und auszuweiten. In seinem historischen Teil schreibt Orwell: „An modernen Maßstäben gemessen, war sogar die katholische Kirche des Mittelalters tolerant. Das lag zum Teil daran, daß in der Vergangenheit keine Regierung die Möglichkeit hatte, ihre Bürger ständig zu überwachen."[262]

Mit fortschreitender technischer Entwicklung wurde es möglich, die Bürger ständig zu überwachen. Die Voraussetzung dafür ist die totale Ausschaltung des Mittelstandes, was nach geplanten wirtschaftlichen und militärischen Aktionen in der Abschaffung des Privateigentums gipfelte.[263]

In Orwells Roman herrschte in Ozeanien, Eurasien und Ostasien die Zweiklassengesellschaft aus Kontrollierenden und Kontrollierten: „Die Menschheit besteht in „1984" aus 85 Prozent Proletariern, Menschen mit hirnloser Begeisterung – absolut bedingungslos ergebene Arbeitstiere, von denen, mehr noch als von Gedankenpolizei, die Stabilität der Partei abhing... Sich selbst überlassen werden sie von Generation zu Generation und von Jahrhun-

dert zu Jahrhundert weiterhin arbeiten, Kinder zeugen und sterben, und das nicht nur ohne jeden Drang zur Rebellion, sondern ohne sich auch nur vorstellen zu können, daß die Welt anders sein könnte, als sie ist.[264]

Die kontrollierte Schicht besteht aus der Äußeren und der Inneren Partei, wobei die Innere Partei die elitäre Schicht von Eingeweihten (Geheimgesellschaft) darstellt. Diese Innere Partei ist der Kopf der Diktatur, während die Äußere Partei deren Arme darstellt. Alle Mitglieder werden von Geburt an bis zum Tod überwacht, und eine Abweichung von den Parteigesetzen führt zur Verhaftung und Tötung durch die eigenen Kollegen. Dies gilt besonders für die Innere Partei, was sehr stark an die Regeln real existierender Geheimgesellschaften erinnert, ebenso wie die geschätzte Zahl von Mitgliedern: *„Nach dem Großen Bruder kommt die Innere Partei, deren Mitgliederzahl auf sechs Millionen oder etwas weniger als zwei Prozent der Bevölkerung Ozeaniens beschränkt bleibt.*[265]

Die Mächtigen planten eine weltweite Technisierung und Industrialisierung, um die Menschen zu kontrollieren und letztlich den Mittelstand zu beseitigen und eine allumfassende Überwachung durchzusetzen. Die wachsende Technologie mit all ihren Möglichkeiten stellte für die Herrschenden aber auch eine Gefahr dar: *„Trotzdem sind die Gefahren, welche die Maschine mit sich bringt, noch immer akut. Mit dem Auftauchen der ersten Maschinen war allen denkenden Menschen klar, daß dadurch die Notwendigkeit menschlicher Mühsal und die aus ihr resultierende Ungleichheit aufgehoben war... Aber es war ebenfalls klar, daß ein allgemein wachsender Wohlstand die Fortdauer einer hierarchischen Gesellschaft bedrohte, ja in einem gewissen Sinn ihren Untergang bedeutete.*[266]

Die Lösung für dieses Problem war folgende: *„Das Problem war, wie man die Räder der Industrie in Schwung hielt, ohne den realen Wohlstand in der Welt zu heben. Waren mußten produziert werden, durften aber nicht zur Verteilung gelangen. Und praktisch ließ sich dies nur durch eine dauernde Kriegsführung erreichen. ...Das Hauptziel der modernen Kriegsführung besteht darin, die maschinellen Produkte zu verbrauchen, ohne den allgemeinen Lebensstandard zu heben. ...Gleichzeitig läßt das Bewußtsein, sich im Krieg und somit in Gefahr zu befinden, es als die natürliche, unvermeidbare Überlebensbedingung erscheinen, alle Macht einer kleinen Kaste zu übertragen.*[267]

Diese kleine Kaste ist der innere Kern der Inneren Partei, die Kontrolleure, wenn man so will. Aber auch sie bilden noch nicht die Spitze der Pyramide. Die wirklichen Herrscher sind diejenigen, die symbolisch auf der Macht-Pyramide der Ein-Dollar-Note als ein Dreieck mit einem allsehenden Auge schweben. Diese Banknote war seit 1932 neu im Umlauf. In diesem Jahr veröffentlichte George Orwell bekanntlich seinen Roman. So kann man annehmen, daß Orwell die folgende Passage aus einem ganz aktuellen Bezug schrieb: *„An der Spitze der Pyramide steht der Große Bruder. Der Große Bruder ist unfehlbar und allmächtig. Jeder Erfolg, jede Errungenschaft, jeder Sieg, jede wissenschaftliche Entdeckung, alles Wissen, alle Weisheit, alles Glück, alle Tugenden werden unmittelbar seiner Führerschaft und Inspiration zugeschrieben. Niemand hat den Großen Bruder je gesehen.“*[268]

Abb. 10:
Die Illuminaten-Pyramide vergrößert.

Abb. 11:
Die Dollar-Note.

Die Vision der schönen neuen Welt...

...und so könnte sie aussehen:

- Völlige Überwachung jedes einzelnen mittels eingepflanzter Chips, Satelliten, Videokameras, Abhöranlagen jeder Art, die Telefon, Fax, Post, E-Mails, Computerinhalte oder auch Besuche registrieren.

- Viele naive Menschen werden sogar freiwillig mitmachen unter dem Vorwand *„Ich habe ja nichts zu verbergen"*.

- Die unzufriedenen Massen werden mittels moderner Arten von „Brot und Spiele" sowie Drogen und Medikamente eingelullt, damit sie nicht rebellieren. Deren Kinder und Enkel werden sie einst wegen ihrer Gutgläubigkeit verfluchen.

- Arbeitende Menschen werden, bis auf wenige Marionetten, für Hungerlöhne arbeiten, da die Riesenmenge an Arbeitslosen für jeden Lohn arbeiten würde, sei er auch noch so gering.

- Jeder Freiheitskämpfer (sofern es diese noch gibt) wird als Verfassungsfeind, Feind der Freiheit und Demokratie oder Terrorist verfolgt werden. In keinem Land der Erde, sofern es überhaupt noch Staaten gibt, wird er Asyl bekommen, da ja alle Staaten von der Geldherrschaft kontrolliert werden und das Asylrecht „weil unnötig" abgeschafft wurde. Einen Unterschied zwischen „rechten" und „linken" Gegnern, die sie bis dahin nach dem Grundsatz „teile und herrsche" trotz einiger gemeinsamer Ideale erfolgreich aufeinander hetzten, werden die Herrschenden sowieso nicht mehr machen.

- Das Bargeld wird abgeschafft. Es wird nur noch mittels Kreditkarten bezahlt. Somit ist jede Ausgabe überwachbar.

- Konten und Kreditkarten von Widerständlern, Kritikern und Gegnern des Systems werden eingefroren oder aufgelöst. Arbeit gibt es für diese „Verfassungsfeinde" keine. Wer einem solchen Gegner auch nur hilft, wird ebenfalls als Gegner behandelt.

- Durch Massenmedien, Internet und Internetschulen (herkömmliche Schulen werden dann wohl nicht mehr existieren) werden alle Menschen von Kindheit an einseitig im Sinne der Herrschenden beeinflußt (Motto: *„Bild dir deine Meinung")*, so daß 99 Prozent aller Menschen keine eigene freie Meinung mehr bilden können.[269]

Herbert George Wells – mehr als nur Visionär...

Die Romane von Huxley, Orwell oder Wells hätten auch folgendermaßen beginnen können: *„Es war einmal ein Land in der fernen Zukunft, ein Land der unbegrenzten Möglichkeiten, das hieß Mc-Dollywood... In diesem fernen Land war es den Mächtigen gelungen, die Kontrolle über ihre Untertanen zu erlangen... Ihre Herrschaft zeichnete sich durch Kontrolle, Unterdrückung, Hunger, Folter, Verfolgung und Kriege aus..."*

Die *Neue Weltordnung*, diese Bezeichnung, die von Politikern und Schriftstellern der Verschwörungsrichtung immer wieder genannt wird, steht für den langfristigen Plan, eine weltumfassende oligarchische Regierung auf diesem Planeten zu schaffen. Daß solche Pläne wirklich existieren, ist heute wohl kaum noch in Frage zu stellen. Diejenigen, die diese Tatsache in Frage stellen oder gar ablehnen, sollten sich einmal die Zeit nehmen, die Geschichte und vor allem die Hintergrundpolitik (z.B. in bezug auf die Russische Revolution, den Ersten und Zweiten Weltkrieg, Nachkriegs-Deutschland, den 11. September, die Irak-Kriege usw.) des vergangenen Jahrhunderts und die daraus resultierenden Folgen für die Weltpolitik genauer zu beleuchten.

Das gesamte vergangene Jahrhundert lang waren (und sind es bis heute) mächtige und elitäre Gruppierungen, Geheimgesellschaften und Politiker eifrig damit beschäftigt, eine *Neue Weltordnung* vorzubereiten – alles im Interesse und unter der Vorherrschaft einer kleinen Elite.

Kann es als purer „Zufall" gewertet werden, daß der Schlachtplan für die Kontrolle von Menschen und ganzen Nationen in den Science-Fiction-Romanen von Schriftstellern wie Wells, Huxley oder auch Orwell klar und treffend aufgezeichnet wurde?

Wie wichtig es ist, einen Schriftsteller und seine politischen Ansichten und Hintergründe einmal näher zu betrachten, zeigt sich zweifellos am Beispiel H. G. Wells deutlich.

Der Autor Jim Keith schreibt über Wells: „*Herbert George Wells war mehr als nur der moderne Jules Verne, als der er in Geschichtsbüchern dargestellt wird. Er war im Zweiten Weltkrieg Anführer des britischen Geheimdienstes, und seine Geliebte war Maura Benckendorff, eine Frau, die als ‚vielleicht wirkungsvollste und einflußreichste Agentin der Sowjetunion, die jemals auf Londons politischer und intellektueller Bühne aufgetreten ist' bezeichnet wird. H. G. Wells wußte, wovon er sprach, als er die Pläne einer Neuen Weltordnung rühmte. Wells agierte als Publizist für die wirklichen Planer, die hinter den Kulissen arbeiteten. Er war ein Vertreter der elitären Geheimgesellschaft ‚Cecil Rhodes Round Table' – Rhodes selbst war ein Agent für das Banken-Konglomerat von Rothschild und hinterließ in seinem dritten Testament sein Vermögen Lord Rothschild.*"[270]

Die Round Table spaltete sich später auf und brachte den einflußreichen Council on Foreign Relations (CFR) und andere Gruppen hervor (siehe dazu auch Band 1). Ein entscheidender Schritt in Richtung Weltregierung, der aus dem CFR resultierte, wurde unmittelbar nach Beendigung des Zweiten Weltkrieges mit der Gründung der UNO vollzogen.

Rhodes schrieb 1890 in einem Brief an W. T. Stead: „*Welch ein schrecklicher Gedanke ist es, daß, wenn wir Amerika nicht verloren hätten oder wenn wir sogar jetzt noch zwischen den augenblicklichen Mitgliedern des amerikanischen Unterhauses und unserem Unterhaus eine Übereinkunft zustande brächten, dann der Frieden auf der Welt für alle Ewigkeiten sicher wäre. Wir könnten sehr gut euer Bundesparlament fünf Jahre in Washington und fünf Jahre in England unterbringen. Die einzig mögliche Sache, um diese Idee aus-*

zuführen, ist eine Geheimgesellschaft, die allmählich den Reichtum der Welt an sich zieht, um ihn solch einem Zweck zur Verfügung zu stellen... "[271]

An anderer Stelle drückte Rhodes seine Ziele noch deutlicher aus: *„Die Ausdehnung der britischen Herrschaft auf der ganzen Welt, die Perfektionierung eines Emigrationssystems aus dem Vereinigten Königreich und eine Kolonisierung aller Länder durch britische Untertanen, wo die Mittel für den Lebensunterhalt durch Energie, Arbeit und Unternehmertum erreichbar sind... und die letztendliche Wiedererlangung der Vereinigten Staaten von Amerika als integraler Bestandteil des britischen Weltreiches."*[272]

In diesem Zusammenhang, vor allem aber wegen der Verbindung, die offensichtlich zwischen Wells und dem Round Table bestand, sind die Bücher, die Wells in den zwanziger und dreißiger Jahren des vergangenen Jahrhunderts schrieb, besonders beachtenswert. Hier werden die tatsächlichen Pläne für die Kontrolle ganzer Nationen in aller Klarheit beschrieben. Hier wird das Bild einer kommenden *Neuen Weltordnung* klar beschrieben, zusammen mit einer klaren Darlegung der Pläne.

Zu den bekanntesten Werken Wells' sind sicherlich seine Science-Fiction-Romane *„Die Zeitmaschine"* (1895), *„Der Unsichtbare"* (1898) und *„Krieg der Welten"* (1898) zu zählen.

Er schrieb aber auch eine Reihe von Werken, die ganz offen für den Umsturz der bestehenden Nationalstaaten und für die Schaffung einer einzigen Weltregierung warben. Diese Bücher beinhalten die offene Verschwörung: *„Blaupausen für eine Weltrevolution"* (1928), *„Die neue Weltordnung"* (1940), und *„Die Dinge, die da kommen werden: Die letzte Revolution"* (1933).

Insbesondere in *„Die Dinge, die da kommen werden"* liefert Wells einen allumfassenden Überblick über Vergangenheit, Gegenwart und Zukunft, aus der Perspektive der dreißiger Jahre. Wells' Einführung zum Buch hat den Titel *„Das Traumbuch von Dr. Philip Raven"*. Das Traumbuch behauptet, ein Geschichtswerk zu sein, geschrieben aus der Sicht eines Bürgers eines utopischen Weltstaates. Wells bezeichnet das Buch als *„eine kurze Geschichte der Welt für den Zeitraum der nächsten anderthalb Jahrhunderte"* und einen *„Abriß der Zukunft"*.[273]

Er beginnt die Geschichte der Zukunft mit einer Wiederholung der wirklichen Geschichte bis zu seiner Zeit und beschreibt, wie die Evolution der Kommunikationsmittel und der Transportmittel die Menschen in engeren Kontakt miteinander gebracht hat, als es jemals zuvor der Fall gewesen war. Er meint allerdings: *„Verteilung, Papierzufuhr und Nachrichtendienste waren in die Hände von mächtigen Gruppen gefallen, die fähig und gewillt waren, jegliche... feindseligen Schulen der öffentlichen Beeinflussung auszuschließen. Sie machten sich daran, das öffentliche Bewußtsein in stereotype Formen zu pressen."*

Es ist wohl nicht überraschend, daß Wells die *City* of London – das internationale Zentrum der Bankkultur – und ihr finanzielles Ansehen für verantwortlich hält, daß das Wirtschaftsleben der Welt über die vorangegangenen hundert Jahre eng zusammengebunden wurde. Mit diesen Neuerungen bei den Kommunikationsmitteln und den Finanzen, aber auch mit den Frustrationen und den bevorstehenden Kriegen (so sagt er) im Leben der unabhängigen Nationalstaaten und Herrschaften, dämmerte ganz allmählich die Idee des Weltstaates herauf.[274]

H. G. Wells sagt: *„Zu diesem Zeitpunkt (1919 n.Chr.) gab es bereits eine beträchtliche Anzahl von intellektuellen Leuten in der Welt, welche die dringende Notwendigkeit einer Weltregierung erkannt hatte, und eine noch größere Mehrheit..., die es instinktiv und gefühlsmäßig verstanden hatte, aber es gab noch niemanden, der die intellektuelle Kraft besaß, ernsthaft das Problem anzugehen, die bestehenden Regierungen durch ein Weltsystem zu ersetzen."*

Er beschreibt die *Eine-Welt-Regierung* auch als *„offenkundig die einzig mögliche Lösung für das Problem der Menschen"*. Die *Neue Weltordnung* müßte von wenigen regiert werden, von der oberen Schicht, vom Engländer und von seinem amerikanischen Verbündeten. Im Buch wird auch auf die Friedenskonferenz von Versailles hingewiesen, die auf den Ersten Weltkrieg folgte, und Wells erwähnt den amerikanischen Präsidenten Woodrow Wilson als *„den Mann, der für die Andeutungen der Zukunft am empfänglichsten ist. ...Aber es ist zweifelhaft, ob er jemals erkannt hat, daß ein Weltfrieden die weltweite Kontrolle über all die lebenswichtigen gemeinsamen Interessen der Menschheit bedeutet."*[275]

Eine weitere interessante sowie ausdrückliche Darstellung der Absichten der *Neuen Weltordnung* kann in Wells' Buch „*The Open Conspiracy*" („*Die offene Verschwörung*") nachgelesen werden, das 1928 veröffentlicht wurde.

Das darin von Wells vorgeschlagene Verschwörungsprogramm lautet:

1. *„Die vollständige, praktische und theoretische Anerkennung der vorläufigen Natur der bestehenden Regierungen und ihrer Duldung durch uns.*

2. *Der Entschluß, mit allen zur Verfügung stehenden Mitteln die Konflikte dieser Regierungen, ihrer militanten Verwendung von Personen und Eigentum und ihre Einmischung in die Errichtung eines Welt-Wirtschafts-Systems zu vermindern.*

3. *Die Entschlossenheit, privates regionales oder nationales zumindest an Guthaben, Transportmitteln und den wichtigsten Produktionsgütern durch ein verantwortliches Weltdirektorat zu ersetzen, das gemeinnützigen Zielen der Menschen dient.*

4. *Die praktische Anerkennung der Notwendigkeit für weltweite biologische Kontrollen, zum Beispiel im Bereich Bevölkerung und Krankheit.*

5. *Der Erhalt eines Mindeststandards an individueller Freiheit und Wohlfahrt in der Welt.*

6. *Die oberste Pflicht, das persönliche Leben der Schaffung eines Weltdirektorats unterzuordnen, das zur Erfüllung dieser Aufgaben fähig ist, und die allgemeine Förderung des menschlichen Wissens, der Leistung und der Macht."*

Abb. 12:
Herbert George Wells

256

Was uns hier schwarz auf weiß vorliegt, sind die theoretischen Grundlagen, die notwendig sind, um eine *Neue Weltordnung* zu schaffen. Es wird jedoch nicht das übergeordnete Ziel erwähnt, wie der Autor Jim Keith schreibt: *„Es ist ein Plan, um die nationalen Grenzen und Verfassungen zu zerstören und die Kontrolle – die totale Kontrolle – in einem aristokratischen Regierungskörper aufzurichten.*

Der Plan der Neuen Weltordnung wurde später von solchen Ableger-Gruppen wie dem Council on Foreign Relations (CFR), dem Club of Rome, dem Tavistock-Institut, der Trilateralen Kommission und der Bilderberg-Gruppe weitergeführt und in Form von solchen Institutionen wie den Vereinten Nationen, dem Internationalen Währungsfonds und der Weltbank realisiert. Keine dieser Gruppen und keines ihrer einzelnen Mitglieder haben ganz von sich aus agiert, sondern sind stattdessen eine sich entfaltende Hydra mit vielen Köpfen. Ihre Aktionen waren immer auf einstimmige Weise koordiniert, und ihr gemeinsames Ziel war immer die totale Kontrolle der Welt.[276]

Kampf der Kulturen

Besonders seit den Tagen nach den Anschlägen vom 11. September hat der Begriff *„Kampf der Kulturen"* eine neue Bedeutung erhalten. Weltweit gaben Spitzenpolitiker und Diplomaten ihrer Besorgnis Ausdruck, daß es im Zuge der Reaktionen auf die dramatischen Ereignisse in den USA nicht zu einer Eskalation und zu einem globalen *„Krieg der Kulturen"* kommen dürfe.

Viele von ihnen warnten eindringlich vor der Gefahr eines Abgleitens in einen Dritten Weltkrieg mit unabsehbaren Folgen.

Der Verursacher des mittlerweile populär gewordenen Begriffs vom *„Kampf"* oder *„Krieg der Kulturen"* ist der amerikanische Politologe Samuel Huntington. 1996 wurde sein Buch *„Clash of Civilization"* im Verlag Simon und Schuster veröffentlicht. Er löste mit seinen Thesen einen Schock und eine heftige Debatte vor allem in den Entwicklungsländern aus.

Huntingtons Buch ging auf eine Vorlesungsserie am *American Enterprise Institute* in Washington und auf einen Beitrag in der Zeitschrift *„Foreign*

Affairs" ein und war Teil eines „*Forschungsprojektes"* über „*die veränderte Sicherheitsumwelt und die nationalen Interessen Amerikas"*.

Auf jeden Fall haben Huntingtons Thesen so viele Debatten provoziert wie kaum ein anderes Buch in den letzten Jahren. Von allen fünf Kontinenten und aus Dutzenden Ländern kamen Reaktionen und Kommentare. Die Leser waren abwechselnd beeindruckt, empört, verängstigt und ratlos bezüglich seiner These, daß die zentrale und gefährlichste Dimension der kommenden globalen Politik der Konflikt zwischen Gruppen aus unterschiedlichen Zivilisationen sein werde.

Der deutsche Titel seines Buches lautet: „*Kampf der Kulturen – Die Neugestaltung der Weltpolitik im 21. Jahrhundert"*.

Es ist wohl keine akademische Schrift, sondern eher ein „*geopolitisches Projekt"* aus der Denkschule einer bestimmten anglo-amerikanischen „*imperialen"* Fraktion. Zu dieser Fraktion gehören unter anderem der ehemalige Sicherheitsberater unter Jimmy Carter, Zbigniew Brzezinski, Henry Kissinger und der englische Geopolitiker und Oxforder Islamexperte Bernhard Luis. Getreu der These des alten britischen Geopolitikers Mackinder, „*Wer das eurasische Kernland kontrolliert, kontrolliert die ganze Welt"*, vertreten diese Geopolitiker die Auffassung, in der Zeit nach dem Kalten Krieg stelle eine eurasische Wirtschaftsallianz zwischen China, Indien, Rußland und den islamischen Ländern (u.a. Iran, Irak) die größte Bedrohung für die „*einzig verbliebene Hegemonialmacht"* (hegemonial: *die Vormachtstellung habend/erstrebend*) USA dar. Besonders dadurch werde das Mächtegleichgewicht ernsthaft bedroht.[277]

Dabei wird der wahre Grund für die geopolitische Obsession offensichtlich verschwiegen: die globale Weltfinanzkrise und ihre Auswirkungen auf den *Westen* beziehungsweise die Vormachtstellung der USA. Huntington und Brzezinski vertreten die Position einer Elite, die um jeden Preis an dem wissenschaftlichen Weltbild des untergehenden Finanzempire festhalten will. Was sie möglicherweise planen, ist nichts anderes als ein „Kreuzzug" gegen den Rest der Welt, was gleichzeitig einen Dritten Weltkrieg bedeuten würde, frei nach dem Motto: „*Wenn wir schon untergehen, dann gehen die anderen mit uns unter...*"

Auch Brzezinskis Thesen über die *Technokratische Zeit* wurden in den vergangenen Kapiteln bereits erörtert.

In einem anderen Buch Brzezinskis *„Die einzige Weltmacht – Amerikas Strategie der Vorherrschaft"* (1999) wird diese Auffassung klar dargelegt. Er spricht darin vom *„eurasischen Schachbrett"*, wo sechzig Prozent der Weltenergievorkommen lägen und wo in Zukunft der *„Kampf der Kulturen"* um die Vorherrschaft ausgetragen werde. Um sich diese Vorherrschaft zu sichern, müßten die USA nach dem Vorbild des Römischen Reiches folgende Devise der Geopolitik umsetzen:

- Absprachen zwischen Vasallen verhindern und ihre Abhängigkeit in Sicherheitsfragen bewahren (das beinhaltet die Errichtung neuer Stützpunkte);
- die tributpflichtigen Staaten fügsam halten und schützen;
- dafür sorgen, daß die „Barbarenvölker sich nicht zusammenschließen".[278]

„Ohne wahre Feinde, keine wahren Freunde. Wenn wir nicht hassen, was wir nicht sind, können wir nicht lieben, was wir sind."
(Samuel Huntington in *„Kampf der Kulturen"*)

Huntington und seine Thesen

Betrachten wir nun Huntingtons Hauptthesen des *Kampfes der Kulturen*:

- In der Welt nach dem Kalten Krieg wird der *„Konflikt der Supermächte"* durch den *„Kampf der Kulturen"* ersetzt. Die Menschen auf der Welt werden sich in wachsendem Maße entlang *„kultureller Kampflinien"* differenzieren, und Konflikte zwischen *„Kulturgruppen"* beziehungsweise Gruppen verschiedener Zivilisationen werden zum zentralen Faktor der globalen Politik. Staaten definieren ihre politischen Interessen nicht in Kategorien *„wirtschaftlicher Zusammenarbeit"*, sondern in kulturellen Gegensatzbegriffen. Die interkulturelle Auseinandersetzung um politische Ideen wird abgelöst von einer *„interkulturellen Auseinandersetzung um Kultur und Religion"*.

- Huntington vertritt die Meinung, daß nicht die Armut dieser Welt, der eklatante Mangel an wirtschaftlicher Entwicklung die Ursache politischer Konflikte sei, sondern daß Konflikte aus dem *clash* von Kulturen und Religionen entstehen.
- Das Machtgleichgewicht zwischen den Kulturkreisen verschiebt sich, der Westen (Nordamerika und Europa) verliert an Einfluß. Huntington „belegt" das anhand von Statistiken, nach welchen der Westen in den nächsten drei Jahrzehnten sowohl demographisch als auch hinsichtlich der Kontrolle von Territorien und der Industrieproduktion an Einfluß verlieren werde: *„Nicht-westliche Kulturen bekräftigen selbstbewußt den Wert ihrer eigenen Grundsätze. Eine auf kulturellen Werten basierende Weltordnung ist im Entstehen begriffen: Gesellschaften, die durch kulturelle Affinität verbunden sind, kooperieren miteinander. Universalistische Ansprüche bringen den Westen zunehmend in Konflikt mit anderen Kulturkreisen – am gravierendsten mit dem Islam und China."*
- Hauptbedrohung und möglicher Auslöser eines *„clash of civilizations"* seien die *„islamische Resurgenz"* und die *„asiatische Affirmation"*. Der entscheidende Faktor der *„islamischen Resurgenz"* sei der demographische: *„Der Islam erlebt eine Bevölkerungsexplosion mit destabilisierenden Folgen für muslimische Länder und ihre Nachbarn"*.
- Huntington erklärt pauschal, wo die Konflikte herrühren. Die wahren Ursachen der Konflikte rund um den Globus seien die Suche nach kultureller Identität und die *„Revitalisierung der Religionen"* (Christentum, Konfuzianismus, Islam, Hinduismus). Dabei stellt er willkürlich irgendwelche Kategorien auf, wobei seine Kompetenz in religionsphilosophischer bzw. theologischer Hinsicht in diesen Punkten doch in Frage zu stellen ist.[279]

Abb. 13:
Samuel Huntington

Die Befürchtungen, die sich in Huntingtons Thesen wiederfinden, sind deutlich und klar zu verstehen, wenn er etwa von der *„Hinduisierung der indischen Gesellschaft"* spricht, während die *„chinesische Führung den Konfuzianismus predige"*, die Orthodoxie erstarke und der Islam zu einer Art *„fundamentalistischer Flutwelle"* werde. Wie zweifelhaft und paradox Huntingtons Argumente in Wirklichkeit erscheinen und daß sie letztlich mehr als verlogen sind, wird deutlich, wenn man bedenkt, wie groß die Ablehnung der verblödenden Hollywood- und Mc-Donalds-Kultur weltweit ist. Das wiederum hat auch nichts mit dem Islam zu tun, denn die weltweite Ablehnung der mutierenden amerikanischen Werte von *„unbegrenzten Möglichkeiten"* findet viele Anhänger im Westen.

Natürlich darf auch ein künftiges Kriegsszenarium um die Vorherrschaft nicht in Huntingtons Buch fehlen. Im letzten Teil des Buches entwickelt er in Science-Fiction-Manier, wie wir das bereits bei Wells und Orwell *bewundern* durften, das Szenarium eines künftigen Krieges. Eines Zusammenpralls der Kulturen, in dem China, Japan und die islamische Welt gegen den Rest der Welt kämpfen. Indien erklärt Pakistan den Krieg, Rußland und Indien kämpfen gegen China, Nuklearraketen fallen auf Bosnien, Algerien und Marseille.

Die absolute Frechheit, anders kann man es wohl nicht bezeichnen, liefert Huntington aber zum Schluß seines Buches, vielleicht mit dem Hintergedanken, sich gegen potentielle Kritiker abzusichern. Er sagt sinngemäß, daß der Westen versuchen solle, sich zu bemühen, andere Kulturen *„zu verstehen"*, anstatt seine Überlegenheit universal geltend zu machen.

Daß Huntington diese Aussage sicherlich nicht ernst meint, zeigt ein Interview, das er am 17. September 2001 in der Wochenzeitung *„Die Zeit"* gab. Auf die Frage, ob die Anschläge in New York zu einem *„Kulturkrieg auf globaler Ebene führen werden"*, antwortete Huntington: *„Wir brauchen eine Koalition, die auch islamische Staaten umfaßt... Wenn diese Staaten* (die islamischen) *sich gar mit den Verbrechern solidarisieren, wächst die Gefahr, daß daraus tatsächlich ein ‚clash of civilizations' wird und nicht bloß ein Kampf der zivilisierten Gesellschaften gegen die Kräfte des Bösen."*

666 – die Prophezeiung der „Endzeit"...

Wie weit die gerade beschriebenen Theorien und menschenverachtenden Gedanken, die Autoren wie Wells, Huntington, Huxley oder auch George Orwell ausführlich VOR-BESCHRIEBEN haben, bereits zur Realität geworden sind, ist sowohl in seinen politischen als auch gesellschaftlichen Auswirkungen klar zu erkennen. Auch wenn viele Kritiker meinen, das sei doch alles Angstmacherei, übertrieben und viel zu weltverschwörerisch, so belehrt uns die Gegenwart sicherlich eines Besseren, und George Orwell läßt schön grüßen.

Im folgenden Abschnitt wird deutlich, daß die Zukunft, die beispielsweise Orwell in „*1984*" beschrieben hat, die Zeit ist, in der wir gerade leben. Es ist eine sinnentleerte Gesellschaft – eine Lust- und Spaßgesellschaft –, in welcher der überwiegende Teil der Menschen *roboterhaft* lebt und bereits in einem hohen Maße durch die vorhandenen technischen Möglichkeiten der Mächtigen (Orwell nennt sie „*Kontrolleure*") kontrolliert und gesteuert wird.

Die „Prophezeiungen", wenn man sie so nennen möchte, wie sie uns durch die literarischen Beiträge der genannten Autoren geliefert wurden, unterscheiden sich keinesfalls von denen der bekannten Seher oder den „Propheten" der letzten Jahrhunderte, die das „Weltenende", einen „Weltuntergang" oder eine „Zeitenwende", einhergehend mit vielen massiven kriegerischen Unruhen, klar beschreiben.

Zu diesem Schluß kommt auch Armin Risi, wenn er sagt: „*Die Prophezeiungen, die eine kurze, aber massive Weltherrschaft der Dunkelmächte voraussagen, sind zahlreich. Herausragend unter ihnen ist eine, die besagt, daß diese Weltherrschaft letztlich kommen werde, weil vorauszusehen sei, daß die Menschen alle Hilfsangebote ausschlagen werden; es gehe also nicht darum, gegen die Macht der Dunkelheit zu kämpfen, sondern sich ihr zu widersetzen, auf daß man ihr nicht anheimfalle; die Mehrheit der Menschen werde jedoch in diese Falle treten, ohne sie als solche zu durchschauen – trotz aller Warnungen und Zeichen; entsprechend drakonisch (sehr streng, hart; Anm. d. A.) seien die Konsequenzen.*"[280]

Die Prophezeiung, die unter allen Prophezeiungen eine besondere Stellung einnimmt, ist rund 1.900 Jahre alt und befindet sich im letzten Buch des Neuen Testaments. Die sogenannte Apokalypse, die „Geheime Offenbarung" (griech.: *apo-kalyptein*; *enthüllen*, *offenbaren*) ist eine Schrift, die mit schwer verständlichen Symbolismen eine dramatische Entscheidungszeit visionär vorwegnimmt.[281]

Viele Bibelforscher haben immer wieder darüber gerätselt, auf welchen Zeitpunkt sich die „Geheime Offenbarung" beziehen mag und wann die vorausgesagten Ereignisse eintreffen werden. Die Schwierigkeit, diesen Zeitpunkt einzuordnen, führte dazu, daß in den vergangenen Jahrhunderten Menschen immer wieder geschlußfolgert haben, diese Vision beziehe sich auf ihre Zeit. Das wiederum hatte zur Folge, daß die Apokalypse in das Licht der Unglaubwürdigkeit rückte, und da sie ohnehin eine Schrift mit *sieben Siegeln* ist, wurde sie von den Kritikern nicht ernst genommen.

Diese Schlüsselstelle ist nicht symbolisch und läßt somit eine klare Datierung zu. Die Textstelle, die im Zusammenhang mit der Schlüsselzahl 666 steht, beschreibt einen Krieg im Himmel, in dem sich der Erzengel Michael und ein großer, *roter Drache mit sieben Köpfen und zehn Hörnern* gegenüberstehen:

„Dann brach im Himmel ein Krieg aus. Michael kämpfte mit seinen Engeln gegen den Drachen. Der Drache schlug mit seinen Engeln zurück; aber er wurde besiegt, Er und seine Engel durften nicht länger im Himmel bleiben. Der große Drache wurde hinuntergestürzt! Er ist die alte Schlange, die auch Teufel oder Satan genannt wird und die ganze Welt verführt. Mit allen seinen Engeln wurde er auf die Erde hinuntergestürzt. Dann hörte ich eine mächtige Stimme im Himmel sagen: „Jetzt ist es geschehen: Unser Gott hat gesiegt! Jetzt hat er seine Gewalt gezeigt und seine Herrschaft angetreten! Jetzt liegt die Macht in den Händen des Königs, den er selbst eingesetzt hat!" (12, 7-10)

In Kapitel 13, 1-4 heißt es dann weiter:
„Der Drache verlieh dem Tier seine eigene Befehlsgewalt, seinen Thron und seine große Macht. ...Die ganze Erde staunte über dieses Tier und gehorchte ihm. Alle Menschen beteten den Drachen an, weil er seine Macht dem Tier verliehen hatte. Sie beteten auch das Tier an und sagten: „Wer kommt diesem Tier gleich? Wer kann es mit ihm aufnehmen?"

Das erste Tier handelt in der Funktion eines Herrschers oder Diktators. Das zweite Tier dahingegen könnte als religiöser Führer, als falscher Messias oder Prophet interpretiert werden, weshalb es auch vielfach als der „Antichrist" interpretiert wird. Das zweite Tier handelt im Namen des ersten und etabliert unter seiner Herrschaft eine neue Weltreligion auf der Erde:

„Im Auftrag des ersten Tiers übte es dessen ganze Macht aus. Es zwang die Erde und alle, die auf ihr lebten, das erste Tier mit der verheilten Wunde anzubeten. ...Durch die Wunder, die es im Auftrag des ersten Tieres tun konnte, wurden alle Menschen getäuscht, die auf der Erde lebten. Das Tier überredete sie (die Menschen), ein Standbild zu Ehren des Tieres zu errichten... **Das zweite Tier konnte sogar das Standbild des ersten Tieres beleben, so daß dieses Bild sprechen konnte** *und dafür sorgte, daß alle getötet wurden, die es nicht anbeteten."* (13, 11-15)

In den darauffolgenden Versen (16-18) wird dann gesagt, daß das Tier alle Menschen in seine Gewalt brachte; kennzeichnend hierfür wird zum Ende des Textes die Schlüsselzahl 666 erwähnt, durch die eine zeitliche Einordnung der beschriebenen Ereignisse möglich wird:

„Das Tier hatte alle Menschen in seiner Gewalt: Hohe und Niedrige, Reiche und Arme, Sklaven und Freie. Sie mußten sich ein Zeichen auf ihre rechte Hand oder ihre Stirn machen. Nur wer dieses Zeichen hatte, konnte kaufen oder verkaufen. Das Zeichen bestand aus dem Namen des Tieres oder der Zahl für diesen Namen. Dazu braucht man Weisheit. Wer Verstand hat, der kann herausfinden, was die Zahl des Tieres bedeutet, denn sie steht für den Namen eines Menschen. **Es ist die Zahl sechshundertsechsundsechzig.**" (Herv. d. d. A.)

Das erste Tier wird als ein böswilliger Herrscher (oder Diktator) beschrieben. Bei dem zweiten Tier handelt es sich, wenn man so will, um die *Exekutive*, die vollziehende „Gewalt". Beiden gelingt es, die Herrschaft über die Menschen zu erlangen, mit dem Malzeichen 666, das jeder ihrer Untertanen entweder auf der rechten Hand oder auf der Stirn tragen muß. Kaufen und verkaufen können nur noch diejenigen, die dieses Zeichen tragen.

Diese Aussagen lassen wohl unzweifelhaft erkennen, daß es hier um das *Geld* geht: *„„Das Tier hatte alle Menschen in seiner Gewalt: Hohe und Niedrige, Reiche und Arme, Sklaven und Freie... Nur wer dieses Zeichen hatte, konnte kaufen oder verkaufen..."*

Und dieses Geld soll nur noch verfügbar sein über einen Code, der aus dem Namen des Tieres besteht: 666.

Das Zeichen des Tieres wird die Welt kontrollieren

Die zeitliche Zuordnung der Textstellen aus der Apokalypse ist verblüffend. Denken Sie nur daran, wie das Kaufen und Verkaufen immer mehr monopolisiert wird, wohl mit der Aussicht beziehungsweise Absicht, daß es in naher Zukunft kein Bargeld mehr geben wird. Überraschenderweise spielt die Zahl 666 dabei eine entscheidende Rolle.

Gemeint ist der Strichcode zum Kaufen und Verkaufen, genannt EAN (Europäische Artikelnummer) und UPC (Universal Product Code). Der Strichcode besteht aus dreizehn beziehungsweise zwölf Ziffern, die durch jeweils zwei Striche mit unterschiedlicher Dicke dargestellt werden. So könnte man also annehmen, daß es sich hierbei um einen Zwölfnummern-Code aus vierundzwanzig Strichen handelt. Wie auf der folgenden Abbildung nachzuvollziehen ist, hat er dreißig Striche. Außen links, in der Mitte und außen rechts befinden sich nämlich drei zusätzliche, identische Doppelstriche, die ein wenig länger sind als die anderen Striche – bei ihnen steht keine Zahl. Diese drei Doppelstriche stehen offensichtlich dreimal für dieselbe Zahl – und das ist die 6! Diese Interpretation bedeutet jedenfalls, daß in jedem Strichcode die Zahl 666 enthalten ist!

Abb. 14:
Der *Bar-Code*, der inzwischen auf fast allen Gütern und Lebensmitteln angebracht ist.

265

Reine Spekulation – höre ich die leisen Stimmen der Kritiker. Doch es gibt einen anderen Zusammenhang, der vielen Lesern und auch den Kritikern gar nicht bekannt ist.

Die römische Sprache verwandte für Zahlen auch Buchstaben. Bekannt hierfür sind die römischen Zahlen, die sich aus den Buchstaben I, V, X, L, C, D, und M zusammenstellen. Das gleiche Konzept finden wir auch in der hebräischen Sprache, nur sehr viel komplexer. Im Hebräischen hat jeder Buchstabe einen Zahlenwert. Die Zahl 6 entspricht im Hebräischen dem Buchstaben W. So erkennt jeder Hebräischkundige in den Buchstaben www sofort die Zahl 666. Für Computer- und Internetbenutzer ist www (world wide web) bekanntlich der Code, den man eintippen muß, um Zugang in das weltweite Netz zu bekommen.

Um das Ganze noch deutlicher zu machen, sollte man die Wort-Zahlen-Verhältnisse der Kabbala einmal näher betrachten. Da sich die Zahl des Tieres aus der Zahl 6 zusammensetzt, sollte man mit dem *additiven Sechseralphabet* operieren: A=6, B=12, C=18, D=24, E=30, F=36 und so weiter. Nun kann man jedes beliebige Wort nehmen und die jeweiligen Buchstaben durch eine Zahl ersetzen. Kann man da von Zufall sprechen, wenn das Wort COMPUTER den Zahlenwert 666 ergibt? Dieser Begriff wurde in seinem Wort-Zahlen-Verhältnis sicherlich genau ausgewählt. Dazu kommt, daß man in keinem Elektronik-Lehrbuch oder Lexikon vor 1960 den Begriff Computer findet. Vor Einführung dieses Begriffes hießen diese Maschinen (im englischen) *calculator*. Aber erstaunlicherweise gibt es noch eine Reihe anderer Beispiele. So beträgt der Zahlenwert der Stadt NEW YORK (NY wird vielfach auch als Illuminatenhauptstadt bezeichnet) ebenfalls 666.

Daß die Ziffer 666 mit dem Bar-Code, dem Kreditkartensystem, also mit Banken und Geld zu tun hat, belegt wohl auch die Tatsache, daß der Code der Weltbank ebenfalls 666 ist. Auch die Karten der australischen Nationalbank weisen die 666 auf. Die Scheck-Verrechnungsstelle für indische Banken in Bombay trägt den Zahlenwert 666. Das „Olivetti-Computer-System P 6060" gebraucht seit einigen Jahren Nummern, die mit 666 beginnen. Überall in den USA tragen Computerquittungen eine Gruppe von grauen Punkte, welche die Zahl 666 ergeben. Es könnten noch viele andere Beispiele angeführt werden.

Es steht jedem frei, das in der Offenbarung des Johannes dargestellte apokalyptische Szenarium und die hier gegebene Interpretation anders auszulegen oder sie gar vollkommen abzulehnen. Eines sollte jedoch, ganz objektiv betrachtet, dabei nicht vergessen werden, daß nämlich die Zahl 666 erst heute überall vorhanden ist und eine zentrale Rolle spielt, wie nachweislich zu keiner anderen Zeit.

Die Abschaffung des Bargeldes

Man braucht heute kein Prophet zu sein, um klar zu erkennen, daß es Papier- und Münzgeld wahrscheinlich nicht mehr lange geben wird. Der nächste Schritt wird die Abschaffung des Bargeldes sein. Eine bargeldlose Gesellschaft – ist das überhaupt möglich?

Durch die Vorarbeit beziehungsweise die Einführung von elektronisch lesbaren Scheck- und Kreditkarten, Bahnkarten, Telefonkarten, Benzinkarten der einzelnen Ölkonzerne, Kundenkarten, Krankenversicherungskarten und so weiter werden die Menschen systematisch vorbereitet. Das Ziel ist eine einzige Karte!

Und die Argumente, die den Menschen hier präsentiert werden, sind ja auch nicht von der Hand zu weisen: Der bargeldlose Zahlungsverkehr sei sicherer, einfacher, praktischer und obendrein auch zeitsparend. Wird dieses System erst einmal von der breiten Masse angenommen, sind quasi die Voraussetzungen für das eigentliche Ziel – nur eine Karte – geschaffen. Man wird den Menschen davon überzeugen, daß es doch besser sei, statt viele elektronische Karten mit sich herumzutragen, nur eine einzige Karte zu haben.

Wenn der Bürger nicht mehr über Bargeld verfügt, sondern nur noch über ein Konto, dann sind all seine Einkünfte und Ausgaben registriert. Aber auch der Kunde wird bei jeder Transaktion identifiziert. Bereits Ende der neunziger Jahre war diese sogenannte *Debitorenkarte* (Debit-Card) schon in Kanada, Australien und Neuseeland im Umlauf.

Die Markierung des Menschen durch das Zeichen

Damit ist das Modell aber noch nicht zu Ende gedacht. Man stelle sich dazu nur einmal vor, wie groß die Katastrophe sein mag, wenn diese Karte mit all den lebensnotwendigen Lebensdaten des Besitzers einmal verlorengeht. Das würde für den Besitzer fatale Folge haben! Bis die Karte mit all ihren verschiedenen Funktionen ersetzt ist, vergeht eine gewisse Zeit, in der nichts gekauft oder verkauft werden kann!

Das Endziel ist die Lasertätowierung. Für das Auge unsichtbar, wird per Laserstrahl ein *Bar-Code* (Strich-Code) auf die Hand oder auf den Stirnknochen tätowiert. Das heißt im Klartext, daß der Code auf der Hand wie die Debitorenkarte als Zahlungsmittel und zusätzlich als Identifikation genutzt wird. Mit einem Scanner über die Handfläche gestrichen, erhält man dann alle gewünschten Informationen. Der große Vorteil liegt auf der Hand. Das Markierungszeichen, das auf der Stirn oder auf der Hand angebracht wird, kann nicht mehr verlorengehen. Die zentralgeschalteten Computer erkennen jedes Individuum sofort an seinem *Strichcode*, wodurch unmittelbar eine Verbindung zur Datenbank hergestellt wird.

Die Versuchsphase für diesen alles entscheidenden Schritt in Richtung totale Überwachung hat bereits in den achtziger Jahren begonnen. Die Lasertätowierung wurde über zehn Jahre lang im Disneyland getestet. Man gab den Personen, die sich mehrere Tage dort aufhielten, die Möglichkeit, sich zwischen einer Dauerkarte oder einer Lasertätowierung auf der linken Hand zu entscheiden. Durch diesen Versuch wollte man testen, wie die Menschen darauf reagieren und ob sie sich mit der Zeit daran gewöhnen.

Ein anderer Versuch fand bereits 1988 in Singapur statt. Drei Monate lang wurde dieses System an zehntausend Menschen getestet! Die Zeitschrift *„Science et Foi"* teilte mit, daß diese Millionenstadt den Ersatz von Kreditkarten durch einen individuellen, laserlesbaren Strichcode ausprobieren wollte. Der Code wurde zur Hälfte auf dem Handgelenk und zur Hälfte auf der Stirn angebracht.[282]

Sie erinnern sich?
Offb.13,17: *„Sie mußten sich ein Zeichen auf ihre rechte Hand oder ihre Stirn machen. Nur wer dieses Zeichen hatte, konnte kaufen oder verkaufen."*

Ein anderer Versuch, der seit Jahren in den westlichen Ländern mit großem Erfolg durchgeführt wird, sind die Tattoos. Achten Sie einmal darauf, wie viele junge Menschen heute tätowiert (oder auch gepierct) sind. So menschenverachtend und hart das auch für den einen oder anderen klingen mag, für die Strategen, die sich diese Konzepte und Versuche ausdenken, um ihre *Neue Weltordnung* in einem „*Big-Brother*"-Staat zu installieren, scheint der einzelne Mensch wohl auch nicht mehr wert zu sein als Kühe oder Rinder, die man ja letztlich auch *„tätowiert"* und *„pierct"*. Seien Sie gewiß, daß im Weltbild dieser Strategen zwischen den Menschen und Tieren kein wesentlicher Unterschied besteht. Der kleine Unterschied zum Tier ist nur der, daß sie den Menschen zunächst davon überzeugen müssen, daß Tattoos oder ein gepierctes Ohr *in* sind oder ein Stück *Freiheit* bedeuten.

Durch die Multimediawelt, Starkult und *Hollywood* kein Problem mehr – herzlich Willkommen in der schönen neuen Welt...

Natürlich gibt es genug plausible Argumente, um die Menschen auch noch von der Lasertätowierung zu überzeugen, zum Beispiel die Zeitersparnis bei Abfertigungen an Flughäfen oder Bahnhöfen und so weiter. Die Menschen werden nicken, wenn man ihnen sagen wird, wie sicher diese Methode ist und wieviel mehr Freiheit der Mensch dadurch erhält. Da wären auch noch Hollywood zu nennen und die Geheimagenten – die Götter der Leinwand –, die per Netzhautidentifizierung (siehe Abb. 14a) identifiziert werden – schön und heldenhaft wird es verpackt, verkleidet in die Marionette eines *Superstars*.

Kein Bargeld mehr bedeutet auch keinen Diebstahl mehr, denn wo kein Geld ist, kann auch keines geklaut werden. Das System dient auch der Verbrechensbekämpfung. Jeder Verbrecher kann über die Lasertätowierung per Satellit ausfindig gemacht werden, und illegale Grenzübertritte können auch nicht mehr möglich sein. Es wird viele Argumente geben, um die Menschen schließlich davon zu überzeugen.

Das Ziel ist jedoch in Wahrheit die totale Kontrolle. Vorbei ist es dann mit dem letzten freien Willen. Jeder Schritt, den Sie tun, kann von „*Big Brother*" überwacht werden, gleich an welchem Ort Sie sich gerade aufhalten, was Sie gerade gekauft oder verkauft haben, wieviel Kapital Sie besitzen und so weiter.

Implantierte Mikrochips – Totale Kontrolle...

Damit ist die letzte Stufe aber noch nicht erreicht. Der Höhepunkt ist die Implantierung von Mikrochips zur Identifizierung und Kontrolle.

Die Produktion solcher Mikrochips läuft seit vielen Jahren. So berichtete die *„Washington Times"* am 11. Oktober 1993 unter der Schlagzeile „High-tech National Tattoo": *„Hughes Aircraft Company stellt nun eine Identifikationsmarke her, die man nicht mehr verlieren kann: einen implantierbaren Transponder, den man mit einer Spritze in den Körper eingeben kann. Aus den Prospekten der Firma geht hervor, daß dies eine „geniale, gefahrlose, kostengünstige, narrensichere und permanente Methode der Identifikation ist, auf der Grundlage von Radiowellen". Es handelt sich hier um einen winzigen Mikrochip, nicht größer als ein Reiskorn, der einfach unter der Haut eingepflanzt wird. Er ist so konstruiert, daß man ihn zusammen mit einer Impfung oder auch allein injizieren kann."* (Herv.d.d.A.)

Natürlich sind die ersten Versuchskaninchen zunächst immer die Tiere, hier geschieht die Implantierung offiziell und legal. Doch ist so eine technische Neuerung erst einmal auf dem Markt, arbeiten die Gehirne, und es dauert nicht lange, bis eine Entwicklung auch für den Menschen und vor allem für die Wirtschaft nutzbringend vermarktet wird.

Natürlich kann eine derartige technische Entwicklung dem Menschen große Dienste erweisen, zum Beispiel in der Medizin, bei der Verbrechens- oder Terroristenbekämpfung und so weiter – aber jedes Ding hat bekanntlich zwei Seiten.

Die andere Seite stellt die Möglichkeit in Aussicht, die Menschen der Zukunft unter totale Kontrolle und Überwachung zu stellen.

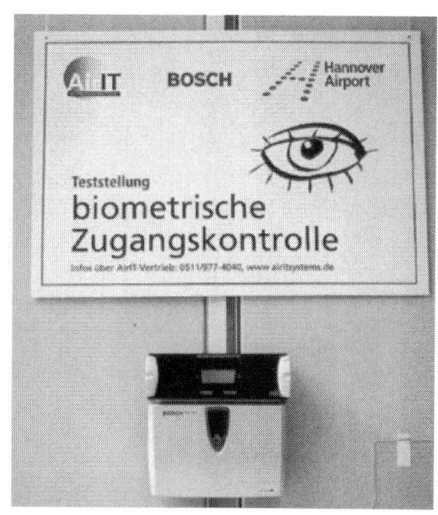

Abb. 14a:
Netzhautidentifizierung ist auch in Deutschland bereits Realität! Zum Beispiel am Airport Hannover.

Es dauerte nicht lange, da dachte man bereits öffentlich darüber nach, ob es nicht sinnvoll sei, „elektronische Chips" bei Säuglingen und Kindern einzupflanzen. Ist ein Kind weggelaufen oder verschwunden, könnte man es per Satellitensignal schnell wiederfinden. Natürlich ist das ganz im Sinne des Erfinders und natürlich auch der Wirtschaft. Implantierbare Bio-Chips zur Ortung von Personen via Satellit sind seit vielen Jahren existent. Vor einigen Jahren hatte sich der englische Professor Steven Warwick einen Mikrochip in den Arm implantieren lassen, um damit experimentelle Erfahrungen zu sammeln.

Der digitale Engel

Die neueste Generation, die den Markt erobert, ist der sogenannte digitale Engel. Durch seine Entwicklung verspricht man sich eine noch größere Sicherheit und Überwachungsmöglichkeit. Besonders nach den Anschlägen in New York sind die Chancen für Sicherheitsfirmen, entsprechende Errungenschaften zur Überwachung auf dem Markt zu etablieren, deutlich gestiegen.

Der Internet-Dienstleister *Applied Digital Solution* hat diesen Prototyp einer in den menschlichen Körper zu implantierenden Datenübertragungseinheit entwickelt. Der *Digital Angel* ist eine Sende- und Empfangseinheit, ausgestattet mit einer elektromechanischen Energieversorgung, die den notwendigen Strom für das Gerät aus Muskelbewegungen des Körpers gewinnt. Die Einheit soll an das satellitengestützte „Global Positionierung System" GPS angebunden werden, das den Träger jederzeit lokalisieren könne.

Wie auch bei der Strichcode-Methode, gibt es eine Reihe von Befürwortern und Gegnern. Wie in den vergangenen Kapiteln belegt wurde, ist der Mensch, oder besser gesagt wohl nur eine kleine Elite von *Menschen*, nicht bereit; noch haben sie das Bewußtsein, technische Errungenschaften zum Wohle und nicht zum Schaden der Menschheit einzusetzen. Das wiederum spricht wohl für eine negative Prognose, wenn es um die großen und revolutionären Entwicklungen unserer Zeit geht.

Sicherlich wird es nur eine Frage der Zeit sein, bis die Bereitschaft der meisten Menschen für eine solche Implantierung vorhanden sein wird, denn die Angst in der Bevölkerung vor Terroranschlägen wird durch die Medien ständig forciert, womit auch der Wunsch nach einer bestmöglichen Überwachung wächst. Besonders aber die Möglichkeiten, die sich daraus für die Medizin erschließen, lassen langfristig eine breite Zustimmung der Bevölkerung erwarten.

Ob die totale Überwachung Wirklichkeit wird und die Menschen langfristig einen „digitalen Engel" als permanent überwachenden „Großen Bruder" empfinden oder sich, angefangen bei der Mitführung von Handys zur Dauerpräsenz und Lokalisierung, allmählich daran gewöhnen, bleibt abzuwarten.

Professor Steven Warwick, der sich einen Mikrochip implantieren ließ, bemerkte in diesem Zusammenhang: *„Ob die totale Überwachung Wirklichkeit wird, entscheiden weder ich noch Sie. Es wird sein wie beim Internet. Wir beide können uns als Individuum aus dem System ausklinken; aber wir können es nicht abstellen."*[283]

Zusammenfassung und Ausblick

Die *schöne neue Welt* ist kein Zukunftsszenarium einer weit entfernten Gesellschaft, wie es uns *Science-Fiction-Autoren* wie Huxley, H. G. Wells, Brzezinski oder George Orwell dargestellt haben, sie ist bereits größtenteils zur Realität geworden.

Beleuchtet man in diesem Zusammenhang auch noch die politischen Hintergründe dieser Autoren, wird deutlich, daß ihr Gedankengut oder die *Zukunftsschau*, wie man es wohl besser ausdrücken sollte, nicht einfach auf visionären Gedanken basierte. Es ist wohl eher anzunehmen, daß durch genannte Personen ein bereits vorhandener und in seinen Anfangsstadien befindlicher Prozeß einfach weitergesponnen und in Science-Fiction-Version offengelegt wurde.

Man sollte dabei auch nicht vergessen, daß beispielsweise Huxley eine der Personen war, die in Verbindung mit dem Tavistock gestanden haben und H. G. Wells gar Leiter des britischen Geheimdienstes war...

Wie menschenverachtend beispielsweise Huntingtons Thesen auch sein mögen, seit den Anschlägen vom 11. September und den daraus resultierenden Folgen (z.b. Afghanistan-Krieg, Irak-Krieg) ist wohl kaum noch daran zu zweifeln, daß es sich bei seinen Thesen aller Wahrscheinlichkeit nach um die theoretischen Grundlagen für einen *Kampf* (oder *Krieg*) *der Kulturen* handelt, der spätestens mit den Anschlägen in New York seinen inoffiziellen Anfang nahm. Das *Lügengerüst* im Zusammenhang mit den Anschlägen von New York und den daraus resultierenden Kriegen in Afghanistan und im Irak ist immer mehr am wanken und läßt vermuten, daß diese Kriege nur der Anfang eines *geplanten* (?) Flächenbrandes sein werden – mit weitreichenden Folgen!

Ob sich das offensichtliche Ziel, eine *Neue Weltordnung* zu installieren (mit der Vormachtstellung der USA), allerdings durch derartige Pläne verwirklichen läßt, ist zu bezweifeln. Was sie offensichtlich planen, ist nichts anderes als ein „Kreuzzug" gegen den Rest der Welt, was gleichzeitig einen Dritten Weltkrieg bedeuten würde!

Doch wie bereits in den Ausführungen zu erkennen ist, sind diese Personen nicht nur von ihrem Handeln und Tun überzeugt, sie sind auch davon überzeugt, daß eine *Neue Weltordnung* vonnöten ist und daß sie kommen wird. Koste es, was es wolle.

James Warburg, CFR-Mitglied, sagte vor dem Senatsausschuß für auswärtige Angelegenheiten am 17. Februar 1950:
„Wir werden zu einer Weltregierung kommen, ob sie es wollen oder nicht – durch Unterwerfung oder Übereinkunft."

Im nächsten Kapitel wollen wir die Anschläge vom 11. September, den daraus resultierenden Afghanistan-Krieg sowie den zweiten Irak-Krieg und ihre möglichen Hintergründe näher beleuchten.

„Die Kriege werden von Leuten gemacht, denen das Leben anderer gleichgültig ist. Sie machen ihre Kriege mit der Habe, dem Blut und Leben anderer, und was wir dazu denken und dabei leiden, ist ihnen einerlei."
(Hermann Hesse)

Kapitel 6
AUF DEM WEG IN DEN DRITTEN WELTKRIEG

> *„Es wird nicht lange dauern, wenn man das Jahr*
> *2000 geschrieben haben wird, da wird nicht ein*
> *direktes Verbot, aber eine Art Verbot für alles*
> *Denken von Amerika ausgehen, ein Gesetz, wel-*
> *ches den Zweck haben wird, alles individuelle*
> *Denken zu unterdrücken."*
>
> (Rudolf Steiner am 4.4.1916)

Der 11. September...

Auch wenn die Anschläge von New York mittlerweile zwei Jahre zurück-
liegen, hat dieser Tag nicht nur in den USA, sondern auf der ganzen Welt
einen unvergessenen *Ein-Druck* hinterlassen.

Die weitreichenden Folgen und Auswirkungen, die sich aus diesem
Höllenszenarium ergeben haben, die weltweite Angst vor Terror, vor Anschlägen auf Flugzeuge, vor Angriffen auf die Bevölkerung mit biologischen und chemischen Kampfstoffen und so weiter – all das ist zu einem
Netz der Angst geworden, das sich über alle Völker der Erde gespannt hat.

Man wird sich auch gut daran erinnern, daß die Täter, die für die Anschläge verantwortlich waren, schnell überführt waren: *Osama bin Laden*
und das terroristische Netzwerk *Al Kaida*. (Daß das terroristische Netzwerk Al Kaida besteht, soll keinesfalls bestritten werden!) Daß der Haupt-
verantwortliche für diese Terroranschläge der *„saudische Dissident Osama
bin Laden in Afghanistan"* war, lieferte dann auch die Grundlage dafür, die
nachfolgende Afghanistan-Intervention zu rechtfertigen!

In diesem Kontext denkt man unweigerlich an die *klugen Köpfe* wie Kissinger, Brzezinski und Huntington, die in ihren Thesen klar und offen dargelegt haben, daß vom Islam die größte Gefahr ausgeht und er einer *Neuen
Weltordnung* mit der Vorherrschaft Amerikas im Wege steht. Kommt es da
nicht wie gerufen, daß es islamische Terroristen waren, die angeblich die
Anschläge in New York verübt haben? Wie leicht ist es dann, langsam und
ganz unterschwellig den Islam als das *Böse* auf dieser Welt anzuklagen, der
einem weltweiten Friedensprozeß im Wege steht.

Die Täter waren also schnell überführt, *Beweise* wurden *gefunden* und der traumatisierten Weltöffentlichkeit präsentiert. Mit der Zeit wurden jedoch immer mehr Stimmen laut, die in Frage stellten, daß eine Gruppierung wie die Al Kaida überhaupt in der Lage sei, eine solche Operation durchzuführen. Immer mehr Fragen wurden gestellt, bezüglich der logistischen Vorbereitungen zur Durchführung einer solchen Operation, warum die Sicherheitssysteme (z.B. Flugabwehr) versagt haben, warum nach dem ersten Tag keine Bilder mehr über das Pentagon im Fernsehen gezeigt wurden und so weiter. Es verdichteten sich allmählich die Hinweise, daß unter anderem der amerikanische Geheimdienst seine Finger im Spiel gehabt haben könnte. Zudem wurde bekannt, daß dieser nicht lange vor den Anschlägen klare Hinweise erhalten haben soll. All das gibt bis heute Grund zu der Annahme, daß die Anschläge vom 11. September nicht durch das Al-Kaida-Netzwerk und Osama bin Laden geplant und durchgeführt wurden. Was hätte bin Laden im übrigen davon, die Tat zu leugnen (was er ja tat), wenn er tatsächlich der Drahtzieher gewesen sein sollte – in der gesamten islamischen Welt wäre er damit ein gefeierter Held und schon zu Lebzeiten unsterblich geworden.

Viele Fragen und Ungereimtheiten

Erst mit einem gewissen Abstand kamen immer mehr Auffälligkeiten ans Tageslicht, die das ganze Szenarium in einem ganz anderen Licht erscheinen lassen.

Das Versagen der Sicherheitssysteme...
Gegen 8:45 Uhr flog das erste Flugzeug in den nördlichen WTC-Turm. Etwa zwanzig Minuten später krachte das zweite Flugzeug in den anderen WTC-Turm. Die Weltmetropole New York (UNO-Hauptquartier, WTC und so weiter) verfügt über erstklassige Sicherheitssysteme. Obwohl über New York keine Flugzeuge fliegen dürfen, konnte auch das zweite Flugzeug ungehindert in die Flugsicherheitszone eindringen und bis zu den Hochhäusern vordringen, und das nachdem bereits höchste Alarmbereitschaft bestand. Dabei muß man sich vor Augen halten, daß auch nach zwanzig Minuten – einer relativ langen Zeit – keine Maßnahmen getroffen

wurden, um die Flugsicherheitszone vor dem Eindringen des zweiten Flugzeuges zu schützen. Daß die Frühwarnsysteme versagt haben, ist wohl auszuschließen, und das zweite entführte Flugzeug wurde sicherlich auf dem Flugradar beobachtet. Doch man ließ es ebenfalls in die Sicherheitszone eindringen.

Daß die bestehenden erstklassigen Sicherheitsmaßnahmen (z.B. für den Luftraum) versagten oder möglicherweise deaktiviert wurden (?), lassen die Ereignisse um das Pentagon vermuten. Gegen 9:40 Uhr flog das dritte Flugzeug direkt über Washington D.C. in das Pentagon. Das ist fast eine Stunde nach dem ersten Anschlag und mehr als eine halbe Stunde nach dem zweiten Anschlag! Und auch hier versagt mal so eben ein Hochsicherheitssystem. Wie kann das passieren?

Kein Gebäude auf der Welt ist derart gut gesichert wie das Gebäude des US-Verteidigungsministeriums. Es verfügt sogar über eigene Flugabwehrraketen und entsprechende Frühwarnsysteme, was allgemein bekannt ist und auch von offiziellen Stellen bestätigt wird.

Wie kann es da sein, daß ein Flugzeug in die Sicherheitszone eindringen kann, ohne daß die Frühwarnsysteme Alarm schlagen und entsprechend reagieren, zumal höchste Alarmbereitschaft bestand und nach den beiden Katastrophen von New York bekannt war, daß es sich bei dieser Maschine ebenfalls um ein entführtes Flugzeug handelt? Warum mußten von anderswoher Flugzeuge bestellt werden, die dann prompt zu spät kamen?

Das Zusammenfallen der WTC-Türme...

Die Bilder von dem plötzlichen Zusammenfallen der Türme werden wohl vielen Menschen immer in Erinnerung bleiben. Daß die explodierenden Flugzeuge mit ihren Temperaturen von mehr als 1.000 Grad den Stahl dieser Etagen zum Schmelzen brachten, erscheint logisch. Doch war das der einzige Grund für das Zusammenfallen der Türme?

Müßte ein Sprengstoffexperte diese Türme derart implodieren lassen, wäre das eine sehr schwer lösbare Aufgabe.

Es gab auch verschiedene Zeugen, die behaupteten, in den Gebäuden weitere Explosionen gehört zu haben?! Des weiteren meldeten sich verschiedene Sprengstoffexperten, die ebenfalls der Meinung waren, daß im Gebäude selbst auch noch Sprengstoffladungen waren. Dennoch sollte man dabei berücksichtigen, daß durch den verursachten Brand durchaus andere Installationen explodierten.

Das Zusammenstürzen der Türme kam für alle sehr überraschend. Besonders natürlich für die Feuerwehr, die Polizei und die vielen Rettungsmannschaften, welche in die Gebäude gingen, um Menschen zu retten. Hunderte von ihnen kamen durch den plötzlichen Einsturz ums Leben.

Die These einer möglichen Sprengung ist aber bis heute bei vielen Skeptikern nicht verstummt, besonders auch im Zusammenhang mit der Vermutung, daß die Geheimdienste möglicherweise bei der Gesamtoperation ihre Hände mit im Spiel hatten.

Die „PHI" berichtete in ihrer Ausgabe vom 29.4.2002:
„Es gelangte ein Videoband der New Yorker Feuerwehr an die Öffentlichkeit. Dieses Videoband mit Tonaufzeichnung zeigt zwei Feuerwehrmänner, die per Handy einen zusätzlichen Löschtrupp in die 89. Etage des brennenden WTC ordern. Es sind kleine Schwelbrände zu sehen. Einer der Feuerwehrmänner lehnt sich an einen Eisenträger, der nach dem Lichteinfall zur inneren Stützkonstruktion gehören muß. Die Feuerwehrmänner sind sehr ruhig und ohne Panik. Auf dem Film ist durch die Kamera-Automatik sekundengenau die Zeit der Aufnahme festzustellen. Die Aufnahmen erfolgten nach diesen automatischen Angaben in den letzten Sekunden, bevor der Turm implosionsartig in sich zusammensackte. Es ist auf dem Video nichts davon zu sehen, daß die Innenwände sich biegen oder ausbeulen, und es ist deutlich sichtbar, daß es weder eine Flammenhölle noch eine große Hitze mit glühenden Eisenträgern gab, auch deshalb, weil sich der eine Feuerwehrmann bei der Benutzung seines Handys an eine der Wände anlehnte. Die Kamera wurde etwa 100 Meter neben dem WTC-Turm gefunden. Sie wurde also explosionsartig nach außen geschleudert, und die Tragödie ereignete sich also, ohne daß die erfahrenen Feuerwehrleute davor etwas davon merkten..."[284]

Was wußten die US-Geheimdienste?

Betrachten wir die Ungereimtheiten rund um den hochentwickelten Sicherheitsapparat des US-Verteidigungsministeriums, fällt unser Blick unweigerlich auf den US-Geheimdienstapparat. Waren die US-Geheimdienste möglicherweise informiert?

Nur kurze Zeit nach den Anschlägen wurde plötzlich klar, daß die Namen der angeblich Tatbeteiligten dem FBI und den anglo-amerikanischen Nachrichtendiensten schon lange vorher bekannt gewesen sein mußten; daß die USA nicht nur genaue Informationen über das Al-Kaida-Netz hatten, sondern ihm sogar unter dem Dach der UCK auf dem Balkan Unterschlupf gewährten; daß es durchaus Warnungen über Anschläge gab, die aber alle nicht entscheidend weiterverfolgt wurden.

Eine explosive Nachricht, die kurz nach den Anschlägen in der französischen Tageszeitung „Figaro" erschien, lautete, daß die US-Geheimdienste mit Osama bin Laden wenige Wochen vor den Anschlägen persönlich in Kontakt standen.

Am 31. Oktober 2001 enthüllten die Radiostation *Radio France Internationale* und die führende Tageszeitung „Le Figaro", daß Osama bin Laden noch im Juli, während er sich im amerikanischen Krankenhaus in Dubai einer Nierenbehandlung unterzog, persönlich von einem CIA-Beamten kontaktiert wurde.

Die Titelstory des „Figaro" lautete: „Juli 2001: bin Laden trifft CIA in Dubai". Darin wird berichtet, der spätere „Volksfeind Nummer eins" sei am 4. Juli vom pakistanischen Quetta aus in Dubai eingetroffen und direkt in das Krankenhaus gebracht worden, begleitet *„von seinem Leibarzt und treuen Gefolgsmann – möglicherweise der Ägypter Ayman Zawahiri –, vier Leibwächtern sowie einer algerischen Krankenschwester".* Dort hätte er nicht nur von Familienangehörigen Besuch erhalten, sondern auch von einem örtlichen „CIA-Mann". Letzterer wurde am folgenden Tag von *Radio France Internationale* als ein Lary Mitchell identifiziert. Mitchell besuchte bin Laden am 12. Juli 2001 und flog am 15. Juli, einen Tag nach bin Ladens Abreise, in die USA zurück.

Die „Le Figaro" berichtete weiter: *„15 Tage später verhaftete der Grenzschutz der Vereinigten Arabischen Emirate am Flughafen Dubai einen franko-algerischen islamischen Aktivisten namens Dschamel Beghal. Die französischen und amerikanischen Behörden wurden alarmiert. In Dubai verhört, sagte Beghal aus, er sei Ende 2000 von Abu Zoubeida – einer Führungsfigur in bin Ladens Al-Kaida-Organisation – nach Afghanistan gerufen worden. Beghals Mission: die amerikanische Botschaft in Paris in die Luft zu sprengen."* Unter Berufung auf arabische Diplomaten und französische Nachrichtendienste heißt es weiter, man habe *„sehr präzise Informationen über terroris-*

tische Anschläge gegen amerikanische Interessen in der Welt an die CIA weitergegeben". (Herv. d. d. A.)

In einer zweiten dramatischen Enthüllung des *„Figaro"* heißt es: *„Im August wurde in der US-Botschaft in Paris eine Krisensitzung mit dem DSGE (franz. Auslandsgeheimdienst) und den höchsten Vertretern der amerikanischen Geheimdienste einberufen. Äußerst beunruhigt forderten letztere von ihren französischen Kollegen sehr präzise Informationen über den algerischen Aktivisten, ohne jedoch den allgemeinen Zweck ihrer Forderung zu erklären. Als man fragte: ‚Was befürchten Sie in den kommenden Tagen?', antworteten sie mit einem unverständlichen Schweigen."*[285]

Am 23. Oktober erschien im dänischen *„Ekstra Bladet"* ein aufsehenerregender Artikel von Kenan Seeberg. Die Zeitung habe „versehentlich" eine vertrauliche Liste von 370 Verdächtigen des FBI im Zusammenhang mit dem 11. September erhalten: Namen, Decknamen, Adressen, Telefonnummern, E-Mail-Adressen. Sie legte die Liste dem ehemaligen Mitarbeiter des US-Marinenachrichtendienstes und der auf elektronische Spionage spezialisierten National Security Agency (NSA) Wayne Madsen vor, der weiterhin gute Kontakte zu den Geheimdiensten unterhält.

Madsen kam zu dem logischen Schluß, das FBI könne unmöglich in der kurzen Zeit seit dem 11. September diese umfangreichen Informationen gesammelt haben, die Personen seien mit Sicherheit schon seit längerer Zeit gründlich überwacht worden.

Daß Madsen wohl richtig lag, verdeutlicht auch die Tatsache, daß es in den Tagen nach den Anschlägen plötzlich zu sehr vielen Verhaftungen in Amerika kam.

Stimmen aus der politischen Fachwelt...

Eine wohl nicht zu leugnende Tatsache ist, daß bin Laden niemals in der Lage gewesen wäre, eine solch gezielte Operation zu organisieren, die größte Präzision und eine sehr aufwendige logistische Vorplanung erforderte, entsprechend dem Niveau vieler der besten militärischen Spezialeinheiten der Welt.

Zu diesem Schluß kam auch Lyndon LaRouche, der bekannte Ökonom und mehrfache US-Präsidentschaftskandidat. Er vertrat öffentlich die Meinung, daß es sich bei den Anschlägen um eine sogenannte strategisch verdeckte Operation handelte, die von einflußreichen verbrecherischen Elementen in den USA selbst organisiert worden war. Diese Behauptung wird mittlerweile von vielen ernstzunehmenden Fachleuten unterstützt. LaRouche nennt im Zusammenhang mit seiner gewagten Behauptung auch die wohl entscheidenden Gründe.

Der unter Beteiligung von Lyndon LaRouche herausgegebene Informationsservice „Strategic Alert" vom 19. September 2001 (Vol. 15, 38) berichtet, daß die Anschläge zu einem passenden Zeitpunkt erfolgten. Vor den Anschlägen vom 11. September hatten sich alle Anzeichen für eine Verschärfung der Krise des weltweiten Finanzsystems verstärkt. Aus diesem Grund setzte eine umfangreiche Debatte über finanzpolitische Notmaßnahmen ein.

„Mächtige oligarchische Elemente, deren Zentrum im anglo-amerikanischen finanziellen und politischen Establishment liegt, waren außer sich, weil dies eine tödliche Bedrohung ihrer Macht bedeutete. Sie sind fest entschlossen, das System zu ‚retten', wissen aber, daß die üblichen Methoden des ‚Krisenmanagements' wie Zins- und Steuersenkungen wirkungslos geworden sind. Deshalb sollen jetzt unter einem lang andauernden Kriegszustand finanzielle, wirtschaftliche und politische Notmaßnahmen umgesetzt werden. Ein solcher permanenter Kriegszustand entspräche dem Konzept vom ‚Kampf der Kulturen' oder ‚Clash of Civilizations', wie es der Havard-Professor Samuel Huntington beschrieben hat und wie es die ehemaligen Nationalen Sicherheitsberater der USA Zbigniew Brzezinski und Henry Kissinger propagieren."[286]

Auch LaRouche hält es aufgrund ihrer außerordentlichen Präzision und logistischen Planung für ausgeschlossen, daß die Anschläge ausschließlich von bin Ladens Terrororganisation ausgeführt worden sein können.

Wie LaRouche betonte, wurden die Täter vielmehr „in die USA gebracht, in den USA ausgebildet, in den USA eingesetzt in einer sehr ausgeklügelten Operation, an der Hunderte von Personen beteiligt gewesen sein müssen und die monatelanges Training und Vorbereitung erforderte... Dies konnte nur mit der Zustimmung einer abtrünnigen kriminellen Fraktion innerhalb des amerikanischen Militärs und Geheimdienstes geschehen".[287]

Daß eine derartige Behauptung, die *Amerikaner* hätten die Anschläge in Zusammenarbeit mit der Al Kaida quasi selbst inszeniert – wie es in einigen größeren und bekannten Zeitungen sowie vielfach im Internet publiziert wurde –, auf ein großes Unverständnis der amerikanischen Bevölkerung stieß, ist mehr als verständlich.

Doch betrachtet man diese Behauptungen einmal unter dem Gesichtspunkt von „Politgrößen" wie Brzezinski, Kissinger oder Huntington und ihren politischen Motiven und Zielen, die zweifellos maßgeblichen Einfluß auf die anglo-amerikanische Politik haben, erscheinen die Behauptungen, daß amerikanische Geheimdienstkreise mitverantwortlich waren, durchaus logisch. Zudem belegt die amerikanische Geschichte, daß das Establishment gegen das eigene Volk intervenierte, um beispielsweise politisch-militärische Ziele durchzusetzen. Die Folge, die sich aus den Anschlägen vom 11. September unmittelbar ergab, war eine nahezu weltumspannende „Solidarität" mit den Opfern *und* Amerika. Gleichzeitig wurde durch die weltweite Sympathie den USA quasi ein Freifahrtsschein ausgestellt, einen Krieg gegen Afghanistan zu führen, und ein Vorwand gefunden, die Rechte und Freiheiten der Bürger weiter einzuengen.

Ein Motiv ist der Pearl-Harbor-Effekt. Der japanische Überfall schweißte die Amerikaner zu einer Schicksalsgemeinschaft zusammen – wie jetzt im Terror.[288]

Im Zusammenhang mit den Hintergründen und den möglichen Motiven für die Anschläge vom 11. September fiel im nachhinein oft der Name *Pearl Harbor*. In beiden Fällen – Pearl Harbor und 11. September – war der Anschlag beziehungsweise Angriff eine *Legitimierung* für einen Gegenschlag. Im Fall von Pearl Harbor wird heute sogar offiziell vermutet, daß der amerikanische Präsident damals im Jahre 1941 sehr wohl wußte, daß dieser Angriff bevorstand, ihn aber zuließ und somit den Tod von 2.400 Soldaten hinnahm, um einen Grund zu haben, Japan den Krieg zu erklären. Das Magazin „*FOCUS*" schreibt dazu: *„Japanische Bomber überfielen Pearl Harbor. US-Geheimdienst und Regierung sollen vorher davon gewußt haben, die Soldaten waren ahnungslos. ... Viele Historiker sind überzeugt, daß Roosevelt keineswegs überrascht worden ist, wie es nationalistisch-theatralische Hollywood-Produktionen immer wieder darzustellen versucht haben. Denn bereits seit einigen Monaten kämpfen die USA einen unerklärten Krieg gegen*

Japan. ...Trotz des ‚Kalten Krieges' beließ Roosevelt fast die gesamte Pazifik-Flotte – bis auf die Flugzeugträger – in Pearl Harbor, wie auf einem Präsentierteller. Auch dann noch, als 16 Stunden vor dem Überfall klar war: Japan greift an.«[289]

Im Jahre 1962 plante die Führung des US-Militärs Terroranschläge gegen die eigene Bevölkerung, um einen Krieg gegen Kuba zu legitimieren. Aus geheimen Dokumenten, die nach Jahrzehnten ans Tageslicht kamen, geht eindeutig hervor, daß der Generalstab der US-Streitkräfte Anfang der sechziger Jahre bereit war, terroristische Angriffe gegen die US-Bevölkerung zu organisieren. Der Autor James Bamford berichtet über diese geheimen Dokumente ausführlich in seinem Buch *„Body of Secrets"*, das im Jahre 2001 in den USA erschien. Er schreibt darin, der Generalstab der US-Streitkräfte (Joint Chiefs of Staff) *„schlug einen geheimen, blutigen Terrorkrieg gegen das eigene Land vor, um die amerikanische Öffentlichkeit zu verleiten, einen schlecht durchdachten Krieg, den sie [das Militär] gegen Kuba planten, zu unterstützen"*.

Bamford stützt sich in seinem Buch auf Dokumente, die in den letzten Jahren vom *Assassination Review Board* freigegeben und anschließend vom Nationalarchiv der USA veröffentlicht wurden. Die Unterlagen stammen aus dem Zeitraum Winter 1961/Frühjahr 1962. Im April 1961 fand die fehlgeschlagene „Schweinebucht-Operation" zum Sturz des kubanischen Präsidenten Fidel Castro statt, die noch unter der Regierung Eisenhowers geplant worden war. Im Oktober 1962 folgte dann die Kuba-Raketenkrise, welche die Welt damals beinahe an den Rand eines Dritten Weltkrieges brachte.

Eine Schlüsselrolle in der damaligen amerikanischen *Kuba-Politik* spielte John F. Kennedy. Ende 1961 entzog Kennedy wegen des Schweinebucht-Desasters der CIA die Verantwortung für die Kuba-Operation, entließ den übermächtigen CIA-Chef Allen Dulles und übertrug dem Verteidigungsministerium die alleinige Verantwortung. Dort entstand das Terrorismus-Projekt, das den Codenamen „Operation Northwoods" trug. Diese Operation war nur ein Bestandteil der umfassenden Kuba-Pläne des Pentagons, die unter der Bezeichnung „Operation Mongosse" liefen. Die Verantwortlichen, Edward Lansdale (ein CIA-Mann) sowie der Generalstabschef Lyman Lemnitzer, planten nun eine umfassende Invasion auf Kuba, um Fidel Castro zu stürzen.

Die Planungen dafür wurden in Form von verschiedenen Memoranden und Empfehlungen verfaßt, deren endgültige Fassung Lemnitzer am 13. März 1962 an den Verteidigungsminister Robert McNamara übergeben haben soll.
Das *Memo* trug den Titel: *„Rechtfertigung für eine US-Militärintervention in Kuba".* Darin hieß es, eine politische Entscheidung für eine solche Militärintervention werde „aus einer Periode verstärkter Spannungen zwischen den USA und Kuba resultieren, welche die Vereinigten Staaten in die Lage bringen, gerechtfertigtes Leid zu erdulden". Die Weltöffentlichkeit und die UNO *„sollten günstig beeinflußt werden, indem man das Bild einer tollkühnen und unverantwortlichen kubanischen Regierung entwickelt, die eine alarmierende und unberechenbare Gefahr für den Frieden der westlichen Hemisphäre darstellt".*

Anschließend folgten unter anderem einzelne Vorschläge für Operationen, die als Vorwand benutzt werden könnten. Ein Vorschlag betrifft *„eine Serie wohlkoordinierter Vorfälle"* auf und um den US-Marinestützpunkt Guantanamo Bay auf Kuba. Man könnte etwa befreundete Kubaner anstiften, in kubanischen Militäruniformen verkleidet an dem Stützpunkt Unruhe anzuzetteln, dort Munitionslager in die Luft zu sprengen, Feuer zu legen, Flugzeuge in Brand zu setzen, ein Schiff im Hafen fahruntüchtig zu machen und in der Nähe der Hafeneinfahrt ein Schiff zu versenken.[290]

Ein anderer Vorschlag deckt die terroristischen Gedanken in diesem Memo noch deutlicher auf:
„Wir könnten eine Terrorkampagne des kommunistischen Kuba im Gebiet Miami, anderen Städten Floridas und sogar in Washington inszenieren. Die Terrorkampagne könnte sich gegen kubanische Flüchtlinge richten, die in den Vereinigten Staaten Schutz suchen. Wir könnten ein ganzes Schiff voller Kubaner auf dem Weg nach Florida (real oder simuliert) versenken. Wir könnten Mordanschläge auf kubanische Flüchtlinge in den Vereinigten Staaten organisieren... Nützlich wäre auch, ein paar Plastikbomben an sorgfältig ausge-

wählten Orten hochgehen zu lassen, kubanische Agenten zu verhaften und entsprechend vorbereitete Dokumente zu veröffentlichen...[291]

In dem Memo wurden noch eine Reihe weiterer inszenierter Operationen empfohlen, zum Beispiel versuchte Entführungen von Zivilflugzeugen. Sorgfältig wurde ein Plan ausgearbeitet, bei dem der Abschuß eines gecharterten Zivilflugzeuges im kubanischen Luftraum simuliert wurde. Es ist kaum zu glauben, welchen Stellenwert ein Menschenleben für diese hinterhältigen Strategen aus Politik, Militär und Geheimdienst zu haben scheint, wenn es darum geht, ein politisches Ziel zu legitimieren – in diesem Fall einen eigenen Angriff gegen Kuba.

John F. Kennedy lehnte den Plan aus unbekannten Gründen ab, woraufhin Lemnitzer Anweisung gab, alle schriftlichen Unterlagen zu vernichten. Doch einige streng geheime Dokumente *„überdauerten die Zeit und lassen Rückschlüsse auf das zu, was an möglichen Erklärungen für das WTC-Desaster und den Angriff auf das Pentagon in Washington ebenso in Betracht gezogen werden muß.*[292]

An dieser Stelle sollte noch an den Bombenanschlag auf das Bundesgebäude in Oklahoma City im Jahre 1995 erinnert werden, an dem der US-Veteran Timothy McVeigh beteiligt war. Wie sich herausstellte, war McVeigh Teil eines Apparats der sogenannten *„amerikanischen Milizen"*, der über Verbindungen bis in die obersten Ebenen aktiver und ehemaliger US-Militärs verfügte. Nachforschungen ergaben, daß sich dieser Apparat mit Strukturen überschneidet, die den extrem christlichen Fundamentalisten zuzuordnen sind, die propagandistisch nicht nur vom *„kommenden Armageddon"* und der *„Endzeit"* reden, sondern auch von Aktionen, um diese Endzeitversionen aktiv herbeizuführen.[293]

Im Zusammenhang mit dem Namen Timothy McVeigh, den Anschlägen in Oklahoma City und den Anschlägen am 11. September 2001 gibt es noch eine recht erstaunliche Parallele.

Im Fernsehsender Fox 11 wurde im Juli 2001 – also knapp zwei Monate vor den Anschlägen in New York und Washington – ein Film ausgestrahlt, der den Titel *„The Lone Gunman"* trug und die Ereignisse vorwegnahm. Ein Flugzeug, das von Boston startet und entführt wird, fliegt in das World

Trade Center. Genau das geschah dann wenige Wochen später in Wirklichkeit.

Das wiederum erinnert an ein ähnliches Geschehen im Vorfeld des Bombenanschlages auf das Bundesgebäude in Oklahoma City im Jahre 1995. Gouverneur Keating von Oklahoma hat einen Bruder namens Martin Keating, der als Schriftsteller tätig ist und 1991 das Buch „The Final Jihad" („Der letzte Jihad"; Jihad ist das arabische Wort für heiliger Krieg) veröffentlichte. In diesem Buch schreibt der Autor, wie islamische Terroristen sich in Oklahoma ansiedeln, wo sie den Plan verfolgen, ein Bundesgebäude zu sprengen. Eine beteiligte Person in dem Buch trägt den Namen Tom McVey, was praktisch ähnlich klingt wie der Name Tim McVeigh, der dann tatsächlich als Attentäter festgenommen, verurteilt und hingerichtet wurde. Kann man da von „Zufall" sprechen?

Wiederum wurden auch bei dem Anschlag in Oklahoma Zweifel an der offiziellen Version mit McVeigh als Haupttäter erhoben.

McVeigh hätte zwar auch ein schlüssiges Motiv gehabt, gerade dieses politisch brisante Gebäude in die Luft zu sprengen – er wurde bei der Kampfeinheit Green Berets abgelehnt und bekam einen Haß auf die Regierung –, doch gibt es inzwischen auch Widersprüche. Viele vermuten heute, daß McVeigh, sofern er überhaupt etwas mit dem Anschlag zu tun hatte, in einem Spiel, das regierungsintern angezettelt worden war, nur als Schachfigur diente.

Vor allem die Art der Bombe läßt an McVeighs Schuld Zweifel aufkommen. Zahlreiche Experten, darunter ein Nuklearphysiker, ein Kriminologe, der am Tatort ermittelt hat, sowie ein Sprengstoffexperte der US-Regierung, haben ausgesagt, daß eine solche Zerstörung nicht durch eine ANFO-Bombe hätte hervorgerufen werden können. Man müßte vielmehr von einem Sprengstoff ausgehen, dessen Zusammensetzung wesentlich komplexer war und den McVeigh daher unmöglich hätte anfertigen können. Man vermutete, daß mindestens eine zweite Bombe gezündet worden war, um die restlose Vernichtung des Murrah-Gebäudes herbeizuführen und daß diese zweite Explosion mit Sicherheit nicht auf McVeighs Konto ging.

Die Experten wiesen außerdem darauf hin, daß eine Bombe aus Düngemittel und Kraftstoff eher nach oben explodiert und daher keinen so großen Krater hätte reißen können. Auch sind auf einigen Fotos von der Tatortumgebung Trümmerteile des Gebäudes zu sehen, die mehrere Häuserblocks weit weg geschleudert wurden. Das paßt eher zu der Theorie, daß eine zweite Bombe innerhalb des Gebäudes gezündet wurde. Wäre nur eine Bombe außerhalb des Hauses detoniert, wären die Trümmerteile nämlich überwiegend in das Gebäude hineinkatapultiert worden. Zudem haben einige Überlebende ausgesagt, daß sie kurz nach der ersten Explosion noch eine zweite gehört hätten.

Zusätzlich war auf einem Seismographen der Fakultät für Geowissenschaften an der Universität von Oklahoma zehn Sekunden nach der ersten Explosion eindeutig eine zweite Schockwelle registriert worden. Trotz dieser wissenschaftlichen Indizien und Augenzeugenaussagen wurde die Ruine am 23. Mai 1996 abgerissen. Aus unbekanntem Grund hatten Regierungsbeamte beschlossen, noch vor Abschluß der Ermittlungen, alle möglichen Beweise aus dem Weg zu räumen.

Auch daran, daß McVeigh „zufällig" festgenommen worden war, bestehen inzwischen Zweifel. Die Polizei besteht beharrlich darauf, daß er als der Mann identifiziert worden war, der den Kleinbus gemietet hatte, von dem aus die Bombe gezündet wurde. Diese Identifikation beruht auf der Fahrzeugcodenummer, die auf einer drei Häuserblocks vom Tatort entfernt aufgefundenen Hinterachse eingeprägt war. Doch wenn die Bombe mit einer solchen Wucht nach unten explodiert war, daß ein 2,40 Meter tiefer Krater entstand, frägt man sich, wie dann die Achse des Kleinbusses, die sich ja unmittelbar unterhalb der Sprengladung befand, so weit vom Detonationspunkt entfernt intakt bleiben konnte? Die Mietwagenfirma Ryder hat außerdem mitgeteilt, daß ihre Fahrzeugachsen keine Codenummern trügen. Das würde bedeuten, daß die Polizei eigentlich gar keine Veranlassung hatte, McVeigh auf diese Weise mit dem Kleinbus in Verbindung zu bringen. Weitere Verdachtsmomente tauchten auf, als sich herausstellte, daß von den fünfzehn oder siebzehn ATF-Mitarbeitern, die in einem Büro im neunten Stock des Murrah-Gebäudes tätig waren, kein Einziger bei der Explosion ums Leben kam oder auch nur verwundet wurde. [352]

Kommen wir aber zurück zum 11. September und dem Buch von Martin Keating. Darin wird beschrieben, wie ein TWA-Flug 800 mit einer Rakete abgeschossen wird und wie auf das World Trade Center sowie auf ein Gebäude in Oklahoma City Bombenanschläge ausgeübt werden. Und tatsächlich fanden in den nachfolgenden Jahren alle drei „vorausgesagten" Gewaltakte bis ins Detail statt!

War Martin Keating ein Hellseher, oder wurden die Gewaltakte in seinem Buch quasi vorangekündigt?[294]

Werfen wir noch einen Blick auf weitere Aussagen verschiedener Politiker und Experten, die sich unmittelbar nach den Anschlägen kritisch zu Wort gemeldet haben.

In einem Interview mit dem amerikanischen Fernsehsender CNN warf der ägyptische Präsident Hosni Mubarak am 15. September wichtige Fragen zu den Angriffen auf. Er wies auf gewisse Besonderheiten bei den Ereignissen vom 11. September hin:

„Wir haben vor Ort Sicherheitsmaßnahmen ergriffen, denn Leute können Flugzeuge entführen oder dies... oder jenes tun, aber wir können uns nicht vorstellen, daß irgendein Geheimdienstapparat der Welt hätte vorhersagen können, daß jemand Zivilflugzeuge mit Passagieren an Bord benutzen würde, um in die Türme und das Pentagon hineinzufliegen. Die Leute, die das taten, müssen lange Flugerfahrung in dieser Region gehabt haben. Das Pentagon ist nicht sehr hoch. Wenn ein Pilot direkt auf das Pentagon zufliegt, um es zu treffen, muß er in diesem Gebiet oft geflogen sein, um zu wissen, auf welche Hindernisse er treffen könnte, wenn er mit einer großen Zivilmaschine an bestimmten Orten sehr tief fliegt."

Als Mubarak gefragt wurde, ob er sich vorstellen könne, daß diese Operationen von innen geplant wurden, antwortete er, daß die Mutmaßung, die Täter seien Araber gewesen, mit größter Vorsicht behandelt werden müsse:

„Erinnern Sie sich an Oklahoma, da hieß es sofort, die Araber seien es gewesen, und es waren nicht die Araber. Wer weiß? Warten wir die Ergebnisse der Ermittlungen ab. Denn es ist einfach, so etwas in den USA zu tun."

Weiterhin kritisierte Mubarak auch Mutmaßungen zur Pilotenausbildung: *„Einige Piloten haben in Florida trainiert. Viele Leute lernen fliegen und haben einen Pilotenschein, und das soll nun bedeuten, daß sie auch zu einer solchen Terroraktion in der Lage wären. Ich spreche als ehemaliger Pilot, ich kenne diese Dinge sehr gut, ich habe schwere Maschinen geflogen und Kampfflugzeuge. Ich weiß sehr gut, daß etwas Derartiges nicht so einfach ist. Deshalb sollten wir jetzt nicht vorschnell Schlüsse ziehen."*

Die meisten Sicherheits- und Geheimdienstexperten, die in zahlreichen Interviews und Statements zu Wort kamen, äußerten sich ebenfalls sehr kritisch in bezug auf die Umstände und daß eine sofortige Festlegung auf *arabische Terroristen* möglicherweise die Aufmerksamkeit von den wahren Urhebern ablenke. Damit stellten sie nicht in Abrede, daß es islamisch-fundamentalistische Terrornetzwerke gibt, die auch äußerst aktiv sind. Die Experten verwiesen nur darauf, daß berücksichtigt werden sollte, daß außerordentliche Fähigkeiten nötig waren, um die Anschläge von New York und besonders in Washington durchzuführen. Keine „islamische" Organisation verfüge über derartige Möglichkeiten.

Die Operation müsse von langer Hand vorbereitet gewesen sein, mindestens ein halbes Jahr. Glaubt man den Schätzungen von Experten, bedurfte es mindestens einer Zahl von fünfundzwanzig Beteiligten an der Spitze, aber insgesamt müssen Hunderte von Personen mehr oder weniger in diese Operation verwickelt gewesen sein. Die leitende „Organisation" dieser Operation müsse über verschiedene Wege von Geheimdiensten kontrolliert worden sein. Es müsse Mitverschwörer in den Regierungs-, Geheimdienst- und Militärstrukturen der USA gegeben haben, so die Experten.[295]

Zu diesem Ergebnis kam auch Michail Magrelow, langjähriger Geheimdienstexperte und stellvertretender Vorsitzender des Außenpolitischen Ausschusses des Russischen Föderationsrates, am 14. September 2001 im russischen Fernsehsender NTW. Magrelow erklärte, vier fast zeitgleiche Flugzeugentführungen mit Spitzenpiloten, eine gleichzeitige Unterbrechung der Luftüberwachungssysteme und die präzisen Anschläge auf Gebäude mit dem Ziel, maximalen Schaden anzurichten, das sehe mehr nach einer gut geplanten Verschwörung als nach einfachem *Terrorismus* aus.

Welche Rolle auch immer Osama bin Laden und verschiedene fremde Staaten auch gespielt haben mögen, so Magrelow, sie waren bestenfalls Teile einer Struktur, die von einer noch nicht identifizierten Organisation, die vielleicht über allen Staaten steht, geplant und organisiert wurde. Das bedeutet, daß „Araber" die Maschinen flogen, die Hintermänner aber ganz andere waren.

Bereits einen Tag zuvor, am 13. September, warnte der Direktor des regierungsnahen *Russischen Instituts für Strategische Studien* (RISS), Jewgenij Koschokin, vor der Gefahr einer großangelegten Vertuschung. Er sagte gegenüber der Nachrichtenagentur *„Strana.ru"*:

„Ob dieses Verbrechen ganz aufgeklärt wird, ist eine komplizierte Frage. Möglicherweise wird die Welt manche Dinge niemals erfahren. Aus einem einfachen Grund: Es ist möglich, daß nicht nur die Personen starben, die direkt die Angriffe ausführten, sondern daß auch eine ganze Reihe weiterer Personen, die in die Vorbereitungen verwickelt waren, noch getötet werden. Nicht von den amerikanischen Behörden, sondern von denen, die ein Interesse daran haben, daß die Identität der Leute, die den Angriff befohlen haben, niemals bekannt wird... Wenn die Untersuchung des Verbrechens in einer Sackgasse endet, oder wenn sich herausstellt, daß der Angriff von einer inländischen Sekte oder Terrorgruppe vorbereitet war... – zum Beispiel (von Leuten) wie dem „hundertprozentigen Amerikaner" Timothy McVeigh, der 1995 das Bundesgebäude in Oklahoma City in die Luft sprengte –, dann entsteht ein zweiter Problemkomplex in Verbindung mit der Innenpolitik der USA."[296]

Am 14. September 2001 äußerte sich Andrej Kosjakow ebenfalls gegenüber der *„Strana.ru"*. Kosjakow war von 1991 bis 1993 Assistent des Vorsitzenden des Unterausschusses des Russischen Obersten Sowjets zur Beobachtung von Geheimdienstaktivitäten.

Kosjakow wies gegenüber der Nachrichtenagentur die Annahme vom *„arabischen Terrorismus"* zurück. Er verwies zunächst darauf, daß bei Anschlägen solchen Ausmaßes viele hochprofessionelle Personen beteiligt gewesen sein mußten. Es hätte langer und umfangreicher Vorbereitungen bedurft.

Kosjakow gab besonders zu bedenken, daß die Gesamtoperation mit äußerster Sorgfalt und Präzision durchgeführt wurde, aber die Attentäter im Gegensatz hierzu gezielt eine „heiße Spur" hinterließen. Ein Umstand, der sicherlich zu offensichtlich zu sein scheint, wie Kosjakow zu Recht anmerkt, denn im geheimen operierende Attentäter würden so etwas nie tun:

„Man fand am Flughafen einer der entführten Maschinen einen verlassenen Mietwagen, in dem ein Koran sowie Fluganleitungen in arabischer Sprache lagen. Aber auf der anderen Seite hat keine Organisation die Verantwortung für die Verbrechen übernommen. Das heißt, die Terroristen wollen ihre Identität verheimlichen. Wie könnte angesichts solcher Professionalität, solcher Sorgfalt, ein solcher Fehler unterlaufen? Das paßt wohl kaum zu der minutiösen Planung der Aktion. Alles das deutet auf den Schluß, daß die Verbrecher eine falsche Spur legen wollten. Die Geheimdienste kümmern sich nicht um gewöhnliche Amerikaner oder Europäer und suchen stattdessen nach Arabern."

Im Zusammenhang mit der schnellen Identifizierung der Täter gab es nur wenige Tage nach den Anschlägen folgende Pressemeldung:

„New York – Die Ermittler fanden gestern den unversehrten Paß eines der Flugzeugentführer – er lag mehrere Straßen entfernt vom zerstörten WTC im Trümmerstaub. Der Fund löste sofort eine hektische Suche aus. Suchmannschaften rückten an, um das Gebiet sorgfältig nach weiteren Beweisstücken zu durchkämmen. Der Paß ist bisher das einzige Beweisstück, das Hinweise auf die Flugzeugentführer gibt."[297]

Eine ungeheuerliche Meldung, wenn man sie denn glaubt. Wie um alles in der Welt kommt der Paß aus dem feurig explodierenden Flugzeug an den Fundort? Stellen Sie sich einmal diesen unglaublichen „Zufall" vor, daß gerade der Paß eines Terroristen aus dem flammenden Inferno herausfliegt? Wer es glaubt, mag selig werden!

Auch der TV-Riese CNN stand nach den Anschlägen immer wieder in der Kritik, unter anderem wegen *getürkter* Fernsehbilder, wie Kritiker meinen. Nachdem die Attentäter bekanntlich schnell identifiziert wurden und weltweit durch CNN *angeklagt* wurden, sollte die Welt nicht minder schockiert gewesen sein über die Bilder von jubelnden Palästinensern, die von CNN und anderen Fernsehsendern unmittelbar nach den Anschlägen in den USA gezeigt und vielfach wiederholt wurden.

Am 12. September meldete sich ein Herr Marcio A. V. Carvalho von der „State University of Campinas" (Brasilien) im Internet mit einer schockierenden Mitteilung: *„Wir haben uns wahrscheinlich alle gefragt, woher diese Bilder so plötzlich kamen. Das WTC war soeben zusammengebrochen, und – hoppla – schon haben wir Bilder von Palästinensern, die feiern. Sie essen Kuchen und lachen und winken in die Kamera. Nun hat sich gezeigt, daß diese Bilder aus dem Jahr 1991 stammen! Das sind Aufnahmen von Feiern nach der Invasion in Kuwait. Einer meiner Lehrer hier in Brasilien hat Videoaufnahmen aus dem Jahr 1991, die genau diese Bilder zeigen. Er hat bereits E-Mails an CNN, Globo (Brasiliens größte TV-Station) und an Zeitungen gesandt, in denen er das denunziert, was ich als ein Verbrechen gegen die öffentliche Meinung bezeichne."*

Auch andere kritische Stimmen gaben zu bedenken, daß die Aufnahmen nicht echt seien, daß der erkennbare Sonnenstand falsch sei. Die Bilder seien ja angeblich direkt nach den Anschlägen aufgenommen worden. Der Zeitunterschied zwischen Palästina und New York beträgt sieben Stunden, also müßte es auf den Bildern der jubelnden Palästinenser Abend sein, mindestens 17 Uhr Lokalzeit, falls die TV-Kameras unmittelbar zur Stelle waren.

CNN dementierte natürlich heftig. Dies seien Aufnahmen von Reuters, aufgenommen in Ostjerusalem, gleich nach dem Bekanntwerden der Anschläge.

Ohne ein Urteil über CNN und seine zweifelhafte Rolle in dieser Angelegenheit zu fällen, stellt sich aber dennoch die Frage, warum der Chef von CNN, Walter Issacson, es zuließ, daß diese Bilder immer wieder gezeigt wurden?[298]

Übrigens war CNN innerhalb von Minuten, nachdem das erste Flugzeug in den nördlichen WTC-Turm flog, zur Stelle und filmte live, wie das zweite Flugzeug in den südlichen WTC-Turm flog. *Wie kam es, daß dieser TV-Riese binnen Minuten zur Stelle war und gleich live zuschalten konnte? CNN hatte Büros im World Trade Center. Warum meldete CNN nicht, daß auch eigene Büros getroffen wurden und Mitarbeiter den Tod fanden? War das CNN-Büro zu diesem Zeitpunkt zufällig leer?*[299]

Die Rätsel um das Pentagon

Nachdem wir uns mit den vielen Widersprüchen und Ungereimtheiten rund um das World Trade Center befaßt haben, kommen wir nun zu dem Anschlag auf das Pentagon, der sich um 9:40 Uhr Ortszeit ereignete. Auffällig ist in diesem Zusammenhang bereits, daß aktuelle Bilder rund um den Anschlag auf das Pentagon nach dem ersten Tag nach den Anschlägen kaum noch gesendet wurden. Bereits wenige Stunden nach dem Pentagon-Anschlag wurden die Live-Bilder von CNN auf ein Minimum reduziert, dafür sah man immer und immer wieder die Bilder vom World Trade Center.

Am 11. September 2001, kurz vor 10 Uhr (Ortszeit), gab das US-Verteidigungsministerium in Washington eine kurze Regierungserklärung:

„Das Verteidigungsministerium reagiert weiterhin auf den heute morgen, 9:38 Uhr, geführten Angriff. Über die Zahl der Opfer liegen zur Zeit keine Informationen vor. Die verletzten Angehörigen des Personals wurden in nahe Krankenhäuser gebracht. Der Staatssekretär im Verteidigungsministerium, Donald S. Rumsfeld, hat den Familien der Opfer, die bei diesem schändlichen Angriff getötet oder verletzt wurden, sein aufrichtiges Beileid ausgesprochen; er leitet die Operation von seiner Kommandozentrale im Pentagon aus. Das gesamte Personal wurde aus dem Gebäude evakuiert, während die Noteinsatzdienste des Verteidigungsministeriums und der umliegenden Ortschaften das Feuer bekämpften und ärztliche Hilfe leisteten. Nach ersten Einschätzungen sind die Schäden erheblich; dennoch müßte das Pentagon morgen früh wieder öffnen. Ersatzarbeitsstätten für die zerstörten Teile des Gebäudes werden verzeichnet.“[300]

Die Agentur Reuters war zuerst vor Ort und meldete, daß das Pentagon durch eine Explosion eines Hubschraubers getroffen sei. Paul Begala, ein Berater der Demokraten, bestätigte diese Meldung telefonisch gegenüber „Associated Press". Nur wenige Minuten später wurde dann durch das Verteidigungsministerium plötzlich berichtet, daß es ein Flugzeug gewesen sei. Durch neue Zeugenaussagen kam es so zu der neuen Darstellung der Behörde. Fred Hey[301], parlamentarischer Assistent von Senator Bob Ney, sah, als er gerade auf der Autobahn entlang des Pentagons fuhr, eine Boeing abstürzen. Ein anderer Augenzeuge war demnach der Senator Mark Kirk[302], der gerade den Parkplatz des Pentagons verließ, als ein großes Flugzeug am Boden zerschellte.

Sogleich eilte Verteidigungsminister Donald Rumsfeld an den Unglücksort. Die Feuerwehrleute von der Grafschaft Arlington trafen ein. Sie wurden unterstützt von vier Mannschaften der FEMA, der Bundesstelle für Katastropheneinsätze, sowie von einer Feuerwehr-Sondergruppe des Reagan-Flughafens. Gegen 10:10 Uhr stürzte der beschädigte Pentagonflügel ein. Die Presse wurde vom Ort des Geschehens ferngehalten, damit die Rettungsarbeiten nicht behindert wurden. Glücklicherweise gelang es der „Associated Press", Fotoaufnahmen zu bekommen, die eine Privatperson von einem nahen Hochhaus bei Ankunft der Feuerwehr gemacht hatte.[303]

Erst nach einigen Stunden teilte der US-Generalstabschef General Richard Myers mit, daß „das Selbstmord-Flugzeug" die Boeing 757-200 vom American-Airlines-Flug 077 gewesen sei, die von Dulles nach Los Angeles flog und deren Spur die Fluglotsen bereits um 8:55 Uhr verloren hatten.

Auch wenn die Fakten zunächst unbestreitbar sind, so sind doch die Aussagen der Verantwortlichen, wie die von General Richard Myers, mehr als widersprüchlich. Die Fluglotsen der zivilen Luftfahrt (Federal Aviation Administration [FAA]) haben nämlich gegenüber Reportern des „Christian Science Monitor"[304] eine Erklärung abgegeben, welche die Aussage von General Myers sehr fragwürdig erscheinen läßt! Demnach sei die Boeing gegen 8:55 Uhr auf neunundzwanzigtausend Fuß gesunken und habe auf die Befehle und Aufforderungen nicht geantwortet. Ihr Transponder (Antwortsender) sei dann still geworden, so daß sie zunächst an einen Stromausfall geglaubt hatten. Der Pilot, der immer noch nicht antwortete, habe dann ab und zu seinen Funk eingeschaltet, wobei eine Stimme mit starkem arabischen Akzent, die ihn bedrohte, zu hören gewesen sei. Das Flugzeug habe dann kehrtgemacht Richtung Washington, und sie hätten seine Spur verloren.

Gemäß den geltenden Vorschriften hatten die Fluglotsen dem Sitz der FAA die Entführung mitgeteilt. Wie der „Zufall" es so wollte, waren die meisten Verantwortlichen auf nationaler Ebene an diesem Tag allerdings nicht anwesend; sie hielten sich wegen eines Fachkongresses in Kanada auf. In der allgemeinen Panik, die an diesem Tag herrschte, glaubten ihre Vertreter (was kaum zu glauben ist) im Sitz der FAA die x-te Mitteilung bezüglich des zweiten, Richtung New York entführten Flugzeuges erhalten zu haben. Erst nach einer halben Stunde begriffen sie angeblich, daß es sich um eine dritte Flugzeugentführung handelte, und setzten die Militärbehörde in Kenntnis. Durch dieses Versehen gingen neunundzwanzig kostbare Minuten verloren.[305]

Als General Myers am 13. September von der senatorischen Kommission der Streitkräfte befragt wurde, ob und welche Maßnamen unternommen wurden, um die Boeing abzufangen, sah er sich außerstande, dieses detailliert darzulegen.[306]

Aus diesem Austausch mit der höchsten Militärbehörde schlossen die Parlamentarier, daß keine Abfangaktion eingeleitet wurde. Ist es vielleicht sogar denkbar, daß es gar keine Bemühungen gab, die Boeing abzufangen?

Einen Tag später veröffentlichte die NORAD (North American Aerospace Defense Command) eine Erklärung, um den Verdacht des Nichthandelns zu widerlegen. *„Die Gedächtnislücken von General Richard Myers stopfend, gab er an, von der Entführung erst um 9:24 Uhr in Kenntnis gesetzt worden zu sein. Er versicherte, sofort zwei F-16-Jägern vom Stützpunkt Langley (Virginia) den Befehl erteilt zu haben, die Boeing abzufangen. Da aber die Air Force nicht gewußt habe, wo sie sich befand, habe sie angenommen, sie würde einen neuen Anschlag in New York verüben, und habe die Jäger Richtung Norden geschickt. Ein Militärtransportflugzeug, das vom Stützpunkt des US-Präsidenten in St. Andrew abflog, sei der Boeing zufällig begegnet und habe sie identifiziert.*

Es ist nicht gewiß, ob die Darstellung der NORAD zufriedenstellender ist als die des Generalstabschefs. Aber, kann man tatsächlich ernsthaft glauben, daß das Radarsystem der US-Armee nicht in der Lage ist, eine Boeing in einem Umkreis von ein paar Dutzend Kilometern zu lokalisieren? Und daß ein großes Linienflugzeug den mächtigen F-16, die ihm nachjagten, entkommen konnte?"[307]

Selbst wenn die Boeing es geschafft hätte, die Radarsysteme und die Abfangjäger zu überlisten, hätte sie beim Anflug auf das Pentagon abgeschossen werden müssen. Natürlich ist das Sicherheitssystem des Pentagon und des Weißen Hauses eines der bestgehüteten Militärgeheimnisse. Doch weiß man, daß es nach einer Reihe von Zwischenfällen (z.B. die Landung einer kleinen Cessna auf dem Rasen des Weißen Hauses 1994) völlig neu überdacht wurde.[308] Außerdem ist bekannt, daß dieses Flugabwehrsystem über fünf Batterien Abwehrraketen, die auf dem Pentagon aufgestellt sind, sowie über Jagdflugzeuge, die auf dem Stützpunkt des US-Präsidenten in St. Andrew stationiert sind, verfügt.[309]

Fotos lügen nicht...

Kommen wir zu den Fotos, die unmittelbar nach dem Anschlag auf das Pentagon aufgenommen wurden und die mehr als alle Widersprüche, in die sich die Verantwortlichen nach den Anschlägen in ihren Erklärungen verwickelt haben, belegen, daß an der offiziellen Darstellung der Regierung etwas nicht stimmen kann.

Die besagte Boeing, die in das Pentagon geflogen sein soll, ist vom Typ 757-200, eine Frachtmaschine, die zweihundertneunundreißig Passagiere befördern kann. Sie ist 47,32 Meter lang. Vollgepackt wiegt die Maschine hundertfünfzehn Tonnen und erreicht immerhin eine Geschwindigkeit von 900 km/h.

Das Pentagon ist seinerseits das größte Verwaltungsgebäude der Welt, in dem täglich etwa dreiundzwanzigtausend Menschen arbeiten. Um einen größtmöglichen Schaden zu verursachen, hätte die Maschine auf das Dach des Pentagons stürzen müssen, was im übrigen wohl auch die einfachste Lösung gewesen wäre, denn immerhin beträgt die Fläche des Gebäudes 4.447 m². Stattdessen aber trafen die Terroristen offensichtlich die Entscheidung, eine Gebäudefront zu treffen, obwohl diese nur vierundzwanzig Meter hoch ist. Wo ist da die Logik?

Der bereits zitierte Autor Thierry Meyssan hat die Widersprüche rund um den Anschlag auf das Pentagon in seinem Buch „*11. September 2001, Der inszenierte Terrorismus*" durch umfangreiche Recherchen und anhand von hochinteressantem Fotomaterial sehr schlüssig aufgearbeitet.

Meyssan wies dabei auf folgende Widersprüche hin:

- „Das Flugzeug näherte sich plötzlich dem Boden, wie wenn es landen wollte. In waagerechter Stellung flog es fast senkrecht herunter, ohne die Beleuchtung der am Pentagon-Parkplatz entlanggeführten Autobahn zu beschädigen, weder durch einen Zusammenstoß noch durch die Luftbewegung.

- Mit abnehmender Höhe fährt das Fahrwerk automatisch aus. Obwohl die Boeing dann dreizehn Meter hoch ist, was drei Stockwerken entspricht, prallte sie gegen die Fassade des Gebäudes nur in Höhe des Erdgeschosses und des ersten Stockwerkes (siehe Abb. 15). Das Ganze, ohne den herrlichen Rasen im Vordergrund, die Mauer, den Parkplatz und den Heliport zu beschädigen. Dort befindet sich nämlich ein Landeplatz für kleinere Hubschrauber.

Abb. 15:
Trotz niedrigem Anflug der Boeing mit ausgefahrenem Fahrwerk ist der Bereich vor der Einschlagstelle unversehrt geblieben – Rasen, Lampen, Mauer und Parkplatz.

- Trotz seines Gewichts (rund hundert Tonnen) und seiner Geschwindigkeit (zwischen 400 und 700 km/h) zerstörte das Flugzeug lediglich den äußeren Ring des Gebäudes, was auf dem folgenden Foto eindeutig zu erkennen ist.

Abb. 16:
Trotz seines enormen Gewichts zerstörte das Flugzeug nur den ersten Ring des Pentagons.

- Der Aufprall wurde im ganzen Pentagon gespürt. Der Treibstoff des Flugzeugs, der in den Flügeln der Maschine untergebracht ist, entzündete sich, und das Feuer verbreitete sich im Gebäude. Hundertfünfundzwanzig Personen fanden dabei den Tod, zu denen die vierundsechzig Passagiere an Bord der Boeing hinzukamen.
Der Zufall(?) wollte es, daß das Flugzeug gegen einen Teil des Pentagons prallte, der gerade renoviert wurde. Man war dort damit beschäftigt, die vollkommen neue Kommandozentrale der Navy fertig einzurichten. Mehrere Büroräume waren nicht besetzt, andere waren es nur mit Zivilpersonal, das mit der Einrichtung betraut war. Das erklärt, weshalb die Opfer mehrheitlich Angehörige des Zivilpersonals waren und sich unter den Militäropfern nur ein einziger General befand.

- Eine halbe Stunde später stürzten die oberen Stockwerke (siehe Abb. 17 und 18) ein. Die ersten Einzelheiten sind kaum wahrscheinlich, während die übrige offizielle Darstellung ganz und gar unmöglich ist.

Abb. 17:
Die oberen Stockwerke stürzen ein.

Setzt man die Form des Flugzeuges in das Satellitenfoto ein, so stellt man fest, daß nur die Nase der Boeing in das Gebäude eindrang. Flugzeugrumpf und Flügel blieben draußen.
Das Flugzeug blieb plötzlich stehen, ohne daß die Flügel die Fassade berührten. Keine Aufschlagspur ist sichtbar außer derjenigen, welche die Nase der Boeing hinterlassen hat (siehe Abb. 19)."[310]

Abb. 18:
Man sieht deutlich: Keine Trümmerteile – Fahrwerk oder Flügelteile – vor dem Pentagon und der Rasen ist auch unversehrt.

298

Abb. 19:
Wieso blieb das Gebäude an der Stelle, wo die Tragflächen hätten auftreffen müssen, unversehrt? Vergleiche dazu Abb. 18.

Meyssan bringt es auf den Punkt und schlußfolgert: „*Demnach müßten die Flügel und der Rumpf draußen eigentlich auf dem Rasen sichtbar sein.*"[311]

Die Schlußfolgerungen, die sich daraus für Meyssan ergeben, sind nachvollziehbar, denn „*während die Nase des Flugzeuges aus Karbon hergestellt ist und die den Treibstoff enthaltenen Flügeln brennen können, besteht der Rumpf der Boeing aus Aluminium und die Reaktoren aus Stahl. Nach dem Brand wird die Maschine zwangsläufig ein verkohltes Wrack hinterlassen.*"[312] Wie die Fotos aber belegen, gab es gar kein Flugzeug.

Auf einer Pressekonferenz, die einen Tag nach den Anschlägen stattfand, erklärte der zuständige Feuerwehrchef der Grafschaft Arlington, Edward P. Plaughter, daß sich seine Mannschaft bemüht hätte, die Ausdehnung des Feuers im Pentagon zu verhindern, daß sie aber vom eigentlichen Ort des Geschehens ferngehalten worden seien.[233313]

Nur die Sondermannschaften der FEMA (Urban Search and Rescue) hätten in der unmittelbaren Nähe des Flugzeuges eingegriffen, hieß es.

Danach setzte folgender Dialog ein:
Ein Journalist fragte: „*Was bleibt von der Maschine übrig?*"

Feuerwehrchef Plaughter: „*Was die Maschine zunächst betrifft, gibt es ein paar Bruchstücke, die man während der besagten Brandbekämpfung von in-*

nen sehen konnte. *Es handelte sich aber nicht um größere Teile. Mit anderen Worten, es gibt keine Rumpfteile oder dergleichen.“*

[...] Der Journalist: *„Kommandant, kleine Teile des Flugzeuges sind überall verstreut, sogar auf der Autobahn – winzige Teile. Würden Sie sagen, daß die Maschine explodiert ist, buchstäblich explodiert, durch den Treibstoff beim Aufprall oder?...“*

Plaughter: *„Wissen Sie, ich möchte mich zu diesem Thema lieber nicht äußern. Wir haben zahlreiche Augenzeugen, die viel besser in der Lage sind, Sie über das, was sich beim Anflug der Maschine abgespielt hat, zu informieren. Also, wir wissen es nicht. Ich weiß es auch nicht.“* [...]
Ein Journalist: *„Wo ist der Treibstoff des Flugzeugs geblieben?...“*

Plaughter: *„Wir haben etwas wie eine Pfütze gerade an der Stelle, wo wir die Nase des Flugzeugs vermuten.“* [sic]

Obwohl es Augenzeugen gab, die angeblich gesehen haben wollen, wie eine Maschine in das Pentagon-Gebäude stürzte, wurden keine Flugzeugteile gefunden; es liegen lediglich kleine, nicht identifizierbare Metallteile vor. Auch die Überwachungskameras auf dem Parkplatz des Pentagons haben keine Boeing gefilmt.

Thierry Meyssan schreibt: *„Bei allem Respekt, welcher der hohen Qualität der „Augenzeugen“, Offiziere und Parlamentarier, zu zollen sein mag, kann man solchen Unsinn unmöglich schlucken. Die Qualität dieser Augenzeugen kreditiert keineswegs ihre Aussagen, sondern unterstreicht lediglich das Ausmaß der Mittel, welche die US-Armee zur Fälschung der Wahrheit entfaltet hat. Alles in allem wurde diese verrückte Lügengeschichte allmählich konstruiert, wobei die eine Lüge die nächste hervorrief... betrachtet man die Erklärung des Pentagons, wird man feststellen, daß darin von der Boeing nicht die Rede ist. Die Theorie vom „Selbstmord-Flugzeug“ ist erst eine halbe Stunde später aufgekommen. Bei der Anhörung des Generalstabschefs war von Jägern, die das Gespensterflugzeug abzufangen versuchten, ebensowenig die Rede. Erst zwei Tage später erdichtete der NORAD den Irrflug der F-16... Die offizielle Darstellung ist reine Propaganda.“*[314]

Was könnte mit der offiziellen Darstellung vertuscht werden? Einen Tag nach den Anschlägen erklärte General Wesley Clark, der ehemalige NATO-Oberbefehlshaber während des Kosovokrieges, gegenüber CNN:

„Seit einiger Zeit wußten wir Bescheid, daß bestimmte Gruppen (einen Angriff auf das Pentagon) *planten, natürlich wußten wir nicht genug* (um zu handeln). "

Diese geheimnisvolle Behauptung bezog sich angeblich nicht auf einen ausländischen Aggressor, sondern auf Drohungen, die rechtsextremistische Milizen gegenüber dem Pentagon ausgesprochen haben sollen. Sie läßt die geheimen Konfrontationen erahnen, welche die US-Führungskaste spalten.[315]

Wer ist George W. Bush?

Betrachtet man die aggressive imperiale Politik der Bush-Regierung, sollte man nicht vergessen, daß beinahe alle früheren Präsidenten eine ähnliche politische Marschroute verfolgten, wenn auch vielleicht nicht so offensichtlich wie die gegenwärtige amerikanische Führung.

In bezug auf die gegenwärtige Bush-Administration sollte nicht vergessen werden, daß die Bush-Familie auf eine lange politische Tradition zurückblickt, nämlich bis zum Beginn des vergangenen Jahrhunderts. Bereits der Großvater des heutigen Präsidenten George W. Bush, Prescott Bush, und auch sein Vater George Bush gehörten zu den einflußreichsten Politikern der Vereinigten Staaten.

Daß die Bush-Familie seit langer Zeit erfolgreich im Ölgeschäft tätig ist, ist ebenfalls kein Geheimnis mehr. In diesem Zusammenhang werden wir einige Absätze später noch auf die offensichtlichen Verbindungen zwischen der Bush-Familie und Scheich Salim bin Laden, dem Vetter von Osama bin Laden, eingehen.

Besonders interessant ist, daß George W. Bush im allgemeinen auch die Mitgliedschaft in geheimen Organisationen wie dem Freimaurertum oder auch Skull & Bones nachgesagt wird.

Die Organisation Skull & Bones wurde bereits im ersten Band erwähnt. Der Wichtigkeit halber soll an dieser Stelle noch einmal kurz auf diese Elite-Organisation eingegangen werden.

Der Skull & Bones-Orden ist einer der mächtigsten Orden der Illuminati. Seine Mitglieder nennen ihn „*The Order*" (der Orden). Er ist seit über 150 Jahren als Ortsgruppe 322 einer deutschen Geheimgesellschaft bekannt. Er wird auch „Brotherhood of Death" (Bruderschaft des Todes) genannt. Der Geheimorden Skull & Bones (Schädel und Knochen) wurde 1833 durch William Huntington Russel und Alphonso Taft in die Yale-Universität eingeführt. Russel brachte ihn aus seinen Studententagen 1832 in Deutschland mit nach Yale. Der Orden wurde 1856 in die Russel-Treuhand einverleibt. William Russel wurde 1846 Mitglied in der staatsgebenden Versammlung Connecticuts und im Jahre 1862 General der Nationalgarde. Alphonso Taft wurde 1876 Kriegsminister, dann stellvertretender General und 1884 US-Botschafter in Rußland. Alphonsos Sohn wurde später oberster Richter und dann Präsident der Vereinigten Staaten.

Yale ist die einzige Universität mit Gesellschaften, die nur für die *Senior*-Jahrgänge zugelassen sind. Die anderen beiden Gesellschaften der Yale-Universität sind *Scroll & Key* (*Schriftrolle und Schlüssel*) und *Wolf's Head* (*Wolfskopf*). Im allgemeinen gehört neben Yale auch Harvard als Elite-Universität zu den Hochburgen von Studentengesellschaften, die Außenposten der Geheimgesellschaften darstellen. Sie dienen der Rekrutierung und Aussortierung ihres Nachwuchses. Alle zukünftigen Politiker, Anwälte und Wirtschaftsleute gehen durch die Schleusen dieser Universitäten. Dadurch wird verständlich, warum so viele Köpfe aus Politik und Wirtschaft direkt mit Geheimgesellschaften verwurzelt sind.[316]

Skull & Bones zeichnet sich zumeist durch eine konservative, um nicht zu sagen rechtsorientierte Gesinnung aus und favorisiert die *weißen Menschen* und das Christentum. Der bekannte amerikanische Historiker Anthony Sutton behauptet von Skull & Bones zwar, daß sie ideologisch gesehen alle Bereiche – links wie rechts also – abdecke, doch teilen nicht wenige Historiker und Kritiker die Auffassung, daß die Organisation ideologisch gesehen mehr rechts gelagert ist, als man vermutet.

Auch der Autor Karl Heinz Zunneck schreibt, „*daß es sich bei dieser Gesellschaft um die auf jeden Fall gefährlichste und einflußreichste Organisation in den Vereinigten Staaten von Amerika handelt. Es ist sicherlich kein Zufall, wenn George W. Bush und viele andere einflußreiche Politiker in ihr aktive Mitglieder sind.*"[317]

In den letzten 150 Jahren wurden etwa 2.500 Yale-Absolventen Mitglieder von Skull & Bones. Laut dem Historiker Anthony Sutton sind davon derzeit mindestens 600 aktiv. Es gibt aber Hinweise, daß diese Zahl weitaus größer sein soll.

Die Mitgliedsliste von Skull & Bones ist sicherlich beeindruckend. In ihr findet man viele Namen aus der High Society der amerikanischen Gesellschaft. Nur einige bekannte Personen sollen an dieser Stelle genannt werden: Averall Harriman, Rockefeller, Goodyear, Vanderbilt, Kellogg, Prescott Bush, George Bush, George W. Bush.[318]

Abb. 20:
Skull & Bones-Mitglied George W. Bush mit der Ein-Dollar-Note, die das Siegel der Illuminaten trägt (siehe dazu Abb. 10). Sein Vater hatte erstmals am 11. September 1990, also „zufälligerweise" exakt elf Jahre vor dem Anschlag auf das WTC, die *Neue Weltordnung* ausgerufen, das Ziel der Illuminaten.

Ron Rosenbaum, selbst Absolvent der Yale-Universität, verriet 1977 im Magazin *„Esquire"* einige Fakten über Skull & Bones. Demnach existiert eine Vorschrift, nach der jeder Bonesman den Raum verlassen muß, sobald der Name des Ordens auch nur angesprochen wird. Genau das tat einmal George Bush senior, als ein Journalist ihn fragte, ob er ein Bonesman sei. Die *„Washington Post"* berichtete im Februar 2000 erstmals offiziell, daß George W. Bush ein Skull & Bones-Mitglied sei. Als einige Journalisten dieser renommierten Zeitung daraufhin weitere bekannte Bonesmen anriefen, um genauere Informationen zu erhalten, wurde ihnen teils unverhohlen gedroht.[319]

Zwischen Yale-Universität und dem US-Geheimdienst besteht seit Nathan Hale eine gewisse traditionelle Verbundenheit. Hale war nicht nur Yale-Absolvent, sondern auch ein Mitglied des von George Washington gegründeten *Cluper Rings*, der ein Vorläufer des amerikanischen Geheimdienstes war. Nathan Hale, einer der historischen Helden der USA, wurde im September 1776 von den Briten wegen Spionage gehängt.

Seit dieser Zeit besteht nachweisbar und überprüfbar eine enge Verbindung zwischen Yale und der CIA. Ein Umstand, der die besondere Verbindung wohl unzweifelhaft unterstreicht, zeigt sich dadurch, daß sowohl auf dem alten Campus der Yale-Universität als auch vor dem CIA-Hauptquartier in Virginia eine Statue von Nathan Hale steht.

Der amerikanische Auslandsgeheimdienst CIA (Central Intelligence Agency) wurde 1947 gegründet. Die Geschichtsprofessorin und Autorin Gaddis Smith schrieb über Yale: „*Yale hat die CIA mehr beeinflußt als jede andere Universität. Man hat hier schon fast das Gefühl eines Klassentreffens von CIA-Mitgliedern.*"

Laut dem Historiker Anthony Sutton lehnt sich die Philosophie von Skull & Bones stark an die Lehre der historischen Dialektik Hegels an. Das Prinzip: *These und Antithese benutzen, um eine Synthese zu erreichen.* Der bereits erwähnte William Russel, eines der Gründungsmitglieder, weilte in den Jahren 1831 und 1832 in Deutschland und nahm viele Ideen Hegels in den Skull & Bones-Orden auf, der ein Jahr später in Yale gegründet wurde. Verschiedene Historiker nehmen sogar an, daß Skull & Bones der amerikanische Ableger einer deutschen Bruderschaft sein könnte.

Es soll an dieser Stelle darauf verzichtet werden, die erstaunliche Vernetzung von Skull & Bones mit weiteren Persönlichkeiten aus Politik, Wirtschafts- und Finanzwesen, mit Organisationen und Konzernen, Medienwelt, Regierungsorganisationen, Militär und so weiter aufzuführen. Die Vernetzung ist so umfangreich und verstrickt, daß man leicht den Überblick darüber verlieren kann.

Es sollte aber davon ausgegangen werden, daß der Orden seine Mitglieder in allen wichtigen Positionen der Vereinigten Staaten untergebracht hat und somit alle Möglichkeiten der Beeinflussung direkter und indirekter Art hat, um seine mittel- und langfristigen Ziele letztlich umzusetzen.

Ein Zitat von dem ehemaligen Sicherheitsberater Henry Kissinger aus dem Jahre 1974 dokumentiert unzweifelhaft die Zielsetzungen, die eine Sicherstellung der weltweiten US-Interessen betreffen und die – so unglaublich das auch klingen mag – sogar Pläne beinhalten, notfalls bevölkerungsreduzierende Maßnahmen zu ergreifen, um die globalen Ziele der USA zu garantieren:

„Die US-Wirtschaft wird große und ansteigende Erdölmengen aus dem Ausland benötigen, vor allen Dingen aus den unterentwickelten Ländern. Durch diese Tatsache ergeben sich erhöhte Interessen der USA an der politischen, wirtschaftlichen und sozialen Stabilität der (das Erdöl) besitzenden Staaten. Wo immer **eine Verminderung der Bevölkerung** *die Aussichten auf solch eine Stabilität erhöhen kann, wird die Bevölkerungspolitik in bezug auf Ressourcen, Bodenschätze und wirtschaftliches US-Interesse relevant."*[320] (Herv. d. d. A.)

Werfen wir einen Blick auf die Veränderungen der politischen Weltkarte und die vielen militärischen Operationen und Kriege der Vereinigten Staaten, die in den vergangenen Jahrzehnten geführt wurden, ist den Worten und der *Botschaft* Kissingers wohl nichts mehr hinzuzufügen!

Nationalistisches Gedankengut in der US-Politik?

Der mehrfache Präsidentschaftskandidat Lyndon LaRouche hielt auf der Halbjahreskonferenz des amerikanischen Schiller-Institutes in Reston, Virginia, am 16. Februar 2002 eine Rede, auf die an dieser Stelle auszugsweise eingegangen werden soll.

LaRouche zählt zu den Kritikern, die kein Blatt vor den Mund nehmen, wenn es darum geht, die Hintergrundpolitik der Vereinigten Staaten im Zusammenhang mit den zunehmenden kriegerischen Interventionen, die er als logische und zugleich geplante Folgen der Anschläge von New York und Washington bewertet.

Seine Rede ist besonders interessant, weil er hier die wahren Hintergründe der Kriegshysterie und auch die Quellen der amerikanischen Rechten, die im US-Establishment vertreten ist, beim Namen nennt.

Unter der Überschrift „Die letzte Schlacht eines sterbenden Systems" sagte LaRouche: *„Jeder auf der Welt, der die Lage aufmerksam verfolgt, weiß, daß sich das Finanzsystem auflöst. Die Enron-Krise ist die letzte Schlacht. Anders als die anderen habe ich aber schon seit langer Zeit vorausgesagt, daß diese Entwicklung unausweichlich ist. So wurde schon im August 1971 eine Vorhersage wahr, die ich etwa elf Jahre zuvor getroffen hatte. Ich hatte prognostiziert, daß das Weltfinanzsystem in der zweiten Hälfte der sechziger Jahre eine Folge von Währungskrisen erleben würde, die, wenn man nicht angemessen darauf reagiert, zum Zusammenbruch des Nachkriegssystems von Bretton Woods führen würde. Und so geschah es Mitte August 1971: das damals existierende Weltwirtschaftssystem brach zusammen.*

Als sich meine Vorhersage auf diese Weise bestätigt hatte, erklärte ich, die Vereinigten Staaten und die Welt müßten sich nun entscheiden: 1971 sei der Anfang eines Auflösungsprozesses der amerikanischen Wirtschaft und der Weltwirtschaft, und wenn man nicht bestimmte Elemente der Politik, für welche die Regierung Nixon typisch war, ändere, führe dies in den Faschismus. "[321]

Die bisherigen Ausführungen haben die politischen Ansprüche der US-Regierung in bezug auf ihre politische und militärische Vorherrschaft auf unserem Planeten wohl eindrucksvoll unterstrichen; auch, welche Mittel und Wege sie dafür bereit sind zu gehen. Die Geschichte belegt – vorzugsweise auch die amerikanische –, daß eine Vormachtstellung gestützt auf ein kapitalistisches System nur eine Zielrichtung haben kann:

Krieg, Ausbeutung und Unterdrückung! Man denke dabei nur einmal an die amerikanische Rüstungspolitik, die wohl eine klare Sprache spricht.

Abb. 21:
US-Präsidentschaftskandidat
Lyndon LaRouche

Zurück zu LaRouche und seinen weiteren Ausführungen:
„Wir stehen tatsächlich am Rande des Faschismus. Dabei gibt es drei Aspekte. Erstens gab es einen Putschversuch. Experten wissen, daß es nicht Osama bin Laden gewesen sein konnte, und auch nicht sonst irgend jemand aus jenem Teil der Welt. Das wäre technisch unmöglich. Jeder, der auch nur ein bißchen Ahnung von Sicherheitssystemen hat (und ich wurde eine Art Experte in diesen Fragen, als es um die SDI ging), weiß: So etwas wäre in den Vereinigten Staaten unmöglich, wenn es nicht eine gewaltige kalkulierte Nachlässigkeit oder eine bewußte Inszenierung – oder eine Kombination von beidem – gegeben hätte... Es gibt eine Strömung im Militär und anderen Institutionen der USA, die seit etwa 1960 sehr aktiv ist, aber schon früher einsetzte. Sie wollte die amerikanische Tradition über den Haufen werfen, eingeschlossen die Militärtradition, wie wir sie mit General Douglas MacArthur oder dem Oberkommandierenden in Europa General Eisenhower im Zweiten Weltkrieg verbinden. Die Entlassung MacArthurs war schon ein Schritt in Richtung dieser neuen Konzeption der Kriegsführung. Statt die Krise in Korea zu lösen, verlängerten wir den Koreakrieg, und er ist praktisch bis heute noch nicht beendet. Die gegenwärtige US-Regierung will ihn wiederbeleben, um eine strategische Konfrontation mit China einzuläuten. Dieser verlängerte Koreakrieg war dann das Vorbild für den sogenannten „Vietnamkrieg". Der Krieg in Indochina war ein bewußt in die Länge gezogener Krieg, bei dem keiner siegte – etwas, was der traditionellen amerikanischen Kriegsdoktrin völlig entgegengesetzt ist."[322]

Lyndon LaRouche wies darauf hin, daß die alte Tradition der amerikanischen Kriegsführung heute kaum mehr anzutreffen sei. Dafür gebe es Kräfte und Strömungen in den amerikanischen Streitkräften, die besonders stark in einigen politischen Denkfabriken vertreten seien und deren Vorbild in der Kriegsführung die Waffen-SS der Nationalsozialisten sei. Das Vorbild für die Waffen-SS, so LaRouche, war wiederum Napoleons Grande Armée. Napoleon war der erste moderne Faschist. Und die Grande Armée und die Waffen-SS folgten beide dem Vorbild der römischen Legionen: Sie wurden aus vielen verschiedenen Ländern zusammengezogen, sie sollten ganze Völker niederhalten oder sogar durch Völkermord vernichten – so ging die Waffen-SS vor, und das war auch Napoleons Plan, den er mit seinem Rußland-Feldzug 1812 verfolgte, der dann aber bekanntlich in einem Desaster endete.[323]

LaRouche ist der Meinung, daß heute eine solche Tradition besonders in den USA, aber auch teilweise in Großbritannien vertreten sei. Die dahinterstehenden politisch einflußreichen Kräfte organisierten 1960/61 die Invasion in der Schweinebucht und bildeten das Umfeld für den Mord an John F. Kennedy. Und sie standen hinter den Mordanschlägen auf Präsident De Gaulle, hinter dem Mord an Mattei in Italien, dem Mord an Martin Luther King und so weiter.

An dieser Stelle seien dem amerikanischen Präsidenten John F. Kennedy noch ein paar wenige Worte gewidmet. Es wird heute als ein offenes Geheimnis angesehen, daß bei dem Attentat auf Kennedy die Geheimdienste ihre Hände im Spiel hatten. Der Grund ist ganz einfach: Kennedy spielte das Spiel der machthungrigen Strategen, die eine *Weltregierung* unter anglo-amerikanischer Leitung anstrebten, einfach nicht mit. Seine Politik widersprach diesem Vorhaben in jeder Hinsicht. Der Historiker Anthony Chaitkin, der die Hintergründe und das Netzwerk der an der Tat beteiligten Geheimdienste in seinen Recherchen offenlegte, brachte es auf den Punkt: *„Wie vorher bereits die Präsidenten Lincoln, Garfield und McKinley, wurde John F. Kennedy ermordet, weil seine Politik in wachsenden Gegensatz zu den Interessen der britischen Geopolitik geriet. In seiner Innen- und Außenpolitik überraschte Kennedy die Welt immer wieder mit seinem idealistischen Patriotismus, der auch für jene früher ermordeten Präsidenten typisch gewesen war... Kennedys Steuerbegünstigung industrieller Entwicklung; sein erfolgreicher Kampf gegen J. P. Morgans Stahlpreiserhöhung; seine Anweisung an das Schatzamt, die Landeswährung außerhalb der Federal Reserve zu drucken; das Apollo-Mondlandeprogramm; sein Festhalten an einer technischen und militärischen Überlegenheit Amerikas beim gleichzeitigen Willen, in Zusammenarbeit mit den Sowjets die dritte Welt zu entwickeln, statt dort im Namen des „Mächtegleichgewichts" Kriege zu führen; sein Entschluß, den Rat General Douglas MacArthurs zu befolgen und aus der Vietnam-Falle auszusteigen – all dies brachte für die britische Seite das Faß zum überlaufen.*"[324]

Zurück zu LaRouche. Sind seine Aussagen wirklich so abwegig?

Feststeht wohl, so LaRouche, daß in den USA, aber auch in Großbritannien Denk- und Handlungsweisen in der politischen und militärischen Führung vorhanden sind, die faschistische Grundmuster eindeutig tragen.

Betrachtet man die Geschichte beider Nationen nach dem Zweiten Weltkrieg und ihre politischen und militärischen Aktivitäten, in die meist die Geheimdienste verwickelt waren, muß man den Glauben an die Demokratie wohl sehr in Frage stellen.

Welche Worte sollte man dann noch für die Bush-Administration und ihre aggressive Machtpolitik übrig haben? Krieg (und das Rüstungsgeschäft), Hunger, Ausbeutung und Unterdrückung von schwächeren Völkern, um Ressourcen zu sichern, sind unabwendbare Tatsachen der totalitären amerikanischen Politik geworden, wie LaRouche feststellt.

Das muß man sich einmal sehr genau vor Augen halten, daß hier ein Amerikaner, und zudem kein Geringerer als Lyndon LaRouche, in bezug auf Teile des US- und britischen Establishments das Wort Faschismus in den Mund nimmt.

Besonders in Deutschland würde es wohl kein Politiker, der bei klarem Menschenverstand ist, wagen, auch nur ansatzweise darüber eine öffentliche Diskussion zu führen. Ein gutes Beispiel dafür liefert die einstige deutsche Ministerin Däubler-Gmelin, der ein solcher Vergleich zum Verhängnis wurde. Angeblich hatte sie behauptet, daß es eine Ähnlichkeit zwischen den Bush'schen und den Hitler'schen Methoden in der Außenpolitik geben würde. Damit hatte sie, wie man sich denken kann, ein unausgesprochenes Tabu gebrochen.

Wer LaRouche kennt, weiß, daß er sich nicht scheut, auch Namen und Organisationen zu nennen, die sich in den USA faschistischen Denkweisen verpflichtet fühlen: *„Es gibt also in gewisser Hinsicht eine faschistische Bewegung in den USA, mit einem Schwerpunkt im Militär. Die Urheber dieser Politik sind die rassistischen Nashville-Agrarier, die 1928 von Enkeln der Ku-Klux-Gründer ins Leben gerufen wurden. Der Anführer dieser Gruppe war William Yandell Elliot, ein selbsterklärter britischer Agent, der in Harvard Regierungswesen lehrte. Elliot förderte in Harvard Leute wie Henry Kissinger, Zbigniew Brzezinski, Samuel Huntington und andere. Hinzu kommen einflußreiche Stiftungen und Institute wie die Smith-Richardson-Stiftung, die Mont-Pélerin-Gesellschaft, die Heritage Foundation, das American Enterprise Institut, die Olin-Stiftung und andere. Diese Stiftungen sind mit einflußreichen Finanziersinteressen, Anwaltskanzleien und Buchhaltungsfirmen ver-*

bunden, die zum großen Teil die amerikanische Politik bestimmen. Diese Leute unterstützen die Politik, die unter den aufeinanderfolgenden Nationalen Sicherheitsberatern Henry Kissinger und Zbigniew Brzezinski konsolidiert wurde. «[325]

Diese beiden Herren begleiten uns bereits eine ganze Weile durch dieses Buch, und Huntington sollte dabei auch nicht vergessen werden. Erinnern wir uns an das vorherige Kapitel, in dem wir unter anderem Brzezinski, Huntington und ihre Thesen ausführlicher behandelt haben, so sind wohl die Ausführungen eines Lyndon LaRouche keineswegs abwegig, sondern wohl eher zutreffend!

Man stelle sich einmal vor, ein rechtsorientierter Politiker in Deutschland würde derartige Zielsetzungen äußern oder gar Ideologien vertreten, wie Kissinger und Brzezinski es tun. Die vielen zum Teil menschenverachtenden Thesen dieser amerikanischen „Größen" wurden im übrigen auch in den deutschen Medien wenig aufgegriffen und angeprangert – „Zufall"? Wollte man sich diesem äußerst brisanten Politikum öffentlich nicht stellen und hat es deshalb diplomatisch durch eine gewisse Geringschätzung zweitrangig behandelt?

Festseht wohl, daß menschenverachtendes Gedankengut, wer auch immer es äußern mag, gleich welcher Hautfarbe oder welcher Nation er auch immer angehören mag, zu Recht aufs schärfste kritisiert werden sollte. Wenn so etwas dann auch noch von Sicherheitsberatern des amerikanischen Präsidenten und anderen hohen Politikern propagiert wird, und das unter dem Deckmantel von Recht, Ordnung und Demokratie, dann ist es höchste Zeit aufzuwachen.

LaRouche schreibt weiter: *„Was sind die Ziele dieser Leute? Nehmen wir einen Mann, der eng mit Henry Kissinger verbunden ist: Michael Ledeen. Ledeen hat in der Schweiz eine Doktorarbeit zum Thema ‚Universalfaschismus' geschrieben. Während Hitler und Mussolini dachten, Faschismus wäre jeweils nur für eine Nation, meinten diese Leute: ‚Nein, das ist nicht gut genug. Wir werden alle Nationalstaaten beseitigen und ein Weltreich des Universalfaschismus haben, das mit militärischen Mitteln nach dem Vorbild der römischen Legionen, Napoleons Grande Armée und der Waffen-SS beherrscht wird.' Das mit der Waffen-SS haben sie nicht laut gesagt, weil man das als ‚ge-*

*schmacklos' angesehen hätte; aber wenn man ihre Bücher liest, ihre Ziele stu-
diert, ihre Aktivitäten betrachtet und die Politik ansieht, die Leute wie Wolfowitz, Richard Perle oder John McCain und Joe Lieberman betreiben, ergibt
sich genau dieses Bild des Universalfaschismus.* "[326]

Und dann äußert sich LaRouche über die wahrscheinlichen Konsequenzen, die sich aus dem 11. September ergeben werden:

„...*Welche Ziele verbergen sich hinter den Anschlägen vom 11. September?
...Man fragt sich: ,Welchem Ziel dient das? Worauf läuft das hinaus?' Die
Antwort ist jetzt offensichtlich, die Sache wird jetzt ganz offen ausgetragen:
Werden die USA mit einer Legion aus Amerika und vielen anderen Ländern
den Irak, Somalia, den Iran, Korea und vielleicht auch China angreifen? Das
ist Wolfowitz' Politik! Das ist die Politik von Brzezinski und anderen: der
,Kampf der Kulturen'.
...So kam der 11. September. Warum? Eben weil das System zerfiel. Denken wir daran, was dem bedauernswerten Präsidenten George W. Bush zuge-
stoßen ist. Er war am 11. September in Florida, als es losging. Offenbar sollten
auch er und andere – nicht nur die Menschen in New York City, im Pentagon
und anderswo – sterben bei diesem Staatsstreich der ...Militärfraktion. Da hatte Bush eine Art Erleuchtung. Er sitzt da in Florida, er weiß, er ist der Präsident der Vereinigten Staaten, und das ist für so einen Jungen aus Texas das
Allergrößte: ,Ich habe jetzt die Macht!' Und dann, von einem Augenblick auf
den nächsten, fühlt er sich plötzlich wie ein Nichts! Er fliegt nach Louisiana; er
fliegt zum Kernwaffenzentrum, dem ,Weltuntergangs-Hauptquartier', Of-
futt/Nebraska. Und während dieses Fluges nach Nebraska ruft ihn der russische Präsident an. ...Da hatte Bush seine ,Erleuchtung'. Der Präsident der einzigen anderen ernstzunehmenden Atommacht auf diesem Planeten, Rußland,
stellte sich hinter den Präsidenten der USA und half ihm aus der Patsche. Und
so geschah das Unwahrscheinliche: George W. Bush begriff das. Und für den
Augenblick besserte das die Dinge einigermaßen.* "[327]

Bush sah durch die Solidarität, die Putin ihm zunächst erwies, eine
Möglichkeit, die Zügel wieder in die Hände zu bekommen. Doch es kam
anders, wie wir heute wissen. So blieben Bush nur noch zwei Möglichkeiten, um der Bedrohung aus dem Hintergrund Herr zu werden: entweder
abtreten oder selbst handeln, womit er aber letztlich in diesem globalen
Schachspiel vom *König* zum *Bauern* werden sollte.

311

LaRouche weiter:

„Doch dann spielte Bush mit – er war vor Schrecken wie gelähmt. Seine Berater drängten ihn zum Afghanistan-Krieg – den er niemals hätte anfangen dürfen!...

Man hat den Präsidenten dazu überredet. Seine Berater meinten, das wäre schlau gedacht: Amerika kann nicht mehr als einen Krieg auf einmal führen, also beißt man sich in Afghanistan fest. ...Damit wurde das, was die Leute hinter dem 11. September erreichen wollten, zunächst einmal hinausgeschoben. Was war die Stoßrichtung unmittelbar nach den Anschlägen? Daß die USA zusammen mit Scharon und den israelischen Streitkräften einen weltweiten Religionskrieg beginnen sollten. Dies war schon klar, bevor Scharon Ministerpräsident wurde, als er sich mit einem „Besuch" des drittgrößten Heiligtums des Islam, des Haram Al Scharif, durchsetzte. Wenn man einen der heiligsten Orte einer der großen Weltreligionen entweiht, gleichzeitig massenweise palästinensische Araber ermordet und den Islam zur großen Bedrohung erklärt, dann entfesselt man einen weltweiten Religionskrieg wie in Europa im Mittelalter... Die Besonderheit des Religionskrieges ist, daß er niemals wirklich aufhört... Wer einen Religionskrieg anzettelt, steckt die Zivilisation in Brand!"[328]

Lyndon LaRouche meint, daß die Kräfte, die hinter den Anschlägen von New York und Washington stehen, genau das bezweckt haben: einen Kulturkrieg, der sich zu einem Flächenbrand ausbreiten und letztlich zu einem globalen Kampf der Kulturen werden wird. LaRouche nennt auch Kräfte im Zusammenhang mit der Israel-Politik und ihrem politischen und militärischen Vorgehen in der Palästinenserfrage und sieht hier sogar Zusammenhänge:

„Die Militäroperation, der Putschversuch, ist der Zünder; der „Kampf der Kulturen", der seither propagiert wird, ist die Bombe, und das dritte ist die Mitwirkung der Regierung Scharon in Israel, gegen die jetzt auch die Israelis selbst Widerstand leisten. ...Warum sind diese drei Elemente jetzt zusammengekommen? Weil die Wirtschafts- und Finanzkrise drängt. Das gegenwärtige Finanz- und Währungssystem ist todgeweiht... 1995-1996 sagte ich voraus, daß wir in eine neue Zusammenbruchphase des Weltwährungssystems der Zeit nach 1991 einträten. Derzeit droht – vielleicht nicht morgen, aber als anhaltender Prozeß – ein kettenreaktionsartiger Kollaps."[329]

Der weltweite Anti-Amerikanismus und seine Ursachen

Auch wenn über den weltweit herrschenden Anti-Amerikanismus in den Medien so gut wie nie berichtet wird, so ist dieser doch allerorten spürbar.

Der Amerikaner Dr. Robert Bowman leitete alle „Star Wars"-Programme unter Präsident Ford und Präsident Carter. Er flog 101 Kampfeinsätze in Vietnam. Er schrieb seine Doktorarbeit in Aeronautik und Nukleartechnologie bei Caltech. Er ist Präsident des Instituts für Weltraum- und Sicherheitsstudien und Vorsitzender Erzbischof der Vereinigten Katholischen Kirche.

Dieser gut informierte und hochangesehene Mann schrieb – anläßlich der aktuellen USA-Politik und der weltweiten Eskalationsgefahr – einen Brief an Präsident George W. Bush. Dieser Brief, der unter anderem in der Zeitschrift *„Aufklärungsarbeit – Information statt Desinformation"* veröffentlicht wurde, spricht vielen Menschen aus der Seele und belegt insbesondere, daß auch viele Amerikaner mit der Politik von George W. Bush keinesfalls einverstanden sind:

„Herr Präsident, Sie haben dem amerikanischen Volk nicht die Wahrheit gesagt, warum wir die Zielscheibe des Terrorismus sind. Sie sagten, wir seien die Zielscheibe, weil wir für Demokratie, Freiheit und Menschenrechte in der Welt stehen. So ein Unsinn! Wir sind das Ziel der Terroristen, weil wir auf der Welt für Diktatur, Sklaverei und menschliche Ausbeutung stehen.

Wir sind die Zielscheibe der Terroristen, weil man uns haßt. Und man haßt uns, weil unsere Regierung verabscheuenswürdige Dinge getan hat.

In wie vielen Ländern auf der Welt haben wir vom Volk gewählte Führer abgesetzt und sie durch militärische Marionettendiktatoren ersetzt, die bereit waren, ihr eigenes Volk an amerikanische multinationale Konzerne zu verkaufen?

Wir machten das im Iran, als wir Mossadegh absetzten, weil er die Ölindustrie verstaatlichen wollte. Wir ersetzten ihn durch den Schah, und wir bildeten seine verhaßte Savak-Nationalgarde aus, bewaffneten und bezahlten sie, so daß sie dann das iranische Volk versklavte und schikanierte. All dies, um die finanziellen Interessen unserer Ölgesellschaften zu sichern.

Ist es da verwunderlich, daß es Menschen im Iran gibt, die uns hassen?

Wir machten dasselbe in Chile, als wir Allende absetzten, der vom Volk demokratisch gewählt worden war, um den Sozialismus einzuführen. Wir ersetzten ihn durch General Pinochet, einen brutalen, rechtsgerichteten Militärdiktator. Chile hat sich davon bis heute nicht erholt.

Wir taten dies in Vietnam, als wir im Süden demokratische Wahlen vereitelten, die das Land unter Ho Chi Minh vereinigt hätten. Wir ersetzten ihn durch eine ganze Reihe ineffizienter Marionettengauner, die uns aufforderten, in ihr Land zu kommen und ihr Volk abzuschlachten – was wir auch taten. (Ich flog 101 Kampfeinsätze in diesem Krieg.)

Wir machten dasselbe im Irak, wo wir eine Viertelmillion Zivilisten umbrachten in einem mißlungenen Versuch, Saddam Hussein zu stürzen, und wo wir seitdem mit unseren Sanktionen noch eine weitere Million Menschen umgebracht haben. Ungefähr die Hälfte dieser unschuldigen Opfer sind Kinder unter fünf Jahren gewesen. Und natürlich, wie oft haben wir das in Nicaragua getan und in all den anderen „Bananenrepubliken" Lateinamerikas? Immer wieder haben wir Volksführer gestürzt, die wollten, daß der Reichtum des Bodens mit den Menschen geteilt wird, die ihn bearbeiten.

Wir ersetzten sie durch mörderische Tyrannen, die ihr eigenes Volk verraten und kontrollieren würden, damit der Reichtum des Landes von Domino Sugar, der United Fruit Company, Folgers und Chiquita Banana herausgeholt wird.

In einem Land nach dem anderen hat unsere Regierung die Demokratie vereitelt, die Freiheit erstickt und die Menschenrechte mit Füßen getreten. Das ist der Grund, warum wir überall auf der Welt verhaßt sind. Und das ist auch der Grund, warum wir Zielscheibe der Terroristen sind.

Die Menschen in Kanada genießen mehr Demokratie, mehr Freiheit und mehr Menschenrechte als wir. Und genauso tun es die Menschen in Schweden und in Norwegen. Oder haben Sie schon einmal davon gehört, daß eine kanadische Botschaft bombardiert wurde? Oder eine norwegische Botschaft? Oder eine schwedische? Nein.

Wir werden nicht deshalb gehaßt, weil wir Demokratie, Freiheit und Menschenrechte anwenden. Wir werden gehaßt, weil unsere Regierung diese Dinge den Menschen in Ländern der dritten Welt vorenthält, deren Bodenschätze von unseren multinationalen Konzernen begehrt werden. Und der von uns gesäte Haß fällt nun auf uns zurück und verfolgt uns in Form des Terrorismus – und zukünftig auch in Form des nuklearen Terrorismus.

Anstatt unsere Söhne und Töchter überallhin zu schicken, um Araber um-
zubringen, damit die Ölgesellschaften das Öl verkaufen können, müßten wir
sie eigentlich dorthin schicken, um die Infrastruktur aufzubauen, sauberes
Wasser zur Verfügung zu stellen und hungernde Kinder zu ernähren.

Anstatt danach zu streben, der Herrscher über die Welt zu sein, müßten
wir ein verantwortungsbewußtes Mitglied der Familie der Nationen werden.
Anstatt Hunderttausende von Soldaten auf dem ganzen Erdball zu stationie-
ren, damit sie die finanziellen Interessen unserer multinationalen Konzerne
beschützen, müßten wir sie nach Hause bringen und unser Friedenskorps aus-
bauen. Anstatt Terroristen- und Todesschwadronen auf Folter- und Mord-
techniken zu trainieren, müßten wir die School of the Americas schließen (egal
welchen Namen sie benutzen). (Armeeschule in Ford Benning, Georgia, in
der jährlich Hunderte von Soldaten aus Lateinamerika ausgebildet werden;
nachweislich sind viele Menschenrechtsverletzungen in Süd- und Mittelameri-
ka von früheren Absolventen begangen worden. Die Schule wurde 2000 um-
benannt in The Western Hemisphere Institute for Security Cooperation.)

Anstatt Militärdiktaturen zu unterstützen, müßten wir echte Demokratien
unterstützen – das Recht der Völker, ihre eigenen Führer zu wählen. Anstatt
Aufstände, Destabilisierung, Mord und Terror überall auf der Welt zu unter-
stützen, müßten wir die CIA abschaffen und das Geld Hilfsorganisationen
zukommen lassen. Kurz gesagt, vollbringen wir wieder Gutes anstatt Böses.

Wir werden wieder zu guten Menschen. Dann würde auch die Bedrohung
durch den Terror verschwinden. Das ist die Wahrheit, Herr Präsident. Das ist
es, was das amerikanische Volk hören müßte. Wir sind gute Menschen. Man
muß uns nur die Wahrheit erzählen und uns eine Vision geben. Sie können
das tun, Herr Präsident. Stoppen Sie das Töten. Stoppen Sie das Rechtfertigen
des Tötens. Stoppen Sie die Vergeltungsschläge. Stellen Sie die Menschen an
die erste Stelle. Sagen Sie ihnen die Wahrheit.

Es ist überflüssig zu sagen, „er hat nicht...", und George W. Bush hat es
auch nicht getan. Die Samen, die unsere politischen Strategien gesät haben,
haben bittere Früchte hervorgebracht.

Das World Trade Center ist nicht mehr da. Das Pentagon ist beschädigt.
Und Tausende von Amerikanern sind tot. Fast jeder Journalist schreit nach
einem massiven militärischen Vergeltungsschlag gegen jeden, der die Tat be-

gangen haben könnte (es wird angenommen Osama bin Laden), und gegen jeden, der den Terroristen (besonders den Anhängern der Taliban-Regierung von Afghanistan) Unterschlupf gewährt oder ihnen hilft. Steve Dunleavy von der ‚New York Post' schreit: ‚Tötet die Mistkerle! Bildet Mörder aus, stellt Söldner an, stellt ein paar Millionen Dollar zur Verfügung für Kopfgeldjäger, um sie tot oder lebend zu bekommen, am besten tot. Was die Städte oder die Länder angeht, die diese Würmer bei sich aufnehmen – walzt sie einfach platt.'

Es ist verlockend, dem zuzustimmen. Ich hege keine Sympathie für die Psychopathen, die Tausende unserer Leute getötet haben. Solche Taten können nicht entschuldigt werden. Wenn man mich zum Aktivdienst zurückrufen würde, würde ich hingehen, ohne zu zögern. Gleichzeitig sagt mir aber all meine militärische Erfahrung und mein Wissen, daß in der Vergangenheit Vergeltungsschläge die Probleme nicht gelöst haben, und sie werden es auch diesmal nicht lösen.

Der bei weitem beste Antiterror-Apparat ist der von Israel. Aus militärischer Sicht ist er unglaublich erfolgreich. Trotzdem leidet Israel unter mehr Anschlägen als alle anderen Nationen zusammengenommen. Wenn Gegenschläge funktionieren würden, wären die Israeli das sicherste Volk auf der Welt.

Terroranschläge konnten jeweils nur auf eine Weise beendet werden: Man muß die Unterstützung der Terrororganisationen durch die größere Gemeinschaft, die sie repräsentieren, unterbinden. Und der einzige gangbare Weg ist, daß man sich die berechtigten Klagen der Menschen anhört und versucht, ihre Beschwerden zu lindern.

Wenn tatsächlich Osama bin Laden hinter den vier Flugzeugentführungen und dem anschließenden Gemetzel steckt, bedeutet das, daß man die Sorgen der Araber und der Muslime im allgemeinen ansprechen muß, und die der Palästinenser im besonderen. Es bedeutet nicht, daß man Israel aufgibt. Es könnte aber sehr wohl bedeuten, daß man ihnen die finanzielle und militärische Unterstützung entzieht, bis sie mit der Besiedlung der besetzten Gebiete aufhören und zu den Grenzen von 1967 zurückkehren. Es könnte auch bedeuten, daß man zuläßt, daß die arabischen Länder ihre politischen Führer selbst wählen, und nicht von handverlesenen, von der CIA eingesetzten Diktatoren regiert werden, die willfährig mit westlichen Ölgesellschaften kooperieren.

Chester Gillings hat es sehr treffend gesagt: ,Wie schlagen wir gegen bin Laden zurück? Als erstes müssen wir uns fragen, was wir zu erreichen hoffen: Sicherheit oder Rache? Diese beiden schließen sich gegenseitig aus: Wenn wir Rache nehmen, werden wir ganz bestimmt unsere Sicherheit verringern. Wenn wir nach Sicherheit streben, dann müssen wir beginnen, auch die schwierigen Fragen zu beantworten: Welche Beschwerden bringen die Palästinenser und die arabische Welt gegen die Vereinigten Staaten vor, und worin besteht unsere wirkliche Schuld an diesem Unrecht? Da, wo wir berechtigte Schuld tragen, müssen wir auch bereit sein, die Mißstände so weit wie möglich zu beheben. Da, wo wir keine Schuld oder Heilung sehen, müssen wir unsere Standpunkte den Arabern ehrlich und aufrichtig mitteilen. Kurz gesagt, ist unsere beste Vorgehensweise, uns aus den Disputen der Region zurückzuziehen und nicht mitzukämpfen.'

Bin Laden jetzt zu töten, würde aus ihm einen ewigen Märtyrer machen. Tausende würden sich erheben, um seinen Platz einzunehmen. Wir würden es in einem anderen Jahr mit weiteren Terroranschlägen zu tun bekommen, und wahrscheinlich mit viel schlimmeren als dem am 11. September. Es gibt aber noch einen anderen Weg. Kurzfristig müssen wir uns vor denjenigen schützen, die uns bereits hassen. Das bedeutet verstärkte Sicherheitsmaßnahmen und bessere Nachrichtendienste. Im März schlug ich Kongreßmitgliedern vor, daß wir jegliche Mittel für „Star Wars" verweigern sollten, bis die Regierung und die Verwaltung zeigen könne, daß sie alle möglichen Nachforschungen anstellen, um Massenvernichtungswaffen, die heimlich in unser Land gebracht werden (eine wesentlich größere Bedrohung als Interkontinentalraketen), aufzuspüren und abzufangen. Es können viele Schritte unternommen werden, um unsere Sicherheit zu erhöhen, ohne dabei die Bürgerrechte einzuschränken.

Längerfristig müssen wir jedoch unsere Politik ändern, um zu verhindern, daß wir Furcht und Haß hervorrufen, die neue Terroristen hervorbringen. Wenn wir vom ausländischen Öl unabhängig werden – durch Aufbewahrung, durch einen effizienten Umgang mit Energie, durch Energieproduktion aus erneuerbaren Quellen und indem wir zu einem umweltverträglichen Transport übergehen –, werden wir in der Lage sein, eine vernünftigere Nahostpolitik zu betreiben.

Die große Mehrheit der Araber und Muslime sind gute, friedfertige Menschen. Aber eine genügend große Zahl von ihnen hat sich, aus Verzweiflung, Wut und Angst, zuerst Arafat zugewendet und sich jetzt bin Laden angeschlossen, um ihr Elend zu lindern. Herr Präsident, beseitigen Sie die Verzweiflung, geben Sie ihnen etwas Hoffnung, und die Unterstützung für den Terrorismus wird sich in Luft auflösen. Wenn dieser Punkt erreicht ist, wird sich bin Laden dazu gezwungen sehen, den Terrorismus aufzugeben – so wie es auch Arafat getan hat –, oder er wird wie ein gewöhnlicher Krimineller behandelt werden. In beiden Fällen werden er und sein Geld keine Bedrohung mehr darstellen. Wir können Sicherheit haben... oder Rache. Beides können wir nicht haben.

Wir sollten gut sein anstatt schlecht. Und wenn wir es wären, wer könnte dann gegen uns sein? Wer würde uns hassen? Wer wollte uns bombardieren?

Das ist die Wahrheit, Herr Präsident. Das ist es, was das nordamerikanische Volk hören sollte.«[330]

Noch etwas zum Nachdenken...

Auch den folgenden Text, der die Gründe für den Terrorismus sowie für den weltweiten Anti-Amerikanismus auf seine ganz eigene Art darstellt und einen jeden zum Nachdenken anregt, möchte ich dem Leser nicht vorenthalten:

„Terror – Falls Dir die schrecklichen Ereignisse am 11. September immer noch zu schaffen machen, nimm Dir zwei Minuten Zeit, um den 3.000 zivilen Opfern von New York, Washington und Pennsylvania zu gedenken... Wo Du gerade so schön dabei bist, kannst Du auch gleich noch dreizehn Schweigeminuten für die 130.000 irakischen Zivilisten einlegen, die 1991 unter dem Kommando von Präsident George Bush sen. umkamen. Dann kannst Du daran denken, wie die Amerikaner danach in den Straßen gesungen und getanzt, gefeiert und geklatscht haben. Jetzt ist es an der Zeit, weitere zwanzig Schweigeminuten für die 200.000 iranischen Zivilisten einzulegen, die in den Achtzigern von Irakern mit US-gesponserten Waffen und Geld geopfert wurden, bevor Amerika die Richtung wechselte und seine irakischen Freunde zum Feind erkor. Du solltest Dir noch weitere fünfzehn Minuten nehmen, um den Russen und 150.000 Afghanen zu gedenken, die von den Taliban getötet wurden, die ihre edle Ausbildung und Unterstützung von der CIA bekamen. Dann wären da noch zehn Schweigeminuten für die 100.000 zivilen Opfer der

amerikanischen Atombombenabwürfe über Hiroshima und Nagasaki im Zweiten Weltkrieg. Du hast jetzt eine Stunde lang geschwiegen. Zwei Minuten für die getöteten Amerikaner in New York, Washington und Pennsylvania und achtundfünfzig Minuten für deren Opfer auf der ganzen Welt. Falls Dir die Relationen immer noch nicht vollständig bewußt sind, kannst Du noch eine weitere Schweigestunde für die Opfer des Vietnam-Krieges draufschlagen. Oder für das Massaker in Panama 1989, bei dem amerikanische Truppen arme, unschuldige Dörfler angriffen, um 20.000 Obdachlose und tausende Tote zu hinterlassen. Oder für die Millionen von Kindern, die ob der Unterversorgung durch das US-Embargo gegen den Irak und Kuba starben. Oder für die Hunderttausenden, die bei US-finanzierten Bürgerkriegen (Chile, Argentinien, Uruguay, Bolivien, Guatemala, El Salvador – um nur ein paar wenige Beispiele zu nennen) ums Leben kamen. Und jetzt können wir noch mal über Terrorismus reden...«[331]

Sieht so „Friedenspolitik" aus?

Die folgende Auflistung der US-Militäreinsätze in der Zeit nach dem Zweiten Weltkrieg, welche offiziell als „friedenschaffende Maßnahmen" betitelt werden, ist ebenfalls sehr hilfreich, um nachvollziehen zu können, warum der weltweite Anti-Amerikanismus stetig zunimmt. Diese Dokumentation von US-Manövern, Kriegen, Polizei-Operationen, Logistik- und Versorgungseinsätzen erhebt allerdings keinen Anspruch auf Vollständigkeit[332]:

Kalter Krieg weltweit: 28.2.1946-25.12.1991

Korea-Krieg: 27.6.1950-27.7.1953

Suez-Krise: Ägypten, 26.7.-15.11.1956

Operation „Blue Bat.": Libanon, 15.7.-20.10.1958

Taiwan-Straße: 25.8.1958 - Juni 1963

Kongo: 14.7.1960-1.9.1962

Laos: 19.4.1961-7.10.1962

Operation „Tailwind": Laos, 1970

Operation „Ivory Coast/Kingoin": Nord-Vietnam, 21.11.1970

Operation „Endsweep": Nord-Vietnam, 27.1.1972-27.7.1973

Operation „Linebacker I": Nord-Vietnam, 10.5.-23.10.1972

Operation „Linebacker II", Nord-Vietnam, 18.-29.12.1972

Operation „Pocket Money": Nord-Vietnam, 9.5-23.10.1972

Operation „Freedom Train": Nord-Vietnam, 6.4.-10.5.1972
Operation „Arc Light": Südostasien, 18.6.1965 - April 1970
Operation „Rolling Thunder": Süd-Vietnam, 24.2.1965 - Oktober 1968
Operation „Ranch Hand": Süd-Vietnam, Januar 1962 - 1971
Vietnam-Krieg: Vietnam, 15.3.1962-28.1.1973
Kuba-Krise: weltweit, 25.10.1962 - Juni 1963
Operation „Powerpack": Dominikanische Republik, 28.4.1965-21.9.1966
Sechs-Tage-Krieg: Mittlerer Osten, 13.5.-10.6.1967
Operation „Nickel Grass": Mittlerer Osten, 6.10.-17.11.1973
Operation „Eagle Pull": Kambodscha, 11.-13.4.1975
Operation „Frequent Wind": Evakuierung aus Saigon, 29.-30.4.1975
Operation „Mayaguezc": Kambodscha, 15.5.1975
Operationen „Eagle Claw" und „Desert One": Iran, 25.4.1980
El Salvador, Nicaragua: 1.1.1981 und 1.2.1992
Golf von Sidra: Libyen, 18.8.1981
US Multinational Force: Libanon, 25.8.1982-1.12.1987
Operation „Urgent Fury": Grenada, 23.10.-21.11.1983
Operation „Attain Document": Libyen, 26.1.-29.3.1986
Operation „El Dorado Canyon": Libyen, 12.-17.4.1986
Operation „Blast Furnace": Bolivien, Juli-November 1986
Operation „Praying Mantis": Persischer Golf, 17.-19.4.1988
Operation „Ernest Will": Persischer Golf, 24.7.1987-2.8.1990
Operation „Promote Liberty": Panama, 31.7.1990
Operation „Just Cause": Panama, 20.12.1989-31.1.1990
Operation „Nimrod Dancer": Panama, Mai - 20.12.1989
Operation „Ghost Zone": Bolivien, März 1990 - 1993
Operation „Sharp Edge": Liberia, Mai 1990 - 8.1.1991
Operation „Desert Calm": Südwestasien, 1.3.1991-1.1.1992
Operationen „Desert Sword" und „Desert Sabre": Südwestasien, 24.2.91
Operation „Desert Storm": Irak, 17.1.-28.2.1991
Operation „Imminent Thunder": November 1990
Operation „Desert Shield": 2.8.1990-17.1.1991
Operation „Eastern Exit": Somalia, 2.-11.1.1991
Operation „Productiv Effort/Sea Angel": Bangladesh, Mai-Juni 1991
Operation „Fiery Vigil": Philippinen, Juni 1991
Operation „Victor Squared": Haiti, September 1991

Operation „Quick Lift": Zaire, 24.9.-7.10.1991
Operation „Desert Farewell": Südwestasien, ab 1.1.1992
Operation „Silver Anvil": Sierra Leone, 2.-5.5.1992
Operation „Distant Runner": Ruanda, 9.-15.4.1994
Operationen „Quiet Resolve" und „Support Hope": Ruanda, 22.7.-30.9.1994
Operation „Uphold/Restore Democracy": Haiti, 19.9.1994-31.3.1995
Operation „Golden Pheasant": Honduras, ab März 1988
Operation „Wipeout": Hawaii, ab 1990
Operation „Support Justice": Südamerika, 1991-1994
Operation „Coronet Nighthawk": Zentral- und Südamerika, ab 1991
Operation „Desert Falcon": Saudi-Arabien, ab 1991
Operation „Southern Watch": Irak, ab 1991
Operation „Provide Comfort": Kurdistan, 5.4.1991 - Dezember 1994
Operation „Provide Comfort II": Kurdistan, 24.7.1991-31.12.1996
Operation „Provide Hope I-V": GUS, 10.2.1992-10.5.1999
Operation „Provide Promise": Bosnien, 3.7.1992 - März 1996
Operation „Maritime Monitor": Adria, 16.7.-22.11.1992
Operation „Sky Monitor": Bosnien-Herzegowina, ab 16.10.1992
Operation „Maritime Guard": Adria, 22.11.1992-15.6.1993
Operation „Desert Strike": Irak, 17.1., 26.6. und 3.9.1996
Operation „Deny Flight": Bosnien, 12.4.1993-20.12.1995
Operation „Steady State": Südamerika, 1994 - April 1996
Operation „Quick Response": Zentralafrikanische Republik, Mai 1994-August 1996
Operation „Able Sentry": Serbien-Mazedonien, ab 5.7.1994
Operation „Vigliant Warrior": Kuwait, Oktober-November 1994
Operation „Sharp Guard": Adria, 15.6.1993 - Dezember 1995
Operation „Safe Border": Peru/Ecuador, ab 1995
Operation „United Shield": Somalia, 22.1.-2.7.1995
Operation „Nomad Vigil": Albanien, 1.7.1995-5.11.1996
Operation „Quick Lift": Kroatien, Juli 1995
Operation „Outermined Effort": Bosnien, Juli-Dezember 1995
Operation „Vigliant Sentinel": Kuwait, ab August 1995
Operation „Deliberate Force": Republika Srpska, 29.8.-21.9.1995
Operation „Joint Endeavor": Bosnien-Herzegowina, Dezember 1995-96

Operation „Decisive Enhancement": Adria, Dezember 1995 - 19.6.1996
Operation „Decisive Endeavor/Decisive Edge": Bosnien-Herzegowina,
Januar-Dezember 1996
Operation „Nomad Endeavor": Taszar, Ungarn, ab März 1996
Operation „Laxer Strike": Südafrika, ab April 1996
Operation „Assured Response": Liberia, April-August 1996
Operation „Desert Focus": Saudi-Arabien, ab Juli 1996
Operation „Paelfle Haven/Quick Transit": Irak-Guam, 15.9.-16.12.1996
Operation „Guardian Assistance": Zaire/Ruanda/Uganda, 15.11.-27.12.96
Operation „Determined Guard": Adria, ab Dezember 1996
Operation „Northern Watch": Kurdistan, ab 31.12.1996
Operation „Guardian Retrieval": Kongo, März-Juni 1997
Operation „Noble Obelisk": Sierra Leone, Mai-Juni 1997
Operation „Bevel Edge": Kambodscha, Juli 1997
Operation „Phoenix Scorpion I": Irak, November 1997
Operation „Noble Response": Kenia, 21.1.-25.3.1998
Operation „Phoenix Scorpion II": Irak, Februar 1998
Operation „Shepherd Venture": Guinea-Bissau, 10.-17.6.1998
Operation „Determined Falcon": Kosovo/Albanien, 15.-16.6.1998
Operation „Joint Force": ab 20.6.1998
Operation „Joint Guard": Bosnien-Herzegowina, 20.6.1998
Operaton „Deliberate Force": Bosnien-Herzegowina, 20.6.1998
Operation „Resolute Response": Afrika, ab August 1998
Operation „Infinite Reach": Sudan/Afghanistan, 20.8.1998
Operation „Determined Force": Kosovo, 8.10.1998-23.3.1999
Operation „Eagle Eye": Kosovo, 16.10.1998-24.3.1999
Operation „Phoenix Scorpion III": Irak, November 1998
Operation „Phoenix Scorpion IV": Irak, Dezember 1998
Operation „Desert Fox": Irak, 16.-20.12.1998
Operation „Cobalt Flash": Kosovo, ab 23.3.1999
Operation „Sustain Hope/Allied Harbour": Kosovo, ab 5.4.1999
Operation „Shining Hope": Kosovo, ab 5.4.1999
Afghanistan-Krieg: 2001
Irak-Krieg: 2003

> *„Es existiert eine Schattenregierung mit ihrer eigenen Luftwaffe, ihrer eigenen Marine, ihren eigenen Geldbeschaffungsmechanismen sowie der Möglichkeit, ihre eigene Vorstellung nationaler Interessen durchzusetzen, frei von allen Kontrollen und frei vom Gesetz selbst."*
> (US-Senator Daniel K.)

Der nächste Schritt: Afghanistan...

Die weitreichenden Folgen, die sich durch die wohl mitinszenierten Ereignisse am 11. September ergaben – der Afghanistan- und der zweite Irak-Krieg –, waren nur weitere Teile in einem politischen Mosaik, das von langer Hand geplant war: ein *Kampf der Kulturen.*

Die politischen Ziele, die dadurch verfolgt wurden und weiterhin verfolgt werden, sind folgende: ein *„geopolitisches Projekt"* aus der Denkschule einer bestimmten anglo-amerikanischen *„imperialen"* Fraktion, mit dem Ziel, das eurasische Kernland zu kontrollieren, denn wer dieses Gebiet kontrolliert (Erdöl, Bodenschätze, Drogenhandel und so weiter), kontrolliert die ganze Welt.

Diese radikalen Geopolitiker vertreten die Auffassung, in der Zeit nach dem Kalten Krieg stelle eine eurasische Wirtschaftsallianz zwischen China, Indien, Rußland und den islamischen Ländern (u.a. Iran, Irak) die größte Bedrohung für die *„einzig verbliebene Hegemonialmacht"* (hegemonial: *die Vormachtstellung habend/erstrebend*) USA dar. Besonders dadurch werde das Mächtegleichgewicht ernsthaft bedroht.[333]

Dabei wird der wahre Grund für die geopolitische Obsession offensichtlich verschwiegen: die globale Weltfinanzkrise und ihre Auswirkungen auf den Westen beziehungsweise die Vormachtstellung der USA. Personen wie Kissinger, Brzezinski oder auch Huntington vertreten die Position einer Elite, die um jeden Preis an dem wissenschaftlichen Weltbild des untergehenden Finanzempire festhalten will. Was sie offensichtlich planen, ist nichts anderes als ein *„Kreuzzug"* gegen den Rest der Welt, was gleichzeitig einen Dritten Weltkrieg bedeuten würde, frei nach dem Motto: *„Wenn wir schon untergehen, dann gehen die anderen mit uns unter..."*

323

Der nächste politische beziehungsweise militärische Schachzug war bekanntlich der Afghanistan-Krieg, der sich unmittelbar nach den Anschlägen von Amerika ereignete. Legitimiert durch die Anschläge, konnte die amerikanische Kriegstreiberfraktion nun gegen die „überführten" Attentäter, gegen die sogenannte „Allianz des Bösen" rücksichtslos vorgehen. Durch die verursachte Lähmung und den Schockzustand des amerikanischen Volkes nach den Anschlägen fokussierte sich das gesamte *Schuldbild* auf Osama bin Laden und seine Terrororganisation, auch die Meinungsmacher haben ganze Arbeit geleistet.

Dabei wurde offensichtlich vergessen, wer dieser Osama bin Laden eigentlich ist und wie lange bereits Verbindungen zu anglo-amerikanischen Geheimdiensten bestanden.

Kissinger läßt keine Zweifel aufkommen...

Einer der vehementesten Befürworter des anglo-amerikanischen Krieges gegen die afghanische Taliban ist zweifellos der frühere US-Außenminister Henry Kissinger.

Kissinger hielt am 31. Oktober 2001 eine Rede vor dem Londoner Center für Policy Studies, einer Denkfabrik der neokonservativen Mont-Pélerin-Gesellschaft. In seiner Rede lobte er zunächst überschwenglich die

Abb. 22:
Henry Kissinger

Regierung Blair und ihre Unterstützung Amerikas im Kampf gegen den Terror. Dann sagte er: *„Der Krieg in Afghanistan muß als Angriff auf die schamlosen Beschützer des Terrorismus und die symbolträchtigste Verkörperung des Terrorismus in der Person bin Ladens gesehen werden... Das Ergebnis muß eindeutig sein: Das Taliban-Regime muß vernichtet und bin Ladens Netzwerk völlig zerschlagen werden... Denn wenn die Taliban an einem bestimmten Punkt immer noch Widerstand leisten sollten, würden sie zum Symbol dafür, daß es möglich ist, sich der stärksten Nation und deren Verbündeten zu widersetzen... Das hätte verheerende Auswirkungen für alle."*[334]

324

Die Sache hat aber, wie das bekanntlich meistens ist, zwei Seiten, so auch in diesem Fall. Viele politische Größen, die sich für den Vernichtungsfeldzug gegen die Taliban und Osama bin Laden sofort stark gemacht hatten, waren vorher über längere Zeit selbst „Lobbyisten" und Unterstützer der Taliban, wie auch im weiteren Verlauf noch aufgezeigt werden wird.

So soll auch Henry Kissinger selbst einer Gruppe angehören, die im Auftrag der Ölindustrie Druck auf die US-Regierung machte, Afghanistan und die Taliban nicht auf die offizielle Liste der *„Terrorismus unterstützenden Länder"* zu setzen.

Am 5. November veröffentlichten die drei Autoren Mary Pat Flaherty, David Ottoway und James Grimaldi einen Artikel in der *Washington Post* unter der Überschrift *„Warum Afghanistan nie auf die Liste der Terrorunterstützer kam"*. Die Autoren berichteten, daß der frühere amerikanische Außenminister sich als Berater der amerikanischen Erdölgesellschaft *Unocal* beim Außenministerium dafür eingesetzt habe, keine Sanktionen gegen Afghanistan zu verhängen, weil der Ölkonzern den Bau einer Pipeline durch das Land plante. Diese Pipeline sollte den Zugang zum Erdöl aus der Region des Kaspischen Meeres sichern.

Weiter heißt es: *„Um die benötigte Finanzierung von Behörden wie der Weltbank zu sichern, mußte Unocal erreichen, daß das Außenministerium zumindest formell die afghanische Regierung anerkannte. Dazu heuerte Unocal ehemalige Insider des Ministeriums an: den früheren Außenminister Henry Kissinger, den früheren US-Sonderbotschafter John J. Maresca sowie den früheren US-Botschafter Robert Oakley."*[335]

Hier spielten wirtschaftliche Aspekte eine wesentliche Rolle, wie man sich unschwer denken kann, denn aufgrund der amerikanischen Sanktionen gegen den Iran war eine Pipeline durch den Iran undenkbar – die Route durch Afghanistan stellte die einzig mögliche Alternative dar.

Doch unmittelbar nach den Anschlägen vom 11. September wendeten sich Kissinger und andere *Taliban-Unterstützer* den vehementesten Befürwortern der Bombardierung Afghanistans zu. Lyndon LaRouche verglich diese Leute mit den Amerikanern, die noch kurz vor dem japanischen Angriff auf Pearl Harbor Stahl an Japan verkauften.

In der bereits erwähnten Rede Kissingers am 31. Oktober 2001 in London betonte er, daß er nicht für die Regierung Bush spreche. Um so deutlicher konnte man die Zielsetzung aus Kissingers Worten heraushören: Ihr Ziel ist ein weltweiter *Kampf der Kulturen*, und das oberste Feindbild ist Osama bin Laden und der Islam. Frieden mit dem Islam zu schließen, sei unmöglich, meinte Kissinger. Der Islam sei „grundlegend anders", und das hätten bisher nur „England und Amerika" verstanden.

Durch den 11. September sei das amerikanische Volk aus dem *„Schlummer der Selbstzufriedenheit"* gerissen worden. Es sei, so Kissinger, gefühlsmäßig noch stärker getroffen als nach dem Angriff auf Pearl Harbor. „Bis zu diesem Zeitpunkt wäre die amerikanische Öffentlichkeit überrascht gewesen zu hören, daß es grundlegende Differenzen zwischen den Vereinigten Staaten und dem Islam... und etwas wie das Konzept eines *Kampfes der Kulturen* gibt."

Kissinger zeigte sich mit dem bisherigen Verlauf des Krieges unzufrieden und forderte eine Ausweitung auf andere Länder. *„Wenn ein Sieg in Afghanistan das einzige Ziel ist..., werden wir feststellen, daß der Terrorismus wiederkommt."* Die Haltung eines Landes zum Terrorismus, so Kissinger, sei der Maßstab, an dem sich das internationale System neu gestalten müsse. In diesem Zusammenhang kritisierte er, die Bush-Regierung gewähre den palästinensischen Gruppen zuviel Freiraum.[336]

Feindbild bin Laden wurde gezielt aufgebaut:

In den offiziellen Presseverlautbarungen blieben die offensichtlichen und weitreichenden Verzweigungen zwischen bin Laden und den amerikanischen und britischen Politkreisen natürlich sorgsam unerwähnt.

Zunächst aufgebaut und unterstützt, benutzte man bin Laden später als Feindbild – bis heute. Bin Laden trat das erste Mal 1980 im Terrorismus- und Geheimdienstgeschäft in Aktion, als er von den Regierungen Thatcher und Reagan/Bush auserkoren wurde, bei der Finanzierung des geheimen Krieges in Afghanistan auszuhelfen. Seit 1982 wurde bin Laden häufig in Ausbildungslagern der afghanischen Mudschaheddin im pakistanischen Peschawar gesehen, wo er säckeweise Bargeld an die „57 verschiedenen" Mudschaheddin-Gruppen verteilte, die damals in Afghanistan gegen die Rote Armee kämpften.

Joseph Brewda schreibt in der *Neuen Solidarität*:

„Dieser ‚geheime Krieg' in Afghanistan war vom britischen Viscount Cranbourne, Nachfahre der Familie Cecil, und seinem Kumpan Lord Bethell als Teil ihrer Politik des ‚Krisenbogens' entworfen worden, um die Sowjetunion mit Hilfe ‚islamischer Eiferer' zu schwächen (und gleichzeitig auch den amerikanischen Einfluß in der Region zurückzudrängen). Diese Politik wurde dem damaligen US-Präsidenten Ronald Reagan von Premierministerin Thatcher untergejubelt. Bin Laden, dessen saudische Familie durch staatliche Bauaufträge zu sagenhaftem Reichtum gelangte, war einer von zahlreichen ‚privaten' Kanälen, um den Krieg zu finanzieren.

Auf Osama bin Laden war man über frühere Einsätze seines Vetters Scheich Salim bin Laden aufmerksam geworden, einer von vier auserwählten Saudis, denen eine Mitgliedschaft in Prinz Phillips exklusivem „1001 Club" (dem finanziellen Elitekreis hinter dem World Wildelife Fund) gnädigst erlaubt wurde. Die Familie bin Laden ist die reichste nicht adlige Familie im saudischen Königreich. Scheich Salim gilt selbst nach saudischen Maßstäben als extrem anglophil (dem englischen Wesen zugetan; Anm. d. A.).

Scheich Salim fand auch Gönner in den USA. 1979 wurde er über die Firmen Zapata Oil und Arbusto Ltd. **zum Geschäftspartner von George Bushs Sohn...**"[337] (Herv. d. d. A.)

Joseph Brewda erklärt weiter:

„Als der Afghanistan-Krieg 1980 voll entbrannte, spielte Scheich Salim bereits eine wichtige Rolle in der britisch beherrschten Bank of Credit and Commerce International (BCCI), einer von Drogenhändlern, Terroristen und Geheimdiensten benutzten Bank, die auch Thatcher und Bush zur Finanzierung ihres Afghanistan-Krieges benutzten. Osama, damals 20 Jahre alt, wurde als Juniorpartner des Scheichs geführt. Sein fanatischer Eifer für die „afghanische Sache" und sein persönliches Vermögen von rund 400 Millionen Dollar fügten sich bestens.

Als 1988 die Sowjets aus Afghanistan abzogen, strichen Bush und Thatcher die Mudschaheddin von ihrem Katalog der ‚Freiheitskämpfer' und überließen sie dem Arbeitsmarkt. Sie blieben dennoch unter dem Einfluß des britischen Geheimdienstes. Sie wurden unverzüglich nach Nordafrika und dem Nahen Osten verfrachtet, wo sie als ‚islamische Terrorgruppe' im Dienste britischer geopolitischer Ziele Terroranschläge verübten. Bin Laden blieb der wichtigste Zahlmeister für diese Gruppe und nichts weiter.

Wenn der US-Regierung wirklich daran gelegen sein sollte, diese Terror-Netzwerke auszuschalten, sollte sie von Raketenangriffen in Rambo-Manier absehen und lieber bin Ladens 400-Millionen-Dollar-Finanzimperium trockenlegen. Das Geld hat er nicht unter seinem Bett in einer afghanischen Festung versteckt – es ist in besten Londoner Immobilien und Industrieaktien und laut gewöhnlich zuverlässigen Quellen auch in umfangreichen Beteiligungen an Bush-nahen Ölfirmen in Texas angelegt.«[338]

Weitreichende Interessen:
Der Ökonomie-Professor Dr. Michel Chossudovsky veröffentlichte kurz nach den Anschlägen von New York einen Artikel unter der Überschrift: *„Who is Osama bin Laden?"*.

Professor Chossudovsky schreibt, daß Osama bin Laden für den Kampf gegen die sowjetischen Invasoren in Afghanistan rekrutiert wurde. Bei dieser Mobilmachung war der amerikanische CIA entscheidend mitbeteiligt. In den Jahren nach 1979 waren es letztlich *„mehr als 100.000 ausländische islamische Radikale, die direkt in den afghanischen Jihad miteinbezogen wurden"*. Im März 1985 unterzeichnete Präsident Reagan die *National Security Decision Directive 166*, die eine verdeckte militärische Unterstützung des afghanischen Krieges erlaubte. Dies wiederum führte zu gewaltigen Waffenlieferungen (bis 1987 waren es jährlich 65.000 Tonnen!) sowie zum Einsatz von unzähligen CIA- und Pentagon-Spezialisten, die nach Pakistan und Afghanistan reisten. Viele der islamischen Kämpfer wußten dabei gar nicht, daß sie, die Camps, in denen sie trainiert wurden, und die Waffen, mit denen sie kämpften, von den US-Kräften bezahlt wurden. Zur gleichen Zeit führten CIA-Operationen auch zur Stärkung des pakistanischen Militärregimes unter General Zia Ul Haq.

Nun kommt Professor Chossudovsky auf einen weitgehend unbekannten Zusammenhang zu sprechen: *„Eng verbunden mit den geheimen CIA-Operationen in Zentralasien ist die Geschichte des Drogenhandels. Vor dem russisch-afghanischen Krieg wurde in Afghanistan und Pakistan Opium nur für die kleinen regionalen Märkte angebaut. Heroin wurde überhaupt nicht* *produziert. Alfred McCoys Studie bestätigt, daß innerhalb von zwei Jahren nach Beginn der CIA-Operation das Grenzgebiet von Afghanistan und Pakistan der weltgrößte Heroinproduzent wurde und sechzig Prozent der amerikanischen Nachfrage deckte. In Pakistan schnellte die Rate der Heroinsüchtigen von nahezu Null im Jahre 1979 auf 1,2 Millionen im Jahre 1985 – ein Anstieg, der in keinem Land so drastisch war wie dort in Pakistan."*

Im Jahre 1995 gab der frühere CIA-Zuständige für die Afghanistan-Operation, Charles Coga, sogar öffentlich zu, daß ihnen damals der Kalte Krieg wichtiger war als der Drogenkrieg, wie Chossudovsky in seinem Artikel schreibt: *„Unsere Hauptaufgabe bestand darin, den Sowjets möglichst großen Schaden zuzufügen. Wir hatten weder die Ressourcen noch die Zeit, uns um den Drogenhandel zu kümmern."*[339]

Professor Chossudovsky weiter: *„Im Zug des Kalten Krieges bekam das Gebiet von Zentralasien nicht nur wegen seiner umfangreichen Ölreserven eine strategische Bedeutung, sondern auch wegen der Drogenproduktion. Von dort stammen drei Viertel der weltweiten Opium-Produktion, was ein Multimilliardengeschäft darstellt. ...Der jährliche Umsatz beträgt 100 bis 200 Milliarden Dollar, was rund ein Drittel des weltweiten Jahresumsatzes an Rauschgiften ausmacht."* Sehr aufschlußreich sind auch die Zusammenhänge, die Chossudovsky zu den Kriegen im Balkan und in Tschetschenien offenlegt. Er sagt abschließend: *„Seit der Zeit des Kalten Krieges hat Washington Osama bin Laden bewußt unterstützt, während das FBI ihn gleichzeitig auf die Fahndungsliste der am meisten gesuchten Terroristen setzt. ...Nun, nach den Terroranschlägen in New York und Washington muß die Wahrheit bekannt werden, um zu verhindern, daß die Bush-Administration zusammen mit ihren NATO-Partnern eine militärische Aktion startet, welche die Zukunft der Menschheit aufs Spiel setzen könnte."*[340]

Die Al Kaida und die NATO...

Die Verbindungen der USA und Großbritannien zu bin Ladens Netzwerk behandelte am 25. Oktober 2001 auch die *„Neue Züricher Zeitung"*. Sie berichtete über Aktivitäten von Al-Kaida-Aktivisten unter anderem in Großbritannien und dem von der NATO besetzten Kosovo. Die *„NNN"* deckte frühere Aktionen des *„Dschihad"*, des ägyptischen Zweiges von Al

Kaida, auf – so den Mord an Präsident Sadat und die „Karriere" eines Bruders von bin Ladens Stellvertreter Zawahiri. Dann heißt es weiter: „*Nach Angaben des ägyptischen und französischen Geheimdienstes schleuste bin Laden, der gemeinsam mit zahlreichen gesuchten Islamisten seit 1996 das Gastrecht der Taliban genießt, Ende der neunziger Jahre 500 arabische Mudschaheddin nach Tirana ein. Sie sollen Seite an Seite mit der UCK im Kosovo gekämpft haben und an besonders brutalen Racheakten an serbischen Zivilisten beteiligt gewesen sein.*"

Das bedeutet, daß NATO und Al Kaida 1999 Seite an Seite im Kosovo kämpften, obwohl bekannt war, daß dieses terroristische Netzwerk den Staatschef des amerikanischen Partnerlandes Ägypten ermordet hat.

Auch mazedonische Regierungskreise haben EIR gegenüber bestätigt, daß noch im Frühsommer Al-Kaida- und UCK-Kämpfer gemeinsam mit amerikanischen Militärberatern im Kosovo-mazedonischen Grenzgebiet aktiv waren.[341]

Der Irak-Krieg

Kommen wir abschließend zum zweiten Irak-Krieg im Jahre 2003. Auf die Ziele der anglo-amerikanischen Politik, diesen Krieg zu führen, ist im Verlauf dieses Buches ausführlich eingegangen worden, so daß wir nicht mehr auf Einzelheiten wie beispielsweise die Sicherung der Erdöl-Ressourcen, den amerikanischen Wirtschaftskollaps und so weiter eingehen müssen – diese Hintergründe dürften wohl mittlerweile jedem bekannt sein!

An dieser Stelle sollte dennoch einmal der Wichtigkeit halber deutlich erwähnt werden, wer denn am militärischen Aufbau Afghanistans und des Iraks maßgeblich beteiligt war: Es war der Westen!

Dazu gehörten auch Firmen aus Deutschland und Frankreich, wie seit langem bekannt ist, die dem Irak das *Know-How* und somit erst die Grundlagen für seine militärische Aufrüstung ermöglichten. Bereits seit Mitte der achtziger Jahre war Saddam Hussein ein beliebter Partner amerikanischer und europäischer Lieferanten. Um die Hintergründe des Irak-Konfliktes zumindest im erweiterten Spektrum zu verstehen, müßte man eigentlich polit-geschichtlich die letzten fünf Jahrzehnte aufrollen, was aber zu weit führen würde.

Dem einen oder anderen Leser wird aber der Krieg zwischen dem Irak und dem Iran (1980-1988) noch in Erinnerung sein. Dieser hatte verschiedene Ursachen, so war der Irak zum Beispiel unzufrieden mit dem bereits 1932 festgelegten Grenzvertrag mit dem Iran. Mitentscheidend war aber sicherlich auch, daß Saddam Hussein 1979 die Macht im Irak und Ayatollah Khomeini dieselbe im Iran übernommen hatte. Beide verfolgten das Ziel, ihrer Nation zu einer besonderen Stellung in der arabischen Welt zu verhelfen.

Daß der Krieg viele Jahre andauerte, war aber sicherlich weder von Hussein noch von Khomeini gewollt beziehungsweise geplant. Ein Grund für die lange Kriegsdauer zwischen dem Irak und dem Iran war zweifellos der, daß seit Beginn der siebziger Jahre beide Staaten durch verschiedene Nationen aufgerüstet worden waren. Der Iran erhielt Waffen von den Vereinigten Staaten und ihren europäischen Verbündeten, die ihrerseits eine wirtschaftliche und politische Vormachtstellung in der dritten Welt anstrebten beziehungsweise festigen wollten. Der Irak wurde von 1969 bis 1980 ebenfalls massiv militärisch aufgerüstet, wobei vor allem die damalige Sowjetunion und die osteuropäischen Verbündeten der UdSSR eine große Rolle spielten.

Die wirtschaftlichen und geopolitischen Ziele des Westens und seinerzeit der UdSSR standen dabei natürlich im Vordergrund. Und die politische Taktik, die bis heute erfolgreich angewendet wird, heißt auch hier: *Teile und herrsche!*

Diese alte Strategie konnte man besonders im Zusammenhang mit den letzten Kriegen am Golf oder in Afghanistan beobachten.

Es wird also ein Konflikt geschaffen – für den die jeweiligen Staaten militärisch aufgerüstet werden –, bei dem die Menschen eines Landes oder einer ethnischen Gruppe beispielsweise gegeneinander kämpfen und nicht gegen den eigentlichen Urheber. Der Urheber, der im Hintergrund die Fäden zieht und nicht als Anstifter in Erscheinung tritt, unterstützt beide Parteien auch noch. Dadurch stellt er einerseits sicher, daß ein Gleichgewicht der rivalisierenden Mächte gewährleistet ist, und andererseits verdient er durch die Finanzierung eines Konfliktes (Krieg, Revolution) natürlich kräftig dabei. Das traf sicherlich auf den Irak-Iran-Krieg zu. Ähnlich verhielt es sich auch in den beiden Golfkriegen, mit dem Unterschied, daß die Vereinigten Staaten und ihre Verbündeten militärisch aktiv wurden, um ihre Ziele zu erreichen. Die wirtschaftlichen Mechanismen, die durch so einen kostspieligen Feldzug in Gang gesetzt werden (z.B. Rüstungsindustrie, Aktivierung von Hilfsorganisationen, Aktivierung der UNO, Massenmedien usw.) und sich für viele Beteiligten sehr „positiv" auswirken, sollten dabei nicht vergessen werden. Neben den wirtschaftlichen und geopolitischen Interessen (Erdöl, Rohstoffe usw.) sind Kriege bekanntlich die Grundlage eines jeden „Wirtschaftswunders". Kriege sind also ein notwendiges Muß des ausbeutenden und unterdrückenden Systems des Kapitalismus – der Krieg ist der Schatten des Kapitalismus; ohne ihn funktioniert das System nicht. Es ist gleichzeitig auch das beste System, um die Menschen auszubeuten und zu versklaven.

Wir haben im Laufe des Buches erfahren, wie die Mechanismen laufen und wie aus Freundbildern wie bin Laden und Hussein plötzlich Feindbilder in dem globalen Schachspiel werden. Es liegt immer und ganz allein daran, wie die Karten gemischt werden. Man stelle sich einmal vor, wie medienwirksam es ist, daß diese Feindbilder noch am Leben sind – tot sind sie für die Medienwelt keine Investition mehr. Und ohnehin werden wir es nie erleben, daß Männer wie bin Laden oder Hussein auf irgendeiner Anklagebank der Welt sitzen, denn bevor diese festgenommen würden, würden sie sicherlich den Freitod wählen.

Also kann man da von „Zufall" sprechen, daß die Feindbilder bin Laden und Hussein noch am Leben sind?

Welche unrühmliche aber entscheidende Rolle die Massenmedien heute spielen, wurde in den vergangenen Kapiteln sicherlich deutlich – als Instrument zur Meinungsbildung entscheiden sie oftmals über Krieg und Frieden.

Erinnern wir uns an das Säbelrasseln vor dem Ausbruch des zweiten Golfkrieges im Jahre 2003 und den Kampf um die UNO-Resolution, welche die Bush-Regierung und ihre Verbündeten quasi erzwingen wollten, um die erforderliche Legitimation durch den UNO-Sicherheitsrat zu bekommen.

Wie wir wissen, kam es nicht zu einer erforderlichen UNO-Resolution, und die Vereinigten Staaten und ihre Verbündeten setzten sich über die oberste Instanz – die Vereinten Nationen – einfach hinweg. Die Begründung: Der Irak habe Massenvernichtungswaffen!

Die USA und ihre Verbündeten hatten damit eindeutig gegen das bestehende Völkerrecht verstoßen und ihre Interessen über das Völkerrecht gestellt!

Das völkerrechtswidrige Verhalten der USA und ihrer Alliierten ergibt sich aus den juristischen Grundlagen der UNO-Charta, die eindeutig sagt, daß ein Krieg nur durch die Autorisierung der UNO erfolgen kann. Die einzige Ausnahme bildet ein „Verteidigungskrieg" – weder die USA noch einer ihrer Alliierten wurden jedoch von dem Irak angegriffen!

Das Vorgehen der USA und ihrer Alliierten wurde mit überwältigender Mehrheit als völkerrechtswidrig verurteilt.

Dann begann bekanntlich der wochenlange vergebliche Versuch, durch die UNO-Inspektoren Beweise für Massenvernichtungswaffen im Irak aufzuspüren.

Doch die Zeit drängte, und so griff Präsident Bush einfach in die politische Trickkiste, er bezog sich auf zweifelhafte Geheimdienstinformationen, wie ihm die Demokraten im Kongreß vorwarfen, und täuschte das Volk in seiner Rede zur Lage der Nation am 28. Januar 2003. Dort warf er dem Irak vor, er habe versucht, waffenfähiges Uran in Afrika einzukaufen. Der Satz lautete in der deutschen Übersetzung: *„Die britische Regierung hat in Erfahrung gebracht, daß Saddam Hussein vor kurzem beträchtliche Mengen Uran aus Afrika beschaffe wollte."*

Schließlich war Diplomatie vonnöten, und das Weiße Haus räumte erstmals ein, daß Bush die angebliche Beschaffung von nuklearem Material in Afrika durch den Irak in seiner Rede zur Lage der Nation überbewertet habe. Bush hatte den Irak beschuldigt, sich zum Aufbau eines Atomwaffenprogramms in Afrika mit Uran versorgt haben zu wollen. Er berief sich dabei auf Informationen seines Verbündeten Großbritannien. Die Anschuldigungen dienten der amerikanischen Regierung als eine der Rechtfertigungen für den Krieg gegen den Irak.

Bereits im vergangenen Jahr war der amerikanische Botschafter Joseph Wilson von der CIA beauftragt worden, in Niger die Informationen über den angeblichen irakischen Uran-Kauf nachzuweisen. Nach seiner Rückkehr hatte er der Regierung vorgeworfen, Geheimdienstmaterial gezielt überbewertet zu haben, um die angeblich vom Irak ausgehende Gefahr darlegen zu können. Außerdem hatte der Diplomat das Weiße Haus vor entsprechenden britischen Geheimdienstberichten ausdrücklich gewarnt. Bisher haben die von den USA geführten Streitkräfte im Irak keine zweifelsfreien Hinweise auf Massenvernichtungswaffen gefunden, so der Botschafter.

Die Bombe platzte bekanntlich, und neben Bush geriet besonders sein Verbündeter, der britische Premierminister Tony Blair, in das Kreuzfeuer der Kritik. Im Zusammenhang mit dem Tod des Regierungsberaters David Kelly sollte sich herausstellen, daß es wohl die „ehrwürdige" BBC war, die Berichte über den Irak manipuliert hatte.

Die Affäre um den britischen Biowaffenexperten und Regierungsberater David Kelly begann am 24. September 2002. Damals sagte der britische Premierminister Tony Blair, der Irak könne binnen 45 Minuten Massenvernichtungswaffen einsetzen – eine bewußte Falschaussage, wie sich später herausstellen sollte. Blair erreichte damit aber sein Ziel, den „Kreuzzug" gegen den Irak gegenüber dem Volk zu rechtfertigen.

Die Kelly-Affäre nahm ihren Lauf, als dieser sich am 22. Mai 2003 mit Andrew Gilligan, einem Reporter des britischen Senders BBC, traf:
- Am 29. Mai berichtete Gilligan im Radio, sich auf gut informierte Kreise berufend, die Regierung habe in ihrem Irak-Dossier die Gefährlichkeit des Landes gegen den Willen der Geheimdienste bewußt aufgebauscht.
- Am 1. Juni machte Gilligan Kommunikationschef Alistair Campbell für die umstrittene Passage in dem Dossier verantwortlich.
- Campbell wies die Vorwürfe Ende Juni vor einem Irak-Untersuchungsausschuß des Unterhauses zurück.
- Am 7. Juli entlastete der Ausschuß in seinem Abschlußbericht die Regierung (in erster Linie wohl Tony Blair) vom Vorwurf der Täuschung.

- Am 9. Juli nannte das Verteidigungsministerium schließlich Kelly als offizielle Quelle des BBC-Berichtes.
- Am 15. Juli wurde David Kelly vom Auswärtigen Ausschuß des Parlaments teils rüde verhört. Kelly räumte ein, Gilligan getroffen zu haben, bestritt aber, alleinige Quelle des BBC-Berichtes gewesen zu sein. Durch seine Aussage hatte Kelly die Blair-Regierung beschuldigt, wider besseren Wissens und trotz Bedenken des Geheimdienstes das Irak-Dossier aufgebauscht zu haben.
- Am 18. Juli wurde Kelly mit einer aufgeschnittenen Pulsader tot in einem Waldstück aufgefunden.
- 20. Juli: Premierminister Blair wies Rücktrittsforderungen zurück. Auch Verteidigungsminister Geoff Hoon geriet zu Recht unter Druck, weil sein Ministerium den Namen Kelly in die Öffentlichkeit lancierte. An diesem Tag nannte die BBC Kelly als Quelle ihres Berichts und geriet damit selbst unter Druck und ins Kreuzfeuer der Kritik.
- 23. Juli: Ein Tonbandmitschnitt eines weiteren BBC-Interviews mit Kelly wurde bekannt. Darin hatte Kelly Anfang Juni von der *„Besessenheit"* der Blair-Regierung in der Irak-Frage gesprochen.

Das Opfer in diesem politischen Schachspiel wurde schließlich Alistair Campbell, der PR-Chef des britischen Premierministers Tony Blair. Er trat am 27. August von seinem Amt zurück. Auch hier wurde mit den Täuschungen fortgefahren. In seiner Rücktrittserklärung ging Campbell nicht auf die Irak-Vorwürfe ein. Er erklärte, daß sein Rücktritt bereits seit April beschlossene Sache gewesen sei.

Campbell gilt als mächtiger Mann hinter den Kulissen; die Presse verlieh ihm wohl nicht umsonst den Spitznamen *„Der große Manipulator"*. Er war schließlich Kommunikationschef und galt als engster Vertrauter und wichtigster Berater des Premierministers Tony Blair.

Feststeht, daß Campbell wohl eine Schlüsselposition einnimmt, wenn es um die Hintergründe des Irak-Dossiers geht. Letztlich erweckt das ganze Vorgehen der Blair-Regierung aber den Eindruck, daß man Campbell geopfert hat. Er wurde am Ende das *Bauernopfer* in diesem *politischen Schachspiel*, um den *König* (Tony Blair) zu schützen.

Vergessen wir abschließend auch David Kelly nicht, der von der Regierung sicherlich bewußt in die Öffentlichkeit lanciert wurde und sich schließlich „das Leben nahm". Auch sein plötzlicher „Freitod" wirft einen großen Schatten auf Regierung und Geheimdienste, zumindest inoffiziell.

Konzentrieren wir uns aber noch einmal auf die Untersuchungen des amerikanischen Botschafters Joseph Wilson. Durch die Enthüllungen durch Joseph Wilson, auf die wir gleich zu sprechen kommen, geriet besonders der amerikanische Vizepräsident Cheney immer mehr unter Druck. Er soll das amerikanische Volk belogen haben, um die Zustimmung zum Irak-Krieg zu erlangen. Im Mittelpunkt der Auseinandersetzung steht bekanntlich, daß Cheney die Behauptung, Saddam Hussein habe in Niger Uranerz für Atombomben kaufen wollen, aufrechterhielt, wobei er längst wußte, daß dies eine Lüge war.

Mitte Juli 2003 verdichteten sich die Vorwürfe in bezug auf Cheney und seine bewußten Falschaussagen immer mehr. Zunächst hatte der CIA-Direktor George Tenet erklärt, daß er zugelassen habe, daß Präsident Bush den Niger-Uran-Schwindel in seiner Rede an die Nation im Januar 2003 mit aufnahm. Dadurch wuchs nicht nur der Druck auf den CIA-Direktor, sondern insbesondere auch auf den Vizepräsidenten Dick Cheney. Von allen Seiten wurden genaue Ermittlungen eingeleitet – auch gegen Cheney.

Da nutzte es auch nicht mehr, seitens der Cheney-Fraktion den CIA-Chef Tenet als Buhmann hinzustellen und zu einem Eingeständnis zu drängen.

In einem am 11. Juni 2003 veröffentlichten Brief übernahm Tenet die Verantwortung für den „Fehler", die Behauptung, der Irak habe Uran aus Afrika kaufen wollen, in Bushs Rede aufzunehmen. Da wurden Erinnerungen an die Watergate-Affäre vor dreißig Jahren plötzlich wieder wach. Damals wie auch heute half es nicht, einen Sündenbock zu opfern. Denn allein schon Tenets Erklärung, er habe „nicht verhindert", daß dieser Satz in Bushs Rede gelangte, wirft doch die Frage auf: Wer wollte *denn*, daß er in die Rede kommt?[342]

Schließlich räumte die CIA auch noch ein, daß sie vorher einen ähnlichen Passus aus einer Rede des Präsidenten vom Oktober 2002 herausgestrichen hatte. Wenn die CIA also schon wußte, daß die Informationen falsch waren, wer sorgte dennoch dafür, daß sie trotzdem wieder aufgegriffen wurden?

Auch Tenets nicht veröffentlichte Aussage vom 16. Juli ergab weitere Fragen in dieser brisanten Angelegenheit und wirft einen Schatten auf das Weiße Haus. Tenet erklärte, ein spezielles Mitglied des Stabes des Weißen Hauses habe vor allem auf die Einfügung der umstrittenen Formulierung „Uran aus Afrika" in Bushs Rede zur Lage der Nation gedrängt.

In diesem Zusammenhang gibt es offene Fragen in bezug auf Botschafter Wilsons Reise nach Niger.

Nach seiner Rückkehr aus Niger hatte Wilson das Weiße Haus deutlich darauf hingewiesen, die Behauptung, der Irak wolle Uran aus Afrika kaufen, sorgfältig zu überprüfen. *„Mein Bericht war eindeutig"*, so Wilson. Nach seiner Rückkehr habe er der CIA berichtet. Ein hoher CIA-Beamter erklärte, dieser Bericht sei noch am selben Tag, Anfang März 2002, an die DIA, die Generalstabschefs, das Justizministerium, das FBI und das Büro des Vizepräsidenten Cheney weitergeleitet worden.[343]

Nachdem IAEA-Direktor Mohamed El Baradei die vorgelegten Niger-Dokumente als Fälschung bezeichnet hatte, las Wilson am 8. März einen Bericht in der *„Washington Post"*, in dem ein nicht genannter Beamter zitiert wurde: *„Wir sind darauf hereingefallen."*[344]

„Dieses Zitat war ein Alarmsignal..., daß jemand in der Niger-Frage nicht ehrlich war", sagte Wilson daraufhin der *„Washington Post"*. Er bestritt energisch die im Juni erhobene Behauptung der nationalen Sicherheitsberaterin Rice, man habe zur Zeit von Bushs Rede nicht gewußt, daß die Dokumente gefälscht waren.

Rice sagte damals auch: *„Vielleicht wußte es jemand in den unteren Etagen der Agency, aber in unseren Kreisen wußte niemand, daß es Zweifel und Vermutungen gab, es handle sich um Fälschungen."* Wilson aber erklärte, das sei *„unvorstellbar"*, denn aufgrund seiner Erfahrung im Sicherheitsrat wisse er, daß ein solcher Bericht nicht verschwinde.[345]

In einem Interview am 7. Juli mit CNN erklärte Wilson, daß das Büro von Vizepräsident Cheney von seinem Bericht gewußt haben mußte, in dem er die Irak/Niger-Geschichte widerlegte. Auf die Erklärung der nationalen Sicherheitsberaterin Condi Rice angesprochen, niemand habe von seinen Feststellungen gewußt, berichtete er, wie er bei hohen Beamten des NSC und dem Büro des Vizepräsidenten nachgefragt habe.

„Die Standardprozedur zu meiner Zeit war, daß man, wenn man einer Regierungsbehörde auf meiner Ebene und höher eine bestimmte Frage stellte, auch eine bestimmte Antwort erhielt. Offensichtlich gehört jemand im Büro des Vizepräsidenten zu dem Kreis, von dem Dr. Rice sprach. Diese Person hat die Frage gestellt, und das Büro erhielt eine spezifische Antwort."

Wilson gab bei einem Auftritt in *NBC-„Meet the Press"* darüber hinaus bekannt, daß er seine jetzt veröffentlichten Angaben bereits vorher gegenüber den Geheimdienstausschüssen im Senat und im Repräsentantenhaus gemacht hätte, die bekanntlich vor allem die Rolle von US-Vizepräsident Cheney unter die Lupe nahmen. Der republikanische Senator Warner, der im Streitkräfteausschuß des Senats den Vorsitz innehat und auch Mitglied im Geheimdienstausschuß ist, bestätigte später NBC nachhaltig: *„Vieles von dem, was er* (Wilson) *heute morgen hier gesagt hat, hat er auch dem Geheimdienstausschuß gesagt."*[346]

Abb. 23:
Vizepräsident unter George W. Bush
Richard Cheney

Am 8. Juli veröffentlichte dann die *„Los Angeles Times"* einen Kommentar, in dem unter der Überschrift *„Die undiplomatische Wahrheit eines Diplomaten: Sie haben gelogen"* über Wilsons Enthüllungen berichtet wird. Darin heißt es: „Endlich wurde der schlagende Beweis gefunden, der den Schuldigen am Irak-Krieg überführen könnte. Leider fanden sich diese belastenden Beweise nicht in einem der Paläste Saddam Husseins, sondern im Büro des Vizepräsidenten Cheney."[347]

Zusammenfassung

So wie der zweite Irak-Krieg begann, so schien er auch zu enden: mit einer Vielzahl von Täuschungen und Intrigen in der anglo-amerikanischen Politik, die für ihr radikales Vorgehen gegen den *„islamischen Terrorismus"* ihr eigenes Volk hinter das Licht führte!

In gleicher Hinsicht trifft das wohl auch auf den Afghanistan-Krieg zu. Beide Kriege waren letztlich das Ergebnis der Anschläge vom 11. September 2001, die, wie wir feststellen konnten, wohl unmöglich von dem Al-Kaida-Netzwerk allein durchgeführt worden sein können, wie insbesondere die Verschleierung bei dem Anschlag auf das Pentagon beweist.

Die langfristigen Ziele der amerikanischen Politik, die aus den Denkschulen der Huntingtons, Brzezinskis und Kissingers stammt, kann in ihren Niederschriften nachgelesen werden. Ihr Ziel ist es, eine *Neue Weltordnung* unter der Vorherrschaft Amerikas zu installieren. Die radikalen Geopolitiker vertreten die Auffassung, daß eine eurasische Wirtschaftsallianz zwischen China, Rußland und Indien und insbesondere den islamischen Ländern, wie zum Beispiel Iran und Irak, die größte Bedrohung für ihre langfristigen Ziele darstellt. Die Säulen, auf denen diese radikale Geopolitik steht, heißen: Ausbeutung, Unterdrückung, Dritte-Welt-Politik, atomare Aufrüstung, Terror und Krieg!

Mit den Anschlägen vom 11. September wurde das amerikanische Volk und die übrige Welt in einen derartigen Schockzustand versetzt (vielleicht vergleichbar mit Pearl Harbor oder dem Mord an John F. Kennedy), der zur Folge hatte, daß erst gar keine Fragen bezüglich der möglichen Hintergründe aufkamen und eine uneingeschränkte Bereitschaft gegen den Terror und die Attentäter sofort da war. Wenn genau das damit bezweckt wurde, dann kann man sagen, daß der *Schachzug* perfekt war. Ob das aber letztlich reichen wird, um die radikalen Ziele umzusetzen, bleibt abzuwarten.

Bereits wenige Wochen nach dem Feldzug gegen den Irak wurde das deutlich, was im Vorfeld viele Kritiker vorausgesagt haben, daß es nämlich nicht zu einer Stabilisierung, sondern zu einer Destabilisierung im Irak und dann schleichend in den umliegenden Ländern kommen würde (was ja vielleicht insgeheim erhofft wird). Doch das erste Ziel scheint erreicht – nach dem alten Muster: *Divide et impera* („**Teile und herrsche**").

Seit fast zwei Jahrhunderten wird dieses Prinzip rund um den Erdball sehr erfolgreich angewendet: Durch herbeigeführte Unruhen oder einen Krieg wird ein bestimmtes Land – dessen Volk – in zwei Lager gespalten und zu Feinden gemacht. Um dem Feind nicht zu unterliegen, nehmen die Bürger notgedrungen die Herrschaft der eigenen Politiker an. Dabei ahnen sie nicht, daß im Hintergrund beider Lager ein und dieselbe Macht wirkt, die beide Seiten finanziert, kontrolliert und somit letztlich die Politik des ganzen Landes steuert, Einfluß auf Industrie und Rohstoffe nimmt und so weiter. Das altbewährte Konzept ist höchst gewinnbringend, wie auch am Beispiel des Irak-Krieges bereits aufgezeigt wurde, denn neben den geopolitischen Zielen, die somit langsam umgesetzt werden, verdient die Rüstungsindustrie, und in den überfüllten Waffenlagern wird wieder Platz geschaffen – nicht zu vergessen sei dabei die Möglichkeit, das milliardenschwere Drogengeschäft in diesen Ländern zu kontrollieren.

Damit ist auch der andere Grund, der durch die „Kreuzzüge" der Vereinigten Staaten und ihrer Verbündeten verschwiegen wird, angesprochen: die globale Weltfinanzkrise und ihre Auswirkungen auf die USA.

Die unrühmliche Rolle der Geheimdienste und ihrer Macht in der Weltpolitik, bei Revolutionen, Regierungsputschen und Kriegen muß an dieser Stelle wohl nicht mehr betont werden. Hierzu sind besonders in der Zeit nach dem 11. September interessante Artikel und Bücher geschrieben worden, die teilweise im Literaturverzeichnis aufgeführt sind.

Auch die weitere Vorgehensweise der anglo-amerikanischen Politik scheint offensichtlich. Nach den ersten Schachzügen – Afghanistan und Irak – sind mehr als einhunderttausend Soldaten in der *selbstgeschaffenen* Krisenregion stationiert. Es werden fieberhaft neue Beweise und Hinweise für Massenvernichtungswaffen gesucht, um weitere Militärinterventionen gegen die „Achse des Bösen" zu rechtfertigen: Im Blickpunkt sind gegenwärtig der Iran und Nordkorea, die nun als die große Bedrohung präsentiert werden! Und nur das kann die Marschrichtung der US-Politik sein, um dem Volk und dem Rest der Welt im nachhinein noch eine Rechtfertigung für all die Täuschungen und Intrigen, die ja letztlich zu diesen „Kreuzzügen" geführt haben, zu liefern. Bleibt abzuwarten, ob es gelingt, den Kopf noch aus der Schlinge ziehen, denn: Wer einmal lügt, dem glaubt man nicht!

Wie es nicht anders zu erwarten war, wurde nach dem offiziellen Ende des Krieges die Gegenwehr durch die Iraker (hier handelt es sich wohlgemerkt um verschiedene politisch ausgerichtete Gruppen im Irak) gegen die Besetzer langsam größer. Die Zahl unter den amerikanischen Soldaten, die nach dem Krieg verschiedenen Attentaten und Anschlägen zum Opfer fielen, überstieg bereits im August 2003 die Zahl der im Krieg gefallenen amerikanischen Soldaten. Schnell näherte sich die Irak-Politik der Vereinigten Staaten nach ihrem unrechtmäßigen Alleingang einer neuen Krise, was ja durch ihren Destabilisierungsprozeß auch nicht anders zu erwarten war. Nun muß die UNO, die man zu Beginn des Krieges mal eben ignoriert und übergangen hat, plötzlich helfen. Amerika fordert Truppen und Geld von der internationalen Gemeinschaft, um das immer kostspieligere Unternehmen nicht zu einem Fiasko werden zu lassen. Das ist schon alles sehr abenteuerlich, doch kann man sicher sein, daß der UNO-Sicherheitsrat trotz anfänglicher Weigerung auf kurz oder lang einer neuen Resolution zustimmen wird.

Übrigens, das muß man sich einmal vorstellen, wurden George W. Bush und Ariel Sharon 2001 für den Friedensnobelpreis vorgeschlagen. Dazu ist wohl jeder Kommentar überflüssig. Das einzige, was einem dazu noch einfällt, ist, daß es ein gewisser Herr Nobel war, der das Dynamit erfunden hat...

Bleibt abzuwarten, welche Rolle beziehungsweise welche Position Europa in diesem „Kulturkampf" weiter beziehen wird. Es gibt nur zwei Möglichkeiten: mitmachen oder raushalten (das sollte sich aber auch auf Überflugrechte beziehen)!

Die westlichen Politiker wissen genau, was hier gespielt wird, und sind heute mehr denn je gefragt, eine klare Position einzunehmen, ohne Rücksicht darauf, dem großen „Freund" Amerika dabei eventuell den Rücken zu kehren. Das gilt wohl besonders für Deutschland und Frankreich aus dem „alten Europa", wie es die US-Führung provozierend nannte. Man kann nur hoffen, daß der Graben zwischen diesem „alten Europa" und der anglo-amerikanischen Politik angesichts der Gefahren durch die verfehlte Politik der Vereinigten Staaten nicht wieder zugeschüttet wird. Die Geschichte hat besonders Nationen wie Deutschland und Frankreich durch ihre teils unrühmlichen Erfahrungen gelehrt, sich aus einer solchen „Kreuzzug-

Politik" herauszuhalten. Bleibt abzuwarten, wie die politische Führung Deutschlands weiter verfahren wird, wenn es weitere Forderungen durch die Organe der UNO und der NATO geben wird. Selbstverständlich wird man auch Mitgliedsstaaten wie Deutschland so in den Krisenherd mit einbeziehen. Sollten die führenden Politiker, Bundeskanzler Gerhard Schröder und Außenminister Joschka Fischer, ihre ablehnende Haltung für weitere Interventionen verstärken, was sicherlich auch im Sinne der Mehrheit der Bundesbürger wäre, könnte so ein europäisches Gegengewicht vielleicht auch Nationen wie Frankreich oder auch Rußland Mut geben, auf diesen Zug mit aufzuspringen. Was viele der politisch Verantwortlichen der acht EU-Länder nicht begreifen, ist die Tatsache, daß sie wirtschaftlich unter anderem von den deutschen EU-Netto-Zahlungen abhängig sind – natürlich ist die BRD auch hier Spitzenbeitragszahler! Vielleicht sollte man einmal darüber nachdenken, einigen *Abenteurern* im politischen Ausland den Geldhahn zuzudrehen, um Europa wieder auf einen besseren Kurs zu bringen. Dieses politische Druckmittel wird von deutschen Politikern aber gar nicht erst in Erwägung gezogen, was wiederum Rückschlüsse auf die juristische Situation der BRD nach dem Zweiten Weltkrieg und ihre Abhängigkeit von den USA dokumentieren würde. Das schlimmste und makabere an dieser politischen Situation der BRD ist, daß wir durch unsere Spitzenbeiträge an die EU unser Schicksal, das wir scheinbar nicht selbst bestimmen dürfen, auch noch selbst finanzieren.

Übrigens sind es die USA, die angeblich die größten Rückstände an UNO-Beiträgen haben – mehrere hundert Millionen US-Dollar!?

Ein nicht zu unterschätzender Grund für eine zukünftige deutsche Haltung in dieser gefährlichen politischen Angelegenheit könnte höchstwahrscheinlich mit der juristischen Situation der BRD zusammenhängen, wie im zweiten Kapitel aufgezeigt wurde. Das engagierte Verhalten des Bundeskanzlers gegenüber Präsident Bush ist zumindest ein kleiner Hoffnungsschimmer. Unverständlich dahingegen erscheint die Haltung aus dem CDU/CSU-Lager, welches das Wort „christlich" in der Parteibezeichnung trägt. Es sollte doch stark angezweifelt werden, ob diese Politiker den „Freunden" aus der USA wirklich so zugetan sind oder ob es sich hier nur um die Angst vor den wirtschaftlichen Folgen handelt, die ein Bruch mit den USA nach sich ziehen könnte.

SCHLUSSWORT

Ein wesentliches Merkmal der so viel beschriebenen *Wendezeit*, in der sich die Menschheit gegenwärtig befindet, ist der Kampf um das Bewußtsein des Menschen. Die globalen Machthaber aus Politik, Logentum und den religiösen Lagern haben es seit jeher verstanden, die Menschen in einer Art *spirituellen Gefangenschaft* zu halten und ihren machtpolitischen Interessen entsprechend mit den dafür erforderlichen Mitteln zu kontrollieren. Dabei ging es immer um Wissen – denn Wissen ist Macht!

Wer das Wissen hat, dem allein unterliegt die Verantwortung, den Menschen entweder zu informieren oder ihn zu desinformieren – beides geschieht meist bewußt! Dies ist letztlich ausschlaggebend nicht nur für die Bewußtseinsentwicklung des einzelnen Menschen, sondern für die Menschheit als Ganzes. Das kann gut nachvollzogen werden, wenn man sich vor Augen führt, in welcher wechselseitigen Abhängigkeit die Abrahamreligionen zueinander stehen, verbunden mit den fatalen politischen Folgen, die sich daraus seit Jahrhunderten ergeben haben und die Welt gegenwärtig an den Rand des *Abgrundes* führen.

Der immerwährende *Kampf um die Seelen* der politischen und religiösen Machthaber nimmt kein Ende – im Gegenteil. Besonders im vergangenen Jahrhundert sind die Möglichkeiten, die Menschen gezielt zu beeinflussen, durch die rasante technische Entwicklung enorm angestiegen – mit fatalen Folgen für unseren Planeten, wie durch das vorliegende Werk sicherlich untermauert wird.

Bei all dem vorhandenen und zum Teil auch berechtigten Pessimismus gilt es, die kausalen Zusammenhänge dieser vielbeschriebenen *End-* oder *Wendezeit* zu begreifen. Es wird, trotz schlimmster Prognosen, keinen *Weltuntergang* geben, sondern allenfalls einen Untergang der alten Machtstrukturen in Politik, Logentum und religiösen Lagern – sie alle werden letztlich das ernten, was sie gesät haben.

Nichts anderes wird auch durch die zum Teil Jahrtausende alten Prophezeiungen ausgesagt. Durch den präzessionalen Zyklus bewegt sich nicht nur unser Planet, sondern auch die Menschheit als Ganzes in einen höheren Schwingungsbereich, durch den sich auch allmählich ein höheres Bewußtsein durchsetzt. Genau aus diesem Grund sollte der Tiefpunkt dieser Wendezeit, auf den die Nationen der Erde unaufhaltsam zusteuern, als eine notwendige und berechtigte (im kausalen Zusammenhang) *Reinigung* angesehen werden – als ein Ende und zugleich ein Neuanfang politischer, gesellschaftlicher und vor allem auch religiöser Strukturen. Nur mit einem allumfassenden und positiven Verständnis sollten wir der Gegenwart begegnen, um somit zugleich Baumeister einer besseren und gerechteren Zukunft zu sein.

Der Schlüssel ist das Bewußtsein...

Wer beide Teile von *„Banken, Brot und Bomben"* gelesen hat, mag sich an dem einen oder anderen Punkt bei dem Gedanken ertappt haben: *Ich kann ja doch nichts ändern.* Genau darin liegt bekanntlich der Fehler und auch der Grund dafür, daß es radikale Herrscher gibt, deren Macht auf dem Fundament der Unkenntnis der Menschen gebaut ist. Sie haben Erkenntnisse darüber, wie Menschen bestens gesteuert werden können, um sie gefügig zu machen, um ihre radikalen Ziele auf diesem Planeten umzusetzen.

Unterdrückung, Hunger, Ausbeutung und Manipulation sind Jahrtausende alte Mittel, um Menschen und ganze Völker zu regieren. Dies kann bis zum Beginn aller Geschichtsschreibung zurückverfolgt werden. Welche Rolle die jeweiligen politischen Machtstrukturen der jeweiligen Zeit dabei spielen – und die Kirche bereits seit zweitausend Jahren –, ist wohl hinreichend belegt worden.

Sicherlich kann niemand aus dem System ganz aussteigen, das ist nicht möglich und auch gar nicht erforderlich, denn es gilt: *Nichts ist von Natur aus schlecht, es kommt darauf an, wie man es behandelt* – ganz gleich, ob es sich dabei um den Computer oder beispielsweise den Fernseher handelt. Wir haben immer den freien Willen, uns für oder gegen etwas zu entscheiden. Und niemand kann sagen, er hätte nichts gewußt, denn alle Menschen haben die Möglichkeit, aus dem angebotenen Wissen Nutzen zu ziehen. Nichts ist unabwendbar, es sei denn wir verpassen den Zeitpunkt und das Wissen, das allumfassend vorhanden ist!

Wir alle werden zu der Wahrheit geführt, für die wir bereit sind!

Der Ansatzpunkt liegt im Bewußtsein! Der Mensch muß lernen, sein Bewußtsein *selbst* zu kontrollieren. Erkennt er das nicht, *wird* er kontrolliert – Wissen und Erkenntnis sind der einzige Weg aus *spiritueller Gefangenschaft*. Das Prinzip der *spirituellen Gefangenschaft* wird gegenwärtig auf der Welt angewendet, wohl aber in einem so hohen Maße (besonders durch rasante Entwicklung der Multimediawelt und die Errungenschaften in den Naturwissenschaften der letzten Jahrzehnte), daß man sich das wohl kaum noch vorzustellen vermag.

Mensch erkenne Dich selbst, dann erkennst Du Gott, stand über dem Orakel von Delphi...

Der Großteil der Menschheit ist heute so *umerzogen* und in den alten dogmatisierten naturwissenschaftlichen und religiösen Weltbildern gefangen, daß allgemein die Auffassung besteht, daß es *nicht* mehr gibt als nur das, was man sieht. Der Mensch neigt im allgemeinen dazu, nur an das zu *glauben*, was er mit seinen eigenen Augen sehen kann oder mit seinen Händen berühren kann. Das, was er berühren kann, das kann er im wahrsten Sinne des Wortes *be-greifen*.

Bereits mit unserer ersten Sozialisationsphase werden wir neben den dogmatisierten religiösen Ideologien auch gezielt in das dogmatisierte naturwissenschaftliche Weltbild über den Aufbau des Universums und in die Evolutionstheorie *ein-gebunden*. Der überwiegende Teil der heutigen Naturwissenschaftler reduziert das Bild des Universums auf das Wirken der vier elementaren Grundkräfte. Dabei gehen die Wissenschaftler von der Annahme aus, daß es überall im Universum ausschließlich die dem Menschen bekannte Materie gibt, die den vier Grundelementen untersteht. Demnach ist das Universum mit allen darin erscheinenden Lebewesen das Produkt von Materie, und die Materie ist das Produkt von Atomen, die ihrerseits aus dem Urknall hervorgegangen sein sollen. Das fatale Ergebnis dieses dogmatisierten wissenschaftlichen Weltbildes hat auf den Menschen, also auf die Entwicklung des einzelnen Individuums und dessen Bewußtsein, unmittelbaren Einfluß – und somit auch auf die Menschheit als Ganzes.

Daß hinter der sichtbaren, dreidimensionalen Welt noch eine andere, eine vierte, fünfte, sechste oder noch viel mehr Dimensionen existieren, läßt sich aus naturwissenschaftlicher Sicht nur schwer erklären. Dennoch ist der überwiegende Teil der westlichen Welt davon überzeugt, daß es noch mehr gibt als das, was wir sehen oder anfassen können. Warum? Weil es mehr gibt!

Führen wir uns vor Augen, daß neben der sichtbaren, physikalischen Welt auch eine metaphysische Welt existiert – die Welt des Unerklärbaren. Um die drei berühmten Fragen (Wer sind wir? Woher kommen wir? Wohin gehen wir?) beantworten zu können, müssen wir die metaphysischen Ebenen ebenso beleuchten wie die physikalischen. Die Metaphysik ist die philosophische Disziplin oder Lehre, die das hinter der sinnlich erfahrbaren, natürlichen Welt liegende, die letzten Gründe und Zusammenhänge des Seins behandelt.

Daß hinter allen sichtbaren, offenbarten Erscheinungen auch unsichtbare Erscheinungen – also das Ungeoffenbarte – im negativen Zustand existieren, unterliegt dem Gesetz der Polarität wie beispielsweise männlich-weiblich, negativ-positiv oder Materie-Antimaterie.

Versuchen wir die Welt der Materie (lat. materia = Urstoff) zu erklären, haben wir vermutlich ebenso große Schwierigkeiten als würden wir versuchen, die metaphysische Welt in Worte zu fassen. Aber erst wenn wir uns etwas tiefer mit der Welt der Materie, das heißt mit der Welt der Atome, der Protonen und Elektronen befassen, bekommen wir auch automatisch ein besseres Verständnis für die metaphysische Welt. Noch eines wird dabei ersichtlich: daß wir täglich – im Wachzustand (durch die heute bewußt vermittelten naturwissenschaftlichen und religiösen Weltbilder!) – eine Welt zu erkennen glauben, die uns ein falsches Bild, eine falsche Realität vermittelt. Am deutlichsten wird das, wenn wir uns mit dem Tod befassen, denn aus der heute immer noch vorherrschenden materialistischen Weltanschauung wird allzuoft geschlußfolgert, daß mit dem Tod das Leben vorbei ist.

Heute wissen wir, daß das Bewußtsein im materiellen Körper nicht aus Materie entsteht!

Die Theorien über die Entstehung des Universums und die Evolution des Menschen sind heute in nahezu allen wesentlichen Punkten widerlegt, nur wird das den Menschen vorenthalten.

So können beispielsweise Atome nie lebende Wesen bilden, sondern höchstens *organische Materie*! Ein Lebewesen ist jedoch nicht bloß ein Konstrukt von organischer Materie, ebenso wie das Universum nicht bloß das Zufallsprodukt einer chaotischen Urmaterie ist.[348]

Greifen wir einmal in die Schublade der physikalischen Lehrsätze, wird uns bereits hier bestätigt, daß es den Tod genaugenommen gar nicht gibt – er ist nur ein wissenschaftliches Mißverständnis! Nach dem *Energieerhaltungssatz* kann Energie im Universum nicht verlorengehen, sie kann nur von einer Form in eine andere umgewandelt werden!

Alle Materie besteht aus winzig kleinen, nicht sichtbaren *Atomen*, um deren positive Kerne auch noch ständig eine gewisse Anzahl von negativ geladenen Elektronen (griech. *Bernstein*; negativ elektrisches Elementarteilchen) in Ellipsen kreist. Nach dem naturwissenschaftlichen *Atommodell* bestehen die Atome aus einem festen Atomkern (Protonen/Neutronen) und aus *Elektronen*, die um den Kern kreisen und somit die Atomhülle bilden. In jedem Atom wirkt *Elektrizität* (lat.: *electrum* = *Bernstein*, in seiner Eigenschaft, nach Reibung leichte Stoffe anzuziehen; griech. Elektron, zu *elektor* = *strahlende Sonne*). Elektrizität umfaßt alle Erscheinungen von ruhenden oder bewegten elektrischen Ladungen und den sie umgebenden *elektrischen* und *magnetischen* Feldern. Es gibt passend für die duale Weltauffassung zwei elektrische Erscheinungsformen: Die Elektronen sind Träger der negativen Elektrizität, die Protonen sind Träger der positiven Elektrizität.

Ein Atom ist im Ruhezustand elektrisch neutral, da die elektrischen Felder von Elektronen und Protonen entgegengesetzt gleich groß sind – und sich gegenseitig aufheben. Herrscht in den Atomen ein Ungleichgewicht der elektrischen Felder beziehungsweise ein negativer oder positiver Überschuß der Elektrizitätsmenge, äußert sich dies in Form einer negativen oder positiven Ladung, während die Neutronen keine Ladung besitzen.

Besonders wichtig für das allgemeine Verständnis ist – ohne noch tiefer in die Naturwissenschaft einzutauchen –, daß hier ein kosmisches Gesetz wirkt.

Das Gesetz der Analogie:
Im *Makrokosmos* (das Weltall) wie im *Mikrokosmos* (die kleine Welt des Menschen als verkleinertes Abbild des Universums) herrschen die gleichen Gesetze und regieren die gleichen Systeme.

Elisabeth Haich schreibt dazu: *„Alles, was sich auf der materiellen Ebene verdichtet und zu einer Erscheinung wird, durchläuft seine Lebensbahn in diesem Rad des Zodiakus. Das Leben des Menschen ist eine große Periode, die in kleine Perioden – Kindheit, Jugend, Reife und Greisenalter – zerfällt, und diese setzen sich wieder aus noch kleineren, aus Jahren, aus Jahreszeiten, Monaten, Wochen und schließlich Tagen zusammen. Jede Periode, ein Tag, ein Jahr oder ein ganzes Leben, läuft im Rad des Zodiakus ab. Die Geburt entspricht dem „Widder", dann wandert der Mensch durch alle Sternbilder, er erreicht seine Reife im „Löwen" und stirbt im Zeichen der „Fische", verschwindet von der materiellen Ebene. Ebenso beginnt ein Tag damit, daß wir aus unserem Schlaf erwachen und in der Welt erscheinen, dann entfaltet sich der Tag, erreicht um Mittag seine Reife und kulminiert, geht dann abwärts, und nach weiteren Umwandlungen kommt dann der Abend, wo wir unseren Körper zum Schlaf niederlegen, dann ziehen wir unser Bewußtsein in das Selbst zurück und schlafen ein – genauso wie am Lebensende, wenn wir den Körper endgültig abstreifen. Jede Periode hat Anfang, Entfaltung, Kulmination, dann wieder Abstieg, bis zur Auflösung."*[349]

Jedes Atom eines Elementes, bestehend aus dem positiven Kern, der von negativ geladenen Elektronen in Ellipsen umkreist wird – der Kern entspricht der Sonne, die kreisenden Elektronen den Planeten –, ist also ein Planetensystem im Kleinen. Jeder sichtbare Körper (Tisch, Stuhl, Auto, Telefon usw.), so auch der menschliche Körper, der aus Milliarden von Atomen besteht, ist demnach ein Kosmos, der durch einen *einheitlichen Willen* zusammengehalten und gesteuert wird.

Das bedeutet ganz einfach ausgedrückt:

Alle Materie ist in Bewegung!

Sehen Sie sich einen Moment in dem Raum um, in dem Sie sich vielleicht jetzt gerade befinden. Schauen Sie sich einen Stuhl oder einen Tisch an und halten Sie sich vor Augen: Alle Materie ist in Bewegung! Im ersten Moment mag dieser Gedanke bestimmt sehr fremd auf uns wirken – aber *das* ist die Realität, in der wir leben!

Dazu kommt, daß alle Materie kosmischen (Kosmos: Ordnung) Gesetzen unterliegt. Eine „Ordnung" ist *„eine Entsprechung mit Gesetzen"*, und das Wort „ordentlich" wird im Lexikon mit *„gut geführt"* erklärt. Die Gesetzmäßigkeiten dieser Ordnung werden durch verschiedene Gesetze wie beispielsweise das **Analogiegesetz** erkennbar.

Diese und weitere Gesetzmäßigkeiten führen uns zu unserer eigentlichen Bestimmung und letztlich zu *Gott* – zu uns selbst, denn wir selbst, jeder von uns ist göttlich!

Genau hier ist der Ansatzpunkt, um die Hintergründe für die *Politik der spirituellen Gefangenschaft* zu begreifen, welche die religiösen Systeme seit Jahrhunderten erfolgreich anwenden. Die Menschen werden gezielt am spirituellen Aufstieg gehindert, denn wenn sie einmal BEWUßT geworden sind, hören sie auf, die verschiedenen selbstgeschaffenen Götter anzubeten, was auch ein jähes Ende der dahinterstehenden religiösen Organisationen bedeutet.

Die kausalen Gesetzmäßigkeiten gestatten diesen und anderen halbwahren, machtpolitischen Strukturen nur eine bestimmte zyklische Präsenz, bis es zu einer kausalen Bewußtseinserhöhung kommt und diese Strukturen ihre gesetzmäßige *Reformation* erfahren und sich nach einiger Zeit ganz auflösen. Nun könnte man denken, daß viele religiöse Strukturen ja bereits seit Jahrtausenden erfolgreich sind, doch sind zwei- oder auch dreitausend Jahre im allumfassenden kosmischen Verständnis wie ein kurzer Augenblick im Leben eines Menschen – nicht mehr und nicht weniger.

Das Unaussprechliche – Gott...

Der Schlüssel zu Gott oder besser gesagt zum Versuch des Menschen, Gott zu erklären oder zu definieren, liegt in der kosmischen Ordnung, in ihrem tiefsten, stofflosen Urzustand verborgen. Dazu ist es aber unumgänglich, sich mit den physikalischen Grundgesetzen auseinanderzusetzen, denn all unsere Erklärungsversuche beziehen sich schließlich auf unsere Erscheinungswelt. Das wird deutlich, wenn wir uns vor Augen führen, daß der Mensch Gott – dem Unaussprechlichen – mit dem Namen *Gott* eine Form gegeben hat. Diese Form ist aber nur ein begrenzter, unvollkommener Versuch einer Erklärung. Entscheidend ist aber, daß alle Materie, alle Gedanken, alles Handeln, das in der sichtbaren Welt in Erscheinung tritt, aus dieser gemeinsamen Urquelle stammt und immer den verschiedensten, ihr zugrundeliegenden Gesetzmäßigkeiten unterliegt, die in der sichtbaren, grobstofflichen Welt nicht mehr oder nur noch teilweise erkennbar sind. So gibt es auch keinen „Zufall". Wenn man beispielsweise von *„ZU-FALL"* spricht, handelt es sich immer um das Wirken von kosmischen feinstofflichen Gesetzmäßigkeiten, die wir aber durch unsere sehr begrenzte Sinneswelt nicht wahrnehmen können – wie das Wort schon sagt: Es *fällt* uns *zu*.

Plotin – einer der bedeutendsten Denker aus dem dritten Jahrhundert nach Christus – hatte bereits die große Schwierigkeit, *Gott* zu erklären, erkannt, denn alle menschlichen Worte sind aus der Begegnung mit der materiellen Welt gewonnen; so können sie das nicht treffen, was alle Welt übersteigt. Die Gottheit ist *„das in Wahrheit Unaussprechliche"*. Nicht einmal, daß sie ist, kann man zu Recht von ihr aussagen; denn sie ist über alle menschlichen Begriffe vom Sein hinaus. Noch weniger kann man Gott als Geist bezeichnen, denn auch den Begriff des Geistes nimmt der Mensch aus seiner *endlichen* Selbsterfahrung. Kurz: Die Gottheit ist *„anders als alles, was nach ihr ist"*. Von Gott können wir *„nur sagen, was er nicht ist; was er aber ist, können wir nicht sagen"*.

Elisabeth Haich beschreibt in ihrem einzigartigen Werk *„Einweihung"* auf besonders verständliche Weise das allumfassende göttliche und schöpferische Prinzip.

„Alles, was eine materielle Form annahm, ist nur darum wahrnehmbar und erkennbar, weil es aus der vollkommenen Einheit, aus dem Gleichgewicht, herausgefallen ist. Aber alles strebt aus der Spaltung in die Einheit und

350

in das Gleichgewicht ewiglich zurück. ‚Gleichgewicht' bedeutet vollkommener Ruhezustand, Bewegungslosigkeit. ‚Etwas-geworden-sein' – also die ganze sichtbare und erkennbare Schöpfung – ist dagegen der Sturz aus dem Gleichgewicht und das ständige, unaufhörliche Streben in das Gleichgewicht zurück, gleichbedeutend mit ständiger Unruhe, mit ständiger Bewegung. Wenn diese ständige Bewegung nur einen Augenblick innehalten würde, würde die ganze Schöpfung plötzlich in geistige Energie umgewandelt, das heißt als Materie vernichtet. Alle Energien, alle Kräfte im Weltall, sind Bewegungen, die von einem Punkte – der ihr eigener Mittelpunkt ist –, in kreisförmigen Wellen ausstrahlend, sich ausdehnend, auslaufen und sich als pulsierende Vibrationen, Schwingungen offenbaren. Die Kraftoffenbarungen hören nur dann auf, wenn die aus dem Gleichgewicht geratenen Kräfte wieder in den Urzustand des Gleichgewichtes, in die göttliche Einheit zurückgefunden haben. Der Urzustand bedeutet deshalb, daß jede materielle Erscheinung zu existieren aufhört. Die Materie ist deshalb in ihrem innersten Wesen auch Bewegung, und wenn diese Bewegung aufhört, hört auch die Materie auf zu sein. Solange die dreidimensionale, materielle Welt existiert, ist Unruhe, Bewegung, ihr unveränderliches Gesetz.

Dadurch, daß die schöpferische Kraft sich auf jeder Stufe der unzähligen Möglichkeiten offenbart, entstehen, diesen Stufen entsprechend, Wellenformen und Frequenzen, von denen wir aber, solange wir im Körper sind, mit unserer beschränkten Wahrnehmungsfähigkeit, mit Hilfe unserer Sinnesorgane, nur einen gewissen Teil gewahren. Und ob eine Schwingungsform uns als stofflose ‚Energie' oder als feste ‚Materie' erscheint, ist nur unsere eigene Vorstellung und Empfindung von etwas, das im Grunde nichts anderes als ‚Bewegung', ‚Schwingung', ‚Frequenz' ist. In je kürzeren Wellen eine Energie sich offenbart, desto weniger entsteht in unserem Bewußtsein eine Vorstellung von Materie. Wir benennen jene Schwingungen, die wir mittels unserer Sinnesorgane im Bewußtsein unmittelbar erleben, unseren Empfindungen nach mit verschiedenen Namen: Materie, Schall, Elektrizität, Wärme, Geschmack, Geruch, Licht; die noch höheren, stofflosen Energien und Strahlungen, die wir nur mit unseren höheren Nerven- und Gehirnzentren wahrnehmen können: Gedankenwellen, Ideenwellen; noch höhere, durchdringendere Strahlen und Frequenzen der göttlich-schöpferischen Kraft: das Leben selbst! Diese Frequenzen können wir nur mehr als einen Bewußtseinszustand wahrnehmen.

351

*So wirken überall im Weltall unvorstellbar viele Arten von Schwingungen, von der kürzesten bis zur längsten Wellenlänge. Alle Schöpfungen, angefangen von den Weltkörpern – von den Zentralsonnen der Weltsysteme – bis zum kleinsten Einzelwesen, die ganze Skala der Offenbarungen, sind Wirkungen, verschiedenartig zusammengesetzte Erscheinungsformen dieser Strahlungen. Wir leben inmitten dieser verschiedenen Strahlen, ob wir es wissen oder nicht, noch mehr: Diese Strahlen und Energien haben auch uns Menschen aufgebaut und geformt und wirken ständig in unserem Körper, in unserer Seele und in unserem ganzen Wesen. Das ganze Universum besteht aus diesen verschiedenen Schwingungen. **Die Quelle dieser schöpferischen Schwingungen nennen wir Gott.***

Gott selbst steht über allem Geoffenbarten und ruht in sich in der zeit- und raumlosen absoluten Gleichgewichtsruhe. Er strahlt sich aber in die materielle Form aus, um diese zu beleben und lebendig zu machen. Da Gott allgegenwärtig ist und das ganze Universum erfüllt, ist alles, was im Universum ist, von Gott durchdrungen. Nichts kann existieren, ohne in Gott zu sein und ohne daß Gott es durchdringt, da Gott überall gegenwärtig ist und ihn nichts aus seiner eigenen Gegenwart verdrängen kann. Folglich bietet auch jeder Punkt eine Möglichkeit, daß Gott sich durch ihn offenbare, und alles was in der erkennbaren Welt geoffenbart worden ist und existiert, trägt diesen Punkt als den eigenen Mittelpunkt in sich. Von diesem Punkt aus begann die erste Offenbarung, seine Schöpfung, der Fall aus dem Gleichgewicht.

Diesen Aspekt Gottes, der die materielle Welt schafft und sie dadurch lebendig macht, daß er sie durchdringt, also das, was in uns in allen Lebewesen das Leben selbst ist, nennen wir das ‚Höhere Selbst'. Alle Ausdrücke also wie **Gott, Schöpfer, Weltselbst** *oder* **höheres Selbst** *oder das* **schöpferische Prinzip** *bedeuten eine und dieselbe Gottheit in ihren verschiedenen Aspekten.* "[350]

Dieses hohe Wissen, herangezogen aus dem Meisterwerk von Elisabeth Haich, beschreibt in groben Zügen Wissen und Praktiken der Hohepriester Ägyptens vor mehr als fünftausend Jahren – Wissen, das seit Jahrhunderten, wenn nicht sogar seit etwa zwei Jahrtausenden, nicht mehr bekannt zu sein scheint. Den letzten zeitgenössischen Hinweis (der allerdings nicht bewiesen ist!) finden wir im Zusammenhang mit der Person Jesus, dem Christus. Jesu Weg führte gemäß dem Neuen Testament nach Ägypten, wo er, wie heute allgemein angenommen wird, über einen Zeitraum von vielen Jahren von ägyptischen Hohepriestern der Tradition entsprechend geschult und eingeweiht wurde.

Ich möchte dabei meine These, die ich im ersten Band aufgestellt habe, daß sich hinter der historischen Person Jesus möglicherweise der ägyptische Pharao Tutenchamun verbirgt, unberücksichtigt lassen. Es geht vielmehr um die einzigartige Lehre, die durch oder im Zusammenhang mit der *Person Jesus* der Menschheit offenbart worden ist. Es ist aber sehr wohl davon auszugehen, daß es schriftliche Zeugnisse über die wahre Identität der Person Jesus gibt, die aber bisher noch geheimgehalten werden.

Die Lehren eines Jesus und auch verschiedene andere Weisheitslehren waren den zyklischen Verfallszeiten logischerweise nie unterworfen. Sie werden auch noch in den nächsten Jahrhunderten Bestandteil eines allumfassenden Wissens für die Menschheit sein, da es sich bei diesen Lehren schlichtweg um höchste Wahrheit handelt.

Jene Weisheitslehrer haben uns durch ihr Vorleben ein VOR-BILD gezeigt, dem wir nachfolgen sollen. Bei ihren selbstlosen Lehren ging es immer um die einfache Lebensweise, Brüderlichkeit und allumfassende Liebe zu allen Geschöpfen unseres Planeten. Sie haben uns auch gesagt, daß wenn wir unseren Vater suchen, daß wir ihn nur in uns finden können. Jesus selbst ist „Gott" geworden, das heißt, er hat eine Bewußtseinsstufe erreicht, die wir auch als die reinste und edelste Form der Liebe oder der selbstlosen Liebe bezeichnen können.

Verständlicherweise werden die großen Weisheitslehrer als Gnostiker bezeichnet. Viele gnostische Schriften enthalten inhaltlich Aussagen, die gegen die Glaubenssätze der römisch-katholischen Kirche sprechen. Zudem stammen sie aus einer Zeit – viele der Schriften waren etwa vor 1.600 Jahren vergraben worden –, in der sich die junge christliche Kirche gerade etablierte und alle Gegenthesen im Keim zu ersticken versuchte, ihre Anführer verfolgte und Bewegungen offiziell verbot, wie beispielsweise auf den ersten Konzilien – sie wurden verboten und als häretisch abgeurteilt! *„Das Überleben der organisatorischen und theologischen Struktur der römisch-katholischen Kirche war immer von der Unterdrückung der Gedanken, die diese Bücher enthalten, abhängig."*[351]

An dieser Stelle sollte nicht vergessen werden, daß diese politische Vorgehensweise im Laufe der Zeit auch zur Folge hatte, daß sich viele geheime Organisationen gegründet haben, die ebenso wie die religiösen Organisationen den zyklischen Gesetzmäßigkeiten zum Opfer fallen werden.

Der Begriff „gnostisch" hat seinen Ursprung in dem griechischen Wort „Gnosis", was „Wissen" und „Verstehen" bedeutet – aber nicht im wissenschaftlichen Sinn. Vielmehr ist damit das spirituelle „Wissen" und „Verstehen" gemeint, die Erleuchtung, wie wir sie aus dem Hinduismus oder dem Buddhismus kennen. So sahen wohl auch viele christliche Gnostiker Jesus – als einen großen Eingeweihten, der diesen Weg auf der irdischen Ebene vollzog und den Menschen einerseits durch seine Weisheitslehre die theoretische Seite erklärte, andererseits durch sein tägliches *Vor-leben* diesen Weg beschritt, um den Menschen zu zeigen, daß es ihre Bestimmung ist, den höchsten Grad an Wissen, Weisheit, Frieden und Liebe zu erlangen – auf Erden! Ähnlich wurden auch andere Weisheitslehrer von ihren Anhängern gesehen und verehrt, wie beispielsweise Gautama Buddha oder Mohammed.

In diesem Zusammenhang sollten wir auch die Worte verstehen, die dem Weisheitslehrer Jesus zugeschrieben werden: *„Die Wahrheit wird Euch frei machen"*, denn einem neuen Zeitalter geht immer eine Bewußtseinserhöhung – wahre allumfassende Erkenntnis – voraus.

Achte auf Deine Gedanken,
denn sie werden Worte.
Achte auf Deine Worte,
denn sie werden Handlungen.
Achte auf Deine Handlungen,
denn sie werden Gewohnheiten.
Achte auf Deine Gewohnheiten,
denn sie werden Dein Charakter.
Achte auf Deinen Charakter,
denn er wird Dein Schicksal.

(Talmud)

NACHWORT DES VERLEGERS

Liebe Wahrheitsfindende,

nun, da Sie sich die Informationen und teilweise erschütternden Enthüllungen Stefan Erdmanns einverleibt haben, werden Sie sich sicherlich die Frage stellen, wie es in Ihrem Leben jetzt weitergehen soll?

Wenn die Welt so kontrolliert sein wird und die Illuminaten ihrem Ziel – der *Neuen Weltordnung* – immer näher kommen, welchen Zweck hat dann das Leben noch, wozu noch zur Arbeit gehen, wozu noch Kinder zeugen – es wird doch eh alles schlechter...

Wie Ihnen sicherlich nicht entgangen sein wird, habe ich selbst vor Jahren unter dem Pseudonym Jan van Helsing zwei Buchtitel zu diesem Thema verfaßt, die jedoch inzwischen in Deutschland verboten sind. Neben vielen Repressalien habe ich aber auch eine ganze Menge positiver Erfahrungen sammeln dürfen, und bei dem Bestsellerformat, das die beiden Bücher erreicht hatten, können Sie sich sicherlich vorstellen, daß dadurch einige höchst interessante Kontakte entstanden sind.

Dies schildere ich Ihnen deshalb, da auch ich immer wieder gefragt worden bin – so wie auch Stefan darauf angesprochen wird –, wie ich mit all diesem Wissen gespickt normal meinen Alltag durchleben und mit meiner Familie umgehen kann.

Ich möchte Sie hier nicht mit allzu langen Ausführungen foltern. Fakt ist, daß ich aufgrund von Kontakten, die durch die Publikation meiner Bücher entstanden sind, Dinge erlebt und mit eigenen Augen gesehen habe, die mein Leben derart zum Positiven verändert haben, daß ich sie kaum in Worte zu kleiden vermag.

An dieser Stelle möchte ich vier Punkte anführen, die Ihnen verdeutlichen werden, daß die Lage alles andere als hoffnungslos ist, wobei ich zwei Punkte aus dem Bereich der äußeren – also der exoterischen – Welt nenne, und zwei weitere aus der uns inneliegenden Welt – der esoterischen.

Vor über zehn Jahren sah ich in Neuseeland zum erstenmal eine kleine Maschine – einen Magnetmotor –, der ein Häuschen im Dschungel autonom mit Strom versorgte.

Jahre später kam durch das Buchverbot ein Kontakt zustande – um mit Goethe zu sprechen, hatte *„die Kraft, die mir Böses wollte, Gutes geschafft"* – der mir die Begutachtung einer Technologie ermöglichte, die ich selbst bis zu dem Augenblick, da ich sie mit meinen eigenen Augen sah, als *Science Fiction* bezeichnet hätte. Dabei waren Flugkörper, die, anstatt irgendeinen Treibstoff zu verbrennen, sich die im Universum vorherrschenden elektromagnetischen Kräfte zunutze machten – wie übrigens unsere Erde auch, die mit über zweitausend Stundenkilometern durch das Weltall düst, ebenfalls ohne Diesel- oder Ottomotor. Und so sah ich auch, zusammen mit Zeugen, wie ein älterer Herr mit einem Gerät die Wolken am Himmel kontrollierte und sie zu Formationen zusammenkommen ließ... und vieles mehr.

Kommen wir nun zu Punkt zwei der äußeren Welt – der Politik:

Ich möchte ehrlich sein, wenn ich Ihnen sage, daß ich der Ansicht bin, daß die *Neue Weltordnung* schon bald Wirklichkeit sein wird. Doch Vorsicht – keine Angst! Denn sie wird nicht von Bestand sein, genauso wenig wie der Euro. Wieso?

Zum einen sind sich unsere momentanen Weltherrscher zwar sicher, daß sie ihr Ziel erreichen werden, doch wir können uns ebenso sicher sein, daß diese Leute gewaltige Differenzen untereinander haben.

Dies erkennen wir beispielsweise an einer Äußerung Michael Gorbatschows, der im März 1999, als der Luftkrieg gegen Serbien begann, erklärte: *„Der Westen betrügt Rußland. Wir waren uns über die Neue Weltordnung einig. Danach sollten die Vereinigten Staaten von Europa vom Atlantik zum Ural unter der Herrschaft Rußlands stehen. Rußland wird diesen Verrat nicht vergessen."*

Das heißt, daß diese Burschen sich untereinander betrügen, wo es nur geht...

Und zum anderen sind sie nicht nur arrogant und selbstherrlich, sondern auch hochmütig. Wenn ein James Warburg sagt: „*Wir werden zu einer Weltregierung kommen, ob sie es wollen oder nicht – durch Unterwerfung oder Übereinkunft.*", bestätigt dies, daß unsere illuminierten Freunde nicht im geringsten damit rechnen, daß noch etwas schiefgehen könnte. Doch wie wissen wir aus der Praxis? *Hochmut kommt vor dem Fall...!*

Denn was diese unterschätzen, werde ich Ihnen nun offenbaren:

Wodurch ist denn die *Neue Weltordnung* gekennzeichnet?

- Durch den bargeldlosen Zahlungsverkehr,
- Fingerabdrücke und Iris-Scans,
- Ersetzen des Briefverkehrs durch elektronische Post (Emails und SMS)
- absolute Überwachung durch Kameras und später durch die Lasertätowierung oder einen implantierten Chip unter der Haut und
- das Aufspüren einer Person durch Satelliten...

Ahnen Sie bereits, worauf ich hinaus will?

Um die *Neue Weltordnung* umzusetzen, benötigt es genau zweier Dinge: des Computers in Kombination mit dem Internet und Satelliten. Und was benötigen diese Gerätschaften, um zu funktionieren? Richtig – Strom!

Und was wäre, wenn es einem Hacker gelingen sollte, einen Virus so anzusetzen, daß er dieses Überwachungsnetzwerk von innen heraus zerstört? Vor allem, wenn es sich um eine Person handelt, die das System der Illuminaten programmiert hat und damit auch dessen Schwachstellen kennt beziehungsweise solche bewußt eingebaut hat?
Und was wäre, wenn es eine elektromagnetische Waffe gäbe, welche die Stromversorgung weltweit lahmlegen kann und vor allem so stark ist, daß sie die Empfangsgeräte in den Satelliten derart außer Gefecht setzt, daß eine Kommunikation nicht mehr möglich sein wird – für immer?
Und was wäre, wenn – wie wir aus den Visionen in meinem „*Buch 3 – Der Dritte Weltkrieg*" erfahren – es Orkane mit Windgeschwindigkeiten bis über vierhundert Stundenkilometern geben würde? Da bleibt kein Strom-

mast aufrecht stehen! Ebenso wurden von den Visionären Asteroideneinschläge beschrieben, die zuvor – auf ganz natürliche Weise – Satelliten abräumen...

Auch sollten wir in diesem Kontext nicht unterschlagen, daß das Erdmagnetfeld weiter abnimmt und es auch hierdurch zu einer Beeinträchtigung unserer Elektronik kommen wird.

Sehen Sie, worauf ich hinaus will?

Kommen wir nun zum esoterischen Aspekt des „Spiels" – des irdischen Lebens-Spiels:

Durch meine Arbeit mit medialen Kindern (siehe dazu mein Buch „*Die Kinder des neuen Jahrtausends*") konnte ich kleine „Engel" kennenlernen, die diese Welt alleine durch ihre Anwesenheit und ihr Sein schon verändern werden. Ich konnte mit eigenen Augen beobachten, wie kleine Kinder mit Gedankenkraft Besteck verbiegen oder einen Bleistift in der Luft schweben lassen; ich begutachtete Kinder, die im Energiefeld anderer Menschen Krankheiten oder zurückliegende Erlebnisse erkennen konnten; Jugendliche, die meine Gedanken lesen und aus meiner Vergangenheit berichten konnten – und – und jetzt wird es richtig spannend – auch Ereignisse aus meinem persönlichen Leben sowie globaler Natur, beispielsweise wie das Drama um den 11. September, voraussahen. Und sie sehen selbstverständlich auch anderes, was kommen wird...

Eines dieser Kinder ist sogar in der Lage, die Ur-Matrix zu sehen, also das Lebens- oder „Computer"-Programm, in dem wir uns befinden (als die *Ur-Matrix* bezeichne ich das, was die Christen als den *Schöpfungsplan* bezeichnen, die Juden als den *Bibelcode* und die Muslime mit Begriffen wie *Kismet* oder *inshallah* bestätigen).

Und ein anderes Kind liest im *Buch des Lebens* – ähnlich den Nadi-Lesern der indischen Palmblattbibliotheken –, in dem das Leben aller Menschen auf diesem Planeten geschrieben steht – auch das der Illuminaten...

Was ich damit sagen will: Es gibt Dinge, vor denen die Illuminaten eine riesige Angst haben. Es sind die Dinge, die ihr Konzept erheblich durcheinanderbringen, Zweifel aufkommen lassen und zur Folge haben, daß keiner mehr dem anderen traut – siehe den Fall des Michael Gorbatschow...

Einerseits sind es jene Kinder, welche die Illuminaten über die Verblödung im Fernsehen, die Verrohung durch Gewalt- und pornographische Filme innerlich zerstören wollen – doch das funktioniert so nicht. Man kann vielleicht viele dieser kleinen und zarten Gehirne weichkochen und verschmutzen oder durch Ritalin stilllegen, doch nur eine Zeitlang. Denn es benötigt nicht vieler dieser Kinder, um die Welt zu verändern. Wie Sie nun wissen, sind es ja auch nur wenige Menschen, welche die Welt momentan knebeln und nach ihren Richtlinien bestimmen. Doch was ist mit den Millionen von Mitläufern, welche die *Neue Weltordnung* mit aufbauen und mit zu verwalten haben? Diese werden schneller umkippen als es den Illuminaten lieb ist. Das sind Familienväter und Mütter, die von heute auf morgen ihre Meinung ändern können, wenn es an ihre eigenen Kinder geht...

Doch es kommt noch eine weitere Komponente mit ins Spiel, welche die Illuminaten uneins sein läßt.

Hierbei handelt es sich um die Schwingungserhöhung in unserem Sonnensystem.

Unser Sonnensystem bewegt sich in Zyklen von rund 26.000 Jahren immer wieder in elliptischen Bewegungen zum Zentrum unserer Galaxis hin und entfernt sich auch wieder davon. Heute haben wir einen Zeitpunkt erreicht, zu dem unser Sonnensystem sich dem Galaxiszentrum wieder annähert, was zur Folge hat, daß wir mehr „Energie" bekommen.

Bewegt sich unser Sonnensystem von der Urzentralsonne weg, könnte man sagen, daß die Menschen in einen Schlaf fallen. Die Schwingung des göttlichen Lichtes wird langsamer, es wird „dunkler". Bewegt sich unser Sonnensystem hingegen wieder in Richtung Urzentralsonne beziehungsweise Galaxiszentrum, so kann man diesen Verlauf als eine Zeit des Erwachens bezeichnen. Wir bewegen uns heute von dem am weitesten von der „Lichtquelle" entfernten Punkt aus langsam wieder zurück zum Lichtzentrum oder zur Ur-Energiequelle. Mein Vater hat diese Entwicklung detailliert in seinem Buch „*Bis zum Jahr 2012*" beschrieben, mit all den Konsequenzen, die diese Schwingungserhöhung für uns Erdenbürger haben wird.

Die materialistische und daher festgefahrene Entwicklung auf der Erde beginnt sich nun langsam wieder schneller zu bewegen, es kommt Stimmung auf, alles schwingt schneller. Doch geht dies gemächlich, kaum merklich und still vonstatten und wird von den Erdlingen kaum wahrgenommen.

Für die verunsicherten Illuminaten bedeutet das jedoch, daß sie ein wirkliches Problem haben. Denn die Annäherung unseres Sonnensystems an die Urzentralsonne bringt auch eine höhere Sonnenaktivität mit sich, die sich wiederum auf die Erde auswirkt. Mit der Intensität der Sonnenstürme steigt auch die Selbstmordrate, die Anzahl der Erdbeben sowie anderer Naturkatastrophen und auch die Anzahl der Stromausfälle, da die höhere Frequenz unsere elektrischen Geräte – vor allem die mit Wechselstrom betriebenen – beeinflußt.

Andererseits steigt aber auch die Anzahl der Erfindungen, die Zahl an rebellierenden Menschen und die Qualität des Bewußtseins der weltweit Erwachenden.

Und weil alles im Leben zyklisch verläuft, so braucht alles seine Zeit – und zwar den richtigen Zeitpunkt. Die Illuminaten arbeiten seit vielen Jahrhunderten auf ihr großes Ziel hin, die andere Seite – die lichtvolle – aber auch.

Vergleichen Sie dies mit einem hervorragenden Samen. Der Same alleine nützt Ihnen gar nichts. Wenn das Klima beziehungsweise die Jahreszeit nicht stimmt und zudem der Boden aus Sand oder Granit besteht, so wird der Same nicht aufgehen. Haben Sie jedoch die richtige Jahreszeit sowie einen fruchtbaren Boden, so brauchen Sie den Samen nicht einmal zu düngen oder zu gießen – er geht ganz von alleine auf.

So ist es auch mit der Schwangerschaft bei Frauen. Eine Frau kann nur schwanger werden, wenn sie reif ist für den Eintritt einer neuen Seele. Ebenso ergeht es dem Surfer mit der Welle oder dem Paragleiter mit dem Aufwind. Alles braucht in unserem Raum-Zeit-Kontinuum den richtigen Zeitpunkt.

Die derzeitige Menschheit ist nun an ihrem Entwicklungs-Zenit angekommen – an einem Punkt, an dem es sich zu entscheiden gilt. Die meisten Menschen haben vergessen, daß sie einst frei waren, und haben sich ihre Freiheit wegnehmen lassen. Daher wird die Macht der Illuminaten von höheren Kräften zugelassen, weil diese uns darauf aufmerksam machen, daß wir göttliche Wesen sind, welche die Verantwortung für unsere Handlungen, Gedanken und Gefühle ausnahmslos selbst zu übernehmen haben. Die Illuminaten als auch wir sind Teil eines großen Spiels, und sie werden abdanken, wenn sie ihre Aufgabe erfüllt haben – ihren „Erziehungsprozeß" für die Menschheit. Natürlich nicht ganz freiwillig...

Daher brauchen wir vor den Illuminaten und ihren Zielen weder Angst zu haben noch müssen wir sie bekämpfen. Wie ich eben erklärte, ist ihre *Neue Weltordnung* ein Gigant auf tönernen Füßen. Fällt der elektrische Strom aus, so läuft kein Computer, so gibt es keine Wall-Street-Deals, keine Verbindung zu Satelliten, keine Überwachung, keine funktionierenden Atomsprengköpfe und so weiter.

Ob die Stromversorgung ihrer Anlagen nun durch einen Hacker ausfällt, durch eine elektromagnetische Waffe, durch telekinetisch veranlagte Kinder oder durch die zunehmende Strahlung unserer Sonne, ist momentan irrelevant.

Seien Sie sich jedenfalls gewiß, daß die *Neue Weltordnung* nicht alt werden wird...

Mit diesen Gedanken möchte ich Sie nun dieses Thema ausklingen lassen und zum Träumen anregen. Träumen Sie *Ihren* Traum und nicht den gesteuerten Alptraum der Illuminaten. Träumen Sie *Ihren* eigenen Traum, und seien Sie mutig. Trauen Sie sich, etwas zu wünschen, und es wird sich erfüllen, denn Sie sind ein göttliches Wesen und Schöpfer Ihres eigenen Schicksals. Wir alle sind die Erschaffer einer neuen Welt, und mit unseren Gedanken fängt es an!

In diesem Sinne wünsche ich Ihnen eine gute Reise durch Ihre innere und unsere äußere Welt und freue mich auf ein Wiedersehen in Form neuer Zeilen.

Von ganzem Herzen,

Ihr
Jan van Helsing

ANMERKUNGEN UND QUELLENNACHWEIS

1) 27, S. 82f
2) 27, S. 90f
3) 27, S. 91
4) 24, S. 66
5) 19, S. 13f
6) 19, S. 11f
7) 19, S. 17
8) 19, S. 23f
9) 19, S. 20f
10) 132, S. 211f
11) 27, S. 100
12) 27, S 93
13) 27, S, 95f
14) 27, S 107
15) 27, S. 108
16) 27, S. 113
17) 44, S. 60; 38, S. 113
18) 34, S. 222 und *Mensch und Maß* 655/1988 und 38, S. 113
19) *„Jacob Schiff, His Life and Letters"*, Vol. II, Seite 122 und *„Palestine: The affair of the Balfour Declaration"*, The Boswell Publishing Company, London 1945
20) 38, S. 113f sowie 44, S.60
21) 45, S. 219
22) 27, S. 115f
23) 27, S. 116 sowie Knickerbocker Column, *„New York Journal American"*, 3. Februar 1949
24) 27, S. 116
25) 27, S 116ff

26) 27, S. 117
27) Dieser Report war im Jahre 1919 von dem französischen Oberkommissar nach Angaben des amerikanischen Geheimdienstes Secret Service verfasst worden. Der französische Hochkom-missar übersandte das Aktenstück an seine Regierung, verbunden mit der Bemerkung: *„Die Glaubwürdigkeit dieses Dokuments wird uns garantiert. Hinsichtlich der Genauigkeit der beinhalteten Informationen übernehmen offizielle amerikanische Dienststellen die Verantwortlichkeit."* Unter der Registernummer beim Französischen Generalstab *„7 – 618 – 6 Nr. 912 – S. R. 2 II. Transmis par l'Etat – Major de l'Armée, 2e Bureau"* wurde es den Regierungen der Ententestaaten zugestellt; siehe auch 38, S. 115
28) Veröffentlicht durch die *„Documentation Chatolique"*, Paris, 6. März 1920. Ebenso 1920 in der *„La Vieille France"*, A. Moskau, 23. September 1919, Rostow a. Don., sowie in Mgr. Jouin´s *„Le Péril*

Judéo-Maconnique", Paris 1917-27, Verlag der Revue Internationale des Sociétés Secrétes, Bd 3, S. 249ff., sowie *„The Rulers of Russia"*, S. 27, sowie Léon de-Poncins in seinem Buch *„Les forces secrétes de la Revolution"*, Paris 1928, Seite 169ff., sowie Kommoss, R., *„Juden hinter Stalin"*, 1938, S.25, sowie Denis Fahey, *„The Mystical Body of Christ in the Modern World"*, Reprint der Dritten Edition (1939), Omni Publications, Hawthorne/Ca. 1987, S.88ff., sowie Dennis Fahey, *„The Mystical Body of Christ and the Reorganisation of Society"*, Regine Publications LTD. Dublin/Irl. 1984, Reprint aus dem Jahre 1945, S. 325, sowie 38, S. 116
29) 38, S. 116, sowie die *„Jüdische Presse"* vom 15 Oktober 1920 schrieb: *„Er (Jacob Schiff) finanzierte... 1917 die russische Revolution."* Siehe auch 45, S. 219
30) 38, S. 116, sowie *„Who´s Who in American Jewry"*,'39

31) „Jewish Examiner",
Brooklyn, 1. Februar 1935,
sowie 38, S. 117
32) 38, S. 117ff
33) 26, S. 374ff
34) 26 375ff
35) 27, S 118
36) 45, S. 263
37) 45, S. 263f sowie 38,
S.78
38) 45, S. 264
39) 46, S. 275
40) 47, S. 222
41) 26, S. 377
42) 26, S. 378
43) 175, S. 94
44) 38, S. 148
45) 55, S. 341
46) 38, S. 60
47) 38, S. 60
48) 38, S. 61
49) 39, S. 61
50) „Meyers Lexikon", 8.
Auflage, 6. Band, Biblio-
graphisches Institut, Leipzig 1939, Seite 758
51) „Neue Züricher Nach-
richten" vom 21. Septem-
ber 1918
52) Harry Graf Keßler,
„Walther Rathenau", Ver-
lagsanstalt Hermann
Klemm AG, Berlin 1928,
Seite 279f
53) 56, S. 298
54) Churchill „Memorien",
Band I, Seite 59/62 nach
Bronder, „Bevor Hitler
kam", Genf 1975, Seite 438
55) 39, S. 64

56) 39, S. 66
57) Professor Carrol
Quigly (Tragedy and Ho-
pe), gilt als „Insider", der
sich mit einem zweijähri-
gen Zugang zu den Papie-
ren und Geheimdokumen-
ten der Round Table
Gruppe zu Beginn der 60er
Jahre brüstete und einige
auf schlußreiche Erklärungen über die int. Bankiers
abgab.
58) 59, Seiten 21, 25, 33,
172
59) 60, S. 96f
60) Erschienen im Verlag
Van Holkema & Waren-
dorf, Amsterdam 1933;
Eine Übersetzung des
Originalwerkes befindet
sich in der Schweizer Na-
tionalbibliothek in Bern.
Das Buch „So wurde Hitler
finanziert – Das verscholle-
ne Dokument von Sidney
Warburg" über die internationalen Geldgeber des
dritten Reiches ist im Verlag Diagnosen, Leonberg
wieder erhältlich
61) 39, S. 72f
62) 39, S. 73f
63) 22, S. 116
64) 39, S. 74
65) Die Wochenzeitung
„Deutsche Gemeinschaft"
vom 12.9.1970 nach Arti-
kel in der Ludendorff-

Postille „Mensch und Maß"
vom 9.12.1971
66) Rudolf Diels, „Lucifer
ante Portas – Zwischen Se-
vering und Heydrich",
Deutsche Verlagsanstalt,
Stuttgart 1950, Seite 103f
67) Heinrich Brüning in
einem Brief an den Her-
ausgeber der „Deutschen
Rundschau", Dr. Rudolf
Pechel, abgedruckt in der
„Deutschen Rundschau",
70. Jahrgang, Heft 7, Juli
1947, Stuttgarter Ausgabe,
Seite 22
68) 27, S. 141
69) 27, S. 142
70) 27, S. 144f
71) 27, S. 146f
72) 27, S. 147f
73) 27, S. 148
74) Dokumentarfilm:
„Hitlers amerikanische
Freunde – US-Firmen ver-
dienen am Krieg", von Joachim und Dieter Schröder
75) 8, S. 274, siehe auch 59
76) 116, S. 33
77) 116, S. 33f
78) 116, S. 35
79) 116, S. 35
80) 116, S. 35
81) 116, S. 36
82) 116, S. 37
83) 116, S. 37
84) 116, S. 40
85) 116, S. 41
86) 116, S. 42
87) 116, S. 43f

88) 116, S. 45
89) 116, S. 53f
90) 116, S. 55
91) 116, S. 56
92) 116, S. 56f
93) 27, S. 91
94) 8, S. 263
95) 27, S. 118f
96) 171, S. 12
97) 171, S.12
98) 155, S. 11f
99) 155, S. 12
100) 155, S. 12
101) 171, S. 10
102) 171, S. 10
103) 171, S. 10
104) 171, S. 10f
105) 171, S. 10f
106) 171, S. 12
107) 171, S. 12
108) 171, S. 12
109) 155, S. 12f
110) 171, S. 11
111) 155, S. 16f; siehe
auch: www.principality-of-
sealand.de
112) 171, S.11
113) 155, S. 13
114) Zit. CODE Nr. 10,
Oktober 1990, S. 16; siehe
auch Dieter Rüggeberg
(19) S. 207
115) 8, S. 268
116) 8, S. 270
117) 8, S. 271
118) 120, S. 90, 95, 96
119) 8, S. 272f
120) 8, S. 275
121) 8, S. 276

122) 119, S. 193; siehe
auch 8, S. 276
123) 124, S. 5; siehe auch
8, S. 277
124) 8, S. 277
125) 19, S. 17
126) 19, S. 151f
127) Bulletin vom No-
vember 1989/siehe auch:
www.bundestag.de
128) Götz Neuneck:
„Struk-turelle u. konventionelle Rüstungskontrolle -
Wege zur Entmilitarisie-
rung des Ost-West-
Verhältnisses"/ Heft 35 der
Hamburger Beiträge zur
Friedensforschung u. Si-
cherheits-Politik, IFSH,
Dezember 1988, S 1-7
129) 170, S. 5, bezugneh-
mend auf einen Artikel der
Los Angeles Times vom 9.
März 2002
130) 170, S. 5, bezugneh-
mend auf einen Artikel der
Los Angeles Times vom 9.
März 2002
131) Paul Rogers, „The
Myth of the Clean War",
Covert Action Informa-
tion Bulletin, Sommer
1991, S. 29
132) David Noble, „Professor of Terror", Third World
Resurgence (Penang, Ma-
laysia) 18/19 (Feb-
ruar/März 1992), S. 34
133) 147, S. 79f

134) „Allies Drop Napalm
on Iraqi Lines", Interna-
tional Herald Tribune, 25.
Februar 1991; siehe auch
147, S.79f
135) siehe 134
136) Stephen Sackur, On
the Basra Road (London:
London Review of Books,
Ltd., 1991), S. 23
137) 147, S. 80f
138) 8, 313f
139) 5, S. 168
140) 5, S. 168
141) 5, S. 168
142) 5, S. 168
143) 5, S. 167
144) 5, S. 167
145) 94, siehe auch 5, S.
170
146) 94, siehe auch 5, S.
170
147) 94, siehe auch 5, S.
171
148) 94, S. 45
149) 94, S. 47
150) 5, S. 137
151) 5, S. 137
152) 5, S. 138f
153) 94, siehe auch 5, S.
140
154) 5, S. 140
155) 94, siehe auch 5,
S.140
156) 5, S. 140f
157) 94, siehe auch 5, S.
141
158) 94, siehe auch 5, S.
141

159) 94, siehe auch 5, S. 141
160) 8, S. 60
161) 8, S. 60
162) 19, S. 20f
163) 19, S. 33f
164) 21, S 63
165) 19, S. 34
166) 19, S. 35
167) 19, S. 20
168) 18, S. 128 f
169) 18, S. 129
170) 18, S. 131
171) 19, S. 36
172) 19, S. 198 f
173) 148, S. 3
174) 148, S. 5
175) 148, S. 5
176) 148, S.5f
177) 23, S 21
178) 23, S. 21
179) 23, S 21
180) 148, S. 6
181) 148, S. 6
182) 148, S. 6
183) 148, S. 6
184) 132, S. 207
185) 132, S. 208
186) 132, S. 209
187) 132, S. 209
188) 132, S. 209f
189) 132, S. 210f
190) Hans-Joachim v. Leesen, „Eine Zensur findet nicht statt - Wirklich nicht?"
191) Holey, Jan Udo, „Die Akte Jan van Helsing", Fichtenau, 1999, S. 20
192) siehe 191, S. 20
193) siehe 191, S. 22f
194) Heiner Gehring, „Versklavte Gehirne", S. 66
195) T. Lenz und K. Mason, „Die schutzlose Gesellschaft" 1992, Universitas, München, Zitat Gehring a.a.O., S. 68
196) 129, S. 218
197) 128, S. 62
198) 128, S. 15
199) 33, S. 63
200) Zitat nach Franz Alfred Six: „Studien zur Geschichte der Freimaurerei", Hamburg 1942
201) K. Lerich, „Der Tempel der Freimaurerei", Bern,1937
202) 97, 32, S. 3f
203) 32, S. 8f
204) 32, S.10f
205) 32, S. 13
206) 32, S. 14
207) 32, S. 15
208) 32, S. 18
209) 32, S. 22
210) 8, S. 68f
211) 158, S. 53; Beitrag von Jan Udo Holey
212) 8, S. 69
213) 8, S. 69f
214) 8, S. 70
215) 8, S. 71f
216) 159, S. 13f
217) 149, S. 33
218) 149, S. 33
219) 149, S. 33
220) 149, S. 34f
221) 148, S. 26
222) 148, S. 27
223) 148, S. 27
224) 127, S. 58
225) 127, S. 58
226) 127, S. 58
227) Dr. J. Coleman, „Das Komitee der 300", siehe auch 127, S. 59
228) Dicks, Henry Vivtor: „Fifty Years of the Tavistock Clinic", London 1970
229) 23, S. 63
230) 127, S. 64
231) 127, S. 65
232) 23, S. 38
233) 23, S. 38
234) 23, S. 38f
235) 23, S. 63
236) 127, S. 131
237) Huxley, Aldous, „The Doors of Perception", New York 1958; auch 127, S. 131
238) Huxley, Aldous, „The Doors of Perception", New York 1958; siehe auch 127 ff
239) Washington Post, August 1977, s. auch 126, S. 42f
240) Washington Post, September 1977: „Controlled Offensive Behavior – USSR" (Bewußt gesteuertes Verhalten der UDSSR)
241) 23, S 21f
242) 23, S 25
243) 127, S. 339f
244) 127, S. 340

245) Behind the News, HARP-Projekt: „Tuning in the Earth´s Ionosphere", The New Federalist, Oktober 96

246) 126, S. 22f

247) 151, S. 9

248) 151, S. 9

249) 151, S. 10

250) 151, S. 10

251) 126, S. 56

252) 151, S. 10

253) 152, S. 17

254) 152, S. 20

255) 152, S. 20

256) 127, S. 347

257) 127, S. 9

258) 8, S. 204

259) Huxley, Aldous, „Schöne neue Welt",Frankfurt a. M., (Fischer) 1993

260) Huxley, Aldous, „Schöne neue Welt", Frankfurt a. M., (Fischer) 1993

261) 8, S. 207

262) 130, siehe auch Übersetzung von M. Walter

263) 8, S. 207

264) 130, siehe auch Übersetzung von M. Walter

265) 130, siehe auch Übersetzung von M. Walter

266) 130, siehe auch Übersetzung von M. Walter

267) 130, siehe auch Übersetzung von M. Walter

268) 130, siehe auch Übersetzung von M. Walter

269) 156, S. 35, Beitrag von Jörg Baum, „Die schö- ne neue Welt von Big Brother"

270) 127, S. 14f

271) 127, S. 15

272) 127, S. 15

273) 127, S. 17

274) 127, S. 17f

275) 127, S. 18

276) 127, S. 23

277) 161, S. 7, Beitrag von Elizabeth Hellenbroich

278) 161, S. 7, Beitrag von Elizabeth Hellenbroich

279) 161, S. 7, Beitrag von Elizabeth Hellenbroich

280) 8, S. 286

281) 8, S. 286

282) Zeitschrift: „Science et Foi", Nr. 10, S.37 ; Zeitschrift „Sous la banniére" (F-18260 Vailly-sur-Sauldre), Nr. 56, Nov./Dez. 1994, S. 19

283) 8, S. 298

284) „PHI Deutschlanddienst", Ausgabe vom 29.4.2003

285) 162, S. 3

286) „Strategic Alert" vom 19. September 2001 (Vol. 15, 38), Deutsche Ausgabe

287) „Strategic Alert" vom 19. September 2001 (Vol. 15, 38), Deutsche Ausgabe

288) Focus, 38/2001, S. 298

289) Focus, 38/2001, S. 296, 300

290) 132, S. 35

291) 132, S. 35

292) 132, S. 36

293) 132, S. 34f

294) 157, S. 23

295) 132, S. 38f

296) Strategic Alert, deutsche Ausgabe, Vol. 15, Nr. 38 vom 19. September 2001

297) Blick, 17.9.2001

298) 157, S. 30

299) 157, S. 19

300) Diese Erklärung wurde aus dem Internetserver des Verteidigungsministeriums genommen. Es ist abrufbar von der Archivseite der Yale University unter: www.edu/lawweb/avalon/sept_11/dod_brief03.htm Siehe auch 133, S. 13f

301) The Day the World Changed, in The Christian Science Monitor, 17. Sept. 2001. Im Internet unter: www.csmonitor.com

302) Inside the Pentagon Minutes before Raid, von Rick unter: www.chicagotribune.co

303) 133, S. 15

304) Special Edition, Christian Science Monitor vom 17. September 2001, im Internet unter: www.cs.monitor.com/pdf/csm20010917.pdf

305) 133, S. 17

306) siehe unter: www.senate.gov/~armed_services
307) 133, S. 17f
308) Public Report of the White House Security Review (10. Mai 1995); siehe auch unter: www.fas.org/irp/agency/ustreas/usss/t1pubrpthtml
309) Offizielle Seite des Stützpunktes St. Andrew; siehe unter: www.dcmilitary.com/base guides/airforce/andrews
310) 133, S. 20f
311) 133, S. 23
312) 133, S. 23
313) Pressekonferenz unter dem Vorsitz des stellv. Verteidigungsministers Victoria Clarke, Pentagon, 12. September 2001; siehe auch unter: www.defenselink.mil/mil/news/Sep2001/t09122001t0912asd.html
314) 133, S. 25f
315) 133, S. 26f
316) 19, S. 193f; 132, S. 108f; 135, S. 307f
317) 132, S. 109
318) 132, S. 109
319) 132, S. 112f
320) The National Security Council. NSSM 200 – „Implacations of Worldwide Population Growth for US-Se-curity and Overseas Intrests", Washington D. C.,

The White House, 10. 12. 1974
321) 132, S. 80f
322) 132, S. 82f
323) 132, S. 83
324) 132, S. 123f
325) 132, S. 85
326) 132, S. 86f
327) 132, S. 87
328) 132, S. 88
329) 132, S. 89
330) 159b, S. 14
331) 159b, S. 7
332) 159b
333) 161, S. 7, Beitrag von Elizabeth Hellenbroich
334) 163, S. 6
335) 163, S. 6
336) 163, S. 6
337) Neue Solidarität, Nr. 36 1998; Beitrag von Joseph Brewda
338) Neue Solidarität, Nr. 36 1998; Beitrag von Joseph Brewda
339) Artikel von Professor Michale Chossudovsky, erschienen kurz nach den Anschlägen von NY in der Webside: www.globalresearch.ca
340) siehe 339
341) 162, S. 3
342) 164, S. 7
343) Siehe unter: www.bueso.de
344) 164, S. 7
345) 164, S.7
346) Siehe unter: www.bueso.de

347) 164, S. 7
348 7, S. 36
349) 3, S. 295f
350) 3, 248f
351) 31, 69
352) http://homepages.compuserve.de/KissDemon85/Conspiracy%20Theories/Oklahoma%20Attentat/Das%20Oklahoma%20-%20Attentat.htm.
353) 128, S.47

BILDQUELLEN

(1)   Dr. Matthes Haug, Bebenhausen
(2)   siehe (1)
(3)   siehe (1)
(4)   siehe (1)
(5)   *Die letzten Siegel*, Bernhard Bouvier, Ewertverlag, S. 37
(6)   *Die letzten Siegel*, Bernhard Bouvier, Ewertverlag, S. 21
(7)   *Das HAARP-Projekt*, Hrsg. Ulrich Heerd, Edition HAARP, S. 187
(8)   Original von Nicholas Begich, entnommen aus *Zaubergesang* von Grazyna Fosar und Franz Bludorf, S. 127
(9)   siehe (8)
(10)   Dollar-Note
(11)   siehe (10)
(12)   *Neue Solidarität*, Nr. 11 vom 13.3.2002, S. 7
(13)   *Neue Solidarität*, Nr. 39 vom 26.9.2001, S. 7
(14)   *Buch 3 – Der Dritte Weltkrieg*, Jan van Helsing, Neuauflage, amadeusverlag.com, S. 103
(14a)   Schild am Flughafen Hannover, Foto Stefan Erdmann
(15)   SIPA – Associated Press – To, Horan
(16)   DoD, Tech. Sgt. Cedric H. Rudisill, www.defenselink.mil.photos/Sep2001/010914-F-8006R-002.html
(17)   US-Marine Corps, Cpl. Jason Ingersoll, jecc.afis.osd.mil/images/sres.pl?Lboxcap=356243&dir=Photo&vn=&ttl=010911-M-41221-021&ref=defenselink
(18)   Jim Garamone, American Forces Press Service, www.defenselink.mil/news/Sep2001/n09112001200109114.html
(19)   www.defenselink.mil/news/Sep2001/010914-F-8006R-006.html
(20)   *Magazin 2000plus*, Nr. 166 – 12/2001, S. 27
(21)   *Neue Solidarität*, Nr. 32 vom 6.8.2003, S. 1
(22)   *Neue Solidarität*, Nr. 47 vom 21.11.2001, S. 6
(23)   *Neue Solidarität*, Nr. 32 vom 6.8.2003, S. 2

LITERATURVERZEICHNIS

(1) Bauval R./Gilbert A., *Das Geheimnis des Orion*, München 1994
(2) Erdmann, Stefan, *Den Göttern auf der Spur*, Fichtenau 2001
(3) Haich, Elisabeth, *Die Einweihung*, Ergolding 1985
(4) Voldben, A., *Nostradamus, Die großen Weissagungen über die Zukunft der Menschheit*, München 1988
(5) van Helsing, Jan, *Buch 3*, Lathen 1996
(6) Risi, Armin, *Gott und die Götter*, Neuhausen 1995
(7) Risi, Armin, *Unsichtbare Welten*, Neuhausen 1998
(8) Risi, Armin, *Machtwechsel auf der Erde*, Neuhausen 1999
(9) Berlitz, Charles, *Weltuntergang 1999*, Wien 1981
(10) Hogue, John, *Nostradamus-Jahrtausendwende*, Weltrundschau Verlag 1993
(11) von Lohausen, Jordis, *Mut zur Macht*, Berg am See 1979
(12) Weischedel, Wilhelm, *34 große Philosophen*, München 1966
(13) Lomer, Dr. Georg, *Lehrbriefe zur geistigen Selbstschulung*, Wuppertal 1995
(14) Bardon, Franz, *Der Schlüssel zur wahren Quabbalah*, Wuppertal 1995
(15) *- Der Weg zum wahren Adepten*, Freiburg 1995
(16) Brückmann, Udo, *Das Ende der Endzeit*, Fichtenau 1998
(17) Moody, Dr. med. R. A., *Leben nach dem Tod*, Hamburg 1977
(18) Fromm, Erich, *Die Kunst des Liebens*, Berlin 1998
(19) Rüggeberg, Dieter, *Geheimpolitik*, Wuppertal 1990
(20) Rüggeberg, Dieter, *Geheimpolitik Bd. 2*, Wuppertal 1994
(21) Allen, Gary, *Die Rockefeller Papiere*, Wiesbaden 1975
(22) *- Die Insider Band1*, Wiesbaden 1986
(23) Coleman, Dr. John, *Das Komitee der 300*, Peiting 2001
(24) van Helsing, Jan, *Geheimgesellschaften und ihre Macht im 20. Jahrhundert*, Lathen 1994, in der BRD und in der Schweiz verboten
(25) van Helsing, Jan, *Geheimgesellschaften 2*, Lathen 1995, siehe oben
(26) Bramley, William, *Die Götter von Eden*, Peiting 1998
(27) Des Griffin, *Wer regiert die Welt*, Düsseldorf 1996
(28) Liebi, Roger, *Israel und das Schicksal des Irak*, Berneck, Schweiz 1993
(29) Machiavelli, Niccoló, *Il Principe/Der Fürst*, Stuttgart, 1993
(30) Baigent/Leigh, *Der Tempel und die Loge*, Bergisch Gladbach 1990
(31) Knight Christopher/Lomas Robert, *Unter den Tempeln Jerusalems*, Bern/München 1997
(32) Rothkranz, Joh., *Die öffentlichen Meinungsmacher*, Durach 1995
(33) *- Die kommende „Diktatur der Humanität"*, Bd. 1, Durach 1996
(34) *- Die kommende „Diktatur der Humanität"*, Bd. 2, Durach 1996
(35) Allen, Gary, *Die Insider Band 2*, Wiesbaden, 1997

(36) Carmin, E. R., *Das schwarze Reich – Geheimgesellschaften und Politik im 20. Jahrhundert*, München 1997

(37) Eggert, Wolfgang, *Israels Geheimvatikan*, Bd. 1, München 2001

(38)   - *Israels Geheimvatikan*, Bd. 2, München 2001

(39)   - *Israels Geheimvatikan*, Bd. 3, München 2001

(40) Quigley, Carroll, *The Anglo-American Establishment*, New York 1981

(41) Wendling, Peter, *Logen, Clubs und Zirkel*, Zürich 1991

(42) Deyo, Stan, *Die kosmische Verschwörung*, Peiting 1997

(43) Rausch, Ulrich, *Die verborgene Welt der Geheimbünde*, Augsburg 1999

(44) Freund, Walter, Große Jüdische Nationalbibliographie nach Walter Freund *B'nai B'rith und Weltpolitik*, Struckum 1990

(45) Hasselbacher, Friedrich, *Entlarvte Freimaurerei*, Band II, 1938 (3. Auflage), Verlag für ganzheitliche Forschung und Kultur, Viöl 1993

(46) Heise, Karl, *Entente-Freimaurerei und Weltkrieg* ArchivEdition, Verlag für ganzheitliche Forschung und Kultur, Struckum 1991 (3. Auflage)

(47) Sutton, Anthony C., *Roosevelt und die internationale Hochfinanz*, Tübingen 1990

(48) Brüning, Erich/Graf, Harry, *Freimaurerei – Wolf im Schafspelz*, Berneck 2001

(49) Holtorf, Jürgen, *Die Logen der Freimaurerei*, München 2001

(50) Rétyi, Andreas von, *Die unsichtbare Macht*, Rottenburg 2002

(51) Koch, Egmont R./Wech Michael, *Deckname Artischocke*, München 2002

(52) Hitchens, Christopher, *Die Akte Kissinger*, München 2001

(53) Goldhagen, Daniel J., *Die katholische Kirche und der Holocaust*, Berlin 2002

(54)   - *Hitlers willige Vollstrecker*, Berlin 1996

(55) Wilson, Derek, *Rothschild: A Story of Wealth and Power*, London 1990

(56) Pleticha, Heinrich, *Deutsche Geschichte (Bismarck-Reich und Wilhelminische Zeit 1871-1918)*, Bertelsmann Lexikon Verlag, Gütersloh 1993

(57)   - *Deutsche Geschichte (Republik und Diktatur 1918-1945)*

(58)   - *Deutsche Geschichte (Teilung und Wiederv. 1945 bis heute)*

(59) Sutton, Anthony C., *Wall Street and the Rise of Hitler*, Seal Beach 1966

(60) Braun, Otto Rudolf, *Hinter den Kulissen des Dritten Reiches*, Mark Erlbach 1987

(61) Adler, Manfred, Die antichristliche Revolution der Freimaurerei, Jestetten 1975

(62)   - *Die Freimaurerei und der Vatikan*, Durach 1992

(63) Baigent, M./Leigh R., *Verschlußsache Jesus – Die Qumranrollen und die Wahrheit über das frühe Christentum*, München 1991

(64) Hauf, Monika, *Der Mythos der Templer*, Zürich; Düsseldorf 1998

(65) von Däniken, Erich, *Die Götter waren Astronauten*, München 2001

(66) Bauer, Martin, *Tempelritter Mythos und Wahrheit*, München 1997

(67) Baigent, M./Leigh R., *Der Heilige Gral und seine Erben*, Bergisch Gladbach 1984
(68) Tollman, Alexander und Edith, *Und die Sintflut gab es doch*, München 1992
(69) Sitchin, Zecharia, *Das erste Zeitalter*, München 1994
(70) - *Stufen zum Kosmos*, München 1996
(71) - *Der zwölfte Planet*, München 1995
(72) - *Götter, Mythen, Kulturen, Pyramiden*, München 1990
(73) Reeves, N./Wilkinson, R. H., *The Complete Valley of the Kings, Tombs and Treasures of Egypt´s Greatest Pharaohs*, London 1996
(74) Holey, Johannes, *Alles ist Gott*, Fichtenau 2002
(75) - *Bis zum Jahr 2012*, Fichtenau 2000
(76) - *Jesus 2000*, Fichtenau 1999
(77) Krupp Michael, *Der Talmud*, Gütersloh 1995
(78) *Der Talmud*, Übersetzung von Reinhold Mayer, München 1980
(79) *Der Babylonische Talmud*, Übersetzung von Jakob Fromer, Wiesbaden 1998
(80) *Der Koran*, Übersetzung von Max Henning, Stuttgart 1992
(81) de Santillana, Giorgio/von Dechend, Hertha, *Die Mühle des Hamlet*, Boston 1969
(82) Davis, Kenneth C., *Was dachte sich Gott, als er den Menschen erschuf*, Bergisch Gladbach 2000
(83) Gadalla, Moustafa, *Der Betrug mit der Geschichte – die unveröffentlichte Geschichte des Alten Ägypten*, Greensboro, NC, USA 2001
(84) - *Tut-Ankh-Amen, The living Image of the Lord*, Bastet Publishing, Erie, Pa., USA 1997
(85) - *Egypt – A Practical Guide*, Greensboro, NC, USA1998
(86) - *Pyramid Illusions, A Journey to the Truth*, Bastet Publishing, Erie, Pa., USA/Cairo/Egypt 1996
(87) - *Egyptian Cosmology, The Absolute Harmony*, Bastet Publishing, Erie, Pa., USA/Cairo/Egypt 1997
(87) - *Egyptian Divinities, The All who are the One*, Greensboro, NC, USA 2001
(89) El-Meskeen, Pater Matta, *Das Kloster des heiligen Makarius*, Cairo/Ägypten 1993
(90) Aldred, Cyril, *Echnaton, Gott und Pharao Ägyptens*, Augsburg 1990
(91) Hannich, Günter, *Sprengstoff Geld*, Rieden 1999
(92) - *Börsenkrach und Weltwirtschaftskrise*, Rottenburg 2000
(93) Berndt, Stephan, *Prophezeiungen*, Weilersbach 2001
(94) Bouvier, Bernhard, *Die letzten Siegel*, Lathen 1996
(95) von Werdenberg, Gottfried, *Vision 2004*, Eigenverlag 1994
(96) Bauer, Martin, *Die Tempelritter – Mythos und Wahrheit*, München 1998

371

(97) Ritter, Annett und Thomas, *Rennes-Le-Chateau – Das Geheimnis der Pyrenäen*, Suhl 1999

(98) Barthel, Manfred, *Was wirklich in der Bibel steht*, Düsseldorf 1987

(99) Langbein, Walter-Jörg, *Geheimnisse der Bibel*, Berlin 1997

(100) Friedman, Richard Elliot, *Wer schrieb die Bibel?*, Wien/Darmstadt 1989

(101) Keller, Werner, *Und die Bibel hat doch recht*, Hamburg 1964

(102) Kersten, Holger, *Jesus lebte in Indien*, München 1998

(103) Drosnin, Michael, *Der Bibel Code*, München 2002

(104) Bekh, Wolfgang Johannes, *Bayrische Hellseher*, Pfaffenhofen, 1976

(105) - *Das dritte Weltgeschehen*, München 1980

(106) Loerzer, Sven, *Visionen und Prophezeiungen*, Pattloch 1990

(107) Rahn, Otto, *Kreuzzug gegen den Gral*, Freiburg im Breisgau, 1933

(108) Afschar, Moussa, *Jesus, wie ihn der Islam sieht*, Martin-Blaich-Verlag 2002

(109) - *Der Heilige Krieg – Lizenz zum Töten im Namen Allahs*, Martin-Blaich-Verlag 2002

(110) - *Die letzte Schlacht des Islam um Jerusalem*, Martin-Blaich-Verlag 2002

(111) Rohl, David, *Pharaonen und Propheten – Das Alte Testament auf dem Prüfstand*, Augsburg 1999

(112) Carter, Howard, *Ich fand Tut-Ench-Amun*, Würzburg 1971

(113) Carter, Howard/Mace, A. C., *Tut-Ench-Amun*, Leipzig 1924

(114) Neubert, Otto, *Tut-Ench-Amun – Gott in goldenen Särgen*, Wien/Hamburg 1956

(115) Desroches-Noblecourt, Christiane, *Tut-Ench-Amun*, Frankfurt a. M./Berlin 1963

(116) Kronberger, Hans, *Blut für Öl*, Wien 1998

(117) Engdahl, F. William, *Mit der Ölwaffe zur Weltmacht – Der Weg zur neuen Weltordnung*, Wiesbaden 1993

(118) Yergin Daniel, *Der Preis – Die Jagd nach dem Öl, Geld und Macht*, Frankfurt 1991

(119) Kendel, Robert, *Das wichtigste Geheimnis der Menschheit? So wird die Menschheit hinters Licht geführt*, Rhede (Ewert)1994

(120) Fish, Hamilton, *Der zerbrochene Mythos*, Tübingen/Buenos Aires, Montevideo 1982

(121) Predewitz/Bremer, *Geisel Europa*, Berlin 1981

(122) Kardell, Franz, *The KAL 007 Massacre*, Alexandria, Virginia/ Western Goals Foundation 1985

(123) Epperson, Ralph E., *The Unseen Hand*, Publius Press 1985/Stelle, Illinois (Adventure Unlimited Press) 1989

(124) siehe 123

(125) Manning J./Begich N., *Löcher am Himmel*, Frankfurt a. M. 1996
(126) Heerd, Ulrich, *Das HAARP-Projekt*, Peiting 1998
(127) Keith, Jim, *Bewußtseinskontrolle*, Peiting 1998
(128) Nordbruch, Claus, *Sind die Gedanken noch frei?*, München 1998
(129) Jürgenson Johannes, *Das Gegenteil ist wahr*, Marktoberdorf 2002
(130) Orwell, George, *1984*, München 2001
(131) Huntington, Samuel, *Clash of Civilization*, Verlag Simon und Schuster, 1996
(132) Zunneck, Karl-Heinz, *Countdown zum 3. Weltkrieg?*, Rottenburg 2003
(133) Meyssan, Thierry, *11. September – Der inszenierte Terrorismus. Auftakt zum Weltenbrand?*, Kassel 2002
(134) Salinger, P./Laurent.E., *Krieg am Golf*, Paris 1991
(135) Erdmann, Stefan, *Banken, Brot und Bomben, Band 1*, Fichtenau 2003
(136) Khan, Mansur, *Die geheime Geschichte der amerikanischen Kriege*, Tübingen 1998
(137) Chomsky, Beinin, *Die Neue Weltordnung*, Grafenau 1999
(138) Eggert, Wolfgang, *Out of Blue? Spuren des Terrors in Amerika*, München 2001
(139) *- Angriff der Falken*, München 2002
(140) Brisard, Jean-Charles/Dasquié, Guillaume, *Die verbotene Wahrheit*, Zürich 2002
(141) Wech, Michael/Koch, Egmont R., *Deckname Artischocke*, München 2002
(142) Sass, Zolt, *Der CIA-Informant*, Erlangen 2001
(143) Bamford, James, *NSA – Die Anatomie des mächtigsten Geheimdienstes der Welt*, München 2001
(144) Wells, H. G., *Der Krieg der Welten*, Zürich 1974
(145) *- Die Zeitmaschine*, München 1996
(146) Borowski, Wolfgang, *Die neue Welt*, Durach 1995
(147) Clark, Ramsey, *Wüstensturm – US-Kriegsverbrechen am Golf*, Viöl 2003

Fachzeitschriften

(148) ZeitenSchrift, Nr. 21/1. Quartal 1999
(149) ZeitenSchrift, Nr. 9/Dezember 1995-Februar 1996
(150) ZeitenSchrift, Nr. 11/Juni-August 1996
(151) ZeitenSchrift, Nr. 25/1 Quartal 2000
(152) ZeitenSchrift, 2000 Plus, 2002/12
(153) Magazin 2000 plus/ Kosmos Erde Mensch, Januar/Februar 2003/2
(154) Magazin 2000 plus/ Prophezeiungen Spezial 11, Januar 2003
(155) Magazin 2000 Plus Extra/ Phantomstaat Bundesrepublik oder Deutsches Reich, Extra 1

(156) Magazin 2000 Plus, Mai/Juni 2003
(157) Magazin 2000 Plus, Nov./Dezember 2001/12
(158) Aufklärungsarbeit, Nr. 11/Juni 2003, Schorndorf
(159) Aufklärungsarbeit, Nr. 1/Februar 2002
(159b) Aufklärungsarbeit, Nr. 7/2002

Zeitschriften

(160) Neue Solidarität, Nr. 19/2002
(161) Neue Solidarität, Nr. 39/2001
(162) Neue Solidarität, Nr. 45/2001
(163) Neue Solidarität, Nr. 47/ 2001
(164) Neue Solidarität, Nr. 29/30, 2003
(165) Der Stern, Nr. 52 vom 18.12.2002
(166) Der Stern, Nr. 12 vom 13.3.2003
(167) Der Spiegel, Nr. 52 vom 21.12.2002
(168) Der Spiegel, Nr. 11 vom 10.3.2003
(169) Die Zeit, Nr. 5 vom 23.1.2003
(170) Unabhängige Nachrichten, Oberhausen, 04/2002
(171) Der Preuße, Zeitung für Politik, Wirtschaft und Kultur, März/Juni 2003

Lexika und Duden

(172) Meyers Lexikon, Mannheim 1973
(173) Internationales Freimaurer Lexikon, E. Lennhof, O. Posner, Zürich-Leipzig-Wien, 1932
(174) Internationales Freimaurer Lexikon, E. Lennhof, O. Posner, D. A. Binder, überarbeitete und erweiterte Neuauflage der Ausgabe von 1932, München 2000
(175) Neues Lexikon des Judentums, Schoeps, überarbeitete Auflage, Gütersloh 2000
(176) Bertelsmann Volkslexikon, Gütersloh 1956
(177) Das Oxford-Lexikon der Weltreligionen, Düsseldorf 1999
(178) Lexikon der Ägyptischen Kultur, Wiesbaden 1960
(179) Kleines Lexikon der Bibelworte, von Heinrich Kraus, München 1998
(180) **Knaur:** *Das Deutsche Wörterbuch*, München 1997
(181) **Duden:** *Etymologie der deutschen Sprache*, Mannheim 1997, Band 7
(182) **Duden:** *Das Fremdwörterbuch*, Mannheim 1997, Band 5

Bibeln

(183) Die Bibel, Übersetzung nach D. Martin Luther, Frankfurt am Main 1693
(184) Die Bibel, Übersetzung nach D. Martin Luther, Halle a. S. 1898
(185) Die Bibel, Übersetzung nach Martin Luther, Stuttgart 1978
(186) Die Bibel, Die Gute Nachricht des Neuen und Alten Testamentes, Stuttgart 1982
(187) *Neue Jerusalemer Bibel*, Einheitsübersetzung, Freiburg i. B. 1985
(188) Die Bibel, Haus- und Familienbibel, Druck und Verlag vom Bibliographischen Institut 1831

PERSONENREGISTER

STICHWORTVERZEICHNIS

WENN DAS DIE MENSCHHEIT WÜSSTE...

Daniel Prinz

Wir stehen vor den größten Enthüllungen aller Zeiten!

Der neue Blockbuster von Daniel Prinz – 720 Seiten! Der Inhalt dieses Buches wird Sie aus den Schuhen hauen! Im Folgeband des Bestsellers „Wenn das die Deutschen wüssten..." hat Daniel Prinz im ersten Teil in aufwendiger Recherchearbeit brisante Hintergründe zu den beiden Weltkriegen aufgedeckt, die mit dem gefälschten Geschichtsbild der letzten 100 Jahre mit eisernem Besen gründlich aufräumen. In Teil 2 geht es um Chemtrails, die Dezimierung der Menschheit, Zensur und Gedankenpolizei, Impfungen und das Krebsgeschäft, und in Teil 3 kommt die kosmische Variante mit ins Spiel: das geheime Weltraumprogramm!

ISBN 978-3-938656-89-1 • 33,00 Euro

GEHEIMSACHE „STAATSANGEHÖRIGKEITSAUSWEIS"

Max von Frei

Wussten Sie, dass ein Reisepass oder ein Personalausweis nicht dazu ausreicht, Ihre deutsche Staatsangehörigkeit nachzuweisen? Wenn Sie beispielsweise als Deutscher in den USA oder Russland eine Firma gründen wollen, verlangen die dortigen Behörden Ihren "Staatsangehörigkeitsausweis" als Nachweis, dass Sie Deutscher sind. Noch nie davon gehört? Diesen Ausweis erhalten Sie beim Landratsamt, und er kostet nur 25 Euro. War Ihnen bekannt, dass Sie nur mit dem "Staatsangehörigkeitsausweis" die Bürgerrechte – laut Grundgesetz die sog. „Deutschenrechte" – beanspruchen können? Aber wieso wissen wir das nicht, und wieso erhält man dieses Dokument nicht ganz automatisch mit der Geburt ausgehändigt? Wieso macht die BRD den Staatsangehörigkeitsausweis zur Geheimsache? Könnte die Offenbarung dieses Geheimnisses über die Zukunft Ihres Vermögens entscheiden? Könnte diese neue Erkenntnis darüber hinaus vielleicht sogar zu einem von Deutschland ausgehenden, weltweiten Frieden führen? Wieso ist die BRD nicht wirklich souverän und weshalb werden die „Menschenrechte" in „Handelsrecht" und „Staaten" in „Firmen" umgewandelt?

ISBN 978-3-3938656-61-7 • 21,00 Euro

WELTVERSCHWÖRUNG

Thomas A. Anderson

Wer sind die wahren Herrscher der Erde?

Immer mehr Menschen stellen fest, dass sie von den Regierenden belogen und betrogen werden und dass die Volksvertreter nicht das Volk vertreten, sondern die Interessen von Großkonzernen, von Militär und Wirtschaft. Große, weltumspannende Firmen und Organisationen leiten unsere Welt. Diese Familienclans nennen die Rohstoffe auf Erden ihr Eigen, bestimmen den Goldpreis und verleihen astronomische Summen an kriegführende Länder. Aber geht es diesen wirklich nur um wirtschaftliche Interessen, oder steckt etwas ganz anderes dahinter?

ISBN 978-3-938656-35-8 • 23,30 Euro

WHISTLEBLOWER

Jan van Helsing

Insider aus Politik, Wirtschaft und Geheimdienst packen aus!

Der Whistleblower Edward Snowden und der Sprecher der Plattform *Wikileaks*, Julian Assange, haben im Ausland Asyl beantragt, weil sie geheime Regierungsdokumente veröffentlicht hatte. Man will sie jedoch nicht bestrafen, weil sie Unwahrheiten oder Lügen verbreitet haben – nein: Man will sie bestrafen, weil sie den Menschen die Wahrheit gesagt haben, die Wahrheit darüber, dass wir alle von unseren Regierungen und deren Geheimdiensten überwacht und ausspioniert werden. Ist es das, wofür wir unsere Volksvertreter gewählt haben? Ist es nicht viel eher so, dass sie inzwischen ganz anderen Interessen dienen? Für dieses Buch haben *Jan van Helsing* und *Stefan Erdmann* 16 Whistleblower interviewt, zu u.a. folgenden Themen:

- Wie geht es in deutschen Asylantenheimen wirklich zu?
- Ist Deutschland souverän? Ist die BRD ein Staat oder eine Firma?
- Was ist *Geomantische Kriegsführung*?
- Es werden viele alternative sowie schulmedizinische Therapieformen unterdrückt!
- Der Ruanda-Kongo-Krieg war wegen Rohstoffen angezettelt worden!
- Warum es bei Film und Radio nur „Linke" geben darf...
- Ein Schottenritus-Hochgradfreimaurer spricht über UFOs und Zeitreisen.

ISBN: 978-3-938656-90-7 • 23,30 Euro